中央财政支持地方高校建设项目资助

 上海政法学院 刑事法学文库

检察工作的
理论前瞻与实践探索

JIANCHAGONGZUODELILUNQIANZHANYUSHIJIANTANSUO

严 励　金建庆／主编

中国法制出版社
CHINA LEGAL PUBLISHING HOUSE

图书在版编目（CIP）数据

检察工作的理论前瞻与实践探索/严励，金建庆主编．—北京：中国法制出版社，2016.12

ISBN 978 - 7 - 5093 - 8120 - 5

Ⅰ. ①检⋯　Ⅱ. ①严⋯②金⋯　Ⅲ. ①检察机关 - 工作 - 研究 - 中国　Ⅳ. ①D926.3

中国版本图书馆 CIP 数据核字（2016）第 304701 号

策划编辑　陈兴　　　责任编辑　陈兴　秦雯　　　封面设计　杨泽江

检察工作的理论前瞻与实践探索——上海市虹口区人民检察院调研论文集
JIANCHA GONGZUODE LILUN QIANZHAN YU SHIJIAN TANSUO
——SHANGHAISHI HONGKOUQU RENMIN JIANCHAYUAN DIAOYAN LUNWENJI

主编/严励，金建庆
经销/新华书店
印刷/北京京华虎彩印刷有限公司
开本/710 毫米×1000 毫米　16 开　　　印张/ 21.5　字数/ 274 千
版次/2017 年 1 月第 1 版　　　　　　　2017 年 1 月第 1 次印刷

中国法制出版社出版
书号 ISBN 978 - 7 - 5093 - 8120 - 5　　　　　　定价：59.00 元

北京西单横二条 2 号　　　　　　　　　　值班电话：66026508
邮政编码 100031　　　　　　　　　　　　传真：66031119
网址：http：//www. zgfzs. com　　　　　**编辑部电话：010 - 66010405**
市场营销部电话：010 - 66033393　　　**邮购部电话：010 - 66033288**

（如有印装质量问题，请与本社编务印务管理部联系调换。电话：010 - 66032926）

上海政法学院刑事法学文库
总　　序

　　上海政法学院是以法学学科为主干，社会学、政治学、经济学、管理学、语言文学等多学科协调发展的政法类院校。其中，刑事法学既是学校创立之初的主导学科，也是学校的优势学科，在依托刑事司法学院的基础上，开设了法学（刑事司法方向）、监狱学（监狱学方向和社区矫正方向）等本科专业，并承担刑法学专业硕士研究生、法律硕士的培养。发展至今，学校已为上海乃至全国培养了大批应用型、实践型的政法人才，为社会输出了大批优秀的毕业生。

　　我校刑事法学在茁壮成长的历程中既经历了风雨又取得了许多骄人的成绩。2005年刑事司法方向被上海市教委批准为上海高校本科教育高地建设项目。2007年刑法学获得上海政法学院校级重点学科建设项目。2009年刑法学被批准为上海市教委第五期重点学科建设项目。同年，监狱学专业又分别获得教育部特色专业和上海市第三批教育高地立项。之后，监狱学又于2010年获得中央财政的支持，2012年获得上海市高校一流学科（B类）建设的立项。2012年刑法学又获得上海政法学院"十二五"内涵重点学科和硕士点建设项目。2015年监狱学再次获得上海市教委高原学科建设项目。学科队伍形成了老中青的学术梯队，聚集了一批既有相关实践经验又有一定学术造诣的教研人员，其中多人获得地方乃至国家级荣誉称号，并远渡至德国、法国、日本等国进行访学。至今，本学科已承担省部级以上课题十余项，出版著作近百部，发表学术论文数百篇。

　　我院刑事法学立足于刑事一体化视野研究，经过多年的打造，已经形成了独特的学科优势和特色，犯罪学、刑事政策学、监狱学（监狱学方向和社区矫正方向）、青少年犯罪学研究处于全国领先地位。

在犯罪学领域，具有中国犯罪学学会副会长一人，常务理事四人，理事若干人。中国犯罪学研究会预防犯罪专业委员会设在我院，《犯罪学论坛》已经成为国内有影响的出版物，在犯罪学基础理论研究、预防犯罪研究等方面颇有建树。依托犯罪学科成立的"社会治安综合治理研究中心"与上海市社会治安综合治理研究所通力协作，为上海市社会治安综合治理建言献策提供了理论支撑。

在刑事政策学领域，从广义刑事政策学视角出发，出版了《中国刑事政策原理》《中国刑事政策的建构理性》等著作，承担了国家社会科学基金、司法部、上海市哲学社会科学、上海市教委的科研项目，《刑事政策论坛》作为国内唯一研究刑事政策的出版物已经出版了四辑，从事刑事政策研究的学术梯队已经形成，并在国内学术研究中具有一定的影响力。

在监狱学研究领域，监狱学专业和学科是上海高校唯一、全国高校为数不多的本科特色专业和重点学科。学校拥有三十多年的监狱学专业和学科的发展历史，积累了比较丰富的教学科研经验。特别是近几年来，在监狱学专业和学科建设上取得的成绩令人瞩目。先后出版二十多本监狱学专业和学科的教材、专著，发表专业论文两百多篇。获得省部级以上科研项目多项，一批科研成果获奖。2009年监狱学专业获得教育部第四批特色专业建设点立项，2009年学校刑法学专业被批准为上海市第五期重点学科建设项目，其中监狱学学科为重点研究方向之一。2011年以来，监狱学专业和学科连续获得中央财政支持地方高校发展专项资金项目，2012年获得上海高校一流学科法学学科建设重点项目，其中监狱学为重点建设方向之一，2015年又获上海高校高原学科法学学科建设项目，其中监狱学为重点打造方向之一。

在社区矫正研究领域，2002年8月，上海社区矫正试点工作在市委政法委的直接领导下开展，我校参与了上海社区矫正的研究和运作方案的设计。从2003年开始，我校先后承担了上海市委政法委、上海市司法局委托的有关社区矫正的课题，起草上海市"社区矫正地方性法规"的草案，对社区矫正服刑人员进行风险评估、服刑人员个案选编、社区矫正评价体系的构建等专题研究，成为上海等地区开展社区矫正的指导和工作用书。我校最早开设社区矫正系列课程和成立社区矫正研究中心，据国家书目查询系统提供数据，我校最早出版了社区矫正书籍（《美国矫正制度概述》

1997 年）。崔会如教授在其 2010 年出版的《社区矫正实现研究》（P86~87）一书中提及，社区矫正研究取得成果数量最高的是上海，最多的是上海政法学院。2008、2009、2010、2014 年，我校先后承担 4 项社区矫正的国家社科基金项目，2 项教委重点项目、2 项司法部项目和 1 项中国法学会项目，我校社区矫正教学和学术研究在全国具有一定的影响。

在青少年犯罪学研究领域，我校也在国内居于领先地位。在刑法学硕士点下设了专门的青少年犯罪与司法方向，依托中国预防青少年犯罪研究会、上海市法学会未成年人法研究会、上海市预防青少年犯罪研究会等设置了"全国青少年犯罪与司法研究及服务中心"，形成了具有较强竞争力的学科梯队，出版了《青少年犯罪与司法论要》《少年法院的学理论证与方案设计》《法学的童真》等数十部著作，发表论文两百余篇。

为了适应学科发展的需要，给学科建设人员提供更广阔的平台，使我校刑事法学再上一个新台阶，"刑事法学文库"的出版发行无疑对此具有强大的推动作用，也是我校刑事法学发展历程上的新起点。同时，也以此为契机，为我国刑事法学的发展尽些绵薄之力。

刑事法学与其他部门法学最大之不同在于其研究对象主要是犯罪，然而犯罪是使人厌恶的，会给人带来不愉快的感觉，故而研究犯罪的刑事法学与社会的灰暗总是如影相随，这就要求我们每个刑事法学的研究者始终保有一颗价值无涉的公正之心，"刑事法学文库"将予以明证。

严　励

2015 年 10 月

序

习近平同志曾经指出："调查研究，是对客观实际情况的调查了解和分析研究，目的是把事情的真相和全貌调查清楚，把问题的本质和规律把握准确，把解决问题的思路和对策研究透彻。"调查研究也是检察工作持续发展的助推器，是检察工作适应新形势、应对新情况、解决新问题的重要支撑，是锻炼检察干警逻辑思维、提高检察干警综合素质、建立一支专业化、精英化检察队伍的重要途径。近年来，随着经济社会的转型发展，检察改革和诉讼制度改革的深入推进，新型违法犯罪以及各种疑难复杂问题的不断涌现，执法办案工作面临很多新情况和新问题，需要通过调查研究来破解难题和瓶颈问题。

我院在开展调研工作中，坚持实体研究与程序研究同步、业务分析与工作总结并重、深挖问题与路径探索共举的工作思路，促进调研工作全面发展，形成了多层次和全员性的工作格局：一是开展党组成员重点课题研究，采用项目化和课题组的方式，聚焦检察业务、司法改革、队伍建设中的重点和难点问题，注重课题研究的实证性和针对性，及时将课题成果转化为推动检察工作科学发展的规范性文件和制度。二是承担国家级、省市级重点课题的研究攻关，以宏观视野与微观探索、理论论证与实践分析相结合的研究理念，提升课题研究的建构性价值和社会影响力。三是发动全院干警积极参与调研，形成"重调查研究、重总结分析"的调研氛围，引导干警关注执法办案中的重大、疑难、复杂案件，以及新类型案件、全市首例案件，关注两法修改后诉讼程序的重大调整和检察机关的新增职能，关注司法改革对检察机关带来的影响和挑战，关注我院深化航运检察工作、服务保障科创中心建设、推动以审判为中心的诉讼制度改革等重点工作和特色亮点工作等，开展理论研究和工作思考。通过调研评比、推荐发表、参与各类论坛和征文等方式提升干警撰写高质量调研成果的积极性。四是注重青年调研骨干的培养，以青年理论研究小组为载体，开展丰富多彩的调研培训活动。成立检委会专业研究小组，由检委会委员任组长，成立职务犯罪研究小组、刑事检察实务研究小组、专业化办案研究小组等专业研究小组，培养检察专家型人才。五是自 2012 年起，每年都汇编刊印优秀调研论文集，旨在全面汇总和反映我院干警的理论研究成果。六是秉持"走出去、请进来"的创新理念，积极构建检校合作工作机制，与上海政法学院签订了检校合作工作协议，与上海市法学会建立了学术研究合作机制，组建了院专家咨询团，发挥专家咨询团的"智库"作用，有利于促进检察工作与理论研究的良性互动和双向共赢。此次论文集的出版，得到了上海政法学院的大力支持，也是我院检校合作的重要成果之一。

调查研究是谋事之基、成事之道。检察干警应该认清形势、拓宽视野，坚持正确的政治方向和研究方法，增强发现问题、分析问题和解决问题的意识和能力，通过调研，为领导决策服务，为检察业务服务，为推进检察改革和提高检察队伍素质服务，全面推进检察工作更上一层台阶！

上海市虹口区人民检察院党组书记、检察长　金建庆

目　　录

课题精选

刑法前沿

程序探索

检察工作

青年法苑

课题精选

诉讼制度改革背景下检察机关的应对

——以立案监督和侦查活动监督为视角

课题组组长：金建庆*

十八届四中全会通过的《中共中央关于全面推进依法治国若干重大问题的决定》（以下简称《决定》），明确提出要"推进以审判为中心的诉讼制度改革"，"以审判为中心"可以视为对实践中"以侦查为中心"现象的反思与革新，它意味着审判阶段是诉讼活动的中心环节，因此，应当逐步构建新型的侦诉关系，强化检察机关对侦查的引导、规制和监督功能，更好地服务于庭审的实质化需求。本文立足于"以审判为中心"的诉讼制度改革，以立案监督和侦查活动监督为视角进行实证研究和前瞻思考，以期进一步推进我院法律监督工作的深入发展。

一、诉讼制度改革对检察机关立案监督和侦查活动监督提出的新要求

诉讼制度改革对检察机关立案监督和侦查活动监督（以下简称"两项监督"）的目的规定得很明确，即通过对刑事立案主体及侦查主体的活动是否合法进行监督，履行监督使命，深化监督效果，全力维护司法公正。

---

* 课题组组长：金建庆，上海市虹口区人民检察院党组书记、检察长；课题组副组长：田欢忠，上海市虹口区人民检察院党组成员、副检察长，朱尚伟，上海市虹口区人民检察院党组成员、纪检组组长；课题组组员：顾静薇、刘强、周健、吴鹏。

（一）强化监督理念，突出监督重点

监督是检察机关的"主业"和"基本功"，是检察机关推进法治中国建设的重要职责。当前，不敢监督、不愿监督、监督力度不够的最主要原因就是思想上有顾虑、怕得罪人，但如果不能做到敢于监督，不能把宪法地位落实到实际行动上，就无法真正树立检察权威和检察公信力，坚守法治就成了一句空话。所以检察机关对侦查机关的违法行为，不仅要敢于监督、善于监督，还要做到依法监督、规范监督，真正成为统一正确实施法律的守护人；要突出重点领域，抓住关键问题，确保监督成效；要突出对环境资源领域和食品药品领域的立案监督。侦查活动监督的重点是对刑讯逼供、暴力取证、违法限制人身自由等严重违法行为，及查封、扣押、冻结涉案款物和随身物品等强制性措施的监督。同时，强化对自侦案件中妨碍律师会见、违法指定居所监视居住等问题的监督。

（二）完善监督机制，形成监督合力

《决定》明确提出要"完善行政执法和刑事司法衔接机制"。上海行政执法和刑事司法衔接（以下简称"两法衔接"）工作起步早，应当赋予两法衔接工作更加丰富的内涵和外延。今后，要力争在立法层面、制度设计和平台建设方面有所突破。尤其要尽早建立健全环境资源、食品药品两个领域的"两法衔接"的工作机制，统一信息录入标准，规范线索移送工作，真正实现行政执法与刑事司法的有效对接。在侦查监督方面，要在审查逮捕结束后的侦查阶段，对外建立跟踪机制，定期向侦查机关了解情况，督促深入调查，对内与公诉、监所、社区检察、控申等部门加强沟通联系，在工作衔接、监督配合等方面形成合力。同时，在加强维护律师执业的同时，积极就"两项监督"有关情况向辩护律师听取意见，拓展监督线索渠道。

（三）推进平台建设，规范司法行为

当前，上海检察机关正在加快推进法律监督平台建设，这有助于在信息化背景下整合监督资源，形成监督的大数据效应，便于发现侦查活动中的动态问题和规律性问题，从而促进实现全面监督、重点监督和一类问题监督的有机统一。我院作为试运行单位之一，要以此为契机，积极投入平台使用，突破法律监督工作瓶颈，更好地发挥法律监督职能。同时，落实《决定》提出的完善对限制人身自由的司法措施和侦查手段的司法监督，及时掌握侦查

机关适用上述措施及手段的情况，以对公安派出所刑事侦查及刑事拘留适用为突破口，规范司法行为。

二、立案监督和侦查活动监督存在的问题

（一）监督的信息来源渠道有待拓宽

实践中监督线索渠道不畅通严重阻碍了监督工作的开展，在立案监督中表现得尤其明显。目前立案监督和侦查活动监督的线索主要有三方面：一是举报和控告申诉，主要包括受害人的控告以及犯罪嫌疑人的反映，但这部分线索占的比例很少；二是承办人在办案中自行发现，这是目前侦查活动监督的主要线索来源，但大多局限于公安机关移送审查逮捕、审查起诉的案卷材料，而对于此外的立案、撤案或侦查活动无从监督；三是检察机关主动上门监督，这是近几年检察机关主动出击的尝试，但这类监督大多是配合上级机关的专项监督活动，未能形成常规性的工作机制。

（二）监督的方式和途径有待延伸

目前立案监督的方式主要是向公安机关制发《要求说明（不）立案理由通知书》和《通知立案书》、《通知撤销案件书》，侦查活动监督的方式主要包括制发《纠正违法通知书》、《检察建议书》、《一类问题通报》以及口头纠正等。本身法律所规定的监督手段就比较单一，同时又没有赋予检察机关一定的监督调查权，导致监督流于"文来文往"的柔性监督。

同时，《刑事诉讼法》只规定了公安机关应当将检察机关所提的纠正意见、所作决定的执行情况通知检察机关，而未进一步明确公安机关拒不纠正违法行为或者拒不执行检察机关决定的法律后果，也未规定检察机关后续的监督措施。遇有公安机关拒绝执行时，检察机关没有强有力的督促措施和处罚办法，直接影响到监督效果，导致公安机关对检察机关所提出的纠正意见采纳和落实的动力不足，使监督显得软弱无力。

（三）监督的内容和重点有待深化

从监督的内容上看，目前实务偏重于侦查活动监督，立案监督不多。在侦查活动监督方面，修改后的《刑事诉讼法》对检察机关监督侦查活动赋予了不少新的职责，包括对是否阻碍辩护人、诉讼代理人依法行使权利

的监督；对指定居所监视居住的监督；对继续羁押必要性的审查；对强制措施和强制性侦查措施的监督等。这些规定充实了侦查监督的内容，拓宽了监督的领域，但如何进一步细化规则，契合办案实践，发挥监督效果还需要加强研究。

从监督的重点上看，目前偏重于个案监督或者专项监督，比如2014年开展了破坏环境资源和危害食品药品安全犯罪专项立案监督活动，而针对检察实务中的常发、多发、高发案件中反映出的一类问题监督的力度不够，我院近年制发的一类问题监督呈现逐渐递减的趋势。监督信息的整合不够，也影响到一类问题监督的开展。在对公安派出所的监督上还未形成立体的全方位的监督体系和立体化的监督机制，真正运用到实践中的监督方式单一、弹性较大，且缺乏统一的法律依据，监督抓不住重点。对公安派出所的监督很大程度上需要公安机关的配合，检警关系不顺畅、衔接不够完善，容易导致监督流于形式。作为相对方的公安派出所对监督存在一定的抵触情绪，制约了监督工作的开展。

（四）协作配合机制有待健全

从内部协作配合来看，目前在立案监督和侦查活动监督线索移送以及内部监督信息共享上还存在脱节，侦监、公诉、监所、社区检察、控申等部门的相互配合还不充分。一是侦监部门与控申、社区检察、监所等部门在监督线索的发现和移送方面还需要加强协作；二是侦监部门与公诉部门在监督立案、追捕防漏案件上缺乏沟通衔接，对案件的后续跟踪效果未能体现；三是侦监、公诉、社区检察、监所等部门根据诉讼程序分段履行监督职能，容易产生多头监督、监督合力损耗等情形。

从外部协作配合来看，公安机关往往缺乏配合监督的动力和意识。在实践中，公安机关未在法定期限内立案或者干脆不立案的现象时有发生，或者公安机关勉强接受检察机关的立案监督后，却不积极侦查，甚至将案件搁置一旁，久拖不决的也不在少数。关于检察机关提前介入侦查、参与重大案件的讨论不多，对提前介入的提起、介入的时间、方式、任务等问题并没有作出明确规定。对侦查机关不邀请侦查监督部门提前介入，或侦查监督部门要求提前介入，而侦查部门以保密为由不同意提前介入，或检察机关引导侦查取证，侦查机关不取证时如何进行法律监督等问题未作出明确规定。

三、完善立案监督和侦查活动监督的对策

（一）拓宽监督的信息来源渠道

根据《刑事诉讼法》的规定，监督案件线索来源主要依靠在审查案件过程中自行发现和案件当事人向人民检察院控告申诉。然而在实践中，仅依靠这两部分案件线索来源是远远不够的，为了畅通监督渠道，必须积极探索立案监督工作的内在规律，采取有效措施，整合资源、主动出击、开辟渠道。

1. 拓展听取意见途径

随着信息社会的发展，新媒体和社交软件逐步走进普通老百姓的生活，越来越多的政府服务信息以及公共事务都已积极开拓新媒体、社交软件办理渠道，检察机关也不例外。要发挥新媒体的积极作用，可以开设官方微博、微信等社交账户，为当事人提供更为快捷方便的意见发表渠道。检察机关还应主动出击，利用报纸、电视、网络等新闻舆论工具开展宣传活动，让社会各界都了解检察机关侦查监督的职责和来信、来访的渠道，支持检察机关依法开展侦查监督工作。辩护律师熟悉案件事实和证据，也是理性的法律工作者，能够有效甄别监督线索。因此要充分听取辩护律师意见，不断完善保障辩护权的机制，逐步加大辩护律师参与刑事诉讼的广度和深度。

2. 完善"两法衔接"工作

目前，全市各区已普遍构建起"两法衔接"信息共享平台，也取得了一定的法律监督成效。但作为当前行政执法与刑事司法衔接的主要方式，现有平台还存在监督过程形式化、监督范围片面化等诸多弊端，仍有继续完善的必要。要联合多方力量监督信息共享平台。针对行政机关消极录入信息问题，可以联合区委、区政府、区人大或政协等部门共同监督，扩大监督的范围和效果。同时可以建议上级主管部门及市区两级政府将"两法衔接"纳入依法行政绩效考核内容，督促行政执法部门依法行政、有案必移，推动"两法衔接"评查工作的开展。

3. 推进法律监督平台

要以深入推进法律监督平台建设为契机，整合监督力量，避免监督碎片化。法律监督平台有助于信息化背景下整合监督资源，形成监督的大数据效应，能够发现侦查活动中的动态性问题和规律性问题，从而促进实现全面监

督、重点监督和一类问题监督的有机统一。我院作为市院法律监督平台建设的试点单位，要积极投入平台使用，形成相应的工作制度和工作机制，为改进和完善平台提供先行先试的经验。

（二）丰富监督的方式和途径

目前检察机关立案监督和侦查活动监督的途径和方式相对较为单一，难以适应侦查办案的新变化，难以适用以审判为中心的诉讼制度改革的新要求，与法律监督法治化现代化的要求还有不小差距。我们应该顺应刑事诉讼的改革方向，将监督的关口前移，积极拓展监督的途径，不断丰富监督的方式。

1. 探索重大疑难案件意见听取机制

目前我们的法律监督以事后书面监督为主，在监督时间上相对滞后，无法及时纠正侦查违法行为。应坚持把监督的触角向前延伸，将监督关口前移，与公安机关共同探索建立重大疑难案件侦查机关听取检察机关意见和建议的制度，实现对侦查活动的同步监督。公安机关拟听取意见的，应当提前三天发出邀请，并附案情说明介绍基本案情、焦点问题、分歧意见等内容（紧急情况下可以口头发出邀请）。检察机关接函后，决定是否派员介入，如认为不需要派员介入的可以直接书面答复，提出检察机关的意见。检察机关主动要求对公安机关正在侦办的案件提出意见的，应当经分管副检察长批准，以书面形式通知公安机关并说明理由。

2. 积极拓展法律监督的途径

传统的侦查监督和立案监督主要是通过书面审查卷宗，针对个案中出现的违法线索进行调查，并采取相应监督手段。随着国家治理现代化的不断推进，面对互联网、自媒体时代司法办案的新环境，面对人民群众对司法品质的新期待，努力提高侦查监督的法治化现代化水平，是更好地履行侦查监督职能的必然选择。

（1）聚焦突出问题和严重违法。"要重点加强对严重刑事案件有案不移、有案不立，以及动用刑事手段违法立案、插手经济纠纷的监督力度，要认真履行好修订后刑事诉讼法新增的监督职能，着力监督刑讯逼供、暴力取证、违法限制人身自由和财产权利等严重违法行为，保障人权，防止冤假错案。"[1]传统的常规监督途径往往是眉毛胡子一把抓，重点不突出，效果不明显。应

---

〔1〕 参见最高人民检察院副检察长孙谦同志在2015年全国检察机关侦查监督工作座谈会上的讲话。

通过加强对区域内重特大案件的重点监督，对区域内多发的常见违法行为开展专项监督，比如公安派出所讯问的同步录音录像、强制措施的运用和变更等，突出重点和难点，强化法律监督效果。

（2）加强信息化和大数据的运用。实践中检察机关大多还依赖于传统工作方式，采用调阅侦查机关内部材料等途径进行审查，耗时费力，而且频遇阻力。这与信息化社会、大数据时代的要求有较大差距，信息化水平滞后已经成为制约侦查监督工作发展的"瓶颈"。在新形势下应充分运用数据分析等信息手段，对报案、立案、破案、撤案、强制措施的种类及数量、起诉数量等案件数据进行综合分析，从中发现公安机关或行政执法机关立案或侦查活动监督线索，也可以利用数据分析发现办案规律，便于对公安机关的侦查活动进行动态分析和监督。

3. 丰富监督方式，凸显监督效果

监督效果是法律监督的评判标准，不能仅关注监督数量，更要关注监督效果。监督只是手段，促进严格执法、公正司法，确保法律统一正确实施才是根本。不能简单满足于个案监督、个案公正，还要重视对类案的分析，挖掘背后的深层次问题。提出纠正意见后，要加强跟踪，保证监督意见得到落实，违法行为得到纠正。

（1）坚持个案监督与类案监督相结合。以"一事一监督"的形式向公安机关制发诉讼监督文书，对于实现个案公正有着重要作用，但其监督的辐射面和影响力相对较小，很难引起公安机关的足够重视。将个案办理中反映出的共性问题及时总结，开展类案监督，其效果往往比个案监督更加深入，也更加容易引起公安机关的重视，对公安机关侦查活动的引导起着重要的作用。个案监督一般应用于严重的违法侦查行为，对于普遍存在或较为多发的违法行为应采用类案监督方式，并以此对侦查人员的活动进行必要的引导，以保证侦查能力和案件质量的提高。

（2）加强监督事项的事后跟踪。实践中存在着以完成监督指标为中心，只重数量不重效果的不良倾向，对于监督后的纠正情况、改进措施并不关心。尽管法律对于采取哪些措施跟踪和督促侦查机关的纠正行为并未作出具体规定，但为防止法律监督得不到有效执行，监督部门应当对侦查机关执行监督的情况进行全程、同步的跟踪，防止监督流于形式，从而增强监督实效。监督部门应当督促侦查机关及时向检察机关通报监督决定的执行情况，并建立详细的监督档案，记录监督时间、诉讼过程和处理结果，同时将监督档案归档备查。

（三）深化监督的内容和重点

检察机关要按照"突出重点、有节制、讲方式、重成效"的监督原则，深化监督的内容和重点，提升监督的品质，注重监督的实效。

1. 进一步加强立案监督工作

（1）拓宽立案监督的范围。针对立案监督线索少、与侦查活动监督不均衡的问题，要研究完善立案监督的内容、措施和途径，部署立案监督专项工作，并形成相应的工作制度。加强对违法立案和撤案、非法插手和干预经济纠纷、以罚代刑的监督，加强人民法院自诉案件和人民检察院自侦案件的立案监督。

（2）增强立案监督的效力。在具体措施上要增强立案监督的强制力，从立法上明确规定不执行监督意见的法律后果，从制度上保障监督的效力。赋予检察机关对违法行为的调查权和处分建议权，即对检察机关发出《立案通知书》后，侦查机关无法定理由仍不立案的，可以由检察机关的立案监督部门协同自侦部门对此案进行调查，若发现存在违法犯罪行为的，应当建议相关部门追究有关人员的相应责任。

（3）加强对监督立案案件的后续跟踪。定期掌握立案后的侦查情况，防止公安机关立而不侦、久侦不结，对于公安机关怠于侦查的案件，要利用催办函等形式进行催办和监督。还要重视监督立案后的引导侦查取证，指导公安机关收集和固定证据，保证案件质量和监督立案的后续效果。

2. 进一步加强侦查活动监督

（1）加强对违法"查封扣"的监督。对于侦查机关违法取证、查封、扣押、冻结处理涉案财物行为要加强监督，可以参照《人民检察院刑事诉讼涉案财物管理规定》等规范性文件的相关规定，梳理查封、扣押、冻结等强制性措施中常发的违法情形和容易产生违法的环节，从而有的放矢地进行监督。

（2）加强对限制人身自由的侦查措施的监督。拘传、拘留、取保候审、监视居住等都是侦查机关（部门）自行启动、自行决定、自行执行，难以进入监督视野，加上这些措施和手段法定适用条件较为宽泛灵活，实践中自由裁量权较大，启动随意性较大，容易被滥用甚至权力寻租。加强对指定居所监视居住的监督，加强与公安机关的沟通和协调，督促公安机关向检察机关及时备案，确保检察机关能够及时审查犯罪嫌疑人是否符合指定居所监视居住的条件。

（3）加大非法证据的排除力度。加强对修改后《刑事诉讼法》和《人民检察院刑事诉讼规则（试行）》的研习，准确把握非法证据的认定标准，纠正公安机关的刑讯逼供、伪造证据等违法取证行为，防止冤假错案的发生。

（4）加强对技术侦查活动的监督。针对修改后《刑事诉讼法》新增的技术侦查措施，检察机关要加强监督，审查技术侦查措施的程序和主体，内容及有效期，执行和保密等内容，防止其侵犯被侦查人的合法权益。

（5）加强对同步录音录像的监督。同步录音录像在遏制刑讯逼供行为、规范审讯过程等方面发挥着越来越重要的作用，对于侦查机关（部门）制作的同步录音录像，检察机关要加强监督，明确同步录音录像的全程性和完整性，充分保障犯罪嫌疑人的知悉权以及签字确认权等程序性权利。

3. 进一步加强一类问题监督

一类问题监督是检察机关履行法律监督职能的重要方式，相比于个案监督，其层次更高、监督面更广、影响更大。在推进以审判为中心的诉讼制度改革的同时，要强调完善检察机关行使监督权的法律制度。要拓宽思路，聚焦重点，选择司法实践中涉及民生民利、人民群众关注的，影响司法公正的，具有普遍性、典型性的问题作为监督事项。我院今年开展的一类问题监督工作，要求各业务部门按照项目化的形式进行立项、跟踪、反馈和总结，比如公诉科将对公安机关适用强制措施不规范问题开展监督；航运科将对公安机关查封、扣押、冻结涉案物品中的不规范问题开展监督；社区检察科将对辖区派出所刑事案件录音录像进行专项检察等。通过开展一类问题监督，加强监督事项的针对性，并及时转化，真正发挥一类问题监督的效果。

4. 进一步加强社区检察工作

（1）探索社区检察监督事项司法化办理工作机制。要以监督线索的评估、审查、决定、反馈、救济这一司法化的流程来运作，改变以往启动和办理流程不系统和不科学的弊端，注重科学评估和中立审查，要从办理诉讼监督线索数、审结数、审结率、纠正数等方面全面统计监督工作，并随案归档，以完整体现办案流程和成果，体现司法化的工作特性。

（2）建立对公安派出所监督的长效工作机制。要发挥社区检察在检力下沉中的窗口作用，建立公安派出所办理刑事案件信息通报制度，开展动态监督和同步监督。健全提前介入和引导侦查机制。提前介入公安派出所办理的一些重大、敏感、疑难、群体性、涉众型案件，共同研究分析案情，帮助侦查人员确定侦查方向，引导证据收集，及时发现和纠正不规范侦查行为。畅通当事人申诉机制，重视当事人的申诉，注意听取其意见，发现公安派出所刑事侦查存在问题和监督线索。建立类案监督机制，定期通报一类问题、典型问题，统一执法标准，增强监督的实效。

（四）健全协作配合机制

检察机关应构建一个全方位、全过程、动态性的监督工作机制，在检察机关内部形成各部门之间监督信息的共享机制，在上下级检察机关之间形成监督指导的联动机制。针对立案监督和侦查活动监督的指向，与侦查机关之间加强联系沟通，形成公检协作配合的工作机制。

1. 信息共享机制

检察机关监督部门较多，各部门根据诉讼程序分段履行监督职能，容易发生信息流转不畅、监督合力损耗等情形。具有立案监督和侦查活动监督职能的部门要加强信息共享，形成监督合力：一是侦监与控申、社区检察部门的联系配合，拓展立案监督线索渠道，规范立案监督释法说理工作，会同社区检察部门加强对派出所刑事侦查活动的监督；二是侦监与公诉部门加强捕诉衔接，及时了解监督立案、追捕防漏案件后续进展情况；三是侦监与监所部门加强合作，加强对公安机关捕后变更强制措施与检察机关羁押必要性审查的研判，统一执法标准。要在检察机关内部建立有关职能部门负责人定期举行联席会议的机制，通过定期召开联席会议，加强对诉讼监督现状问题的理解与沟通。

2. 上下联动机制

要建立上下级检察机关侦查监督工作联动机制，加强上下级检察机关的纵向协作。

（1）加强基层院与上级院的工作联系，整合监督资源。对重大监督事项，有必要在七日内向上级院诉讼监督部门报备，对其他监督事项可以采取月报的形式。下级院对于监督工作开展过程中存在的问题或者遇到的困难，应及时向上级院请示报告，取得上级院的支持和指导。上级院通过督办协调、书面审查等方式，加强对基层院的工作领导、业务指导和同步监督，为基层院依法开展诉讼监督工作排除干扰，消除阻力，实现上下级检察机关诉讼监督职能上的无缝对接，从而有效整合上下两级院监督资源。

（2）建立上级院对下级院重大监督线索的跟踪监督制度。上级院应全面掌握下级院的诉讼监督工作情况，对于重大监督事项或被监督对象逾期不回复监督意见等情形，可采取上下级院联合办理的方式，或由上级院向被监督对象的上一级机关提出监督意见或建议，包括及时向市局法制办通报监督不回复不纠正的情况，定期制发《一类问题通报》，宣传监督成效显著的典型个案，在提升监督整体品质上下功夫。

3. 协作配合机制

（1）加强与公安机关的协作配合。完善与公安机关沟通协调的渠道，通过公检联席会议、制发《一类问题通报》、《检察建议书》、《纠正违法通知书》等形式加强联系，就司法实务中常发多发案件、新类型案件或者具有典型指导意义的案件的法律适用和证据标准达成一致，条件成熟的制定相关规范性文件，建立规范化审查机制和制度。

（2）明确特殊案件的取证标准。根据我区的社会经济发展特点，我院办理的一些特殊类型的案件相较于其他区县院具有明显的区域性特点，为进一步加强法律监督，更好地办理此类案件，可以就该类案件明确取证标准。比如我院成立了全市乃至全国首家航运检察科，办理航运领域刑事案件和职务犯罪案件，实行"捕、诉、研、防"一体的工作机制，针对高发的航运物流领域刑事案件、新型的破坏环境刑事案件、涉自贸区刑事案件等，可以与公安机关就该类案件的取证标准达成一致。比如我院审查逮捕或者审查起诉的毒品犯罪案件也需要与公安机关加强协作，明确法律适用和取证标准。

（3）健全提前介入引导侦查工作机制。探索建立重大、疑难案件侦查机关听取检察机关意见和建议制度是高检院侦监厅的重点改革项目之一。要研究检察官办案责任制下的提前介入引导侦查机制，理顺部门负责人、承办检察官与侦查部门的对口衔接关系，规范提前介入引导侦查的范围、方式、程序和工作要求；要特别强调亲历性，第一时间掌握信息，案发现场了解情况，直接阅看证据材料而不是简单听取汇报；要研究在以审判为中心的诉讼制度改革背景下，如何健全提前介入引导侦查环节的捕诉衔接工作机制，明确介入节点、分工职责和衔接方式等，确保形成合力；要结合规范司法行为专项整治活动，进一步规范自侦案件提前介入引导侦查机制。

检察网络宣传在虚拟社会管理中的价值与路径

课题组组长：田欢忠[*]

网络是网民自由表达意见、关注公共事务、进行舆论监督的重要阵地，中国互联网络信息中心（CNNIC）发布的第33次《中国互联网络发展状况统计报告》数据显示，截止2013年12月，中国网民规模达到6.18亿，手机网民规模达到5亿，微信注册用户达到6亿，互联网普及率达45.8%，这标志着我国已全面进入新媒体时代。新媒体时代舆论形成与传播的载体不断丰富，新媒体所具有的强大传播力和舆论影响力，正在广泛而深刻地影响我国经济社会的方方面面。

党的十八届三中全会通过的《中共中央关于全面深化改革若干重大问题的决定》（以下简称《决定》），对健全坚持正确的舆论导向的体制机制，形成正面引导和依法管理相结合的网络舆论工作格局，作出了战略规划。检察机关也应积极顺应新媒体时代信息传播格局、社会舆论生态和公众参与方式的深刻变化，切实提升检察机关网络宣传和舆论引导能力，为检察工作的科学发展营造良好的舆论环境，因此有必要对新形势下利用互联网加强检察宣传的应用价值及路径选择进行探讨。

一、检察机关加强检察网络宣传的应用价值

新媒体时代，舆论传播参与性、互动性越来越强，互联网的迅猛发展也为做好检察机关开展检察宣传工作提供了新手段、新载体、新平台和新阵地。

---

* 课题组组长：田欢忠，上海市虹口区人民检察院党组成员、副检察长；课题组组员：朱煜玮、孙启亮、牛伶。

检察网站、网络直播、微博、微信、手机客户端等网络宣传途径为检察机关深入了解社情民意创造了前所未有的便捷通道，也给加强检察宣传工作带来了前所未有的机遇和挑战。检察机关加强检察网络宣传的应用价值主要是贴近群众，服务民生；了解民情、会聚民智；平等对话、实时互动。

（一）通过发布检察权威信息来促进检务阳光

检察机关应当借助网络平台，主动进行检务信息的权威发布，及时准确地向公众发布检察动态，通过公开、透明、有效的网络舆论引导，让民众在第一时间获得最直接、最权威的信息，争取获得民众对检察机关的支持和理解。

（二）通过了解民情民意来服务社会民生

网络具有传播速度快、受众面广、互动性强、参与便捷等特点，极大地推进了检察机关与社会民众之间的零距离沟通，网络宣传作为"民意直通车"更为检察机关问政于民、问需于民、问计于民，更好地解决群众最关心、最直接、最现实的利益问题，提供了一种便利和支撑。网站、微博等网络媒体具有即时性强、报道速度快、信息源与发布途径多样的特点，特别是在如今的微博时代，普通民众人人都可以随时发布新闻、发表自己的言论和看法。检察官方微博和检察官个人微博可以主动积极运用专业知识回答网友的法律问题，通过私信等方式帮助网友解决问题。

（三）通过拓宽公众参与检察活动的渠道来增强司法公信力

公众参与是社会管理的重点也是难点，特别在社会转型矛盾叠加的历史时期，社会管理任务艰巨，必须紧紧依靠社会公众的协同、理解和支持来提升自身的执法能力。扩大公众参与，强化社会互动是社会管理的基础，实践证明，公民参与社会公共事务的程度越高，集团之间的对话成本就越低，社会矛盾和社会管理的死角就越少，社会就越稳定。

（四）通过化解社会矛盾来营造良好的舆论环境

社会管理说到底是要把现实的矛盾解决好，通过及时有效的方式协调社会不同群体的利益，预防和化解各类社会矛盾是实现社会长治久安的重要方面。检察网络宣传为化解矛盾、解决纷争打开了一个更为宽阔的平台。大量政务微博的开通，能够更深入了解复杂的社会心理和社会矛盾，提高网上发现、处置和化解的能力。

二、通过互联网加强检察网络宣传的实践总结

近年来，我院通过打造"虹口检察"官方网站、"虹口检察"官方微博、"虹口检察"官方微信、检察官个人微博群等自有阵地以及向正义网、市政法综治网、市院外网、市院官方微博等网络媒体投稿积极宣传检察工作，密切检民联系、收集社情民意、应对网络舆情、助推检务公开，取得了积极成效。截至目前，我院官方网站发布信息1000余条，开通东方网"检察官个人微博群"11个，腾讯官方微博粉丝达3万余人，发布微博近4000条。官方网站在"上海检察"门户网子网站评比活动中荣获信息发布一等奖，官方微博获评"2013年华东地区十大优秀检察系统机构微博"，一名干警个人微博位列腾讯网上海政务微博排行榜第1名。

（一）宏观统筹，以管理为抓手，搭建网络宣传应用平台

紧跟新媒体时代的步伐，牢牢抓住网络宣传对加强检民互动、拓展检务公开的重要推动作用，致力于打造检察机关自有网络宣传阵地，从工作全局谋部局、抓应用、促落实。

1. 管理先行，夯实建设基础

我院在网站、微博、微信等自有宣传阵地建设之初，便强调明确发布内容、规范运行管理、严格审批流程、完善反馈机制，将自有宣传阵地纳入制度化轨道，确保信息发布的规范性、严谨性。

2. 专业运作，打造精英团队

我院安排专人专职负责检察网站、检察微博、检察微信工作，同时在全面调研干警微博使用现状的基础上，综合考量微博群的组织架构和实际要求，选定11名干警为东方网检察官微博博主并加以实名认证。依托博主例会平台，由各博主定期交流微博维护情况、工作心得，并就如何配合做好下阶段重点工作的宣传进行探讨；强化专业培训，邀请腾讯网、东方网等专业人士举办微博维护专题讲座，结合控申工作等法律专业培训，打造一支热情高、技术强、专业精的检察微博工作团队。

3. 主题突出，彰显检察特色

严把信息发布选编、审核、发布等流程关口。官方网站强调传递检察机关正能量和社会服务功能，因此设置了检务公开、举报之窗、监督信箱、检

察微博等互动服务功能栏目。官方微博、微信通过开设基层检讯、以案说法等栏目，发起"廉政格言"、"廉政漫画"等话题，帮助公众进一步了解检察机关的性质、任务、职能、内设机构和检察动态，努力提升信息发布中的检察特色，将微博、微信建成舆情监测、法律宣传、检民互动、检务公开的前沿阵地和展示虹口检察新形象的广阔平台。

（二）着眼细节，以特色经营为重点，创新网络宣传工作格局

坚持官方网站、官方微博、微信及检察官个人微博"两手抓、两促进"，在保持检察特色的基础上，挖掘两大平台的不同侧重点，营造"两翼齐飞"的检察网络宣传工作大格局。

1. 注重品牌建设

一方面，官方网站、微博发布的所有信息均经过严格审核批准，做到内容绝对准确真实、杜绝报道含糊失实，真正发挥网络舆论引导、澄清不实传言的双重宣传效果。

2. 优化栏目设置

官方微博在栏目设置上，突破"法律监督""反腐倡廉""刑事检察""检察动态""以案说法"等常规项目，结合阶段性工作重点，不断策划推出"廉政公益广告展""庭审微直播"等即时性特色"微专题"，拉动官微人气，扩大官微影响。

3. 突出个人特色

检察官个人微博侧重网民互动，鼓励各博主发挥主动性，通过微博私信等方式，开展法律咨询、解答法律问题、疏导信访矛盾，形成个人品牌特色，树立检察官亲民、为民的良好形象。如一名博主自创"守护者每日聊刑法"栏目，以精炼、幽默的语言普及刑法知识，引起网友极大关注和热烈反响，每条微博都保持3000余条转发与评论量，成为个人微博中的名牌栏目。我院与东方网合作开展检察官"微访谈"，一名博主围绕"打击毒品犯罪，加强禁毒宣传"主题与网友互动交流，引导大家珍爱生命、远离毒品，微访谈期间在线3.2万人，流量达到56.3万，取得了积极效果。

（三）见"微"知著，以工作提升为核心，凸显网络宣传效果

依托检察网络宣传的窗口效应，配合民意收集转化机制，由点及面地助推检察工作发展，打造虹口检察新形象。

1. 拓展检务公开新途径

充分发挥检察官方网站、检察微博、微信的宣传阵地作用，将检察网络宣传与检察开放日等传统检务公开活动相结合，创新检务公开形式，拓展检务监督渠道。2013 年，我院邀请部分微博粉丝参加检察开放日并对活动进行同步"微直播"，进一步扩大活动的覆盖面与互动性，引发了网友的积极关注，《检察日报》、中新社、上海电台等主流媒体对此进行了重点报道，极大地提升了虹口检察影响力。

2. 搭建舆情监控新平台

在借助检察微博、微信开展正面宣传的同时，梳理微博留言、评论、转发并进行分析、汇总，及时了解网民关注焦点和舆情走向。一旦发现重大负面涉检舆情，启动应急处理机制，核查、研判舆情性质、情况和走势，及时上报、通报相关职能部门，协作开展舆情应对处置工作。借助官方微博第一时间通报情况、澄清事实，避免舆情发酵，同时全程跟进工作进展，回应网友疑问，发布后续措施和反馈情况。

3. 打造通达民意新窗口

依托检察网络宣传窗口，更好地了解把握社情民意，通过网上问题网下解决机制，服务群众需求，推进工作发展。一方面在"两会"等关键节点，官方微博开设"两会直通车"专栏，收集了解民众对检察工作的意见建议，问计于民，改进作风，在践行执法为民上取得实效。另一方面借助检察官个人微博影响力，帮助群众解决实际困难。如，我院一名博主在微博上发起低碳出行节省汽油费捐助老人的活动倡议，得到网友积极响应，已经连续三年资助欧阳街道 3 位孤寡老人，取得较好的社会效果。

三、检察网络宣传工作在发展和运行中存在的问题

检察网络宣传工作在倾听民意，营造良好舆论氛围过程中还存在一些问题亟待完善和解决。

（一）检察网站的功能不够多元化

目前，检察机关的官方网站功能偏于单一化，各院网站之间缺少信息互联。很多基层检察院都建有自己的网站，也投入不少人力和物力用于网站运营和维护，但不少网站建成后缺少对外宣传，网民知道的不多，加之各院网

站分散建立，彼此间缺乏联系，使网站终成"信息孤岛"。就我院官方网站来说，一是在制度上缺乏必要的规范，没有形成专人负责、合理分工的网站维护局面；二是在功能上比较单一，不够多元化，以信息发布为主，只被视为检察宣传或检察信息工作的补充，公众参与互动交流频率低，网上办公办案等服务性功能缺失，导致检察网站的建立初衷被进一步淡化。

（二）检察微博的作用不够普及化

微博实现了检察机关与社会公众"键对键"的对话，弥补了传统沟通不及时、不通畅和信息普及面较狭窄等不足。微博改变了检察机关与社会公众之间的对话方式，俯下身去，以更加亲民的方式问政于民、问需于民、问计于民。同时，微博强大的舆论机制能够有效地倒逼检察机关不断改进执法理念和作风，逐步提高回应能力，完善回应机制，以掌握话语主动权，最终提升检察机关的公信力。由此看来，微博最大的规律和价值在于双向沟通交流的民主、平等参与。检察微博要保持新鲜与活力，必须加强互动对话，既有发布，又有倾听；检察微博要出实效，最核心的问题在于要切实体现出服务民生这一理念，既有坦诚回应，更应有及时解决。我院检察微博开通以来，一是微博管理缺乏规章制度，目前仅仅由一名宣传干部负责维护，各部门没有形成分工负责的工作局面，导致信息来源匮乏，表现形式单一，与网民互动交流困难；二是缺乏激励措施，检察官个人微博博主积极性不高，目前仅有两名博主维护情况较好，大部分个人微博开通以后，信息发布频率较低，甚至形成僵尸状态；三是缺乏必要经费支持，微博的生命在于互动，要丰富检察微博的表现形式、提升微博含金量，提高微博的亲和力、吸引力，就必须创新形式，策划微活动，这都需要必要的经费支持。另外，无论官方微博和个人微博，在维护过程中都会产生一定的上网流量费用，目前这些费用都是微博维护者自己负担。

（三）检察舆情的应对不够快速化

网络自由是把"双刃剑"，网络表达存在自由化和情绪化的倾向，更容易被炒作和利用。如何有效地禁谣、治谣，如何应对微博时代信息"秒传播"下公共舆论危机的挑战，如何统筹网络社会和现实社会的协调管理，营造良好的网络社会生态环境，是社会管理必须正视和解决的现实之需和当务之急。目前，我院在舆情应对上缺乏相应的工作机制，左右相连、上下贯通的工作体系和科学有效的工作运行机制没有形成。检察门户网站、官方微博、微信等网络宣传渠道的运行和维护主要靠宣传部门，其他业务部门不参与网站、微博、微信的建设与维护，与宣传部门联系也较少，造成网络宣传、舆情应对与其他检察工作脱节的现象。网站、微博、微信运行单兵作战，不利于网络宣传功能的全面发挥，也不利于涉检舆情的有效应对。

（四）检察宣传的队伍不够专业化

由于网络宣传的覆盖面广、互动性极强，因而大众所关注的一些事件能够借助于网络，迅速成为热点问题。检察机关不仅需要具备及时感应热点问题的能力，更应当具备回应社会需求和及时处理此类问题的能力。因此检察机关需要建立一支相当数量的网络检察队伍，培养出一批高素质的、懂网络技术、熟悉网络文化特点的学习型、专家型检察官。他们不仅要具有深厚的检察理论与实践工作水平，而且能有效地利用网络开展工作，及时回应民众的新期待和新要求。从我院目前宣传干部队伍情况来看，一是单兵作战多，全员宣传的氛围不浓，宣传工作仅由宣传干部负责，大量的业务工作人员很少过问宣传工作。二是宣传工作枯燥、清贫的特点难以产生吸引力。宣传工作是一种文字性工作，干好宣传工作必须依靠宣传干部的"坐功"和"笔杆子"，目前我院宣传干部存在从事宣传工作时间过长，人员没有流动，缺乏激情与动力，导致创新不足，办法不多的问题。三是宣传干部中，没有新闻宣传专业人员，从事宣传的干警都是法律科班出身，从头学起，没有经过系统专业的培训，难以达到新闻报道应有的水平。

四、检察网络宣传在网络虚拟社会管理中的路径选择

针对上述问题，我们认为，检察机关通过网络宣传参与网络虚拟社会管理时，要把握好正确的方向和路径。

（一）加强组织领导，提升检察网络宣传科学化水平

加强检察网络宣传工作是一项事关长远的系统工程，检察机关要下大力气加强组织领导、资源整合和经费保障，努力为检察网络宣传工作顺利开展提供更优的条件，奠定更牢的基础，营造更好的环境。

1. 强化组织领导

领导干部特别是检察长要高度重视检察宣传工作，摆上党组重要议事日程，方向上牢牢把握，工作上研究指导，政策上大力支持，投入上给予保障。对重大涉检网络舆情的处理，要亲自过问，亲自协调。建立健全检察长亲自抓、班子成员共同抓、宣传部门专职抓、业务部门配合抓、检察人员积极参与的上下同心、齐抓共管的检察宣传体系。

2. 加强专业化队伍建设

按照"人员配好、结构合理、素质优良、管理规范"的要求，配齐配强检察网络宣传工作人员，打造一支高素质、专业化的网络宣传队伍。一是配齐配强专职检察网络宣传干部，应配备二名以上专职检察网络宣传干部，主要职责是通过文字、图片、视频等形式，就检察职能、法律政策和检察业务等内容向社会公众作网络宣传报道。二是搭建一支网评员和联络员队伍，应建立一支具有较强的政治敏锐性、较好的法律专业素养和评论撰写能力的网络评论员和联络员队伍，业务部门应分别指定一名网评员和联络员，积极提供新闻线索和材料，充分发挥舆论引导作用。三是把网络宣传和舆论引导作为各类检察教育培训的必修课程，有针对性地加强对宣传干部、网络管理员、微博管理员、评论员、联络员的培训，在工作实践中发现和培养检察机关网络宣传和舆论引导专家型人才，建立网络宣传和舆论引导人才库。四是有计划地招录一批新闻专业大学生，利用他们的专业优势，带动检察宣传的发展。

3. 加强经费投入和设备保障

做好检察网络宣传工作，硬件建设是基础，经费投入是保障。要把新闻宣传工作经费纳入财务预算，投入必要的费用，为每位宣传干部配备能够连接互联网的电脑和移动终端设备，提供必要的摄影摄像设备，对网站、微博微信管理、评论、舆情引导人员给予一定的上网补贴，保障检察网络宣传工作的正常开展。

（二）强化机制建设，确保检察网络宣传有序运行

检察机关要坚持以建立集中统一、反应灵敏、运行顺畅、协调高效的工作机制为目标，深入总结检察网络宣传成功经验，不断完善检察网络宣传长效机制。

1. 加强网络宣传大格局建设

要将网络宣传纳入检察总体工作中去谋划和部署，与业务工作统筹考虑、同步进行、协调推进，在研究和部署各项业务工作、办理重大敏感案件的同时研究部署舆情风险评估和排查工作，制定应对处置预案，提升工作的前瞻性和预见性。业务部门要将重大案件信息及时报送宣传部门，宣传部门发布重大案件信息时，各业务部门要积极配合提供有关信息，保证重大案件的信息畅通。同时宣传部门要与市院宣传部门、党委宣传部门、网络信息监管部门、公安、法院等其他政法部门、新闻单位、社会媒体等加强联系，建立定期联席会议制度，形成联动合力，在重大敏感事件导控中互通信息、协同作战、整体发力，共同引导化解舆情危机。

2. 健全网络宣传制度保障

要结合检察工作实际制定有关门户网站、官方微博、微信管理等规章制度，推动检察网络宣传和舆论引导工作步入规范化轨道。

3. 建立舆情引导一体化工作机制

一是加强监测和负面舆情管控。要认真落实相关规定，建立班子，设置专人对涉检舆情进行实时监测、及时预警和综合评估。二是建立一体化舆情导控联动机制。加强本院内部相关部门的协调配合，明确责任和分工，整合资源，在上下级院之间以及宣传部门、业务部门之间建立舆情信息共享和处置一体化联动机制。三是建立涉检舆情处置评估机制。要根据舆情的发生、发展和处置情况和结果进行评估总结，必要时可发内部通报。对于涉检舆情处置有力，效果显著的部门，应给予表彰；对于涉检舆情处置不力，造成恶劣影响或者严重后果的部门和人员，应依据有关规定追究责任，严肃处理。

4. 建立宣传效果评价工作机制

探索建立宣传工作效果常态化评价机制，明确评价的主要指标和考察要素。把宣传工作情况纳入岗位目标管理考核内容，量化考核指标，调动参与原创工作的积极性、主动性。加大对效果评价指标的运用，对于因执法办案不规范引发重大负面舆情的，在评先表彰时一票否决。

（三）把握传播规律，立体化构建检察网络宣传阵地

在新媒体时代，各类媒体相互影响，融合并存，检察机关要适应全媒体格局的调整，做好检察机关全媒体战略布局，努力构建功能互补、覆盖广泛、导向正确、便捷高效的检察宣传阵地体系。

1. 加快检察网络宣传全媒体建设

加强检察机关门户网站建设，加大检察信息网上发布，拓展与公众互动功能，完善服务群众事项，听取各界意见建议，在网络领域传播检察主流声音。加强检察"微政"建设，推动官方微博、微信集群化发展，鼓励检察人员开通实名认证微博。积极推进以"两微一端"为主的新媒体发展战略，探索利用微博、微信、新闻客户端、手机报等新兴传播工具，打造检务信息发布新平台。

2. 构建"多位一体"宣传模式

要处理好网络媒体和传统媒体的关系，结合检察机关实际，充分发挥报纸、广播、电视、网站、微博、手机等不同媒介的传播优势，构建立体化宣传模式。加强与党报党刊、电台电视台、主流网站等媒体的合作，培育一批检察精品栏目。积极争取网络意见领袖的支持，储备一批检察机关常备的重点报道、法学专家和新闻评论员队伍，扩大检察话语权，抢占舆论制高点。

3. 增强检察人员媒体素养意识

检察网络宣传是一项系统工程，既是宣传部门的重要职责，也是业务部门的共同任务和全体检察人员的共同职责。在全媒体时代，检察人员的执法活动往往成为社会关注的焦点，成为信息源。事实证明，许多负面涉检舆情，往往是办案人员的一个生硬态度，一个不当手势，一句雷人言语引起的。作为社会公平正义的守护者，检察人员被社会寄予很高的期望。检察机关要把提高媒体素养纳入各类检察教育培训课程，教育检察人员认知媒介，明确人人都是形象窗口，人人都是宣传主体，处处都是宣传阵地的观念，形成检察宣传人人参与，人人有责的局面。

（四）围绕中心工作，全面展示检察机关良好形象

检察机关要围绕检察中心工作，进一步加强检察机关正面宣传，努力聚集、传送、释放检察机关"正能量"，让检察"好声音"响起来、亮起来、树起来。

1. 强化网络正面宣传

要根据检察工作总体部署和阶段安排，围绕检察工作重点和重大部署，通过微博直播、网络发布、网络访谈、微信推送、手机客户端等多种渠道，发布检察机关权威信息，表达立场观点，回应社会关切；大力宣传虹口检察特色亮点工作，积极利用各类网络媒体，开展多角度、有声势的检察机关积极稳步推进检察改革、深化"两法"实施、服务保障航运中心建设、深化自贸试验区司法保障等检察职能和先进典型宣传报道，及时报道检察机关服务经济社会发展大局、执法为民，保障民生，维护保障群众切身利益等方面的亮点举措，努力使群众感受到社会公平正义就在身边，进一步了解、熟悉、认同、支持检察工作。

2. 及时回应社会关切

对涉及检察机关的重大舆情、检察机关办理的重大敏感案件以及公众关心的民生热点问题，积极予以回应。组织专家学者做好对检察机关重大方针政策和重要工作部署的解读。及时发布权威信息，讲清事实真相、法律规定、案件进展和处理结果等。

3. 深化检务公开

完善公众参与监督机制，拓宽检务公开范围、内容、形式和深度。建立执法办案公开机制，加大法律文书说理和公开力度。网络宣传要配合检察开放日、举报宣传周等几种宣传活动，面向基层群众，争取理解认同。开展职务犯罪预防和警示教育，把职能优势转化为教育优势，提高预防效果。开展检察职能系列宣传活动，深化同人大代表、政协委员和社会各界的联络工作，主动接受社会监督。

4. 严守宣传纪律，严格执行规定

检察机关要树立新闻宣传风险意识，严格执行国家和检察机关宣传纪律和保密规定。规范媒体采访，未经批准，检察人员不得以单位或职务名义接受记者采访或向新闻媒体提供稿件。

试论社区矫正的检察监督

课题组组长：潘建安[*]

全面推进社区矫正工作，是维护社会和谐、促进法治建设的必然要求，是落实宽严相济的刑事政策，建设有中国特色刑罚执行制度的一项重要举措。检察机关加强社区矫正法律监督，对于促进社区矫正活动依法、严格、文明、规范进行，维护刑罚执行公平公正具有十分重要的意义。当前，社区矫正检察法律监督工作正处于探索阶段，没有先例和模式可循，而且随着我国司法改革不断推向深入，劳动教养制度全面废除，更多的轻微刑事案件罪犯将进入社区服刑，社区矫正的任务将更为繁重，因此有必要进一步加强和规范社区矫正的检察监督，充分发挥社区检察室深入基层、贴近矫正一线的平台优势，从源头落实监督职责，健全完善工作机制。

一、社区矫正制度的基本架构

(一) 社区矫正的概念及起源和发展

社区矫正是一种不使罪犯与社会隔离并利用社区资源教育改造罪犯的方法，是所有在社区环境中管理教育罪犯方式的总称。国外较常见的社区矫正方式包括缓刑、假释、社区服务、暂时释放、中途之家、工作释放、学习释放等。我国的社区矫正，是指将符合社区矫正条件的罪犯置于社区内，由司法行政机关予以监督管理，在判决、裁定或决定确定的期限内，通过社工组织以及志愿者组织的协助与帮教，矫正其犯罪心理和行为恶习，并促进其顺

---

[*] 课题组组长：潘建安，上海市虹口区人民检察院党组成员、副检察长；课题组组员：曹卫、谢建新、张朋成、王志强。

利回归社会的非监禁刑罚执行活动。

自从 1973 年美国明尼苏达州议会通过了世界上第一部专门的社区矫正法律《社区矫正法》以来，英国、法国、澳大利亚、德国、俄罗斯、日本等国纷纷制定了社区矫正相关法律法规，许多国家社区矫正服刑罪犯的比例甚至已经超过了传统的监禁刑罪犯。如美国，2000 年同期非监禁的犯罪人数是监禁人数的 2.36 倍，2006 年年底，缓刑人数为 423 万左右，假释人数为 79 万，社区矫正的比例约占 70%。相对而言，我国对社区矫正的探索和起步较晚，自 2002 年试点启动社区矫正，直至 2012 年 3 月 1 日才在全国正式施行。发展至今，社区矫正工作取得了丰硕的成果。十多年来，全国累计接收社区服刑人员 184.7 万人，解除社区矫正 113.8 万人，社区矫正的人均成本只有监禁刑的 1/10，社区矫正期间重新犯罪率只有 0.2%。[1]

（二）社区矫正检察监督的基本情况

社区矫正检察监督是修改后的《刑事诉讼法》赋予检察机关的一项新增职能。从工作环节看，社区矫正监督既要监督适用社区矫正前的调查评估活动，也要监督适用社区矫正后的交付执行、监督管理、教育矫治、变更执行和终止执行等各个工作环节的活动。从工作对象看，既要监督社区矫正活动中各相关部门公权力的运行，也要维护社区服刑人员的合法权益。从工作内容看，既要监督社区矫正活动是否符合法律规定，也要查办其中存在的职务犯罪，还要办理社区服刑人员再犯罪案件。

2002 年本市开始试点社区矫正，上海检察机关承担起社区矫正法律监督的工作职责，特别是 2011 年全市普遍建立检察机关派驻社区检察室以来，更是明确将社区矫正检察监督作为社区检察部门的一项重要职能。2013 年 7 月，全市检察机关将社区矫正监督职责从监所检察部门划归社区检察部门，成为全国唯一一家明确将社区矫正监督列为社区检察室的主要工作职能、全建制开展社区矫正监督的省级检察机关，形成了以市、区县、街道社区检察机构对应三级社区矫正机构的监督新模式。

2011 年我院根据上海市人民检察院的部署和要求成立了社区检察科，现下设北外滩社区检察室和大柏树社区检察室两个派驻检察室，实现了对辖区

---

[1] 孟建柱："全面推进社区矫正工作，促进社区服刑人员更好的融入社会"，载《检察日报》2014 年7 月 11 日。

八个街道司法所、公安派出所的全覆盖。2013 年 6 月，我院与虹口区司法局共同签订了《关于加强虹口区社区矫正和检察监督协作配合工作的若干规定》。2013 年 7 月，我院社区检察科承担起社区矫正检察监督的工作职责。今年，社区检察科以突出问题为重点，开展"暂予监外执行"专项检察，取得了初步成效。

（三）社区矫正制度的域内外比较分析

1. 立法规定

国外社区矫正的法律规定一般比较健全，基本呈现为在刑事法律中分散规定、综合性矫正法律中集中规定和专门性社区矫正法律三种类型。[1]如美国多数州都有自己专门的社区矫正法，英国、德国、日本、俄罗斯等国均有配套比较完备的社区矫正法律法规。[2]

2012 年 2 月，最高人民法院、最高人民检察院、公安部、司法部联合制定了《社区矫正实施办法》（以下简称《实施办法》），以指导全国社区矫正工作。2012 年 6 月，上海市高级人民法院、上海市人民检察院、上海市公安局和上海市司法局联合制定了《关于贯彻落实〈社区矫正实施办法〉的实施细则》（以下简称《实施细则》），使本市的社区矫正工作更加细化、更加明确，操作性也更强。然而，与欧美等发达国家相比，我国社区矫正的全国性规范还比较原则、抽象，本市制定的《实施细则》虽然操作性较强，但法律位阶又比较低，且各地规定不尽相同，造成跨省市社区矫正的法律适用不够统一的情况。

2. 机构设置

我国社区矫正机构的三级体系包括：中央负责社区矫正的机构为司法部，地方负责社区矫正的机构为司法局，街道、乡镇具体承担审前调查评估、列管宣告、监督管理、期满宣告等工作的机构为司法所。此外，有关社会组织、居委会、志愿者组织等也参与部分社区矫正工作，如本市通过政府购买服务

---

〔1〕 吴宗宪：《社区矫正比较研究》，中国人民大学出版社 2006 年版，第 312 页。

〔2〕 英国社区矫正制度散见在《刑事司法条例》《刑事法庭权力法》《刑事法院量刑限制法案》《刑事法院权力法（判决）2000》的第四、五编等法律法规中。俄罗斯以《俄罗斯刑事执行法典》为中心，辅之以《关于刑事执行检察机关的地位及其人员编制标准的规定》、《关于非社会隔离性刑罚执行的决定》以及《关于限制自由刑执行实施细则的规定》等规章组成了社区矫正法制体系。参见果志杰、李玉娥、田越光："俄罗斯社区矫正制度评述及启示"，载《河北法学》2014年第 1 期。

的方式使一些社会组织参与对社区矫正罪犯的帮扶。

国外一般设有专门的社区矫正机构如缓刑局、矫正局、社区矫正工作站等，与国外相比，我国社区矫正机构的模式在形式上与美国较为接近，但也存在较大的差异，主要表现在一方面我国民间组织、社区企业、社区群众等参与社区矫正的积极性都比较低，而美国民间组织、社区企业等在社区矫正和帮扶中承担了大量的工作；另一方面，目前司法所不仅承担社区矫正职责，还承担了部分街道行政工作，这就导致司法所无论是在专业能力上还是在人员配置上都无法满足现实中社区矫正监管的需要。

3. 社区矫正形式

国外社区矫正形式具有多样性、独特性的特点，[1]相对而言我国社区矫正形式目前还比较单一，以本市为例，在日常矫正措施和形式上主要有公益劳动、周报到、思想汇报、集中教育、定期体检、心理疏导、电子监控等。与欧美发达国家相比，我国目前的社区矫正形式和措施偏少，特别是帮扶性措施较少，此外，与欧美偏重个别化矫正不同，我国有针对性的个别化矫正措施发展比较滞后。

4. 矫正工作人员

国外参与社区矫正工作的队伍比较庞大，[2]而我国社区矫正工作人员队伍数量较少。以本区为例，参与矫正工作的人员包括区司法局下设的矫正科工作人员、司法所矫正专职干部、社区民警、社会工作者和志愿者。从广义上讲，本市各检察机关设立的社区检察室中负责社区矫正的专职检察人员也可纳入社区矫正工作人员范畴，对社区矫正刑罚执行活动依法具有监督职责。与欧美等国相比，我国社区矫正工作人员在专业化、职业化、自愿帮教化等方面差距明显，涉及社区矫正的工作人员很多不具有法律学历背景，社工、志愿者的工作内容行政监管属性强、帮教属性偏弱。

---

〔1〕 如美国除了传统上的缓刑与假释，还包括了工作释放、审前转处、居住方案、重归社会方案、社区毒品矫治项目、养育之家、社区服务中心、赔偿、复合刑罚、家庭软禁、间歇监禁等。英国则包括：缓刑令、假释、社区服务令、宵禁令、毒品的治疗与检验令、出席中心令、监督令、行为规划令等。俄罗斯包括：义务性劳动刑、罚金刑、剥夺担任一定职务或从事一定活动权利刑、矫正性劳动刑、限制自由刑与附加性刑罚执行的限定等。

〔2〕 如美国，负责社区管理职责的专业人员主要由缓刑官和假释官组成，假释助理、审前释放和转处方案的官员以及居住方案工作人员也是社区矫正工作体系中不可忽视的重要力量，此外美国每年大约有30万至50万志愿者加入到社区矫正工作中。参见种若静："美国社区矫正制度"，载《中国司法》2012年第1期。

二、社区矫正检察监督存在的问题及原因分析

随着社区矫正检察监督的深入开展，目前工作中仍存在一些问题，亟须研究并妥善解决。

（一）社区矫正工作流程中存在的问题

1. 调查评估环节

审前调查评估是指法院在决定对犯罪嫌疑人适用社区矫正前，委托司法行政机关对其住址、社会关系、是否可能对社区造成不良影响等信息进行调查评估。通过调查评估，统筹考虑非监禁刑罚是否符合公共利益、是否会对社区安全产生不利影响、是否可以实现有效监管等，从而最终决定是否适用社区矫正。当前，调查评估环节存在的问题主要有以下四个方面：

（1）部分案件委托调查时间滞后

虽然上海市委政法委于 2013 年 10 月下发的《关于落实轻微刑事案件快速办理机制加强对本市管制、缓刑类罪犯社区矫正的若干规定》以及 2014 年 8 月 26 日最高人民法院、最高人民检察院、公安部、司法部制定的《关于在部分地区开展刑事案件速裁程序试点工作的办法》较好地解决了"轻案快办"或速裁案件委托调查时限问题，但在社区矫正检察监督中发现，司法行政机关仍然经常遇到法院委托调查评估时间滞后的问题，如司法行政机关在收到法院委托调查评估函后，尚未展开调查或者调查尚未结束时，法院决定对罪犯适用社区矫正的判决已经作出，甚至还存在判决作出后才向司法行政机关发送委托调查评估函的情况。

导致法院委托调查评估时间滞后的原因主要在于：一方面，对于部分"轻案快办"或速裁案件，外区检察机关没有委托调查，在案件提起公诉后，法院再予委托调查的时间过紧；另一方面，法院受案较多，案多人少的矛盾一直比较突出，在较短的时间内既要保证案件审理质量，又要同时做好委托调查工作，两者有时难以兼顾，故当委托调查时限与审判时限发生冲突时，法官往往会选择牺牲委托调查时限，确保审判时限。

（2）部分案件调查函制作不规范

实践中，本市部分法院、检察机关发往相关司法行政机关的委托函制作不规范，如有的书写字迹潦草造成调查人员无法识别有效信息，还有的仅包

含一个名字，而无居住地址、手机号码等具体信息，造成调查人员无从入手。这些不规范的现象一方面反映了法院、检察机关案件承办人对调查评估函的具体要求缺乏了解；另一方面也反映了各司法机关之间沟通交流不够充分。

（3）法院对评估结果不够重视

当前，调查评估结果对于法院判决结果的参考价值和影响力并不大，少数案件虽然司法行政机关拒绝列管的理由比较充分，但并不会影响法院继续判决罪犯执行社区矫正，从而造成矫正专职干部、社工、志愿者认为调查评估工作不被法院重视和采纳，在后续社会调查工作中有走形式的倾向。

（4）人户分离罪犯列管困难

罪犯户籍地与居住地不一致很容易造成两地司法行政机关相互扯皮推诿。罪犯的户籍地与居住地不一致包括两种情形：一是户籍地与居住地分属上海市不同区县；二是户籍地与居住地分属不同省市。对于第一种情形，目前上海已经实行了首接责任制，较大程度地避免和减少了接纳机关的相互推诿。而第二种情形则成为当前的一大难题，因为外省市户籍罪犯较多，罪犯本人往往已离家在沪工作多年，其户籍地司法行政机关因其早已不在当地居住而拒绝列管，而且部分罪犯在沪既无个人产权房屋，也无法提供租赁房屋期限一年以上的租赁合同，不符合在本市居住地列管的条件。户籍地和居住地司法行政机关均有充分理由拒绝列管，从而导致法院无法确定列管地。

2. 交付衔接环节

当前交付执行环节存在的问题主要有以下四个方面：

（1）法院迟延交付法律文书

一是法院未依法向司法行政机关交付相关法律文书。根据《刑事诉讼法》第 253 条之规定，对决定实施社区矫正的罪犯法院应当在判决生效后 10 日内将有关法律文书送达社区矫正执行机关，同时依据《实施办法》第 5 条之规定，对决定实施社区矫正的罪犯法院应当在判决生效起 3 个工作日内将有关法律文书送达社区矫正执行机关。然而实践中，超期送达法律文书的现象时有发生，导致脱漏管。社区检察部门制发监督类法律文书的主要原因均属上述情形。

二是法院未依法向检察机关、公安机关抄送相关法律文书。根据《实施办法》第 5 条的规定，对于适用社区矫正的罪犯，人民法院在判决、裁定生效起 3 个工作日内抄送其居住地县级人民检察院和公安机关。但在实践中，法院未向检察机关和公安机关抄送、迟延抄送法律文书以及抄送法律文书不全等现象都比较常见。未抄送法律文书将直接导致检察机关及公安机关无法掌握矫正罪犯的信息，迟延抄送将导致检察机关和公安机关不能及时进行监督。

造成法院法律文书迟延交付的原因包括两个方面：主观上，部分案件法院承办法官对社区矫正相关法规不熟悉，对是否应及时交付思想上没有引起足够重视，如个别案件终审法院未及时通知一审法院，一审法院法官也不主动和终审法院法官取得联系以掌握案件最新进展。客观上，部分案件因为户籍地或居住地司法行政机关拒绝列管或两地司法行政机关均拒绝列管，造成法院为了进一步确定列管机关而耽误委托调查时间；部分案件由于被告人上诉，终审法院判决后未及时通知一审法院，导致法律文书送达延迟，甚至造成了漏管。

（2）对缓刑考验期起算日认定存有争议

法律规定缓刑考验期应当自判决生效之日起计算，特别是对于不上诉的案件，在 10 日上诉期满后，被告人未上诉的，法院判决应立即生效。对此虽然法院也认为缓刑考验期应从判决生效之日起算，但实践中对于起算点的认定存在认识分歧，许多法官认为缓刑考验期的起算之日应从被告人上诉期满后再增加数日开始计算，增加的数日属送达时间，不计入缓刑考验期。考验起算点的后移将变相导致罪犯解除矫正日期的延后，侵犯其合法权利。

（3）部分案件司法人员未到庭交接

根据《实施办法》第 6 条的规定，人民法院决定暂予监外执行的，应当通知居住地县级司法行政机关派员到庭办理交接手续，但实践中，许多暂予监外执行罪犯都是自行至社区矫正中心报到。与判处缓刑相同的是，法院均通过邮寄送达法律文书。然而，缓刑犯与暂予监外执行罪犯被决定社区矫正的原因具有本质区别，前者从罪犯主观上是真诚悔罪，回归社区后不致再危害社会，而后者则是因为患有严重疾病、怀孕或者哺乳婴幼儿等因素，不需要其主观上具有悔罪表现，回归社会后相比缓刑犯可能具有一定的人身危险性，故《实施办法》对此作出了区别规定，因此法院与司法行政机关应当双方派员当场交接，加强监督。

（4）部分案件社区民警缺席列管宣告

列管宣告程序意味着交付执行环节的结束和矫正罪犯正式列管的开始，社区民警出席列管宣告有助于增强对矫正罪犯的威慑力，提高矫正罪犯对社区矫正法律的敬畏心。但实践中发现，社区民警未出席列管宣告会的现象还比较普遍，究其原因：一方面确实存在基层民警工作太忙难以抽身的现实情况；另一方面，部分民警在思想上也不够重视。

3. 监督管理环节

（1）社区矫正队伍力量薄弱

司法所是法律规定的具体执行社区矫正的实施机构，但实践中，司法所虽然业务上受司法局指导，但司法所内所有人员任命、办公经费、人员薪酬待遇等均由街道负责，具体负责社区矫正的仅社区矫正专职干部一人。执法力量的薄弱导致社工实际负担起了对社区矫正罪犯的具体监督管理工作。由于目前法律未作明确规定，对实际具体承担着监管职责的社工以及志愿者是否属于检察监督对象的问题尚存有争议，因为社工和志愿者是民间组织参与对社区矫正罪犯进行帮扶的代表，不具有执法性质，检察机关对其开展检察监督缺乏法律依据。

（2）对因病保外就医罪犯的监督存在盲区

对于暂予监外执行罪犯，监狱决定的保外就医期限往往是一年或者更短，法律规定期限届满时罪犯必须至指定医疗机构对病情进行重新鉴定，对于已经康复的罪犯应当收监执行余刑。然而司法实践中法院在宣判时对部分暂予监外执行罪犯往往"一保到底"，如有的罪犯被判有期徒刑三年，法院就直接决定暂予监外执行三年，而不考虑监外执行期间罪犯身体有无康复的可能性。由于罪犯不需要每年至法定医疗鉴定机构进行病情鉴定，导致监管机关和检察机关难以准确掌握其病情恢复进展情况。

（3）违法信息通报不畅

依据《实施细则》第 63 条之规定，对于社区矫正人员因吸毒被公安机关处以强制隔离戒毒处罚的、或因重新犯罪被刑事拘留的，公安机关应当及时通知相关区县司法行政机关和检察机关。但在实践中，公安机关很少会主动通知司法行政机关和检察机关。事实上，矫正罪犯被刑事拘留或者被强制戒毒后，矫正干部和社工都无法及时得知相关信息，往往是在发现矫正罪犯失踪多日后才通报司法所和矫正中心，矫正中心再通过公安机关上网查找，查明具体相关公安派出所后，再联系相关检察机关协助调取拘留证等法律文书。公安机关不通报矫正罪犯违法信息导致检察机关对社区矫正的法律监督存在盲区。

（4）电子监控执行难

在我国，电子监控形式不一，目前主要有三类：一是手机信号监控，如江浙一带司法行政机关就给重点矫正罪犯配发具有 GPS 定位功能的手机；二是电子脚铐，即佩戴在矫正罪犯脚脖上的定位装置，如本市就是采用电子脚铐的方式；三是电子手镯，即佩戴在矫正罪犯手腕上的定位装置。这三类监控目前都存在不足之处，对于手机监控，因为手机可以离身，矫正罪犯将其留于家中或给他人使用，会造成实际上无法对其定位监控。电子脚铐虽然能更好地锁定矫正罪犯位置，但矫正罪犯普遍反映日常戴着不舒服、不方便，特别是在洗澡时更感觉不适。而对于电子手镯，戴在矫正罪犯手腕上太显眼，很容易暴露其罪犯身份，不利于其在社会上正常工作和生活。

4. 收监执行环节

对于暂予监外执行条件消失、因违法被处刑事拘留十日以上、因吸毒被处强制戒毒以及不服从社区矫正管理规定被多次警告仍拒不改正的矫正对象都应当收监执行，从而防止其继续危害社会。但在实践中，收监执行面临着以下四个难题：

（1）社会保障体系不完善造成的收监难

在社区矫正检察监督中曾发现，一名哺乳婴幼儿的妇女，在哺乳期满后却无法正常收监，原因在于该罪犯有两名未满三周岁的婴幼儿，如果将其收监执行，两名子女将无人抚养，因此法官对于是否作出收监的决定十分慎重，在无法确定两个婴幼儿确有可抚养之人或社会福利机构愿意接纳的前提下，不能作出收监执行的决定。

（2）缺乏强制医疗机构造成的收监难

在对本区暂予监外执行专项检察中发现，矫正期间重新犯罪的均为涉及毒品犯罪的矫正罪犯，究其原因：一方面涉及毒品犯罪的矫正罪犯往往患有严重疾病需要医疗；另一方面，该类罪犯往往本人吸毒，且没有固定工作，由于缺乏生活来源，导致罪犯在社区矫正期间以贩养吸，继续实施危害社会的行为，而且其往往依仗身患严重疾病、无强制医疗机构等因素，拒不服从社区矫正监管。对此，由于没有强制医疗机构，法院在对矫正对象新罪判决后不得不再次决定暂予监外执行。

（3）外省市法院不予答复造成的收监难

部分假释犯和暂予监外执行罪犯是由外省市法院作出社区矫正决定的，

其在本区社区矫正期间因违法行为而启动收监程序，但我院建议外省市法院予以收监后，法院却迟迟不予答复，造成收监难。同时，由于涉及外省市法院，本市检察机关难以实现有效监督。

（4）技术更新滞后造成的上网追逃难

对于矫正期间下落不明超过一个月的，在启动收监程序后，提请公安机关协助上网追逃难以实现，公安机关往往以系统技术原因即"没有批捕决定书"为由不采取上网追逃措施，造成矫正罪犯难以被抓捕到案，无法完成收监任务。

（二）社区矫正检察监督存在的问题

虽然社区检察部门通过日常巡查、专项检察等工作有力推进了社区矫正的规范化运行，取得了良好的成效，但仍存在以下四个问题：

1. 缺乏具体操作规范

目前，检察机关对社区矫正的检察监督依据主要来自《实施办法》和《实施细则》，而这两个法规对社区矫正检察监督规定的都比较原则，缺乏可操作性。此外，全市也尚未形成一部专门的社区矫正检察监督的制度规范。在日常工作中，由于社区矫正检察是从监所部门至社区检察部门过来的业务工作，工作模式、工作内容均沿袭了监所部门的工作特点，原监所部门社区矫正干部的工作经验、工作方式方法成为社区矫正检察的宝贵经验，这在社区检察部门成立初期对推进社区矫正检察工作的开展起到了关键作用。但随着社区矫正职能的拓展，亟须制定全市统一的社区矫正监督工作指引，促进社区矫正检察工作的进一步规范化、制度化。

2. 监督手段单一

社区检察监督具有单一性和滞后性，事先预防功能偏弱，这主要表现在检察监督事前监督少、事后监督多，针对个案监督多、针对类案监督少，如何将监督关口前移以及如何有效预防同类问题再次发生成为一大难题。

3. 监督途径有待拓宽

公检法司社区矫正信息化平台的搭建有利于检察机关社区矫正检察监督关口的前移，实现同步监督，并充分发挥检察监督的效能。近期，区矫正中心已向我院开放虹口区社区矫正罪犯信息查询系统，我院社区检察部门首次实现了利用信息化平台对社区矫正动态信息的同步监督，这对于社区矫正检察监督重心从事后监督转变为事先监督、同步监督具有重要意义。但目前检察机关尚无法查询法院、公安机关输入的矫正罪犯的信息，使得社区检察部门对法院交付执行、公安机关采取强制措施等事项的监督还较为被动和滞后。

4. 监督能力有待提升

一方面，由于本市社区检察部门成立仅 6 年多，而社区矫正在上海已有十年的发展史，相比于司法行政机关的社区矫正工作人员，社区矫正检察干部普遍属于"新手"，缺乏社区矫正的实践经验，在社区矫正业务能力和素质上都有待进一步提高。另一方面，在人员配置方面，每个社区检察室仅设一名矫正专职人员，而日常需开展列管宣告、现场监督公益劳动、集中教育、约见谈话、训诫教育等等大量繁琐的工作，导致监督精力投入不足。

（三）社区矫正检察监督工作机制存在的问题

1. 检察机关内部沟通需要加强

目前市院对于监所检察部门和社区检察部门关于社区矫正检察监督的职能定位还存在重叠，虽然社区矫正检察工作中大部门业务已经从监所检察部门划转至社区检察部门，但尚有部分工作需要两个部门共同配合完成。如对于建议收监执行的《检察意见书》的制发，虽然实际上是由社区检察部门起草，但仍以监所检察部门的名义对外制发，而且两个部门重复审查，既浪费司法资源，又影响工作效率。

2. 公检法司信息反馈不够及时

公检法司信息反馈不及时主要体现在以下三个方面：

（1）法院与司法行政机关之间信息反馈不及时

实践中主要表现为法院委托调查评估时间过于延迟、司法行政机关作出的评估结果不受重视、交付执行环节法院法律文书的迟延交付等，由此造成调查评估时间紧、接收纳管不及时、漏管等现象。

（2）公安与司法行政机关之间信息反馈不及时

实践中主要表现为社区民警不出席列管宣告、公安机关对刑拘、强制戒毒等信息不通报、对潜逃的矫正罪犯协查力度不够等，从而造成对矫正罪犯威慑力降低、监管出现障碍、追逃困难等现象。

（3）检察机关与司法行政部门之间信息反馈不及时

由于社区检察部门成立时间不长，司法所工作人员对于发现的问题尚缺乏主动向社区检察部门通报的意识，实践中经常出现矫正罪犯失踪、被刑事拘留、因重新犯罪被判决等信息没有通报社区检察部门的情况，造成检察机关掌握信息比较滞后。

3. 社区矫正法律监督工作机制有待完善

近年来，社区矫正工作快速发展，司法行政机关监管的社区矫正罪犯日渐增多。然而，社区矫正的法律法规尚未健全，部分司法人员对社区矫正的法律知识储备不够扎实，对社区矫正的不够重视，造成当前社区矫正工作常见问题频发。而当前社区矫正检察人员人手偏少，资源有限，如何建立一个科学、规范的社区矫正法律监督工作机制，充分整合各方资源，有效解决工作中的常规问题、一类问题、突出问题，对于社区检察部门是一项重大考验。

4. 跨区域检察机关沟通联系机制尚未建立

社区矫正罪犯属外省市、外区执行矫正以及本地列管的矫正罪犯因违法犯罪被外省市、外区公安机关采取强制措施、检察机关提起公诉等情形，均会涉及跨区域检察机关的联系沟通问题。由于当前跨区域检察机关联系机制不健全，外省市检察机关针对上述两种情形一般不会通报本市相关检察机关，造成检察机关难以掌握跨管辖区域矫正罪犯的列管和违法犯罪信息。

5. 社区群众对社区矫正存在认识偏差

本市社区矫正经过十年的探索和发展，社区矫正已经逐步进入社区，矫正罪犯与社区居民共同生活、共同工作已逐渐成为常态。但是，社区企业、社区居民在主观上对矫正罪犯的认识尚未达到西方欧美发达国家的水平，矫正罪犯受歧视的现象还比较常见。如矫正罪犯在就业时一般不会主动告知企业自己的身份，而许多企业和公司一旦发现其雇用的职员系矫正罪犯后，会寻找各种理由予以辞退。调查评估中发现，社区居民一般都不愿意罪犯在本社区执行矫正，究其原因，就在于社区企业、社区居民对社区矫正的认识程度还需要提高。

三、完善社区矫正检察监督的对策

（一）加强对社区矫正重点环节的检察监督

1. 调查评估环节

（1）加强检法沟通协调

针对法院部分案件委托调查滞后的问题，应分情形采取不同方式予以纠正，对于部分"轻案快办"或速裁案件，在审查起诉阶段检察机关未委托调查的，而且法院在审理时限内无法完成委托调查的，可建议法院加强与检察机关的沟通协调，理顺工作机制。对于因案多人少未委托调查的普通轻刑案件，承办人多因工作量大而忽视委托调查评估的，检察机关可提出口头建议或制发《检察建议书》，提高法官的思想重视程度。

（2）加强对法院委托调查的监督

针对法院委托调查时间滞后以及调查评估函制作不规范的问题，检察机关可以采用制发《检察公函》或《检察建议书》的方式规范法院审前调查程序，针对此类问题多发的法院，以制发类案《检察建议书》的形式，促使法院不断提高委托调查评估的规范性。

（3）将评估结果纳入法院判决书

针对司法行政机关反映的调查评估结果不被法院重视等情形，建议将调查评估结果纳入法院判决书中。在判决书中专列一段详述法院对被判决的罪犯适用社区矫正的原因，并引用调查评估所得出的结论以及社区群众的意见。既保障了法院适用社区矫正的释法说理性，增强了判决依据的公开透明性，也尊重了司法行政机关工作人员调查评估的劳动成果和罪犯所在社区的群众意见。

（4）明确列管管辖区域

对于户籍地与居住地不一致的罪犯，可建立以居住地为主、户籍地为辅的列管接收制度，降低居住地认定标准，尽可能使罪犯在居住地列管。如对于部分罪犯无法提供租赁期限一年以上租赁合同的情况，经检察机关调查确认其在本市工作又在本区有实际居所的，可属本区列管范围。

2. 交付衔接环节

（1）规范法律文书交付衔接

针对法院迟延交付法律文书的情形，检察机关可采用制发《检察建议书》《纠正违法通知书》等形式要求法院予以整改，对拒不改正的，可将《检察建议书》抄送法院所在地同级人大常委会，由人大牵头督促法院整改落实，避免漏管现象的发生。

（2）加强对法律适用争议的研究

对缓刑考验期起算点的争议，检察机关可将该争议层报上级检察机关，由上海市人民检察院和上海市高级人民法院共同研究和解决，统一执法认识。

（3）规范矫正对象交接纳管

针对法院决定暂予监外执行的罪犯自行至司法行政机关报到的现象，检察机关应对每一名暂予监外执行罪犯的当庭交付进行现场监督，对于确因客观原因不得不在庭外交接的，检察机关应当派员监督双方是否派员进行庭外交接。

（4）加强对缺席列管宣告的监督

对于社区民警不出席列管宣告会的，应及时做好详细记录，定期进行汇总并通报公安机关法制办，并建议公安机关督促社区民警提高对社区矫正刑罚执行活动规范性的认识。

3. 监督管理环节

（1）提升司法所矫正专职干部业务素质

针对司法所人员力量薄弱的现象，建议不断扩充司法所队伍，严格招录司法所人员的专业条件，尽量多招收具有法律专业背景的干部从事社区矫正工作，对不具有法律专业的矫正干部采取定期业务培训、考试等方式，不断提高其专业能力和素质。

（2）矫正对象定期医疗鉴定

针对法院对暂予监外执行罪犯"一保到底"的做法，可建议法院减少"一保到底"式的暂予监外执行模式，参考监狱罪犯保外就医的严格管理模式，严格规范暂予监外执行罪犯的医疗鉴定报告，实行每年度定期医疗鉴定，防止暂予监外执行条件消失后仍未及时收监的现象发生。

（3）通报羁押地社区检察部门

公安机关对矫正罪犯采取刑事拘留、强制戒毒等处罚而未通报矫正执行机关和相应检察机关的，矫正执行地社区检察部门可将该情况通报该罪犯羁押地的社区检察部门，进一步加强监督。

（4）制定电子监控法律法规

对于手机信号监控、电子脚铐、电子手镯三类电子监控方式，我们不主张采用手机定位，因为手机可与人身分离，当矫正罪犯有意规避监管时，执法机关无法对其实施定位，且定位可能还具有欺骗性。对于电子脚镣、电子手镯目前存在的弊端，建议可将该情况及时反馈给相关企业，建议其进一步改进产品，达到既不影响矫正罪犯日常生活又能提升监控效能的目的。针对电子监控欠缺专门性规定的问题，建议制定电子监控法律法规，明确电子镣铐适用的决定机构、具体对象、适用时间、终止时间以及拒绝监控应承担的法律后果等内容。

4. 收监执行环节

（1）附条件不收监

针对怀孕和哺乳条件消失后，矫正罪犯的婴幼儿无人照顾的现象，可参考俄罗斯《刑法典》第 82 条的规定：对判处剥夺自由 5 年以下的孕妇和有幼年子女的妇女，可以由法院决定其延期执行直至子女年满 14 岁，且子女满 14 岁时，罪犯表现良好但刑期未满的，法院可以免除刑罚或改判轻刑。[1]俄罗斯的法律规定不仅体现了人道主义精神，而且有效保护了儿童权益，既有利于儿童的健康成长，又有利于矫正罪犯的改造。故建议我国对怀孕和哺乳婴幼儿的妇女制定附条件不收监的规定，督促其在孩子成长期间认真履行监护义务，避免重新违法犯罪而被收监执行余刑情况的发生。

（2）设立强制医疗机构

参照精神病人强制医疗特别程序，对于身患疾病却不服从监管的暂予监外执行罪犯，由政府强制医疗，设立专门的医疗机构，将该类矫正罪犯予以集中治疗，避免因收监难而在社会上造成不良影响。

（3）通报异地法院上级机关

对于申请收监执行，但异地法院不予答复的情形，可由基层检察机关层报上级检察机关，由上级检察机关向该异地法院的上级法院进行通报，督促其及时纠正，增强监督的效果。

（4）完善上网追逃技术程序

对于潜逃的矫正罪犯无法上网追逃的现象，由社区检察部门汇总问题后及时上报上级检察机关，通过检公协商，建议公安机关改进网络程序运作，尽快消除收监执行过程中存在的技术障碍。

（二）规范社区矫正检察监督工作

1. 制定社区矫正检察监督工作指引

针对当前社区矫正检察法律法规规定比较原则、抽象，尚缺乏一部专门的检察监督工作规范的情况，建议起草并制定一部专门的社区矫正检察监督

---

[1] 栗志杰、李玉娥、田越光："俄罗斯社区矫正制度评述及启示"，载《河北法学》2014 年第 1 期。

工作指引，通过工作指引促进社区矫正检察监督的规范化、制度化，增强检察监督的针对性和可操作性。

2. 加强一类问题监督

以开展专项检察为契机，注意收集、汇总辖区内监外执行监管和社区矫正中存在的重大问题，努力提高监督的敏锐感，准确把握监督的切入点，积极开展一类问题监督，采用类案检察通报、一类问题通报等形式，着力解决执法不严谨、执法不规范等一类问题。

3. 加强信息化建设

目前已基本实现对司法行政机关社区矫正信息系统的即时查询，随着信息技术的发展，以司法行政机关的社区矫正数据库为核心，法院、公安的信息录入为辅助，搭建公检法司信息共享平台即将成为现实。信息平台的建立使检察机关便于通过网络及时查询社区矫正的相关信息动态，通过技术手段实现对审前调查环节、法院交付环节、监督管理环节和收监执行环节的实时监控，从而真正将检察监督由事后监督转变为事前、事中监督，提升检察监督的预防功能。同时可进一步改进监督方法，参照侦监部门的侦查监督违法信息库等形式，适时建立社区矫正监督违法信息档案，加强对纠违线索的收集、汇总和管理。

4. 加强检察队伍专业化培养

应进一步加强社区矫正检察人员的专业化培养：一是全市社区检察部门可组织业务交流会、工作培训会，让经验丰富的老同志传授社区矫正检察监督的工作经验和心得体会；二是社区矫正检察人员应列席司法行政机关每月举行的动态分析会，通过听取司法所的情况通报，全面掌握社区矫正工作涉及的工作制度和相关工作进展；三是社区检察部门定期走访司法所、社工点、居委会等，向一线工作人员学习社区矫正工作经验，提升检察干部与社区基层群众沟通的能力。

（三）健全社区矫正检察监督工作机制

1. 完善检察机关内部联动机制

一方面，加强社区检察科与相关业务部门的工作横向对接，理顺工作程序，明确工作职责。建议市院将社区矫正罪犯的收监执行工作整体划归社区检察部门，进一步加强现阶段社区检察部门与监所部门的工作配合，提升检察监督合力。同时，将社区矫正工作中发现的贪污贿赂、渎职和立案监督线索，对监狱干警的举报线索等信息及时反馈给本院反贪、反渎、侦监等部门。另一方面，强化检察机关纵向联动机制，形成市院社区指导处、社区检察部门、社区检察室三级联动的机制，及时将基层工作中发现的问题和情况向上级院汇报，争取市院社区指导处的工作指导和支持，形成上下联动、各司其职的工作机制，促进社区矫正检察监督有序开展。

2. 完善公检法司协作配合机制

遵循监督配合的原则，进一步完善检察机关与人民法院、公安机关、司法行政机关的工作衔接及协作机制，形成信息及时共享、情况定期通报、重大问题协调解决的工作制度。对于工作衔接中的一般问题以及重大问题，可通过定期召开公检法司联席会议共同研讨和解决，同时建议公检法司各单位设立专门对口联系干部，加强日常沟通。

3. 构建"三位一体"的社区矫正法律监督工作机制

应建立常规问题日常巡检、一类问题重点检察、突出问题专项检察的"三位一体"监督机制，切实发挥矫正中心日常巡检的基础性作用，通过扎实的基础工作发现问题，有重点、有目的地分析纠正问题，系统性、针对性地专项检察，推动解决重点问题和一类问题，同时加强日常巡检，跟踪专项检察工作的落实情况，促进"三位一体"监督机制的良性运转，提升社区检察工作的质量和水平。

4. 完善跨区域检察机关联系沟通机制

探索建立跨省市、跨区域检察机关的联系沟通机制。全市检察机关应建立社区检察部门信息通报机制，建议各区社区检察部门指定专人负责联络工作，当发现本区矫正罪犯在外区列管监外执行，以及外区矫正罪犯在本区被采取强制措施、强制戒毒等信息时，应及时通报相关检察机关社区检察部门。对外省市列管的矫正罪犯应及时通报列管地基层检察机关，对发现外来矫正罪犯因违法犯罪在本区被采取羁押措施或提起公诉的，应及时通报相关的外省市检察机关。

5. 探索建立社区联络员制度

社区矫正是一项系统工程，仅仅依靠社区检察队伍的力量是远远不够的，需要整合社会各方资源，扩大社区矫正队伍，探索建立社区检察联络员制度。通过街道推荐、本院培训等方式，聘任一批群众认可的联络员，借助联络员地缘优势，及时掌握社情民意、宣传检察工作，通过共同参与"送法进社区"、法制教育巡展、服务社区等活动，进一步扩大社区矫正影响，帮助社区企业、公司、群众正确认识社区矫正的意义，形成社会帮扶的良好氛围，促使矫正服刑人员加快改造，重新融入社会，降低犯罪率，共同维护社区的稳定与平安。

党的十八届三中全会明确提出了"健全社区矫正制度"的改革任务，说明新形势下社区矫正处于更加重要的地位。随着社区矫正执法主体的变更，检察监督职能分工的调整，标志着社区矫正检察监督工作正步入一个新的发展阶段。新时期，检察机关应当积极作为，进一步理顺工作平台，健全工作机制，拓展法律监督的新途径、新方式，深化社区矫正检察监督工作。社区矫正是一项全新的工作，既没有现成模式可以参考，也没有成熟经验可以借鉴，只有在实践中求完善，在探索中求创新，促进社区检察工作的新发展。

严明党的纪律　基层纪检监察部门的作用体现

课题组组长：朱尚伟[*]

严明党的纪律是深入推进党风廉政建设和反腐败斗争的客观要求。在十八届中纪委三次全会上，习近平总书记向全党发出号令，要求全面加强党的纪律建设，严格执行党的各项纪律，切实克服组织涣散、纪律松弛的现象。这对于在新形势下增强全党的组织纪律性，确保党始终成为领导中国特色社会主义事业的核心力量，具有十分重大而深远的意义。纪检监察作为维护党政纪律，检查和处理违反党政纪律案件的专门机关，严明党的纪律是其职责所在，也是深入推进党风廉政建设的一个重要抓手。针对部分党员干部纪律观念淡薄、党员意识淡化以及对违纪行为监督难度大、惩处力度不够等问题，纪检监察部门应认真思考，严肃对待，主动作为，切实在加强党的纪律建设中发挥好应有的职能作用。

本课题立足于纪检监察部门的基本职能，从教育、监督、执纪三个角度就纪检监察部门如何在党的纪律建设中当好"宣传员""督察员""裁判员"进行了理性思考和有益探索，以期进一步促进纪检监察部门充分全面履职，推动党的纪律建设不断取得新成效。

一、着眼教育引导，在强化党性党纪观念方面发挥好"宣传员"的作用

共产党员的党性党纪观念不是天生而就的，而是要靠自身学习提高，更

＊　课题组组长：朱尚伟，上海市虹口区人民检察院党组成员、纪检组组长；课题组组员：丁宁、崔希俭、王未、王琦丽。

要靠组织教育引导。当前，在组织纪律方面，绝大多数党员干部做得是好的。但随着形势的发展变化，一些党员干部组织观念淡薄、纪律松弛的问题比较突出。因此，加强党员思想教育，不断强化党员干部的党性党纪观念，不但重要，而且刻不容缓。纪检监察作为党的工作部门，要把加强党员思想教育作为自己的分内职责，在党组的领导下，主动当好"宣传员"，积极配合宣传教育主管部门，切实抓紧抓好党员思想教育工作。

（一）主动靠前，及时跟进

把党员思想教育作为一项经常性工作，以政法机关每年开展主题（专项）教育活动为契机，根据主题（专项）教育活动的阶段性重点，将有关党性、党纪方面的学习教育内容融入其中，组织党员干部一并学习、讨论和交流，让教育活动一举多得。

1. 加强协作

主动与宣传教育主管部门多沟通协商，在年度教育活动总体框架下订好计划，根据阶段性教育活动内容作好安排，在教育活动组织实施过程中协助抓好落实。充分运用好全院宣传教育平台，整合宣教资源，与宣传教育主管部门、机关党委、各党支部形成工作合力，共同推进宣教活动。

2. 甘当配角

在学习教育的安排上，除特殊要求外，一般不要"另起炉灶"，要多借力、多"搭车"，防止安排上多头并进，时间上相互撞车，落实上应接不暇，让党员干部产生重复感和厌烦情绪，影响宣传教育效果。

3. 灵活安排

宣传教育既要有年度计划、阶段安排，又要着眼当前的实际和特殊要求，视情而动，灵活掌握。只要上级有新的精神，党组有新的要求，工作中出现新的情况，都要及时进行调整或充实，让党纪党规的相关宣传教育既及时又有很强的针对性，确保取得良好效果。

（二）正面教育，加强引导

思想是行动的先导，有什么样的思想就会产生什么样的行为，思想认识不解决，其他事情就成了"无源之水、无本之木"。因而必须要用科学的理论武装头脑，切实解决好世界观、人生观、价值观这个"总开关"问题。

1. 抓好理论学习

要真正把中国特色社会主义理论体系作为武装头脑的思想武器，引导党员干部紧密结合工作和思想实际，自觉主动地学、认真踏实地学、持之以恒地学和带着实际问题学，切实做到真学、真懂、真用。一是要端正学习态度。站在加强党性修养、强化党员意识和保持党的先进性的高度，对待学习问题、认识学习问题。二是要讲求学习方法。正确处理工作与学习的关系。自觉把学习融入工作、融入生活，推动学习工作化、工作学习化，使学习成为工作、生活的重要组成部分，进一步增强学习的积极性和主动性。三是要提高学习效果。紧密联系个人思想实际，对学习内容和学习方法进行精心选择设计，增强学习的针对性和实效性。对不愿学、不勤学、不真学、不深学、不善学的"五不"干部，纪检监察部门要加强监督检查，通过相应的形式进行督促鞭策。

2. 加强党性修养

习近平总书记在十八届中纪委第三次全会上强调，"组织纪律性是党性修养的重要内容。加强组织纪律性必须增强党性。"党性修养是党员干部按照党性原则所进行的自我教育、自我锻炼、自我改造、自我约束、自我培养、自我提高、自我完善的砺炼过程，要坚持把党性修养作为检察机关党员干部特别是领导干部的必修课，努力学习、砺炼、提升。一是要严守党的政治纪律，坚决同以习近平总书记为核心的党中央保持高度一致；二是要严守党的组织纪律，模范贯彻党的路线方针政策和各项决策部署；三是要切实增强党性观念，在大是大非考验面前旗帜鲜明，敢于担当；四是坚持党的组织原则，对违反党纪国法的行为，勇于批评敢于斗争。

3. 熟稔党纪条规

以《中国共产党章程》、《中国共产党纪律处分条例》、《廉洁从政若干准则》、中央"八项规定"、《检察纪律》、《党政机关厉行节约反对浪费条例》等党纪条规为主要内容，以岗位学习实践为基本形式，采取举办党纪条规党课、党纪条规学习心得交流座谈会、党纪条规知识测试、在局域网上开办党纪条规专栏等方法，通过经常性和形式多样的党纪条规学习，引导党员干部特别是领导干部学法规、知法规、用法规，促使广大党员干部增强党性观念、纪律观念和法制观念，强化敬畏人民、敬畏法纪、敬畏权力之心，筑牢思想道德和党纪国法防线。

（三）利用案例，不断警示

"以铜为镜可以正衣冠，以人为镜可以明得失"。警示教育具有其他教育不能替代的特殊作用。因此，要继续深化警示教育活动，并在不断巩固、扩大警示教育成果上下工夫。

1. 坚持不懈

近年来，我院在加强纪律作风和党风廉政建设工作中，高度重视利用反面教材进行警示教育活动，做到有通报及时组织传达、讨论、剖析，举一反三，以案为镜，让每一案例都能使干警引起心灵震撼，让每一次讨论剖析都能使干警刻骨铭心；结合形势任务实际，组织中层以上领导干部、支部书记、兼职纪检监察员、青年业务骨干等，参观廉政教育基地，并让服刑人员现身说法，与区纪委、市检察院和市纪委以及组织、宣传、党校部门加强联系，尽可能争取到更多数量、更多类型的警示教育资料和教育片，组织全体人员观看、借鉴。虽然这些做法有些"老生常谈"，但警示教育确实能够达到听后让人警醒深思、看后让人触目惊心的特殊效果。以案为鉴，未雨绸缪，无患防患，其作用和功效不可小觑，所以还要一如既往地做好、做扎实，充分发挥其提醒、敲打和防微杜渐的预防作用。

2. 注重效果

一方面，要注意搞好工作结合。在教育安排和实施过程中，根据内容和特点，警示教育可以与示范教育相结合，让教育的形式灵活多样；与正面的思想引导相结合，根据中层以上领导干部与年轻干警现实思想情况的差异，以及阶段性思想教育的具体要求，精心挑选教育内容，让警示教育与思想引导互为作用，相得益彰；与党纪条规学习教育相结合，以案说纪，以事说理，让党员干部从犯罪分子触犯党纪国法的事实中，进一步学习、了解、熟悉相关的纪律法规，切实增强遵纪守法的自觉性；另一方面，要注意营造浓厚的学习教育氛围。在局域网上开设教育专栏，选择道理讲得透、原因挖得深、措施定得实等质量比较好的文章材料，组织在网上进行交流，在相互学习借鉴中提高认识。组织座谈会、研讨会、思辨会等，让党员干部在"谈"和"辨"中，进一步说事明理，放大教育效益，扩大教育效果。

3. 抓好再教育

开展警示教育既要注意到普遍性，也要考虑到特殊性。近几年来，我院人员结构变化较大，年轻干警占比较高。必须重视抓好年轻干部的思想教育，尤其要针对年轻干部的思想实际，在普遍教育的同时，经常为他们开开"小灶"，抓好教育后的再教育。警示教育中的违法犯罪人员，绝大多数原来是领导干部，年轻干警在分析、剖析时可能会出现很茫然或感到没有多少可比之处的情况，纪检监察部门要与部门、支部、青年团组织以及分管领导一道，做好后续的思想引导工作，做到共性的道理让大家明白，个性的要求也要让相应的同志弄清楚。

二、围绕工作主业，在监督制约方面发挥好"督察员"的作用

党的十八届三中全会对反腐败体制机制改革作出了一系列重要部署，强调各级纪委要坚持党要管党、从严治党原则，切实履行好执纪监督责任。严明党的纪律，纪检监察部门要发挥好职能作用，就必须在强化监督上下工夫、出成效。

（一）突出重点，注重纪检监察监督职责的落实

对纪检监察部门监督职责的准确定位，就是要突出重点、聚焦主业，破除工作中常出现的"万金油"式监督方式，实现由"眉毛胡子一把抓"向"术业专攻"的转变。

1. 坚持把监督的重点放在党风廉政建设责任制的落实上

不论是抓纪律、抓作风，还是抓廉政建设，都必须把抓落实领导责任放在突出位置。严明纪律，就是要紧紧抓住党风廉政建设责任制这个"龙头"，开展经常性监督检查。要实行项目化管理监督机制。2014 年 8 月，我院党组成员根据各自分管部门的具体情况，针对执法办案及"人、财、物"管理环节中容易产生权力寻租、滋生腐败的薄弱环节，共选定 7 项廉政建设重点责任项目。纪检监察部门坚持日常检查与专项检查相结合，加强监督跟踪。实践证明，实行项目化管理监督，能够促进责任的较好落实，今后要继续坚持抓紧抓好。要探索点题检查的监督模式，对责任落实情况，坚持"全面报告"与"点题报告"相结合，即选择需要重点检查的一项或几项内容，要求相关部门进行报告；结合检查结果，选择部分重点部门进行"全面报告"，进行深入检查，并接受现场询问和评议。

2. 坚持把监督的重点放在"再监督"上

按照发挥好纪检监察部门"监督的再监督、检查的再检查、执法的再执法"的职能要求，应当更加注重把精力放在督促各职能部门依法依规履行自

身职责上。一是要把精力集中到对业务部门履行职责中发现的违规违纪问题提出处理意见上来。检察院是国家的法律监督机关，执法办案是检察机关最重要的工作职能，纪检监察部门应紧紧盯住重大案件、重要环节和重点岗位，督促执法办案人员在查办案件中做到知廉守洁、行廉守信、敬廉守纪。二是要把精力集中到对其他监督主体的监督结果进行延伸查处上来。检察机关内部监督机制除纪检监察部门的监督外，还有检委会的监督，举报部门、案管部门与侦查部门之间的相互监督，公诉部门对侦查部门的监督等。为了避免重复监督、纪检监察部门职能泛化，应改变全方位、全领域监督的做法，把精力集中到对其他监督主体的监督结果进行延伸查处上来。如，案件质量评查中发现承办人有违规违纪问题，经案管部门转由纪检监察部门处理，通过多种监督形式结合，节约监督成本、提高监督效率，努力形成有效的监督机制。

3. 坚持把监督的重点放在对"人"的监督上

纪检监察工作的实质是对人的监督。当前，上海正在试点开展司法体制改革，检察改革试点工作也明确了检察人员分类管理、完善司法责任制等改革试点主要任务。为着力解决影响司法公正、制约司法能力的深层次问题，纪检监察部门在工作中要特别注重对"人"，尤其是"检察官"的监督制约。如，在检察官遴选过程中加强在廉洁自律方面的考察把关，在检务督察中加大对执法规范化的监督力度，确保检察人员能规范办案、公正办案。同时，要重点落实"一案三查"，杜绝只查事不查人的监督方式，对出现问题的，不仅要查当事人的责任，还要查主体责任人和监督责任人的责任，更加关注追究"人"在违纪违规案件中的责任，让监督工作既见事也见人，更加掷地有声。

（二）立足职能，探索纪检监察监督方法的创新

纪检监察工作要适应形势、任务的新要求，必须进一步改进和优化工作方式方法，创新思路，优化配置，更加高效地履行好监督职责。

1. 在职能履行上，实现由工作相对被动向主动作为的转变

一是抓经常、抓长效。在前期的廉政风险排查中，我院共排查出 178 个岗位廉政风险点，可见检察权行使过程中风险很多，因此，经常性、持续性、长期性监督尤为重要。要进一步提升监督检查的日常化，要求监督检查人员带着问题思考、带着疑问检查，通过合理安排时间、科学制定监督检查计划，突出监督检查的事前性、预先性。同时，形成日常监督检查工作记录台账，

便于对监督中发现的问题进行归纳总结和分析研判，最终实现监督"惩于已然向治于未然"的转变。二是敢创新、勇作为。通过创新载体平台，主动发现问题、解决问题。继续坚持定期参与控申接待等执法为民措施，通过面对面的沟通交流，广泛征求意见来主动发现问题，梳理查摆问题。学习借鉴检务公开试点单位经验，积极探索利用新媒体开展监督检查的新方法，从建立网上监督信箱等方式着手，接受社会公众对检察人员违纪违法行为的控告、举报和投诉，进一步拓宽发现问题的渠道，提升监督的主动性、有效性。

2. 在监督方式上，实现由内部监督为主向群众参与与内部监督相结合的方向扩展

紧密联系群众，把"群众满不满意"引入内部监督，发挥人民群众对检察工作的评判功能，是完善监督体系的重要举措。一是要建立健全群众评议检察工作机制。结合"检察开放日"、"举报宣传周"、网络单位联系工作等专项活动，选取一定数量的代表各行各业的群众，采取不记名方式，通过发放《意见表》，主动接受人民群众监督，客观收集群众代表对检察工作的评价。今年9月份开始，我们已在反贪局、反渎局和案管部门开始试行"执法办案社会评价机制"。下一步，要在不断探索和总结的基础上，进一步拓宽调查范围、扩大调研对象，并在检察工作中全面推展。二是要充分重视和运用群众评议结果。加强对评议结果的归纳、分析和总结，将着力监督纠正群众反映强烈的执法不严、司法不公、作风不廉问题作为日常监督重点，切实增强检察机关在人民心目中的公平正义形象。

（三）完善配套，推进纪检监察监督效果的实现

加强监督力度是严明党的纪律，促成反腐倡廉高压态势和强大声势的重要法宝之一。进一步完善内部监督配套机制，是实现监督效果长效的重要手段。因此，要在完善内部监督配套机制方面积极探索和努力。

1. 建立完善责任清单制

一是要制定责任清单。进一步明确监督责任和主体责任的界限，做到责任明确、层级清晰。同时通过层层签订责任书、实行签字背书等形式，推动责任落实。二是要制定标准清单。将监督的全过程纳入科学的量化体系中，形成统一的监督程序、工作要求、处理标准，避免监督开展随意性大、处理问题宽严不一等问题。三是要制定问题清单。将监督过程中形成的工作记录

进行归纳总结，将常见问题、共性问题一一列出，形成"问题台账"，为下一步整改追责提供依据。

2. 建立完善岗位责任制

"工欲善其事，必先利其器"。纪检监察部门履行好监督职责，必须有一支素质过硬、能力突出、作风优良的纪检监察干部队伍。检察机关除纪检监察部门外，普遍都有检务督察队和兼职纪检监察员两支监督队伍。就我院的情况来看，这两支队伍在日常的检查监督工作中，积极负责，甘于奉献，为强化检察机关内部监督发挥了重要作用。今后，要在加强教育培训、提高能力素质、增强使命意识和担当精神的基础上，进一步完善工作措施，对监督队伍的岗位责任进行规范，用责任保障监督的力度和效果。

三、坚守责任担当，在执纪问责方面发挥好"裁判员"的作用

严格执纪是严明党的纪律的重要保证。纪检监察部门要认真贯彻落实"两个责任"，以"转职能、转作风、转方式"为引领，切实履行好监督执纪主责；要坚持说到做到、敢于动真碰硬，以有纪必执的制度刚性、抓铁有痕的落实韧劲，充分释放从严治党的正能量；以越织越密的制度笼子，越收越紧的纪律约束，给党员干部穿上"紧身衣"，让各项纪律由软约束变成硬杠杠。

（一）聚焦重点，抓住"四风"不放手

党员干部违法犯罪出问题，表面上反映出来是突破了纪律的红线，而纪律背后隐藏的往往都是作风问题。纪律与作风犹如单车的前轮与后轮，两者相互依存、相互作用，一个发生了"爆胎"，另一个必然难以支撑。因此，严肃党的纪律，必须要下大力抓好作风建设。当前，要紧紧抓住落实中央"八项规定"精神这个突破口，紧紧抓住纠正"四风"问题这个着力点，坚决铲除滋生损坏党纪党规的土壤。

1. 加强教育疏导

要把加强教育、注重引导作为一项先导性、基础性工程来抓，通过学习教育，使党员干部深刻认识到，"八项规定"和纠正"四风"充分体现了党中央落实党要管党、从严治党的方针，坚持求真务实、狠抓作风转变的坚定决心，对于始终保持党的先进性、纯洁性，保持党同人民群众的血肉联系，使党始终成为建设中国特色社会主义事业的坚强领导核心具有极其重要的作

用，切实提高党员干部对贯彻落实"八项规定"、坚决纠正"四风"重大意义的理解和认识，把思想真正统一到党中央的决策部署上来，提高落实"八项规定"、坚决纠正"四风"的自觉性。

2. 狠抓制度落实

制度的生命力在于执行，执行的要害在于严格。制度建设不仅要重建立、重完善，更要重检查、重落实。[1]纪检监察部门应切实加强对"八项规定"、纠正"四风"、廉洁自律工作和各项纪律制度落实情况的监督检查，加大对违反"八项规定"精神的顶风违纪行为的惩戒力度，执好纪、问好责、把好关，坚决纠正"四风"。要用战略的思维和全局的观念来统筹规划，"严"字当头，"细"处着手，把握重点、整合力量，抓住重要时间节点，一个阶段一个阶段地推进，做到有令必行、有禁必止、违规必查，以狠抓工作落实来督促广大党员干部认真执行规定、自觉改进作风。

3. 发扬"钉钉子"精神

作风问题具有很强的顽固性和反复性，抓一抓就好转，松一松就反弹，容易出现"改过来又退回去"的怪圈。纠风之难，难在防反复。因此，推动改进作风是一项长期而艰巨的任务，既不能一蹴而就，也不会一劳永逸，必须发扬"钉钉子"精神，一抓到底，坚持不懈，敢于动真碰硬，严防反弹"回潮"。纪检监察部门要牢固树立反复抓、抓反复的思想，加强经常性的监督，实行工作的常态化、日常化。坚持在"常""长"二字上花大力气，下真功夫，以"咬定青山不放松"的决心持之以恒地抓下去，努力做到善始善终、善做善成，防止改进作风工作"一阵风"，虎头蛇尾。

（二）勇于担当，执纪问责敢亮剑

从严执纪是防止"破窗效应"的重要保证。不严格执纪，纪律就会成为一纸空文，党的章程、原则、制度、部署就会丧失权威性。[2]纪检监察部门要敢于执纪、善于执纪，以严格依法惩处的方式确保严明党的纪律。

1. 坚定从严执纪信念

纪检监察工作的性质决定要对违法违纪人员进行查处惩戒。查处惩戒工

---

〔1〕梁立芬："纪检监察部门要建立加强作风建设的四项机制助推'八项规定'有效落实"，载《黑龙江金融》2013 年第 6 期。

〔2〕黄先耀："以强烈责任担当严明党的组织纪律"，载《中国纪检监察》2014 年第 13 期。

作是一项得罪人的工作，实践中常常会遇到各种障碍、阻挠和不理解。对此，纪检监察干部要在工作中坚持鲜明的党性原则、坚持正确的政治方向，明辨是非、嫉恶如仇、敢于碰硬，切实做到不唯上、不唯权，而唯事实和法纪、唯公平和正义。要用好手中的"标尺"，客观公正地处理问题，以敢于担当、勇于负责的工作态度和精神依法严格、严肃执纪。

2. 加大案件查办力度

查办案件是纪检监察部门的重要职责，也是其执纪的重要手段。纪检监察部门要坚持做到对违法违纪案件发现一起就查处一起，绝不姑息迁就。要注意抓早抓小、防微杜渐，对苗头性、倾向性问题，及时谈话提醒、教育，防止小错酿成大错，不使小案拖成大案。对各种渠道反映的违纪问题线索认真核查处理，建立健全早发现、早处置机制，为加大办案力度提供保证。在案件办理方面，坚持依纪依法、快查快办，严格时限要求，集中力量查清主要违纪事实，提高办案质量和效率；优化案件办理流程和案件移送方式，加强对疑难复杂案件的把握和研究，不断提高法治化、规范化、科学化水平。

3. 强化违纪责任追究

加强责任追究、强化追究措施，对推进责任落实、严明党的纪律具有重要的支撑作用。对于违法违纪行为，一定要在查清事实的基础上，严肃追究相应责任。要严格执行有关纪律处分规定，对党员干部违纪行为，实施组织惩戒、经济处罚、记录在案、职位禁入及重大决策和用人失误的追溯机制，逐步实行体现权责对等原则的"问责制"。区分不同情况采取相应措施：对违纪行为，情节轻微的，给予诫勉谈话、组织处理；情节严重的，给予党纪政纪处分；涉嫌犯罪的，及时移送司法机关；工作不作为的，严肃追究有关领导的责任。建立健全科学完善的责任追究机制，从根本上避免重查轻究、应究未究、久拖不究、泛化追究等偏向，使纪律真正成为带电的高压线，使人人敬畏纪律、自觉崇尚纪律、严格执行纪律。

（三）严格自律，身正力强能尽责

"正人先正己"，只有自身过硬，才能履行好监督别人的职责。纪检监察部门肩负着维护党纪、政纪，执行党纪、政纪的崇高使命，如果自身标准不高、要求不严，不仅会损害纪检监察部门的整体形象，还会影响人民群众对党风廉政建设和反腐败斗争的信心，甚至影响党纪国法的权威，因此，纪检监察部门必须要以比监督别人更高的标准，切实抓好自身建设，用铁的纪律打造过硬的队伍，树立纪检监察干部一身正气、秉公用权的良好形象。

1. 注重学习，提高执纪能力

纪检监察干部队伍是严明党的纪律、严格执纪的中坚力量，"打铁还需自身硬"，要大力加强学习培训，不断提高纪检监察干部的执纪业务能力。要组织开展技能培训，坚持"缺少什么培训什么"，不断加大培训力度、创新培训方式、拓宽培训渠道，加强培训考核，并适时开展"岗位练兵"活动，以赛促练，增强效果。纪检监察干部要有善学、善思、善用的学风，通过书本学习、网上学习、跟班锻炼、业务培训等多种途径，学习各项纪律法规和业务知识，真正成为政策熟悉、知识全面、业务精通的行家里手。

2. 从严要求，带头遵纪守法

纪检监察部门既是执行者，也是监督者，双重任务要求纪检监察干部要坚持高标准、严要求。纪检监察干部要强化自律意识，不论在何时何地，都要努力做到带头严格遵守党的政治、组织、财经、工作和生活纪律，以身作则，率先垂范，要求别人做到的自己首先做到，要求别人不做的自己首先不做，为党员干部严守党的纪律作出示范、立起"风向标"。要落实"信任不能代替监督"的要求，进一步完善纪检监察系统内部监督的实施办法，规范工作流程和标准，从组织创新和制度建设上加强和完善纪检监察机关内部监督机制，给自己戴上"紧箍咒"。

3. 爱岗敬业，努力尽职尽责

纪检监察干部要有强烈的责任感和事业心，要有干好工作的主动性和自觉性，始终保持奋发有为的精神风貌，爱岗敬业，敢于拼搏，不等不靠，善做善成，以想干事、能干事、干成事、不出事的决心、耐心和韧劲，踏踏实实地把每一件事做好，认认真真地把每一份责任尽到。具体工作中要坚持做到"四勤"：嘴勤，多讲、多宣传，有不厌其烦的劲头；腿勤，多走动、多到一线、多到群众中去，掌握真实情况；眼勤，常看、多看、会看，练就一双火眼金睛；手勤，爱动手、多动手、能动手，经常总结，不断创新提高。

面对新形势新任务，党的十八届三中全会就深化党的纪律建设工作作出了重要部署，这为我们坚持党要管党、从严治党，加强纪律建设、维护党的团结统一指明了方向。组织涣散、纪律松弛的原因复杂，其中一个重要方面就是在监督执纪问责方面失之于软、失之于宽，在维护党的纪律方面存在

"高举轻放"等现象。纪检监察部门是党内监督执纪的专门机关，首要任务就是维护党的章程和其他党内法规。为此，要坚持以科学发展观为指导，以预防违纪为主线，以思想教育为先导，以监督执纪为核心，切实全面认真履行职责，敢抓敢管，严肃执纪，充分发挥好纪检监察部门在党的纪律建设中的"宣传员""督察员""裁判员"作用，进一步严明党的纪律，加强和完善党的纪律建设。

基层院检察官研修能力培养研究

课题组组长：肖蓉晖[*]

如果说，司法是维护社会公平正义的最后一道防线，那么司法人员就是公平正义的"守门员"。伴随社会转型体制转轨，社会关系日益多元复杂，每一个司法案件背后可能都充斥着繁复的价值冲突、利益交织，每一个司法案件都牵动着民众对司法公信力的期待，因此，一次不公正的审判，对司法人员来说，不仅是错办了一件案件，而且可能输掉公众对司法的信赖。顺应司法能力建设的时代需求，建立一支职业化、专业化、精英化的检察官队伍，是我们当前亟须解决的重要问题。

《孟子·尽心下》有言："梓匠轮舆，能与人规矩，不能使人巧。"意思是制造车轮、车厢的工匠能把规矩方法传授给别人，却无法使别人直接获得高超的技巧。检察官亦是如此，虽通晓法律，但适用法律能否达到好的社会效果，功夫却可能在法律之外。上海检察改革方案提出了"检察官业务研修"的概念，即：以全面提升检察官业务能力和理论水平，服务执法办案为宗旨，由检察官在一定的履职年限内，以在职离岗方式，集中一段时间连续开展检察业务研究，完成相应的研修科目，并通过相应评审的制度。[1]

本文旨在探讨提升检察官研修能力的有益途径，力求为建立完善检察官研修制度、促进检察官职业化建设提供有益借鉴。

---

[*] 课题组组长：肖蓉晖，上海市虹口区人民检察院党组成员、政治部主任；课题组组员：程贺晓、徐颖、肖阳。

[1] 参见2015年3月《上海检察机关检察官业务研修管理办法（试行）》第2条的规定。

一、检察官研修能力培养概述

（一）检察官研修能力的概念界定

中文辞海中并无"研修"一词，在日文中较为多见，日语"研修"为"进修，培训"之义。美国学者盖力和波尔在《能力：定义与理论框架》一书中这样界定"能力"："能力是与职位或工作角色联系在一起的，胜任一定工作角色所必需的知识、技能、判断力、态度和价值观的整合。"检察官（包括作为检察官后备力量的检察官助理）是经过严格遴选，已经具备相当的法律专业水平和司法能力的人员，因此，检察官研修在内容、方法、评价等方面，都应当有别于其他的在职培训，是一种指向高端知识、高端能力的进阶式的培训，旨在引导检察官增强主动探寻、思考和反省的能力，从而获得视界、能力上的跨越和突破。作为一名优秀的检察官，要拥有良好的品行操守、深厚的法学功底，丰富的社会阅历和娴熟的司法技能，而检察官研修就是激励检察官不断保有和提升这种知识、技能、态度和价值观的过程。

（二）研修能力培养的理论支撑

1. 缄默知识理论

"缄默知识之父"英国物理化学家和哲学家迈克尔·波兰尼认为："缄默知识就是存在于个人头脑中的、存在于某个特定环境下的、难以正规化、难以沟通的知识，是知识创新的关键部分。"缄默知识主要来源于个体对外部世界的判断和感知，源于经验。[1]波兰尼的著名命题"we can know more than we can tell"就形象地说明人类知识中有些部分是无法用言语、文字、图像或其他方式表达的，即缄默知识。相对于显性知识而言，缄默知识实质是一种理解能力，是一种领会、把握、重组经验，以期达到对它的理智控制的能力。

在法律职业中，缄默知识同样存在。这就是为什么同等学力、背景相似的两个司法官，对同一个案件的事实认定、证据判断和法律适用可能并不完全相同，甚至有较大差距，可以说，每个具体案例的法律适用都离不开缄默知识的运用。研究缄默知识理论对于检察官研修具有重要的启示作用，有助

---

[1] 转引自刘静：《缄默知识：内涵、实证及启示》，载［英］迈克尔·波兰尼：《个人知识——迈向后批判哲学》，许泽民译，贵州人民出版社2000年版，第243页。

于改变传统说教、灌输式的知识传授观念，尊重研修者的体验，启发个人感悟。使缄默知识显性化是一种自我反思的过程，也是检察官研修的题中之义。

2. 认知学徒制

人类社会早期，人们通过口耳相传的形式学习生产、生活经验；农业社会时期，获取知识和技能的主要方式就是在"做中学"，通过师父的传、帮、带，徒弟从观察、模仿、训练、熟练等环节，逐渐获取实践所需的知识与技能，即传统的学徒制。认知学徒制是由美国认知心理学家柯林斯和布朗等于1989年提出的一种非常有效的教学模式或学习环境，它将传统学徒制方法中的核心技术与学校教育相结合，以培养学生的认知技能，即专家实践所需的思维、问题求解和处理复杂任务的能力。学习者通过参与专家实践共同体的活动和社会交互，进行某一领域的学习。[1]认知学徒制将学徒制的优点和学校教育结合起来，将学习者浸润在专家实践的真实环境中，以培养学生的高级思维、问题解决和复杂任务处理的能力。

当前检察实践中，资深检察官在办案岗位上指导、引领年轻人的带教制度是认知学徒制的初步体现，然而如何完善相关制度，增强师生交流互通的体验，达到双赢共进的效果，提升检察官的高阶思维能力和处理复杂疑难问题的能力，值得我们进一步探索。

（三）检察官研修能力培养的合理价值与现实意义

1. 提升检察官队伍素质是推进依法治国的根本要求

党的十八届四中全会明确提出了全面推进依法治国的总目标，对检察机关在依法治国中的地位、作用作了非常重要的肯定。而检察机关要发挥好主体地位，就必须建设一支职业化、专业化、精英化的检察队伍。随着司法改革深入推进，关于检察官管理的制度应当进一步建立规范，如：检察官助理招录制度、检察人员分类管理制度和检察官员额制度等等，相应地，对现行的检察教育培训机制进行变革也成为当务之急。要从着眼于建立一支高素质的司法官队伍，为依法治国提供智力支撑的高度，加强检察官的培训教育，提升检察官的职业操守、责任担当和专业知识等综合素养，提高检察官准确司法、公正司法的职业能力和水平。

---

〔1〕 张琦、杨素君："论情景学习视域中的认知学徒制"，载《现代远程教育研究》2004年第4期。

2. 创新检察官培训方法是司法体制改革的现实需要

本轮司法改革的重要目标是从根本上解决一些影响司法公正、制约司法能力的深层次问题。长期以来，对检察官实行等同于其他公务员的管理制度，成为制约检察官专业化、职业化发展的瓶颈问题。本轮司法改革，实行检察官单独职务序列和检察官员额制度，建立了检察官专门的职业发展路径、拓宽了检察官职业发展的空间。然而，与之相应，检察官承担的职责任务也更加繁重了：员额制将检察官比例压缩到33%以下，案多人少的矛盾是否会更加突出？实行办案责任制后，手中权力更大的检察官是否会"有权任性"？检察官能否尽快适应办案模式转变，是否会影响执法办案质效？星罗棋布的棘手问题摆在了面前。如何提升检察官的能力，使之尽快适应形势任务的需要，肩负起重大的责任和使命，成为当前亟须解决的问题。同时，对检察官的监督管理更加严格了，根据上海检察改革方案，要对检察官定期开展业务考核，通过定期考查检察官办案数量、办案质量、办案效果、职业操守、研修成果等情况，科学评价检察官工作业绩和职业素养。因此，对于已经具有一定法律专业素养的检察官来说，研修能力或将成为衡量高下的重要标准。

3. 检察官研修制度是检察职业化的基本途径

检察官作为一种职业，与律师、医生职业一样都具有强烈的职业特点和行业背景，是高度专业化的职业。根据《不列颠百科全书》的定义，法律职业，是以通晓法律及法律应用为基础的职业。[1]随着当前检察职业化脉络的渐次清晰，构建并完善检察官职业化教育机制，提升检察官职业能力变得十分紧迫。检察官的职业化培养必须遵循检察权的特殊性质和检察工作规律，着重提升法律应用能力，加强检察实务研修成为重要路径。实务研修是法律家养成的一个重要阶段，这是因为法律实务具有很强的技术性要素和实践性色彩，法律实务不可能通过从书本到书本的途径去获得，而只能在实践的锤炼中获取。[2]检察官研修只有立足实践、着眼需求、贴合实务，突出检察职业专业特点，实行精细化教学、精英化培训，才能凸显培训效果，避免制造出只会照搬法条、机械执法的"法律工匠"。同时，检察官养成潜心钻研、静心思考的习惯，对于个人职业和身心的发展均大有裨益。经济学家阿马蒂亚

---

[1] 转引自方流芳："中国法学教育观察"，载贺卫方主编：《中国法律教育之路》，中国政法大学出版社1997年版，第3页。

[2] 丁相顺："日本当代司法改革与检察官养成"，载《国家检察官学院学报》2011年第3期。

森曾说，发展应当是一个拓展自由的过程。检察官研修能力的培养，将为基层检察官拓展视野、交流技能、累积知识、展示能力提供更广阔的平台。

二、基层院检察官研修的现状及问题

业务研修概念是在司法改革相关制度中提出的，但实践中，对检察官业务研究的要求和相关措施一直都在实行，主要包括：各条线的套餐式主体培训、专项培训、市院举办的专业知识培训以及各基层院内举办的岗位练兵活动、调研课题等，这些措施为检察官研修搭建了一定的平台。业务研修是从实践升华到理论的过程，要求检察官在业务实践中发现问题，集中精力思考解决问题，最后形成成果用于指导实践。但据问卷调查及走访了解，干警反映较多的问题包括：业务培训内容实用性不高，课程针对性不强，授课较多但互动性交流少，教育模式缺乏系统性，未体现因需施教，调研成果运用不高等。

（一）研修内容与实务贴合度不高

心理学研究表明，人的思维是由问题开始的。爱因斯坦指出："提出一个问题往往比解决一个问题更为重要"。对自身遇到的问题进行研究、解决而得到的体会往往是最深刻的，但目前实践中，干警对于业务实践中遇到的问题，特别是需要一定时间静心钻研的问题，当时当刻可能无暇深思熟虑，而时间一长，随着案件了结、事过境迁可能又忘记了。因此需要建立相关的平台或渠道汇总收集实践中产生的问题，其中反映最多的可能就是最值得研究的问题，也是在培训、调研时需要重点聚焦的课题。目前，反映最普遍的问题包括与实务联系不紧密，有效管用的培训不多。经调查显示，74.5%、69.3%的干警表示希望通过培训提升实际工作能力、增加专业知识。70.8%的受访干警希望授课教师是检察业务专家，授课内容更贴近实际，指导实际办案更有力。[1]

（二）研修方式传统单一效果不好

研修的成果来自于检察官的独立思考，但研修的过程不能排除相互的启

---

[1] 文中数据均来自院内问卷调查。

发借鉴，只有经过观点的碰撞和淬炼，思想的火花才会更加夺目耀眼。检察业务研修不仅包括检察官离岗一段时间集中精力研究的过程，广义而言，还应包括检察官日常开展的业务学习和研讨。实践中，个人参与度高、互动性强的学习培训更受欢迎。有86.4%的受访干警认为，他们过去参与的检察培训大多是老师授课为主，互动匮乏，严重影响了培训效果。58.3%的干警认为令其印象深刻的培训是个人参与度高、互动性强的讨论式教学，观点碰撞有助于理论提升。大部分干警认为传统照本宣科式的讲授乏味枯燥缺乏吸引力，参与培训的人员也多半"身还在，心已远"。

（三）研修成果存在研、用脱节的问题

1. 研修成果评价体系还不完善

目前研修成果的载体主要有调研论文、案例、业务分析报告等等，但检察官的研修能力并不限于这些方面，其他如：带教检察官助理、兼职教授职业课程、参加一定层面的法学论坛、法制宣传教育、参与政府组织的重要政策、制度、事件的评论、指导业务活动和竞赛等，都可以在一定程度上体现检察官的研修水平。

2. 研修成果载体还不多

研修成果的发布，不应仅限于机关的刊物杂志，还应当依托局域网或互联网等，建立检察官研修专题栏目，集中、及时发布检察官研修成果，也便于检察官之间随时学习借鉴，同时扩大检察官的社会影响力。对于点击下载量多、关注高、影响力大的研修成果，还应当予以表彰奖励，营造良好的氛围。

3. 研修成果在业务考核中的运用规则还需要进一步研究

用传统简单的计件算分式的考核方法来评价检察官研修能力显然是不充分的，需要有权威的机构、科学的规则来评定和确认，也需要检察官相互来评价和判断，以及法律同行、社会公众的认可。

（四）检察官参与研修的主动性不高

在调查中，有75.2%的受访干警表示希望参加有组织的统一培训，而希望参加岗位练兵的干警仅为16.8%。经过进一步走访调查，我们了解到，多数干警希望参加岗位练兵活动，认为有助于提升业务技能，然而"逢赛打分，遇练排名"的做法影响了干警参与的积极性，可见，当前研修模式中一些功

利性、工具性的因素，影响了研修的参与度和实际效果。同时，在"最希望参加的培训"调查中，任职能力培训占据第一位，为78.1%，而团队建设、工作技能、通用管理、个人发展等其他培训内容也不同程度地受到干警喜爱，分别占到了46%、40.1%、39.4%和25.6%。具体来说，心理学、社会学、经济学、外语等增强个人业务能力的学习受到年轻干警的青睐，书法、摄影、美术等提高个人修养素质的学习也受到干警普遍欢迎。但是，由于与检察业务的密切程度和关联度不高，这些内容的培训在以往并未受到重视。另外，现有模式下，干警无法自主选择培训内容，基本不允许跨部门参加培训，如控申科干警想学习侦查业务知识，但无法参加自侦部门的条线学习，今后可以尝试允许一定级别的检察官自主选择跨业务条线参加培训，有助于提升检察官综合能力，也有利于将来检察官跨领域交流任职。总之，如何引导检察官主动钻研，使研修成为检察官自发、自动、自主的过程，是检察官培训的重要课题和目标。

三、基层院检察官研修能力培养的构想与借鉴

（一）检察官研修能力的原则构想

1. 从实务出发，以能力为本位

检察官的能力素质直接影响司法的公正与效率。一个没有深厚法学理论功底的检察官很难对法律的适用作出合理的解释和论证；一个不具有娴熟的法律专业知识和业务技能的检察官很难高效率地处理案件；一个没有相关阅历和法律思维习惯的检察官很难对案件作出客观公正的决定。因此，检察官研修的重点应在于启发检察人员的职业意识、职业思维，养成职业习惯，应当从检察业务切入，提升检察人员的执法办案能力。

2. 从需求出发，突出主体性

成人教育学认为，成年学习者只有了解了学习带来的收益，才会自愿参加学习。[1]通常而言，学习动机来源于两个方面的需求：一是社会发展以及岗位职责的要求，这是一种外部需求；二是司法人员的自我需要、自身兴趣，

---

〔1〕 ［美］罗伊·波洛克、安德鲁·杰斐逊、卡尔霍恩·威克：《将培训转化为商业结果实践手册》，周涛、宋亚南译，电子工业出版社2015年版，第429页。

这是一种内部需求，通常因内部需求而产生的学习会更加持续有效。因此，应当积极引导检察人员，将自我研修、自我提升作为一种常态，这样才能产生持续而稳定的学习动机，才能激发干警参加研修的主动性和积极性。

3. 全方位拓展，小角度切入

知识结构的全面性、综合性和兼容性是建构现代法律人才知识体系的基本要求。深厚的文化修养和广博的知识阅历是托举人才之鹰腾飞的两只翅膀。检察官研修既要突出法律实务这一主体，也不能忽略社会人文"鸟之两翼"，要合理地将经济学、社会学、自然科学和人文科学等方面的问题纳入研修项目，提升检察官处理现实中各类复杂问题的能力。如：可选择一些检察实践和理论相交叉的学科、文化素养课程等作为选修课，由检察官结合自身需求，自选角度进行深入思考。

（二）可以借鉴的国外模式

法治是人类文明的重要成果之一，法治的精髓和要旨对于各国的国家治理和社会治理具有普遍意义。[1]英美法系和大陆法系国家在检察官养成上的经验对于我们具有借鉴作用。英美法系国家是采用了在实践中培养能力的方式，大陆法系国家更注重的是进阶式培训，虽然选择了不同路径，但都旨在对检察官进行有目的、有计划性的专门培养。

1. 美国"诊所式法律教育"

英美法系国家法官检察官大多从有职业经验的律师中产生，并不强调对律师、法官、检察官的统一培训。以美国为例，美国法学教育的起点就是研究生教育，承担了司法实务的职业培训任务。诊所式法律教育于 20 世纪 60 年代发端于美国，是当时美国法学院普遍开展的一种法律实践性教学课程。主要是将医学院诊所与临床实践的教育模式引入法律教学实践中，学生在教师或者律师的指导下，参与或模拟真实的案件环境，了解法律运用过程，以此培养和提高他们的法律实践能力，引导他们从职业法律者的角度去思考问题。

2. 日本"司法研修所"

大陆法系国家的法律以成文法典为主要形式，法律教育主要是讲授立法原理和对法律的规定进行分析，大学教育的核心是让学生理解基本原则，而较少涉及法律的实际应用。因此，这些国家法官检察官的培养往往并不直接

---

〔1〕 习近平："加快建设社会主义法治国家"，载《求是》2015 年第 1 期。

依赖于大学的法学教育，而是有专门的、独立的法律职业教育。以日本检察制度为例，二战之后日本法律改革设立了司法研修所，负责对检察官进行职前和任职培训，是所谓"检察事研修"。日本的检事研修分为新人研修、一般研修、中坚检事的研修会、专题研修以及中间管理职研修。[1]这五种研修模式分别对应检察官生涯的不同阶段，研修内容主要包括接受侦查和审判实务讲义、检察事务、法医学、鉴定知识、犯罪情况以及账簿、会计知识讲义等教育，以实际的侦查、审判中发生过的问题为主题进行反复讨论并寻求解决的方法等。日本的制度设计者们意识到只是本科教育还不足以造就一个能够初步担任法律实务的人才，检事人才的培养需要更多实践性的训练，而且要对应不同职业阶段开展进阶式的训练。

四、基层院检察官研修能力培养的路径平台

提高检察官综合素养是深化司法改革的一项基础性、系统性的工程，检察官研修能力培养是其中的重要一环，可以说，研修能力在一定程度上决定了检察官能力的提升空间。作为一项以特定人员为培养对象、有着特定培养目标的专门性活动、基础性工作，在司法改革的大背景下，检察官研修更当与时俱进、开拓路径，创造更为广阔的平台，使检察官在日常检察实务中就能积极提出问题、有学习的途径、有研讨的平台、有主动提升的愿望、有展示自身才能的舞台。

（一）完善内部机制，围绕岗位技能开展业务实训式研修

将检察执法办案一线作为检察机关内部开展研修的平台。如：我院在刑检部门开展"一线培训法"，坚持"问题源自一线、方法源自一线、成果服务一线"，开展"头脑风暴"式的岗位实训，引导干警在实践中发现问题、向身边检察官求教方法、互动讨论解决问题，取得了较好的效果。

1. 坚持领导带头，引导研修氛围

分管领导坚持深入调研，拓展完善"一线培训法"，并参与疑难复杂案件研讨、不起诉公开宣告、逮捕必要性审查等环节中，分析研判执法办案中发现的问题，引导开展业务分析工作，营造学习业务的良好氛围。

---

[1] 徐尉：《日本检察制度概述》，中国政法大学出版社2011年版，第71页。

2. 坚持问题导向，做实研修主题

干警讨论交流的问题、评析的案件均来自于实际执法办案中的真实案例，或是干警在办案中遇到的困惑、急需解决以及想要了解的难题，参与讨论交流的主要也是检察官以及来自法律职业共同体的其他司法人员，研讨学习的过程同时也是分析解决问题的过程，是检察官学习技能、锻炼本领的过程。

3. 坚持自主互动，注重研修实效

如在"刑事检察论坛"活动中，从确定主题到组织讨论、邀请各界专家、编纂专刊等，都由一线干警自主进行，大家共同谋划、共同参与。研讨模式为"大家讲大家谈"，要求每位办案干警都要发言，以热烈讨论盘活观点交流，以语言交锋推动思想碰撞，针对理解上的差异与不同进行现场梳理与讨论，澄清模糊理论，通过这种"头脑风暴"式的相互启发和信息交流产生思维共振，通过对相关案例及专题性问题进行切磋讨论获得真知。如：在公诉科第 2 期"疑难复杂案件制作阅卷笔录的要点"论坛中，大家对是否每件案件都要制作阅卷笔录这一问题观点不一，有观点认为简单案件证据材料数量少，案情简单明了，为提高办案效率可不制作阅卷笔录，也有观点认为简单案件也需要有针对性地制作阅卷笔录。对此大家展开了热烈的讨论，最终达成共识：简单案件可简略围绕定案证据的梳理、侦查行为合法性、量刑相关情节等问题制作阅卷笔录。通过这种现场沟通、辩论，可以达到借鉴学习、思想互通的良好效果。

4. 坚持学用相长，放大研修成果

创办《虹口刑事检察论坛》专刊，以文字资料形式为论坛成果提供具象化载体。每期论坛讨论内容由专人负责记录整理汇编成册、定期编发，将讨论中激发出的思想火花、意见分歧、归谬过程全部记录在册，及时将论坛成果转化为可供流传参阅的文字资料。论坛撷取主要论点、常见问题、注意事项等内容条分缕析，同时也结合真实案例、图文并茂地进行讲解，不让论坛流于形式、学过就忘，提炼升华形成一套可"代代相传"的优秀工作经验总结，便于查阅学习，同时也可以为今后培养年轻干警提供一份高质量教材。

5. 借助他山之石，引入研修资源

如：在刑事诉讼法修改及以审判为中心的诉讼制度改革背景下，邀请法院、公安、律所实务一线的资深专家来院作"看公诉"讲座，从法官、侦查人员、律师等不同的视角，就共同关注的问题交流看法，提出对刑检工作的建议，全面放宽思路、开阔视野。如：法院刑庭庭长就以审判为中心的诉讼制度改革后对司法人员的新要求畅谈看法，为检察官应对指控风险加大、举证责任加重等难题提供参考和帮助。

（二）建立跨领域交流机制，针对专业化办案开展外向体验式研修

法律运用能力的提升必须借助丰富的社会阅历、广博的相关知识，因此检察官研修能力的培养应由原先单一面向法律业务知识向多元化、多层面知识领域拓展，建立跨领域跨行业的交流互通机制。我院目前正在开展航运金融、知识产权、毒品犯罪等专业化办案的探索，在检察业务研修中，应当有意识地加入经济金融知识、科技知识，涉猎与检察业务相关的知识领域，培养知识面广、具有现代意识、开拓精神的检察人才。结合职务犯罪侦查一体化、信息化建设，加强外语、计算机、高科技手段运用等内容的研修，在办案流程现代化、案件资料管理现代化、远程案件指挥协调现代化等方面进行积极探索。

1. 合作研究、共享资源

我院已与上海政法学院建立了刑事检察合作基地，作为检察官研修基地，以检察实务的需求和问题为导向，推动刑事司法与刑法理论良性互动，加强对检察业务中重点问题的研究。

2. 外向交流、体验学习

可以派遣检察人员到著名大学的研究生院、民间企业、政府机构等进行阶段性体验式研修，并完成相应研修课题。如派遣公诉、侦监部门办理金融类案件的干警前往期货交易所、证券公司学习金融证券类知识；派遣办案干警到民间企业进行研修，通过体验民间企业的经营理念和经营活动，开阔视野、增强敏锐性。再如推行反渎干警到行政执法机关见习制度，破解案件线索发现难、侦查突破难等老大难问题。通过对各种职业进行体验式的研修，真正置身其中，在加深对专业性知识了解的同时，感悟、体会并获得真知。

（三）依托信息化平台，针对综合素养开展即时在线式研修

依托互联网或检察局域网大平台，开发专项"检察官研修系统"，设置在线学习、互动交流、成果发布、在线考核等模块，提高检察官研修的快捷性、互动性、吸引力和影响力。

1. 建立资料库，解决工学矛盾

"建立四库"，即师资库、案例库、专题库和影像资料库，及时发布和更新法律业务学习资料，实行文献资料在线检索，在线播放，供检察官随时进行查阅，解决基层院检察官日常离岗学习难的瓶颈问题，提高日常自主研修能力。

2. 建立 E 课堂，突破时空局限

给在线人员提供随时提问、在线讨论、互动交流的平台，将检察官的日常业务讨论从线下转移到线上，扩大参与面、提高交流效果。也便于收集了解检察官关注的、困惑的问题，有针对性地加以研究分析，为检察官提供帮助。

3. 整合大数据，实现多点互联

可尝试与院校、社会培训机构合作互联，依托社会力量开展职业操守、人文艺术、社会科学等综合素能培训。建立与专家或司法机关的远程视频、远程会议系统，开展专题和疑难案例研讨。与检务公开系统互联，发布检察官研修成果，扩大检察官执法办案的社会影响力。

4. 建立微档案，关注个性体验

建立检察机关的 E-learning（网络化学习）系统，开发集知识性、实用性、趣味性于一身的检察官研修 APP，检察干警无论是在单位、家里，还是在出差、旅行途中，都可以根据自己的研修任务、兴趣爱好、学习需求，通过智能手机、平板电脑等移动设备，利用零碎时间登录 E 课堂，随时随地给自己"充电"，进行自主学习和移动研修，并可随时查阅访问研修进度、考核评价等等，为检察官研修提供立体化、开放式、全天候的研修平台。

五、基层检察院研修的配套机制

当前，干警对检察官研修的关注度、积极性还不高，相关成效还不够明显，一方面原因是研修机制本身不够完善，另一方面，相关配套机制的暂时缺位，也是重要因素。因此，建立与研修机制相配套的激励机制、服务机制和成果应用机制势在必行。

（一）探索建立研修激励机制

正如著名学者哈耶尼所主张的那样"对正义的实现而言，操作法律的人的质量比其操作的法律的内容更为重要"。对于检察机关而言，检察官的职业素养、综合能力，比起诉率、有罪判决率等数字更值得关注，因为前者是影响和决定后者的前提。要鼓励检察官积极参与研修，主动提升自我，就要构建相关的激励机制，建立科学的研修评价体系，研修奖金（或者奖学金）评比发放制度，研修能力等级评定制度等等，并将研修评价与检察官的晋升评比等制度对接，实现多重激励效果。强化检察官研修能力考评，不仅要关注工作成绩和工作能力，更要关注被考评者自身，体现人本主义和人文关怀，引导检察官自主研修，在研修中获得职业荣誉感、认同感，体验自我成长，促进检察官研修积极性的提高。

（二）探索建立研修服务保障机制

借鉴英国等国外经验，建立专门的检察官研修机构。以高检院或省级院为主体，依托检察官学院这一平台，统一筹划推进检察官研修工作，便于整合相当大的区域内的司法资源和社会资源，建立制度一体化、培训主体多元化、资源集约化的研修平台，消除地区差异，提升检察官整体能力。首先应该保证基本资金投入，针对培训经费不足的普遍情况，应该实行优胜劣汰的机制，整合优势资源，加大重点扶持力度。其次要建立多层次、多形式的研修培训网络，如借鉴英国的先进经验，由专门的职能部门负责研修工作，同时拓宽研修渠道，支持鼓励相关部门参与，从而形成以国家检察官学院为主体，包括各级地方行政学院、国务院人事部门和省级政府确认的具有资格的各类培训机构、高等院校以及党校等在内的研修培训网络。建立一个多元化培训主体的交流平台，培训机构的资源和信息共享，增进人员交流，以提高培训质量，保障研修制度的顺利贯彻。

（三）探索建立研修成果应用机制

建立研修成果汇总整合、发布和推介机制，把研修成果的蛋糕做大，使检察官看得见、用得上，也使社会公众能够感受和共享。如：建立与《检察日报》报社、检察研究杂志社等专业机构的联通机制，了解关注司法前沿动态，主动申领课题，推荐优秀稿件，及时转化研修成果，推广经验，扩大影响。及时将研修成果转化为可复制可推广的经验介绍和探讨专业问题的论文。对于检察论坛、主题讲座等形成的文字资料，也要撷取主要论点、常见问题、注意事项等，条分缕析，不让论坛流于形式，提炼升华，让优秀工作经验"代代相传"，成为今后培养年轻干警的高质量教材，使研修工作留下扎扎实实的成果资料。对于相对零散的研修成果，可以在进行修正或重新组合后整体发布，使研修成果价值最大化。

金融犯罪中检察机关起诉裁量权研究[*]

课题组[**]

随着上海国际金融中心和中国（上海）自由贸易区建设的不断推进以及国家金融创新的不断深化，金融服务实体经济的水平也不断提高，相伴而生的金融犯罪案件数量也逐年递增，呈现出涉案罪名多样化、犯罪手段新型化、犯罪主体职业化、犯罪对象涉众化等特点，不仅影响了金融秩序和安全，也损害了金融投资者的利益。面对金融犯罪案件数量激增和难度加大的双重考验，检察机关如何针对金融犯罪的特点，运用灵活、新型的诉讼策略提升办理金融犯罪案件的效率和效果，在打击金融犯罪的同时保护金融机制体制的创新变得尤为重要。检察机关应立足检察职能，在法律框架内科学合理地运用起诉裁量权，以"疏堵结合"的方式更好地惩治和预防金融犯罪。

一、检察机关起诉裁量权的基本概述

（一）起诉裁量权的概念与特征

1. 起诉裁量权的概念

国内学者大多将起诉裁量权的内涵等同于起诉便宜主义，认为起诉裁量权是指检察机关对其认为具备起诉条件的犯罪行为具有决定起诉与否的权力。

---

 * 本文系根据虹口区检察院承担的中国检察学研究会金融检察专业委员会2015年度重点研究课题整理而成。

 ** 课题组组长：金建庆，上海市虹口区人民检察院党组书记、检察长；课题组组员：田欢忠、顾静薇、刘强、周健、牟莉、万善德。

部分学者认为起诉便宜主义尽管构成了起诉裁量权的核心内容，但其外延并不等同于起诉裁量权，它还包括重复起诉权、诉讼分流方面的权力以及审判程序类型的选择。起诉裁量权是指检察官根据法律规则、原则、刑事政策以及个案具体情况进行自由裁量，在起诉与否以及诉讼程序的继续进行与否之间做出选择的权力，是一种法律赋予的，同时又受到法律约束的司法权力。起诉裁量权可以使检察官在充分考虑刑事程序所涉及的各种利益的基础上，根据案件事实、证据、诉讼参与人情况和社会舆论等各方面的实际情况进行权衡选择，从而采取更适于该具体案件的处理方法，使法律追求的价值得以实现。

2. 起诉裁量权的特征

（1）合法性

起诉裁量权是一种法律赋予的又受到法律约束的司法权力，必须在法律规定的范围内行使，超越法律授权之外进行裁量就是滥用裁量权，应当认定为无效。正所谓"裁量权的行使，是指遵照法律规定的适当裁量。它应该受法律规则的支配，它不应是独断的"。[1]起诉裁量权的合法性具体而言包括三方面：其一，起诉裁量权由法律设定，没有法律的明确规定，检察机关不具有裁量权；其二，应当在法律规定的范围内行使；其三，违法行使起诉裁量权的行为应当认定为无效。

（2）可选择性

自由裁量是检察官将普遍、抽象的法律运用于具体案件的过程，是一个分析、判断和选择的过程。法律原则具有概况性和抽象性，法律规则虽然具体明确，但也不能机械地适用于所有案件，因此检察官必须在合法的范围内根据案件的具体情况在起诉与不起诉以及怎样起诉之间做出选择。

（3）相对性

检察官在法律规定的范围内具有非常大的裁量权，甚至有学者曾说，"裁量意味着在其领域中不受约束的权力"。[2]但是起诉裁量权的行使即使没有超越法律、法规相关规定的制约，只要它是由检察官恶意违反公益和道德做出的，就构成了起诉裁量权的滥用。因此，起诉裁量权不是绝对、恣意的，是受监督的裁量权。

---

[1] 梁根林、张立宇主编：《刑事一体化的本体展开》，法律出版社2003年版，第290页。

[2] ［美］弗里德曼：《法律制度》，李琼英、林欣译，中国政法大学出版社1994年版，第43页。

（二）起诉裁量权的行使方式

起诉裁量权的行使方式是指检察机关面对案件时可供选择的案件处理方式，主要分为起诉与不起诉两大类。就我国而言，检察机关行使起诉裁量权的方式主要有以下四种：

1. 提起公诉

检察机关对公安机关侦查终结、移送起诉的案件，进行全面审查，对应当追究刑事责任的犯罪嫌疑人提交人民法院进行审判的一项诉讼活动。虽然法律对于犯罪的构成要件和起诉条件都有明确的规定，但是如何将普通的标准运用于某个具体的案件，进而决定这个案件是否应当起诉则需要检察机关行使裁量权。

2. 酌定不起诉

检察机关对已经触犯刑法并且符合起诉条件的犯罪嫌疑人依其职权斟酌具体情形而作出不起诉的决定。我国修改后《刑事诉讼法》第 173 条第 2 款的规定："对于犯罪情节轻微，依照刑法规定不需要判处刑罚或者免除刑罚的，人民检察院可以作出不起诉决定。"因此，我国的酌定不起诉必须同时具备两个条件：一是犯罪嫌疑人的行为已经构成犯罪，应当负刑事责任；二是犯罪行为情节轻微，依照刑法规定不需要判处刑罚或者免除刑罚。由此可见，我国酌定不起诉的适用条件非常严格。

3. 附条件不起诉

针对犯罪情节轻微的涉嫌法定罪名的未成年人，符合起诉条件，但有悔罪表现的，人民检察院可以作出附条件不起诉的决定，并设定一定的考验期限，如在考验期限内涉罪未成年人遵守相关义务规定，考验期届满检察机关可作出不起诉决定。修改后《刑事诉讼法》首次在我国法律条文中明确了附条件不起诉制度，但是该制度仅适用于未成年犯罪嫌疑人。

4. 撤回起诉

人民检察院在案件提起公诉后、人民法院作出判决前，因出现一定法定事由，决定对提起公诉的全部或者部分被告人撤回处理的诉讼活动。对于撤回起诉的案件，如果没有新的事实或者新的证据，人民检察院不得再行起诉。撤回起诉是起诉裁量权向审判阶段的延伸，同时也是检察机关行使起诉裁量权的重要方式。实践中，我国检察机关除了基于法定意义上的起诉裁量权外，还存在基于某种刑事法律政策、公共利益或者某些特定原因行使的隐性裁量权，主要表现为建议公安机关撤销案件（又称"退处"）。据学者考察，隐性不起诉在实务中普遍并大量存在，并且有些年份在数量上还远远高于显性不起诉案件数。[1]

（三）金融犯罪起诉裁量权的价值基础

1. 实现公正与效率的平衡

刑事审判程序之前，刑事诉讼必然要历经复杂的侦查和检察程序，其中一部分案件流入审判程序，一部分案件在审前以其他方式分流，不再进入审判程序。比较法研究表明，在实行"审判中心主义"的英美等国，绝大部分刑事案件都通过辩诉交易等方式高效处理，没有进入正式的庭审程序。[2]由于我国传统司法对金融犯罪一贯加以"严打"，对此类情节较轻的金融犯罪仍以起诉的方式予以打击，占用了大量司法资源。相比一下，部分金融案件具有涉案证据杂、专业化要求高、办案成本大、社会影响大等特点，更需要集中司法资源予以查办。金融犯罪数量、难度的扩张与司法资源的有限之间的矛盾凸显。对金融案件行使起诉裁量权，完善多元化的案件处理机制，使金融案件在审前进行科学分流，有利于检察机关节约司法成本、合理分配司法资源，将主要精力投入较为复杂、疑难的金融案件中，以提高金融犯罪案件的诉讼质量和效率。此外，也能保证进入庭审的案件得到更为公正的处理，是"以审判为中心"的应有之义。

2. 强化保障人权的重要途径

在现代法治社会，人权是整个刑事法律体系的价值意蕴。人权的保障不仅体现在实体刑法的内容中，同时也体现在实现刑法的程序中。检察机关适当地行使裁量权，以刑罚之外的方法来达到惩治和预防犯罪的目的，是在刑事司法过程中保障人权的重要途径。对金融案件的犯罪嫌疑人来说，检察机关通过行使起诉裁量权对认罪认罚的犯罪嫌疑人作非刑罚化处理可以避免羁押、审判等讼累，使犯罪嫌疑人摆脱有罪标签的负面影响，继续开展正常的金融活动，实现对犯罪分子的教育和挽救。对于金融案件的直接被害人而言，追诉犯罪分子并使之受到刑罚惩罚并不是其最终目的，他们更关心的是自己的投资能否"保本"，避免血本无归的结局更为重要。犯罪分子若身处诉讼环

---

[1] 侯晓焱："起诉裁量权行使之实证分析"，载《政治与法律》2009年第3期。
[2] 王守安："以审判为中心的诉讼制度改革带来深刻影响"，载《检察日报》2014年11月10日。

节，则很难赔偿被害人的物质损失，而且一旦面临严厉的刑罚而丧失人身自由，则更难以对被害人进行赔偿。对于金融案件的利害关系人，诸如公司员工、退休人员、股东、债权人、消费者甚至社会公众等而言，虽然没有参与犯罪行为、不知道也无力阻止犯罪的发生，但也不得不承担该公司或者个人犯罪的严重后果。因此，在综合考虑对金融案件刑事定罪将造成的连带影响的基础上行使起诉裁量权，可以在刑事追诉之外为受害者实现办案的法律效果与社会效果的有机统一。

3. 贯彻宽严相济刑事政策

检察机关在金融检察领域行使起诉裁量权较好地顺应了刑罚个别化、轻刑化的世界刑事政策趋势，是贯彻和落实我国当前宽严相济刑事政策的突出表现，也是在打击金融犯罪、维护金融秩序的同时，保护金融创新的重要手段之一。在金融衍生品或金融创新的时代，经常性地诉诸刑事追诉也并不公平。[1]金融的生命力在于创新，但检察机关过度介入金融领域，将导致金融机构、金融管理者和金融投资者变得过度保守，可能损伤金融创新的热情，不利于我国金融的长远发展。因此，在打击金融犯罪时，并非对所有构成犯罪要件的行为都进行无差别对待，而是应当采取"抓大放小"的刑事策略，对严重的金融犯罪采取严厉打击的政策，对轻微的或者定性模糊的采取宽缓的政策。[2]通过在金融检察领域行使起诉裁量权，实现对于金融犯罪"宽严相济"的惩治和预防。

二、金融犯罪中检察机关起诉裁量权适用的现状分析

（一）金融犯罪中起诉裁量权适用的实证分析

以 2014 年为例，在作不起诉决定的金融犯罪案件中，信用卡诈骗案占比为 91.67%。从具体情形分析，恶意透支的占比为 81.82%，冒用他人信用卡的占比为 18.18%。从犯罪金额分析，平均金额为 19899 元，其中最大的金额为 60603.38 元，最小的金额为 5000 元。从认罪态度分析，全部有全

---

[1] 林喜芬："中国应确立何种金融检察政策？——基于宽严相济的思考"，载《四川师范大学学报（社会科学版）》2008 年 9 月第 40 卷第 5 期。

[2] 龙宗智："经济犯罪防控与宽严相济刑事政策"，载《法学杂志》2006 年第 4 期。

额退赔或退赃的情节，有自首情节的占比为68.18%，有坦白情节的占比为31.81%。

（二）金融犯罪起诉裁量权适用的域内外比较研究

1. 域外金融犯罪起诉裁量权考察

（1）美国：广泛且协商性的起诉裁量权

美国作为英美法系的代表国家，就案件范围而言，美国检察官在任何性质的犯罪案件中都可以进行不起诉或者辩诉交易，实行全面的起诉裁量主义，检察官具有较大的裁量权，其适用范围既包括轻罪案件也包括重罪案件，检验的唯一标准为提起公诉是否符合公共利益。在美国，起诉裁量权的行使方式具有多元性，具体表现为暂缓起诉、附条件不起诉、辩诉交易、污点证人豁免、撤回起诉等。

（2）德国：有限但不断扩张的起诉裁量权

德国的起诉裁量权主要包括酌定不起诉、附条件不起诉、撤回起诉以及辩诉交易等。其中酌定不起诉体现在《德国刑事诉讼法》第152条中，该条规定，如果行为人的犯罪行为轻微，且追究刑事责任对于公共利益又无实际意义，检察机关可以决定终止诉讼。附条件不起诉体现在《德国刑事诉讼法》第153a条中，该条规定，如果追究刑事责任对公共利益毫无意义或者追究刑事责任的必要性能够通过采取惩罚性的措施消除时，检察机关有权决定撤销案件终止诉讼。[1]由此可见，德国的酌定不起诉和附条件不起诉原则上适用于轻罪案件，但是1993年颁布的《减轻司法负担法》进一步扩大了起诉裁量权的适用范围，将检察机关终止刑事诉讼的权限扩大到中等严重程度的犯罪。

（3）日本：全面但非协商的起诉裁量权

日本是从立法上明确规定起诉便宜主义的典型国家，其刑事司法特征之一就是相信检察官的权威且授予其较大的裁量权。日本的起诉裁量权主要有酌定不起诉、暂缓起诉、附加保护观察不起诉、撤回起诉等。由于日本不认同辩诉交易制度的合理性，因此在其诉讼制度中未引入辩诉交易。根据日本法律的规定，罪行的轻重是决定是否提起公诉必须要考虑的因素之一，因此其不起诉裁量的适用范围原则上限于轻微犯罪，但在司法实践中，即使是严重犯罪，检察官也可以根据情节实行不起诉。

---

[1] 邓晓静、陈咏梅："英、德、日不起诉裁量权之比较"，载《人民检察》2004年第9期。

2. 我国金融犯罪起诉裁量权考察

由于我国检察机关起诉裁量权仅限于刑事诉讼法规定的四种形式，再加上我国附条件不起诉范围的限制，导致其在实践中适用率较低，我国对金融犯罪的起诉裁量权范围基本只局限于起诉和酌定不起诉。而修改后《刑事诉讼法》将金融犯罪排除在刑事和解之外，亦阻断了在存在被害人的金融犯罪案件中，当事人双方通过达成和解协议争取检察机关不起诉决定的路径。基于传统"严打"金融犯罪司法理念的影响以及法律对于起诉裁量权的诸多限制，当前检察机关在办理未成年人犯罪、伤害类犯罪等传统犯罪时，较为注重运用裁量手段，但运用起诉裁量权处理金融犯罪的案例明显较少，且行使方式比较单一，在办理金融案件时往往忽视了被害人的利益，不能化解金融犯罪行为引发的社会矛盾，同时造成了刑事案件上升和司法资源紧张的冲突，也不符合恢复性司法的理念。为进一步拓展金融犯罪案件中起诉裁量权的应用，有必要在我国的金融犯罪起诉裁量权的探索实践中吸收美国等域外金融检察制度中对于金融犯罪案件起诉裁量权的经验。

三、金融犯罪中检察机关起诉裁量权适用的问题剖析

（一）重追诉、轻治理的传统理念

1. 重立法、轻司法

目前的立法和司法诸环节刑事政策措施发展不平衡。刑事政策的注意力主要围绕着将哪些金融违法违规行为入罪、适用怎样的刑罚幅度，很少涉及司法方面，也没有针对金融犯罪自身的特点认真研究和制定操作性强的政策，特别是对金融犯罪源头进行严格控制的刑事政策。刑法作为社会秩序和各类合法权益最后保障之法，显然必须充分发挥出应有的社会调控矫正机能来尽量消弭金融犯罪乃至金融危机带来的众多负面影响。宽严相济的刑事政策在立法理念上往往强调宽严两种治理手段结合运用，但宽严两类手段并非可一言以蔽之。倘若我们在司法实践中不能明确"宽"和"严"，要么易使司法显得过于宽缓难以满足其在金融危机下进行社会调控矫正之需要，要么就易促使刑法趋于过分严苛而大有重蹈昔日"严打"风暴覆辙之嫌。因此，如何在司法中贯彻宽严相济的刑事政策可能相比立法本身更值得思考。

2. 重惩处、轻治理

当前金融犯罪刑事政策的基本定位是"多罪化"和"重刑化",是一种既严又厉的刑事政策。1997年《刑法》修订以来,立法者把各种扰乱金融秩序的行为视作犯罪,不断加大金融犯罪的刑罚力度,期望能够控制金融犯罪的蔓延和扩展,但司法实践的效果往往达不到立法最初的预期。

首先,重刑化的思路与金融犯罪宽缓化的国际潮流格格不入。伴随刑罚从报复时代到威慑时代到等价时代到矫正时代再到折衷时代之慢慢演化,各国司法实务界和理论界纷纷强调社会报复与道义报应相统一,令世界范围内的刑罚普遍体现出一种宽缓化趋势。[1]金融犯罪往往与经济形势、金融政策息息相关,不少金融犯罪均源于民生问题和经济政策问题,譬如:信用卡诈骗犯罪大多发生在收入拮据的个体身上,非法吸收公众存款案件激增往往与金融信贷政策收紧相关。"最好的犯罪防范不是刑法的改革,而是我们的社会关系的改革。"[2]因此,刑罚作为最迫不得已方能实施的终结性法律治理手段,应当更多地限制其当罚及可罚范围,并通过大力提倡较宽松和非刑罚规制方式进一步推动其宽缓化。[3]

其次,金融犯罪的预防和治理需要社会多元主体的参与。金融犯罪的诱因纷繁复杂,单凭国家制定刑事政策很难全面实现防控目标。犯罪防控本就是国家和社会互动合作的产物,而金融犯罪往往是涉众型犯罪,牵涉范围广,在处理过程中要势必需要平衡司法独立性与社会诉求的关系,实现法律性、社会性和政治性的统一。具体而言,金融犯罪的处理并非简单地适用法律条文,还需结合犯罪起因、利益诉求、处理效果等多个因素,灵活运用刑事司法政策,做到金融犯罪的综合防控和治理,实现司法公正和效益的最大化。在刑事立法和司法政策的运作中,除国家公权力主体外,还应该广泛吸收其他各类社会多元主体。社会多元主体参与到刑事政策运作中去,能在一定程度上弥补国家公权力应对金融犯罪经验不足的缺陷。

(二) 起诉裁量权的行使方式单一

在我国金融检察司法实践中,检察机关行使起诉裁量权的唯一方式就

---

[1] 邱兴隆:《刑罚的哲理与法理》,法律出版社2003年版,第23页。

[2] [德] 古斯塔夫·拉德布鲁赫:《法律智慧警句集》,舒国滢译,中国法制出版社2001年版,第39页。

[3] 欧阳爱辉:"全球金融危机视阈下的宽严相济刑事政策之演进",载《湖北警官学院学报》2010年第3期。

是酌定不起诉，法律也规定了附条件不起诉制度，但仅适用于未成年犯罪案件。

1. 以酌定不起诉为主的模式

按照我国《刑事诉讼法》的规定，酌定不起诉主要适用于两种情形：一类是轻微刑事案；一类是刑事和解案件。由于刑事和解案件仅适用于刑法分则第四章和第五章的罪名，金融犯罪无适用空间。实际上也就是将金融犯罪排除在刑事和解的范围之外，金融犯罪适用酌定不起诉的唯一条件就是"依照刑法规定不需要判处刑罚或者免除刑罚"。

从《刑法》的规定来看，可以满足上述条件的金融犯罪案件一般应具备又聋又哑的人或盲人、犯罪预备、犯罪中止、从犯、胁从犯、自首、重大立功等法定免刑情节。因此，金融犯罪案件适用酌定不起诉的条件非常严苛。

当然，又有研究表明，应将检察机关退回侦查机关自行处理的案件纳入检察机关起诉裁量权的隐性行使方式。并且结合北京市人民检察院的实践，分析认为，要求公安机关撤回起诉意见已经成为检察机关行使起诉裁量权的主要形式。[1]但是从本市的检察实践来看，2013 年、2014 年公安机关撤回起诉意见的金融犯罪案件主要是不构成犯罪或者证据不足的金融犯罪案件，鲜有微罪不诉案件。所以，目前酌定不起诉仍然是金融犯罪领域行使起诉裁量权的主要方式。

2. 撤回起诉制度的功能错位

2012 年修订的《刑事诉讼规则》第 459 条规定了检察机关可以撤回起诉的七种情形，其中，第一至四种情形系不构成犯罪，第五种情形系证据不足，第六至七种情形系不负或不应追究刑事责任。从条文设置应该可以看出检察机关对撤回起诉的功能预设与期许，即以撤回起诉的方式避免对自己不利的裁判。

撤回起诉的功能错位会对司法权力运行产生较大的危害：首先，这种做法实际上降低了检察机关履行举证责任的积极性。允许检察机关在证据不足，指控犯罪事实不能成立的情形下撤回起诉，使检察机关所应承担的结果责任被免除，必然减损检察官的责任心，削弱其承担行为责任的积极性。其次，损害了被告人的合法权益。根据疑罪从无原则，证据不足时应宣告其无罪，

---

[1] 侯晓焱："起诉裁量权行使状况之实证分析"，载《政治与法律》2009 年第 3 期。

然而在证据不足的情形下允许检察机关撤回起诉，虽然在时间上，可能相对较早地将被告人从程序中解脱出来，但被告人不仅因无罪判决的缺失而无法恢复清誉，而且将在程序上被退回到审查起诉阶段，甚至侦查阶段，相应地，强制措施无法及时解除，相关涉案财物也未必返还，国家赔偿也可能成为泡影。再者，侵犯了法院的审判权。尽管法律规定检察机关撤回起诉需要得到法院的同意，但鉴于检法的关系，意图以此限制检察机关撤回起诉的滥用是难以奏效的。这使法院的裁判权在一定程度上被"架空"，意味着公诉权对审判权的僭越。[1]

(三) 起诉裁量权的监督制约机制缺乏

我国现行《刑事诉讼法》关于起诉裁量权的监督制约机制重事后监督制约、轻事前监督制约，重内部监督制约、轻外部监督制约。这种监督制约模式不利于有效制约起诉裁量权运行，也不利于有效保护当事人的合法权益。具体表现在以下方面：

1. 轻事前监督制约，重事后监督制约

《刑事诉讼法》关于起诉裁量权的监督制约机制主要是起诉裁量决定作出后的监督制约，缺乏事前监督制约的制度设计。《刑事诉讼法》对检察机关不起诉裁量权的行使规定了三种事后的监督制约途径：一是被害人的监督制约。《刑事诉讼法》第176条规定，被害人不服人民检察院的不起诉决定，可以自收到不起诉决定书后7日以内向上一级人民检察院申诉，请求提起公诉，对于人民检察院维持不起诉决定的，被害人可以向人民法院起诉。也可以不经申诉，直接向人民法院起诉；二是被不起诉人的监督制约。《刑事诉讼法》第177条规定，被不起诉人如果不服人民检察院作出的相对不起诉决定，可以自收到决定书后7日内向人民检察院申诉；三是公安机关的监督制约。《刑事诉讼法》第175条规定，公安机关认为人民检察院对自己移送的案件作出的不起诉决定有错误的，可以要求复议，如果意见不被接受，可以向上一级人民检察院提请复核。

事后的监督制约缺乏错误纠正及时性。有罪判决一旦作出，就会给当事人造成巨大的损害。例如金融诈骗类犯罪一旦作出有罪判决，除了留下政治污点，还会留下严重的个人银行征信污点，这些污点给犯罪嫌疑人生活和工

---

[1] 张小玲："论我国撤回公诉的功能定位"，载《中国刑事法杂志》2015年第1期。

作造成的影响都是无法弥补和挽回的。此外，事后的监督制约缺乏错误纠正的充分有效性。现行《刑事诉讼法》第174条仅规定了不起诉决定的公开宣布制度，检察机关在作出诉讼裁量决定之前，未有充分听取犯罪嫌疑人与被害人的意见，当事人双方就检察机关的不起诉意见进行控辩较量的制度安排，这无疑在一定程度上降低了检察机关起诉裁量决定合理性。因此，单纯的事后监督制约手段，不但不利于起诉裁量权的错误纠正，还一定程度上增加了司法运行成本。

2. 重内部监督制约，轻外部监督制约

我国起诉裁量权的制约机制重内部监督制约，轻外部监督制约。值得注意的是，重视内部监督制约，并将其置于首要位置并无不当，这也是检察权独立行使的应有之义，只是应当强化内部监督制约的有效性与严肃性，同时不能轻视外部监督制约的效用。《刑事诉讼法》虽然赋予了被不起诉人、被害人申诉权以及公安机关的复议、复核权，但本质上都是检察机关内部的自我审查。检察一体化制度有利于保持检察活动的整体性与纠错及时性，但不能充分保证对起诉裁量权监督的公平性与有效性。因此，在强化内部监督制约的基础上重视并完善外部监督制约，是检察权独立、高效运行的重要保障。现行法律框架下关于外部监督主要是通过法院审判活动来实现对起诉权的后续监督。但由于人民法院对于人民检察院起诉裁量权的监督属于事后监督，缺乏纠错的及时性。因此，起诉裁量权的外部监督有待进一步完善。

3. 被害人自我救济机制缺乏有效性

《刑事诉讼法》第204条第3款规定了不起诉裁量案件被害人自诉的救济路径，但被害人因举证能力受限而往往不能有效实现救济。现行法律规定，被害人须有证据证明被告人侵犯了自己受刑法保护人身、财产法益，并且须出具检察机关否定性的、终局性决定文书，但检察机关作出不起诉决定的案件中，证据材料均在检察机关手中，仅凭被害人的证据材料和举证能力很难达到自诉案件立案标准，人民法院只能裁定驳回起诉或者要求被害人撤诉。因此，法律赋予被害人制约起诉裁量决定的权力，但由于制度设计的不合理，不能真正起到应有的监督制约作用。

4. 被不起诉人救济途径需要拓宽

首先，相较于被害人，被不起诉人的救济途径显然受到严格限制。对于检察机关的不起诉裁量决定，被害人既可以向上级检察机关申诉，也可以向法院起诉，而被不起诉人则只能向作出裁量决定的检察机关提出申诉，其申诉权自然更是难以实现。其次，倘若犯罪嫌疑人认为自己的违法行为显著轻微，不构成犯罪，抑或认为自己根本没有犯罪事实，那么，被不起诉人就丧失了经由审判机关判定无罪的期待性权利。

四、金融犯罪中检察机关起诉裁量权的完善对策

（一）宽严相济刑事政策在金融犯罪领域的应用

金融犯罪的重要诱因之一是金融市场的监管滞后、监管不当，部分个人和企业利用制度缺陷满足个人私欲或实现其他不正当利益，还有部分市场经济主体囿于市场经济制度的不完备，基于生存困境而铤而走险违法违规，如中小企业的非法融资与非法集资等。

首先，须在立法环节严密法网。严密法网强调的是对具体金融犯罪的规定要细致、严密、务实，并不是简单的多罪化。1997 年《刑法》制定以来，金融犯罪从 7 个罪名增加到如今 40 余个罪名，体现了法网逐步严密的立法过程。当然，严密法网的同时应注意刑法的谦抑原则，区分金融创新和金融违规、金融犯罪，区分民事纠纷和刑事犯罪、轻微违规和严重违法，在鼓励金融创新原则的基础上"抓大防小"，发挥行政监管和行政处罚的有效作用，将严重危害金融市场秩序的行为纳入刑事打击范围。

其次，重视罚金刑、资格刑等刑罚手段的综合运用。目前的立法模式主要是通过提高自由刑幅度加大对违法犯罪分子的震慑。"任何涉足于经济活动的经营者，利润的吸引力远远超过刑罚的威慑力……刑罚在利润面前永远是微不足道的成本"。[1]"按照贝克尔的理论，金融违法犯罪跟五个基本变量有关，即定罪可能性、定罪后的惩罚、从事合法与其他非法行为可能得到的收入、规避逮捕的机会、违法意愿等。"[2]如果我们将遏制金融犯罪的希望单方面锁定在加重犯罪主体的刑罚特别是自由刑方面，恐怕无法真正达到降低犯罪的目的。我们应该通过罚金刑、资格刑的综合运用，在立法上增加预期

---

[1]　唐稷尧："困境与根源：刑法对经济犯罪的控制"，载《四川师范大学学报（社会科学版）》2001 年第 1 期。

[2]　白建军：《关系犯罪学》，中国人民大学出版社 2005 年版，第 352 页。

违法成本，特别是经济成本，以致超过违法收益，以此遏制金融违法犯罪。对金融犯罪刑罚的调整要顺应刑罚轻缓化的国际潮流，要使刑罚的配置实现投入最小化和产出最大化的刑罚经济效果，实现惩治和预防金融犯罪，同时实现金融秩序最大程度的修复。

再者，检察机关应加大对起诉裁量权的运用，通过审前程序促进社会矛盾的化解和社会关系的修复。毫无疑问，当公司涉及严重犯罪行为时，科以刑事追诉不但符合刑法的基本价值追求，也是检察机关基本职责所在；但另一方面，对公司进行刑事追诉在很多情况下也会带来殃及无辜的连带后果：诸如公司员工、退休人员、股东、债权人、消费者甚至社会公众等，虽然没有参与犯罪行为、不知道也无力阻止犯罪的发生，但也不得不承担该公司犯罪的严重后果。[1]况且，我国金融事业起步较晚，监管体系的成熟度低，关于金融的立法、政策调整也非常频繁，当前和今后一个时期，我们国家的金融犯罪问题仍会比较突出，保障经济和金融又好又快发展仍然是第一位的任务。因此，在应对金融犯罪的政策取向上，既应考虑法律的严肃性，也应考虑具体的制度环境；既要考虑维护金融监管秩序的迫切性，也要避免对自发性的经济生态造成过于剧烈的扰动。

检察机关在金融法治环境建设中处于"中枢和督导"的地位，是金融法治环境的重要塑造者之一，应当具有维护金融管理秩序和公共利益、保护合法的财产所有权、促进金融市场健康可持续发展的价值导向。检察机关应充分利用审前程序，通过起诉裁量权的行使，引导违法犯罪主体主动认罪，积极赔偿，化解社会矛盾，维持金融市场的稳定。美国司法部基于对公司追诉的社会效果的全面考虑就出台了《联邦起诉商业组织的原则》，要求联邦检察官在裁量是否起诉公司时，合理考虑刑事定罪的连带影响，并使用刑事追诉之外的其他手段来为受害者和公众实现正义的目标，这其中，暂缓起诉协议以及不起诉协议就发挥了积极的作用，值得我们在实践中予以借鉴。

（二）探索金融犯罪领域起诉裁量权的新途径

长期以来，我国在刑事公诉问题上持起诉法定主义的基本立场，上世纪末修改的《刑事诉讼法》顺应了起诉便宜主义的潮流，确立酌定不起诉制度，赋予了检察机关一定程度的起诉裁量权。修改后的《刑事诉讼法》再次扩大

---

[1] 萧凯：" 美国金融检察的监管功能：以暂缓起诉协议为例"，载《法学》2012 年第 5 期。

检察机关的起诉裁量权，确立附条件不起诉制度，尽管该制度目前仅适用于未成年人犯罪案件，但进步意义不容小觑。但令人遗憾的是，不管是酌定不起诉还是附条件不起诉，检察机关适用起诉裁量权的案件数量极其有限，在金融犯罪领域更是屈指可数，这与国外检察机关充分行使裁量权有效分流案件有着鲜明的对比。

1. 酌定不起诉权的充分行使

酌定不起诉如能合理适用，一方面能够节约诉讼资源，将轻罪或微罪案件排除在刑事诉讼程序之外；另一方面可以实现罪犯的特殊预防，有效避免监管场所的"交叉感染"，使罪犯在更好的环境下接受教育改造。酌定不起诉的诉讼价值如此之大，在实践中其适用情况却并不乐观。全国检察机关酌定不起诉的适用率一直很低，近年来普遍低于 5%。[1]相比之下，国外检察机关酌定不起诉的比例大得多，比如：日本 2000 年裁量不起诉率是 44.9%，2002 年是 47.4%，2005 年达到 53.4%。[2]当然，适用率较低的原因既有理念上的误区，也有制度设计本身的障碍，比如：酌定不起诉的审批程序复杂，检察人员不愿意经常行使酌定不起诉权力，避免增加工作量等。

（1）金融犯罪案件刑事和解的探索

根据《刑事诉讼法》第 173 条第 2 款的规定，只有对于"犯罪情节轻微且依照刑法规定不需要判处刑罚或者免除刑罚的"，才可以适用酌定不起诉。该条规定的不起诉适用范围既模糊又狭窄，在检察实践中比较难以把握，无法提供相对明确的标准。相对而言，对于刑事和解后适用酌定不起诉《刑事诉讼法》的规定更为明确，但可以适用的案件类型却相对狭窄。

《刑事诉讼法》修改前，全国各地试点刑事和解的案件一般为法定刑在三年以下的轻罪案件，在案件类型上，则以故意伤害、盗窃、交通肇事为主，但同时也积极探索如信用卡诈骗、合同诈骗、职务侵占、聚众斗殴、损害商业信誉、商品声誉罪、寻衅滋事、招摇撞骗等常见犯罪。同时，在一些严重犯罪中也出现了刑事和解的身影，如引起广泛关注的孙伟铭案，被告人家属与被害人一方达成和解。据统计，新《刑事诉讼法》实施后，刑事和解范围

---

〔1〕 参见各年度最高人民检察院工作报告。

〔2〕 宋英辉："国外裁量不起诉制度评介"，载《人民检察》2007 年第 24 期。

的限缩使得刑事和解案件的数量出现不同程度的明显下降。[1]之所以作出上述限制,从立法机关的角度,是"考虑到公诉案件的国家追诉性质和刑罚的严肃性,防止出现新的不公正,对建立这一新的诉讼制度宜审慎把握,和解程序的适用范围也不能过大。"[2]

根据《刑事诉讼法》的规定,金融犯罪也被排斥在刑事和解的适用范围之外。但是,在实践中金融犯罪有适用刑事和解的需求,金融犯罪大体分为破坏金融秩序和金融诈骗两类,实践中金融诈骗类犯罪和部分破坏金融秩序类犯罪(如:非法吸收公众存款罪等)侵犯了相对人的财产权益,鼓励犯罪嫌疑人或被告人对被害人(单位)或权益主体作出赔偿对于修复社会关系、稳定金融市场具有重要的意义。相对于熟人社会中民间纠纷引起的侵犯财产类案件,金融诈骗犯罪案件中的刑事和解实质上是一种宽泛意义上的刑事和解,它不追求被害人对加害人的宽恕并在此基础上进行外部人际关系的修复,而是将经济赔偿作为这种刑事和解的基本内容,以有效解决赔偿、抚慰被害人为主要目的,使加害人悔罪为次要目的。

从2014年本市金融检察部门作出酌定不起诉案件来看,其中66.67%的犯罪嫌疑人具有自首的法定免除处罚情节,其余33.33%的犯罪嫌疑人仅有坦白的法定从轻处罚情节,如果严格按照《刑事诉讼法》第173条的规定,不能适用酌定不起诉。从另一个角度分析,其中的信用卡诈骗案件,犯罪嫌疑人均全额退赔,因此有效赔偿被害人(单位)损失是适用酌定不起诉的重要前提。因此,将金融犯罪纳入刑事和解的范畴既符合社会需求,也符合刑事和解背后的法律价值。

(2)细化酌定不起诉的适用标准

从2014年本市金融检察部门适用酌定不起诉的信用卡诈骗案件来看,涉案金额从最低5000元到最高60000元不等。为指导司法实践办案,本市制定了《关于办理恶意透支型信用卡诈骗犯罪案件若干问题的指引》(以下简称《指引》),其中第12条规定恶意透支型信用卡诈骗案件符合以下条件的,可以作出酌定不起诉决定:第一,犯罪金额不大;第二,认罪态度较好;第三,

---

[1] 秦宗文:"刑事和解制度的实践困境与破解之道",载《四川大学学报(哲学社会科学版)》2015年第2期。

[2] 参见全国人大常委会副委员长王兆国向第十一届全国人民代表大会第五次会议所作《关于〈中华人民共和国刑事诉讼法修正案(草案)〉的说明》。

全额退赃；第四，无故意犯罪前科。应当说《指引》以"犯罪金额不大"作为适用条件之一，仍然没有为司法实践提供相对可操作的指引。参照刑事和解对于故意犯罪设定可能判处有期徒刑三年以下刑罚的条件，可以将犯罪金额细化为"犯罪金额不大，一般在6万元以下"（根据相关司法解释，冒用型信用卡诈骗6万元一般在有期徒刑三年上下量刑）。同时将"无故意犯罪前科"改为"五年内无故意犯罪前科"（《刑事诉讼法》规定五年内有故意犯罪前科的，不适用刑事和解程序），一方面通过前科有无判定再犯的可能性，另一方面设定一定的期限减少前科对个人的影响。

《指引》第12条的尝试值得我们思考，即如何为金融检察实践提供较为明确的可操作的酌定不起诉适用标准。正如前述，金融犯罪适用酌定不起诉可以在刑事和解的框架内进行科学的设置。我们认为可以从以下几个角度探索：

一是被害人标准，即必须有明确的被害人（单位）。这里的被害人（单位）既包括严格刑事诉讼意义上的被害人，也包括因犯罪行为遭受损失的其他权利主体。

二是刑期标准，即可能判处3年有期徒刑以下刑罚。这是我国司法实践中区分重罪和轻罪的重要标准之一，继续沿袭这一标准有利于法律和酌定不起诉的统一适用。当然这里的刑期是宣告刑而非法定刑，由司法人员根据量刑标准予以确定。

三是认罪标准，即事实清楚、证据充分且犯罪嫌疑人或被告人如实供述。"认罪态度好"既是客观标准也带有一定的主观成分，一方面满足如实供述犯罪事实的首要要件，另一方面结合到案经过、供述时机、供述的完整度和准确度等予以判断。

四是赔偿标准，即能够退还全部赃款或赔偿被害人全部损失。赔偿标准是金融犯罪刑事和解的重要条件。这里的赔偿标准，一般不应低于刑事附带民事诉讼可能得到的赔偿，也可以略高于实际损失，如果被害人的赔偿请求明显高于实际损失、国家或地方标准的，犯罪嫌疑人或被告人承诺赔偿的金额已经足以弥补被害人损失的，可以认定为达到赔偿标准，并依此从宽处理。

五是人格标准，即犯罪嫌疑人或被告人在一定期限内没有故意犯罪或同类行政处罚记录。一般应规定在5年内没有因故意犯罪被追究刑事责任，同时针对金融犯罪的特殊性，可以规定 2 年内没有因类似违法行为被行政处罚，同时还可以结合犯罪嫌疑人或被告人的日常表现等多方面进行评估。

（3）简化酌定不起诉的审批程序

司法实践中，行使酌定不起诉权的程序非常繁琐，对拟作不起诉决定的案件明确要求必须提请检察长或检察委员会决定。而起诉案件的程序相对而言就简单得多，即承办人审查和主任检察官审批即可，因此大部分检察官在面对选择时，都会选择提起公诉。同时对案件作出酌定不起诉决定后还将面临各类监督和案件管理部门的内部审查，不仅要送达公安机关、被害人，还要报上一级检察机关备案，一旦有人提出异议，检察机关就要承担不起诉决定被撤销或被纠正的风险，甚至承办人还需承担相应不利后果。审批和监督本身并无可非议，但繁琐的程序却大大打击了检察人员行使酌定不起诉权的积极性，这也是不起诉率很低的重要原因之一，简化酌定不起诉的审批程序势在必行。

随着司法改革的深入和司法责任制的落实，"谁办案，谁审批，谁负责"的原则已经确立，检察官被赋予依法独立行使司法办案、法律监督等职权，同时对其所办案件质量终身负责。检察机关也应大胆放权，将作出酌定不起诉的权力赋予检察官。就具体操作而言，就是要去行政化，简化审批程序，条件成熟时，可去除检委会讨论程序和检察长的审批程序，检察官在决定作出酌定不起诉后，报检察长备案。

2. 附条件不起诉权的探索

随着社会形势的变化和诉讼制度的发展，各国检察机关的起诉裁量权有逐渐扩大之势，部分国家检察机关甚至拥有广泛的处置权力，并且在传统起诉裁量权扩大化的基础上又增加了附条件不起诉的裁量权。与国外附条件不起诉制度相比，我国《刑事诉讼法》第 271 条规定附条件不起诉仅适用于未成年人轻微犯罪案件。在美国联邦金融犯罪刑事检察实践中，不起诉协议被认为是一种公正、有序、高效的金融检察机制。尤其是在查处全美范围内具有特别重大影响的金融犯罪案件时，不起诉协议适用率高达 90%。美国联邦检察官在金融检察实务中广泛适用不起诉协议，不仅以较低的司法成本高效地办结证据繁复、法律适用疑难的金融犯罪案件，而且通过数以亿计的巨额罚款公正地震慑金融犯罪行为主体、充分地补偿金融犯罪被害人，在一定程度上实现了公正与效率的平衡。[1]美国的司法实践较好地解决了司法的威慑力和社会关系修复的关系，值得我们借鉴。

（1）金融犯罪适用附条件不起诉的基础

附条件不起诉制度是"预防的综合思想"的具体实践，一般预防与特别预防在附条件不起诉制度中共存，以特别预防为优先考虑，不致排除一般预防的刑罚作用，因为即使是轻微的处罚，也有一般预防的作用。在一般预防思想下，检察机关奉行法定起诉主义，定罪量刑权由法院行使，实现分权制衡、保障人权和防止公诉权的滥权。但随着刑事诉讼理论与实践的发展，检察职能也发生调整，通过分担法官在审判中的任务，实际上并非所有案件都必须等到审判阶段才去裁决，通过替代审判程序或审判程序外的制裁措施，对行为人而言可以产生去犯罪化的实益，有助于行为人的再社会化。[2]

金融犯罪的侦查和处理过程困难重重，耗费司法成本巨大，往往表现在以下两个方面：首先，金融犯罪是典型的白领犯罪，本身具有极强的行业特征，而且大多是利用金融活动及监管的漏洞或薄弱点，具有明显的智能性，犯罪手段也较为隐蔽和复杂，对于缺乏金融活动或监管经验的侦查人员和司法人员来说，调查取证需要花费巨大的人力和精力。其次，金融犯罪中被害人权益的保障也是司法机关办理中的难点，稍有不慎即会引发群体矛盾甚至群体性事件，给司法机关的处理带来极大压力。有的金融犯罪案件涉及被害人众多，比如常见的金融诈骗类案件；有的金融犯罪没有直接的被害人但存在潜在的、间接的被害人，例如证券、期货类犯罪、操纵市场类犯罪。将犯罪行为人绳之以法固然重要，但对大部分被害人来说，他们更关心的是如何挽回自己的投资，特别是在目前难以通过民事诉讼获取经济赔偿的情况下，司法机关的责任和压力更加突出。如何让犯罪行为人积极退赔被害人的损失是司法人员应当深思的重要课题。这样的背景下，通过附条件不起诉的运作，引导犯罪行为人积极认罪、退赔赃款，更加符合诉讼效益和社会公正的平衡的需要。

（2）金融犯罪适用附条件不起诉的范围

要确立附条件不起诉的范围，必须首先明确酌定不起诉和附条件不起诉

---

[1] 谢杰、郑娴："美国金融检察执法流程与具体运作——以不起诉协议为中心展开"，载《人民检察》2013年第3期。

[2] 刘学敏："检察机关附条件不起诉裁量权运用之探讨"，载《中国法学》2014年第6期。

之间的关系。最高人民检察院朱孝清副检察长在 2012 年全国第一次未检工作会议上的讲话指出："附条件不起诉与酌定不起诉都是对已构成犯罪的案件作不起诉处理，但前者的不起诉是附条件的，它在犯罪事实和情节、主观恶性等方面一般要重于后者，在悔罪表现或被害人谅解程度、不起诉方面一般不如后者。"这段讲话也道出了附条件不起诉和酌定不起诉适用范围的差别，前者的适用范围相对于后者应该更为宽泛。2012 年《刑事诉讼法》将附条件不起诉的范围限于"可能判处有期徒刑一年以下"的部分未成年人案件显然与上述界定有所矛盾，毕竟酌定不起诉尚可以适用于"可能判处有期徒刑三年以下"的部分犯罪案件。当然，这也许是立法者为了防止附条件不起诉滥用而做的限制。

首先，在金融犯罪领域探索附条件不起诉时，可将适用范围确立为"可能判处五年有期徒刑以下的故意犯罪案件"，一方面可以适度拉开与酌定不起诉确立的轻罪标准的差距，另一方面也可以扩大附条件不起诉的适用范围，切实发挥该项制度应有的功能。从刑法对金融犯罪刑罚档次的设置来看，金融诈骗类案件以及部分证券类犯罪的起刑档次均规定为"处五年以下有期徒刑或者拘役"。因此，这样的设置也利于与金融犯罪刑罚配置的衔接与运用。

其次，《刑事诉讼法》第 271 条以"有悔罪表现"作为适用附条件不起诉的标准，该标准过于笼统，无法给司法实践提供相对清晰、具体的操作准则，有必要以司法解释或内部规范的方式，明文规定附条件不起诉适用标准。一是关于犯罪行为人自身情况，包括是否具有前科、生活品行、经济状况等。借鉴刑事和解的相关规定，一般应要求犯罪行为人 5 年内没有故意犯罪前科，且在 2 年内没有因类似金融违法行为受过行政处罚。二是关于犯罪事实的情况，包括涉案案由、犯罪动机、犯罪目的、犯罪手段、犯罪中所起作用、与被害人的关系等，总的要求犯罪情节相对较轻，具备从宽处罚的条件。三是关于犯罪后的事项，包括犯罪所造成的危险或损害、犯罪后的认罪态度、对被害人有无赔偿、有无缴纳罚款、社会关系是否修复等，由于附条件不起诉相对于酌定不起诉的条件稍宽，并不要求立即对被害人或权益受损者作出全额赔偿，但必须作出承诺在考验期内能够对被害人或权益受损者作出赔偿，或者与被害人以及权益受损者达成赔偿计划等。

（3）金融犯罪附条件不起诉协议的设立

不起诉协议源自美国司法实践，是指控方要求犯罪嫌疑主体全面且真实的披露犯罪事实以及提供其他合作措施（包括指控其他共犯、全额支付罚款等），控方对犯罪嫌疑主体可能实施并构成的行为不予起诉的刑事和解协议。[1] 履行不起诉协议是检察机关最终作出不起诉决定的重要前提和关键条件。不起诉协议的设置和运作值得我国金融犯罪的惩处和治理时加以借鉴。

不起诉协议可以由检察机关提出也可以由犯罪嫌疑人及其辩护人提出，提出方式一般应采用书面形式，正式文本应得到检察机关、犯罪嫌疑人及其辩护人三方共同签署生效。不起诉协议可以针对某一犯罪嫌疑人，也可以针对犯罪嫌疑人的部分犯罪事实。犯罪嫌疑人、辩护人以及检察机关在正式作出不起诉决定前须对不起诉协议的内容进行保密，不得向他人或社会媒体等公开。

不起诉协议的内容主要包括检察机关审查认定的证据材料和犯罪事实、犯罪嫌疑人的认罪及承诺（包括认罪意见、附带义务及义务履行时间表等）、检察机关将不予起诉的承诺。犯罪嫌疑人的附带义务一般包括主动提交参与指控犯罪的书证、物证和电子数据，配合侦查机关或司法机关的侦查活动，退还涉案赃款，赔偿被害人损失，履行行政罚款义务，完善公司企业的治理结构等等。

为防止检察官滥用附条件不起诉协议，协议的内容以及最终确立应经检察长或检察委员会的审批。在与犯罪嫌疑人及其辩护人达成不起诉协议前应积极听取涉案当事人的意见，特别是被害人、金融监管部门、行政执法机关、刑事侦查机关的意见，妥善处理社会矛盾。

3. 撤回起诉权的重新定位

我国目前的法律规定将撤回起诉的范围限定在"不应当起诉"的情形之内，而没有将"不需要起诉"的情形列入。应该说，我国《刑事诉讼法》主要以起诉法定主义为原则，同时兼采起诉便宜主义。从我国撤回起诉的适用情形来看，无论是犯罪嫌疑人没有犯罪事实或是不应追究刑事责任，还是证据不足或证据发生变化等情形，均与起诉法定主义的适用情形一致，而与起诉便宜主义的适用情形毫无关联，这与撤回起诉的应有定位并不相符，而彻底沦为检察机关纠错的机制，而非起诉权的裁量。鉴于此，应以撤回公诉的应然定位为指向，对其适用情形进行适当调整。

---

[1] 谢杰、郑娴："美国金融检察执法流程与具体运作——以不起诉协议为中心展开"，载《人民检察》2013 年第 3 期。

首先，为满足司法实践的实际需求，可以将现有司法解释中确立的撤回起诉的适用情形予以保留，但应赋予被告人选择的权力，即未经被告人同意，检察机关不得对"事实不清、证据不足或事实、证据发生变化"的案件撤回起诉，同时也必须征得法院的同意，以尊重法院的审判权，以避免检察机关将撤回公诉作为避免不利裁判的工具，减轻自身应当承担的相关责任，损害被告人的合法权益，并侵蚀法院的审判权。

其次，将"犯罪情节轻微，依照刑法规定不需要判处刑罚或者免除刑罚"的情形纳入撤回起诉的适用情形之中。在判决宣告以前，发现公诉案件符合"犯罪情节轻微，依照刑法规定不需要判处刑罚或者免除刑罚"的，检察机关可以根据被告人及其犯罪行为的具体情况斟酌考虑，如果撤回起诉更为适宜，检察机关可以作出撤回起诉的决定，以便与起诉便宜主义的要求相适应，使轻微犯罪行为人更好地回归社会，并节约相关司法资源的投入，提高刑事诉讼的效益和效率。当然，基于对审判权的尊重，检察机关撤回该类案件应征得法院的同意。

适用于金融犯罪领域，符合下列情形之一的检察机关可以撤回起诉：第一，被告人在法院宣告判决前与被害人达成刑事和解协议；第二，被告人能够在法院宣告判决前全额赔偿被害人或权益受损者的损失；第三，检察机关认为符合酌定不起诉条件的其他情形等。

（三）建立对起诉裁量权的监督制约机制

从权力制衡原则的彻底贯彻角度来看，实现对监督权的监督是必要的，即实现对起诉裁量权的监督制衡是必要的。值得注意的是，对检察机关起诉裁量权的内部监督是第一性的、首要的，外部监督监督是第二性的、次要的。因为检察权的设置源于对法官和警察的不信任，承担着防范法官恣意与警察滥权的功能，因此，安排起诉裁量权监督制约机制的前提是不能妨碍检察监督权这一基本职能的独立行使。倘若将外部监督放在首要位置，势必有违检察权设置的目的，阻碍检察权的独立行使。此外，起诉裁量权的事前监督是最重要的，事后监督是次要的。起诉裁量权的错误行使既浪费了有限的检察资源，又损害了当事人的合法权益，因此，事前监督更有助于及时有效纠错。

1. 完善起诉裁量权行使的内部监督制约

（1）赋予检察官起诉裁量决定权

检察改革后不起诉、撤回起诉等起诉裁量权由检察长或检察委员会行使，而没有放权给检察官，该制度对防止检察官滥用不起诉裁量权起到一定作用，但会导致不起诉裁量权制约机制难以发挥作用。由于不起诉裁量决定最终是由检察长或检察委员会作出的，无法真正实现起诉裁量权的价值。因此，完善起诉裁量权的内部监督制约，首先应当赋予检察官起诉裁量决定权，这是完善我国不起诉裁量权制约机制的需要，也是顺应世界潮流的选择。检察官只有作为不起诉裁量权的适用主体和责任主体，才能强化其在适用不起诉裁量权时的责任感，不起诉裁量权制约制度才能做到有的放矢，真正地实现制约的实效性。赋予检察官起诉裁量决定权是对不起诉案件错案追究的前提。

（2）建立不起诉案件的错案责任追究制

缺乏责任追究制度就无法全面有效保障职权行使的公正性。监督制约机制要注重监督实效，把不起诉案件的审查责任层层落实到具体的案件承办人，并明确设立错案追究制度有助于提高起诉裁量权行使质量。下列二种情形应当追究错案责任：经审查、复核，对原不起诉决定作出原则性改变的；公诉转自诉案件，被害人自诉至法院后，人民法院改变不起诉决定，并判处有期徒刑以上刑罚的。

2. 完善被害人救济途径，设立建议起诉制度

（1）明确被害人自诉转公诉举证制度

针对被害人举证难的现状，应明确规定，被害人自向法院提出自诉之日起，可以要求法院向公诉机关调取有关的案件材料，以便法院审查案件证据材料，即应将检察机关移送案件证据材料的时间提前至被害人提起自诉请求之日。

（2）设立建议起诉制度

独立行使检察权是检察机关作为法律监督机关存在的基础与前提，德国的强制起诉制度严重妨碍起诉裁量权的独立行使，超越了权力制衡的应有之义。修正的强制起诉制度符合分权和制衡的法治效果，兼具公正与效率的社会效果。有别于德国的强制起诉制度，修正的强制起诉制度是指法院受理被害人自诉申请后，认为检察机关不起诉决定有误的，可以径直以公诉转自诉的方式处理，也可以建议检察机关正式提起公诉。对于法院的提起公诉建议，检察机关经审查认为不起诉决定没有错误的可以不提起公诉，但应当在 7 日内回复并说明理由。

3. 强化犯罪嫌疑人的申诉权

相对不起诉决定虽然在审查起诉阶段终止了诉讼程序，对犯罪不予追究，但是在判定被不起诉人有犯罪事实的基础上作出的，并且剥夺了被不起诉人经由审判机关判定无罪的期待性权利。有观点认为应当赋予犯罪嫌疑人一定的自由选择权，即在检察机关拟作相对不起诉决定之前，先征求犯罪嫌疑人的意见，如果犯罪嫌疑人不同意不起诉，愿意接受法院审判的，人民检察院应当作出起诉决定。但赋予被不起诉人程序选择权无疑违背了检察权起诉便宜主义原则，有对检察机关起诉裁量权根本性否定的嫌疑，实不可取。强化被不起诉人的申诉救济权是比较可行的路径。《刑事诉讼法》第 177 条规定，被不起诉人如果不服人民检察院做出的相对不起诉决定，可以自收到决定书后 7 日内向人民检察院申诉，人民检察院应当作出复查决定。此外，应当明确规定检察机关刑事申诉部门的立案决定时间以及复查答复时间。经复查认为不起诉决定有误的，应当立即交由公诉部门提起公诉，认为不起诉决定没有错误的，应当详细说明复查认定的事实以及作出决定的理由。

刑事执行检察监督研究[*]

课题组^{**}

一、新时期刑事执行检察监督的职能定位

欲求其变，先观其史。在刑事执行检察监督从传统监督向全面监督的变革过程中，需要对传统监所监督工作的内涵、外延以及发展路径进行梳理，只有充分了解传统监所检察监督的沿袭和变革历程，才能对新时期刑事执行检察监督工作可能面临的问题具有理性的认知，寻求合适的解决途径。

（一）刑事执行检察监督的传统业务

在传统刑事执行检察发展的过程中，形成了一套与当时法律规定和现实需要相适应的业务体系，切实保障了传统刑事执行活动的公平公正执行。2001 年，高检院出台了《最高人民检察院关于监所检察工作若干问题的规定》，对检察机关监所检察部门的主要职责进行了确认和划分，为传统刑事执行检察工作的开展提供了依据。

1. 对刑罚执行和刑事监管活动的合法性进行监督

狭义的刑罚执行监督和刑事监管活动监督，是指人民检察院对刑罚执行机关执行人民法院已经发生法律效力的刑事判决、裁定的活动，以及对刑事监管过程是否合法实行的法律监督，主要包括对监狱、看守所、拘役所执行

---

 * 本文系根据上海市人民检察院监所处与虹口区检察院共同承担的上海市检察官协会 2015 年重点研究课题《刑事执行检察监督研究》整理而成。该课题荣获上海市检察官协会 2015 年重点研究课题评选二等奖。

** 课题组组长：邹震宇，上海市人民检察院监所处处长；课题组组员：潘建安、顾静薇、娄奕、盛琳、沈嘉曦、钱月姣。

刑罚、实施刑事强制措施、管理教育罪犯活动等是否合法的监督，对司法局管理教育监外罪犯的活动实行监督，对看守所超期羁押犯罪嫌疑人、被告人的情况进行监督等。

传统的刑罚执行和监管活动监督，理论上可以根据其对象和特点的不同进行分类。根据刑罚执行机关不同，可分为：对人民法院执行刑罚的监督；对监狱执行刑罚的监督；对公安机关执行刑罚的监督。根据刑罚执行活动内容，可分为：对刑罚内容实施的法律监督，如对羁押期限、判决内容等的监督；对落实刑罚执行制度的法律监督，如对裁判文书送达、交付监狱执行等的监督。根据刑罚的种类及刑罚执行的特点，可分为：对监管改造场所执行刑罚的监督；对在社会上执行刑罚的监督；对执行死刑和财产刑判决的监督。[1]

2. 对刑罚变更执行的合法性进行监督

刑罚变更执行，是指对发生法律效力的刑事判决、裁定所确定的刑罚在交付执行或实际执行过程中，由于发生了法定的事由而依法改变或调整原判刑罚的执行方式或内容的一项刑罚执行制度。[2]刑罚变更执行包括刑罚种类和刑期的变更，如减刑、假释、死刑缓期二年执行的变更，以及刑罚执行方式的变更，如暂予监外执行等。刑罚变更执行检察监督是指检察机关依照法律规定的职权和程序对刑罚执行过程中的执行方式变更活动进行的全面检察监督制度。[3]广义的刑罚执行检察监督包括对刑罚变更执行的法律监督。

司法机关办理减刑、假释的刑罚变更执行流程大致分为：一是执行机关确定适用拟减刑、假释的罪犯，并将该案件报送审判机关；二是审判机关对受理的刑罚执行变更案件进行审理后，依法作出裁定；三是检察机关对刑罚执行变更案件进行监督，决定是否需要提出纠正意见。检察机关对刑罚变更执行监督属于同步监督，仅在法院或监狱作出变更决定后有权对变更的内容和程序进行监督纠违。

3. 刑罚执行和监管活动的职务犯罪查处和预防

监所检察中的职务犯罪查处和预防，是指检察机关对刑罚执行和监管改造中发生的虐待被监管人案、私放在押人员案、失职致使在押人员脱逃案、徇私舞弊减刑、假释、暂予监外执行案进行立案侦查；对刑罚执行和监管改

---

[1] 实践中，对死刑和财产刑监督缺乏法律依据和实施规范。
[2] 刘吉山："刑罚变更执行监督存在的问题及解决对策"，载《当代法学》2011年第5期。
[3] 杨飞："完善刑罚变更执行的检察监督"，载《人民检察》2011年第10期。

造过程中发生的司法人员贪污贿赂、渎职侵权案件进行侦查；以及开展职务犯罪预防工作。根据这一职能，监所部门在法律监督权的基础上又具有一定范围内的刑事侦查权，是一种独立的复合型法律监督权。[1]

刑事执行活动中职务犯罪查处和预防因环节的特殊性具有其自身特点，在刑罚执行和监管活动中发现的职务犯罪案件具有侦查范围特殊、犯罪主体特殊、犯罪对象特殊和侦查主体特殊的特点：一是侦查范围局限于看守所、监狱等监管场所，监管场所属于封闭式管理单位，因而隐蔽性较强，获取线索难度较大；二是犯罪主体为公安民警或监狱狱警等，具有较强的反侦查能力，且因在押人员的流动性较大，取证较为困难；三是犯罪对象多为服刑或在押人员，与看守所执法人员存在监管与被监管的关系，在举报、作证监管人员的权力寻租或滥用职权时处于较为弱势的地位；四是挖掘线索的侦查主体为派驻监管单位的监所检察人员，与监管人员存在互相配合，而非对立的关系，因此在侦办相关线索时，往往隔靴搔痒或不能、不敢、不愿监督。

4. 服刑罪犯又犯罪案件的审查办理和诉讼监督

服刑罪犯又犯罪案件的审查办理和诉讼监督是指，对服刑罪犯又犯罪案件进行审查批捕、审查起诉，对服刑罪犯又犯罪案件侦查活动实行监督，但对监所检察部门侦查的犯罪案件进行批捕、起诉或不起诉，应由上级院侦监部门报捕或移送本院公诉部门进行审查，以实现侦查权与审查监督权的分离，避免内部寻租。

监所部门的管辖职能和管辖范围包括：一是监所部门对被羁押的服刑罪犯又犯罪案件（包括脱逃被抓回服刑地后发现又犯罪的）有当然的审查办理和诉讼监督职权，但对在服刑期间发现的漏罪管辖并不当然具有审查办理和诉讼监督权，仅当在"由罪犯服刑地人民法院审判更为适宜"时，服刑地人民法院才具有管辖权，根据层级对应原则，此时服刑地人民检察院具有审查起诉的权力。二是监所部门的审查办理和诉讼监督案件对象不包括监外执行罪犯。根据《刑事诉讼法》的规定，对监外执行罪犯包括被判处管制、宣告缓刑、假释或暂予监外执行的罪犯，在实行社区矫正期间又犯罪的，由执行机关[2]移送人民检察院处理，法律并未明确规定检察机关在审查办理该类人

[1] 周伟："刑事执行检察的若干问题"，载《人民检察》2013年第24期。
[2] 根据《刑事诉讼法》的规定，监外执行罪犯的执行机关为社区矫正机构。根据《社区矫正实施办法》的规定，监外执行罪犯的执行机关为公安机关等负有侦查权力的行政执法机关。

93

员（包括判处管制或监外执行的服刑人员）犯罪时的管辖部门，但根据地域管辖原则，应由有管辖权的部门履行审查办理职责，即由执行机关所对应的检察机关侦查监督部门管辖。

5. 受理被监管人员及其亲属的控告和举报

根据《刑事诉讼法》的规定，主要包括辩护人、诉讼代理人认为看守所及其工作人员有阻碍其依法行使诉讼权利的行为，向人民检察院申诉或者控告的；被监视居住人及其法定代理人、近亲属或者辩护人对于公安机关、本院侦查部门或者侦查人员存在对指定居所监视居住的执行活动的违法情形提出控告的；就检察部门对本院办理案件中的违法行为提出控告的；就在押人员对下级人民检察院和其他司法机关的处理不服提出的申诉；对被强制医疗的人及其近亲属、法定代理人的控告、举报和申诉等。

（二）刑事执行检察监督的新增职能

随着社会法治水平的提高和人民群众法制观念的加强，刑事执行活动的合法性和规范性问题成为普遍关注的问题，检察机关对传统刑事执行活动的检察监督已无法适应现实需要。为弥补传统刑事执行检察监督的局限性和滞后性，《刑事诉讼法》和《人民检察院刑事诉讼规则（试行）》（以下简称《规则》）对法律监督工作进行了修改，明确刑事执行监督为法定职责，新增了相应的职能，并统一交由监所检察部门承担。2013 年高检院修订了《检察机关执法工作基本规范》，对刑事执行检察监督职责进行了补充和完善。

1. 羁押必要性审查

根据《刑事诉讼法》第 93 条和《规则》第 617 条对羁押必要性审查的规定，检察机关采用分段负责的形式，在侦查阶段、审判阶段分别由侦查监督部门和公诉部门依职权或依犯罪嫌疑人、被告人及其法定代理人、近亲属或者辩护人的申请，对羁押必要性开展审查工作，同时监所部门在侦查、起诉和审判的诉讼全过程中均可行使诉讼监督权，对在押人员进行羁押必要性审查并提出释放犯罪嫌疑人、被告人或变更强制措施的建议，为防止久押不决、超期羁押和不必要羁押提供了司法救济的渠道。同时，《规则》明确了检察机关提出释放或变更强制措施建议的八种情形，以及具体审查方式、期限和建议类型，为羁押必要性审查工作的落实指明了方向。根据 2015 年 12 月 4 日高检院制定的《最高人民检察院关于全面加强和规范刑事执行检察工作的决定》，羁押必要性审查由刑事执行检察部门承担。

2. 社区矫正

社区矫正检察监督是由检察机关对审判机关和狱政机关所作出的已经生效的缓刑、管制、剥夺政治权利、假释和监外执行的判决、裁定和决定执行情况是否合法所进行的法律监督。[1]2010 年 2 月，高检院明确指出：各级检察机关要认真履行检察职责，积极参加社区矫正试点和推广工作，保证纳入社区矫正的服刑人员符合法定条件和程序，促进建立适应宽严相济刑事政策要求的社区矫正工作体系。完善对社区矫正进行法律监督的方式和措施，依法开展对社区矫正各执法环节的法律监督，防止和纠正脱管、漏管等问题，促进社区矫正工作依法规范开展。对法院、公安、司法行政机关在社区矫正工作中有违法情形的，刑事执行矫正机关可以视情况以口头方式发出《检察建议书》或《纠正违法通知书》，督促其及时纠正，并重点督促交付执行环节、执行变更环节、执行终止环节、监管措施，及时纠正工作中执行机关工作人员侵犯监外罪犯合法权益的行为。

3. 刑罚变更执行同步监督

刑罚变更执行检察监督是指检察机关依照法律规定的程序和职权，对刑罚执行过程中的执行方式及期限变更活动进行全面检察的监督制度。原《刑事诉讼法》对刑罚变更执行仅作了"事后监督"的规定，即对变更执行决定的合法性进行检察监督。修改后《刑事诉讼法》新增了检察机关同步监督刑罚变更执行的相关制度。《刑事诉讼法》第 255 条规定，监狱、看守所提出暂予监外执行的书面意见的，应当将书面意见的副本抄送人民检察院。人民检察院可以向决定或者批准机关提出书面意见。《规则》第 644 条规定，人民检察院收到监狱、看守所抄送的暂予监外执行书面意见副本后，应当逐案进行审查，发现罪犯不符合暂予监外执行法定条件或者提请暂予监外执行违反法定程序的，应当在 10 日以内向决定或者批准机关提出书面检察意见，同时也可以向监狱、看守所提出书面纠正意见。

4. 财产刑执行监督

《中华人民共和国刑法》（以下简称《刑法》）规定的财产刑包括罚金刑和没收财产刑，财产刑执行监督是指人民检察院对人民法院执行罚金刑和没收财产刑是否合法进行法律监督，如果发现有违法情况，人民检察院应当通

---

[1] 周国强："社区矫正检察监督权运作研究"，载《学海》2011 年第 6 期。

知人民法院予以纠正。从监督外延来说，财产刑执行监督涉及对法院财产刑适用的监督、对法院财产刑执行时限的监督、对法院财产刑执行变更裁定的监督和对财产刑执行中违法犯罪行为的监督等内容。从立法角度来说，修订后的《刑事诉讼法》和《规则》仅对财产刑的执行提供了规范指引，但未对财产刑执行检察监督做实质性的修改与完善。《刑事诉讼法》和《规则》的修改只是针对执行监督职责分工不明确、执行监督内容不规范的情况列出了原则性的指导意见，并明确将监督职权授予检察机关监所检察部门，从而填补了检察监督在法律上对财产刑执行监督的空白。[1]

5. 强制医疗执行监督

据《刑事诉讼法》和相关司法解释规定，对实施暴力行为，危害公共安全或者严重危害公民人身安全，经法定程序鉴定依法不负刑事责任，但有继续危害社会可能的精神病人可以执行强制医疗。强制医疗的执行不是强制措施，也不是刑事处罚，而是一种具有保安处分性质的刑事处遇措施。[2]《刑事诉讼法》第284~289条对强制医疗程序进行了框架性规定，并规定检察机关对强制医疗的决定和执行进行监督。《规则》规定，检察机关监所检察部门对强制医疗的执行负有监督职责，但未明确是否负有对强制医疗决定进行监督的职责。从监督范围来说，强制医疗执行既包括强制医疗机构的执行活动，也包括人民法院解除批准活动。如审查强制医疗机构是否对被强制医疗的人实施必要的治疗，是否给予被强制医疗的精神病人恰当的生活处遇，是否按照要求定期对被强制医疗的人进行诊断评估，是否按照要求提出解除强制医疗的申请等。

6. 指定居所监视居住执行检察监督

修改后《刑事诉讼法》为应对我国羁押率较高的现状，增加了可以取保候审和监视居住的情形，确认了检察机关对指定居所监视居住的决定和执行实行监督。《规则》明确了监所检察部门负有监视居住执行监督的职责，即依法对指定居所监视居住的执行活动是否合法实行监督，发现违法情形的，应当及时提出纠正意见。其主要职责包括：一是保障被监视居住人的合法权益，防止和纠正在羁押场所、专门办案场所执行监视居住，刑讯逼供、体罚、虐

---

〔1〕 南京市秦淮区人民检察院课题组："财产刑执行检察监督问题研究"，载《时代法学》2015年第2期。

〔2〕 周伟："刑事执行检察的若干问题"，载《人民检察》2013年第24期。

待或者变相体罚、虐待，以及其他侵犯被监视居住人合法权利的行为。[1]二是保障刑事诉讼活动的开展，确保指定居所监视居住执行活动顺利进行，防止和纠正办案或执行人员因失职渎职，造成被监视居住人进行通风报信、私传信件、物品等活动，干扰正常侦查办案活动进行的情形。监所检察部门应当主动、随机、不定期地对指定的居所进行巡视检察，发现违法问题及时提出纠正意见。[2]监督内容包括：执行机关对被指定居所监视居住的犯罪嫌疑人、被告人的监督考察活动是否合法；对指定居所监视居住执行的监管活动是否合法；指定居所监视居住的期限是否符合规定等。

7. 死刑执行临场监督

修改后《刑事诉讼法》第252条规定，人民法院在交付执行死刑前，应当通知同级人民检察院派员临场监督。《规则》第635条规定，监所检察部门负责死刑执行临场监督，并向公诉部门了解有关情况，即原由人民检察院公诉部门承担的死刑执行临场监督职责改由监所检察部门承担。根据这一规定，死刑执行临场监督应为实质性监督：一方面，监所检察部门需要对死刑罪犯的案情进行了解，并掌握判决后被执行人情况，是否有举报、立功等情形，监督并保障死刑执行活动顺利进行；另一方面，应当依法监督执行死刑的场所、方法和执行死刑的活动是否合法，发现被执行人可能被错判或者需要改判的，应当建议执行的人民法院立即暂停执行死刑。从监督内容看，通过日常检察、把握死刑执行时间和掌握死刑执行阻却事由等内容开展监督，判断死刑执行活动是否合法、是否存在例外情形、是否需要暂缓执行等。

二、刑事执行检察监督新增职能的现状分析

修改后的《刑事诉讼法》和《规则》在赋予检察机关指定居所监视居住执行监督、刑罚变更执行同步监督、社区矫正执行监督、强制医疗执行监督、财产刑执行监督等职能的同时，明确将刑罚执行、刑事强制措施执行、强制医疗执行的监督职责统一划归监所检察部门负责，进一步扩充了检察机关对

---

[1] 袁其国："刑事诉讼规则在监所检察工作中的理解与适用"，载《国家检察官学院学报》2013年第1期。

[2] 周伟："刑事执行检察的若干问题"，载《人民检察》2013年第24期。

刑罚执行和监管活动监督的职责范围，对刑事执行检察监督工作，也对监所检察工作提出了新要求和新挑战。

（一）羁押必要性审查

《刑事诉讼法》和《规则》修订后，各省级检察机关均出台了关于开展羁押必要性审查工作的实施细则。以上海为例，2012 年 12 月上海市人民检察院制定了《关于羁押必要性审查工作的规定（试行）》，对羁押必要性审查的方式、标准、期限和流程等作了具体的规定，同时与上海市公安局联合制定了《关于开展羁押必要性审查的实施办法（试行）》，明确了与公安机关的配合制约机制。

2013 年上海检察机关对浦东、虹口、奉贤 3 家基层检察院开展羁押必要性审查试点工作，形成了审查专业化工作机制；2014 年审查工作全面铺开，形成了统一归口的羁押必要性审查模式；2015 年通过远程视频等方式推进羁押必要性公开审查工作。

（二）社区矫正监督

2012 年，高检院会同最高人民法院、公安部、司法部联合制定《社区矫正实施办法》，明确了社区矫正检察监督的具体程序规定。2015 年 4 月，高检院再次部署开展了社区服刑罪犯脱管漏管专项检察，督促社区矫正机构认真履行职责，将检察监督覆盖至社区矫正各个环节。

随着宽缓政策的施行和行刑社会化理念的深入，社区矫正人数每年持续在 8500 人以上。上海检察机关发挥检察室深入基层，贴近执法一线的优势，探索由社区检察部门承担社区矫正监督职能，建立起以市、区县、街镇三级社区检察部门对应三级社区矫正机构的监督新模式。一是以重点环节为抓手，细化日常监督措施。对审前调查评估、交付执行、接收纳管、日常监管、期满解除、建议变更等重点执法环节开展全方位、立体化监督。二是聚焦重点人员，查纠预防脱漏管。将纳入社区矫正机构一级矫正等四类人员列为社区矫正重点对象，建立专门档案，加大监督力度。三是运用专项检察手段，解决执法突出问题。针对社区矫正常发、易发环节先后开展全市性专项检察和区域性专项检察，推动解决电子实时监管措施使用、境外人员违规出境等问题。

上海检察机关进一步深化职务犯罪源头预防，全面开展针对街镇公务人员、受委托从事公务人员、基层行政执法人员、企事业单位负责人等四类重点人群的基层职务犯罪预防社会化工作。一是针对基层职务犯罪易发领域，开展基础预防。突出区域性，各区县院针对本地区案发特点，从四类重点人群中各自选择一至二类人员开展预防；突出基础性，针对基层干部普遍对职务犯罪罪与非罪等基本问题不清楚的现状，将职务犯罪的基本概念和基本规定作为宣教重点；突出针对性，展开深入走访调研，主动了解各类人群的岗位特点和廉政风险点；突出生动性，设计制作了内容生动、浅显易懂的宣讲课件和宣传手册。二是多途径多形式开展预防宣传工作。全面覆盖与重要节点相结合，各单位有序推进对重点人群宣传的全覆盖，在重点人群入职、提职等重要时间节点，及时开展预防工作；系统宣传与度身定制相结合，形成了统一、规范、可复制的宣讲材料，还根据预防对象工作环境、岗位背景、年龄层次的不同，制作个性化的宣讲课件；传统手段与现代方式相结合，通过预防宣讲、主题检察室开放日、参观廉政宣教基地等方式开展预防，发布廉政微信，拓展预防阵地。三是辐射社会公众，打造基层廉洁。通过发放宣传手册、播放廉政微电影等形式，向公众宣传职务犯罪预防基础知识。

（三）刑罚执行变更同步监督

《刑事诉讼法》对刑罚执行变更同步监督作了原则性规定后，2012 年最高人民法院出台《关于办理减刑、假释案件具体应用法律若干问题的规定》，明确检察机关提出异议的，人民法院应开庭审理刑罚变更执行案件，强化了变更执行的"事中监督"。2014 年 1 月，中央政法委印发了《关于严格规范减刑、假释、暂予监外执行切实防止司法腐败的意见》，对刑罚变更执行的执行对象、实体条件等做了更为严格的规定，并在检察机关的知情权、违法行为调查权、提出纠正意见权、建议追究纪律责任权、立案追究刑事责任权等方面作了具体规定，与修改后《刑事诉讼法》相衔接。[1]2014 年 7 月高检院发布《人民检察院办理减刑、假释案件规定》，明确规定人民检察院对刑罚变更执行的事前、事中和事后监督的具体流程、方式和内容，对检察机关开展刑罚执行同步监督进行了内部制约。

刑罚变更执行同步监督实施以来，上海检察机关通过修订、制发本市

---

〔1〕 王光辉、陈梦琪："强化同步监督严惩司法腐败——《关于严格规范减刑、假释、暂予监外执行切实防止司法腐败的意见》理解与贯彻"，载《人民检察》2014 年第 5 期。

《关于办理减刑、假释案件实施细则》《减刑、假释、暂予监外执行检察工作规定》等文件，以突出同步监督司法化特征为重点，明确了考察、提请、审理、裁决、执行等各阶段的检察步骤和具体措施，将刑罚变更执行同步监督覆盖提前到裁决的全过程和监狱、看守所和社区矫正等各领域，实现对刑罚变更执行全过程的立体监督。2013 年 6 月颁布实施的《上海市人民检察院减刑、假释案件出庭工作规定》，全面深化出席人民法院公开审理减刑假释案件履职工作。[1] 2015 年 6 月，在北京等 8 个省市检察机关开展"会同监狱、法院共建减刑假释网上协同办案平台"试点工作。同年，上海建立了同步监督案件受理程序、暂予监外执行案件两级审查制度和同步监督案件备案审查制度，进一步强化了刑罚变更执行同步检察监督的制度化、规范化落实。

（四）财产刑执行监督

2014 年 11 月 6 日，最高人民法院颁布《关于刑事裁判涉财产部分执行的若干规定》，明确了包括罚金、没收财产刑在内的刑事裁判涉财产部分执行过程中的相关问题，但对财产刑执行检察监督工作的开展和实行，尚未形成全国性适用的依据规范。

2014 年，上海在普陀区人民检察院试点探索财产刑执行监督。2015 年，上海检察机关制定《关于规范和加强对留所服刑罪犯财产刑执行活动法律监督工作的指导意见》，对财产刑执行监督的管辖、内容和方式等予以规范，现处于监狱服刑罪犯财产刑执行监督的试点推广阶段。同时，通过与监狱试点制定服刑人员履行财产刑和承担民事赔偿责任能力标准，有效帮助监狱干警克服工作中的无所适从感和畏难情绪，提高执法和监督的效率，在实践中也因其公开、公平，便于理解对照和互相监督而获得了服刑人员的普遍认同。

（五）强制医疗执行监督

2013 年，上海检察机关会同法院、公安、司法局制定《关于本市强制医疗案件办理和涉案精神病人收治管理的暂行规定》，从市级层面上对强制医疗执行监督的内容、方式进行了全面规制。2014 年 1 月，上海市强制医疗所挂

---

[1] 上海市人民检察院监所处课题组：《关于刑罚执行监督工作的调研报告》。

牌成立，成为执行强制医疗决定的专门机构。同月，市检二分院派驻强制医疗所检察室成立进驻。与市公安局会签了《关于在监管执法和驻所检察工作中依法加强法律监督的实施意见》，针对强制医疗人员收治、所外就医、解除强制医疗同步监督、法律援助、预防和惩治职务犯罪等多项工作订立机制。2015年11月，市检察院印发了《关于规范和加强对强制医疗解除活动法律监督工作的指导意见》，进一步加强和规范了强制医疗执行检察监督工作。

（六）指定居所监视居住执行检察监督

2014年，上海检察机关制定下发《关于指定居所监视居住执行监督的指导意见》，明确规定指定居所监视居住执行监督的主要任务、监督方式、巡查内容以及纠正程序，切实提高监督的规范性和实效性。同时，通过市级层面公检联席会议和各级公检会签工作协议，落实常态化沟通，解决执行监督信息渠道不畅的问题。截至2015年9月，全市共有11个区县采用指定居所监视居住的强制措施，占全市区县的64.7%。

（七）死刑执行监督

2013年，上海检察机关发布了《死刑执行临场监督工作实施细则（试行）》，确定由青东院和一分院分别实施死刑执行临场监督活动，并规定了临场监督的相关细则，并会同有关部门制定《关于本市罪犯交付执行暂行办法》和相关会议纪要，进一步明确了死刑执行临场监督的具体流程和操作。

三、拓展与深化刑事执行检察监督职能的思考

刑事执行工作点多面广，要注重突出重点、统筹兼顾、协调推进。突出核心业务有利于刑事执行检察职能作用的发挥，在合理安排各项刑事执行检察职责的基础上，切实加强重点工作的推进落实。

（一）羁押必要性审查

羁押期限监督对于维护在押人员合法权益、保障刑事活动顺利进行有着重要意义。目前，超期羁押问题已经得到有效遏制，但边纠边超、前清后超的问题依然存在，隐性超期羁押和久押不决问题仍存隐患。

1. 增强羁押必要性审查办案属性

一是就羁押必要性案件启动、案件审查、提出意见等全过程制定相应规

范，明确启动条件、审查标准、审查范围、审查期限、审查方式，规范审结报告等文书的格式和内容。二是通过制定审查判断证据的相关规定，规范羁押必要性审查案件办理的证据收集和审查认定工作，保障收集、调取的证据符合《刑事诉讼法》及相关司法解释对证据的形式要求。三是羁押必要性审查案件录入统一业务应用系统，在统一业务应用系统内进行文书录入及审批工作。四是制定羁押必要性审查台账及归档标准，在羁押必要性审查案件办结后及时归档处理，确保有据可查。

2. 健全审查配套措施

明确以统一业务应用系统及看守所信息联网系统为平台，配备查阅在押人员基本情况、案件事实、证据情况、涉及罪名、具体的诉讼阶段、相关文书等信息权限的规定，通过掌握案件进展和证据变化等情况，为审查过程中的案件查询、流程衔接、文书匹配等提供便利。同时，对内主动加强与检察机关内部部门的联系沟通，及时获取羁押必要性审查相关情况。对外通过会签规范性文件的方式，明确检、公、法、司等单位在羁押必要性审查工作中的职责，落实与公安、法院的协调配合措施，包括确定公安机关向检察机关提供审查所需案卷材料的责任部门、检察机关需要听取侦查机关意见、审判人员意见时的协调部门，避免发生推诿扯皮等情况。

3. 重视后续跟踪

羁押必要性审查工作一般以刑事执行检察部门制发《羁押必要性审查答复书》、制发变更强制措施建议文书等方式作为审查结束节点，制发变更强制措施建议文书的，以接收部门的回复为结案依据。对于发出的变更强制措施的建议文书，应要求接收单位或部门在规定时间内回复处理结果，不予采纳的，应说明不采纳的理由和意见；对于案件承办机关或部门未在规定时间内回复的，应当提出书面纠正意见，可依法制发《纠正违法通知书》予以纠正。

（二）重点加强社区矫正工作

社区矫正是我国刑事法治建设的重大创新，标志着我国刑罚执行体制向监禁刑与非监禁刑并重转变，同时关系到社区矫正人员的改造效果和社区的安全稳定。

1. 社区矫正信息共享

第一，针对纸质版台账存在信息滞后、记录不全面等问题，会同司法行政机关推进社区矫正信息平台建设，建立统一的社区矫正法律监督管理信息系统，实现实时监督、动态监督，推动社区矫正检察工作重心由定期专项检察监督向常态化检察监督转移。

第二，建设统一的社区矫正人员信息库，加强法院、公安、检察、监狱、社区矫正机构间的信息交流，通过信息资源共享，社区矫正检察人员可及时掌握本地区社区服刑人员数量、基本情况，及时掌握社区矫正对象报到、请假、解矫等行踪和执行情况。

2. 社区矫正联席会议

健全社区矫正工作联席会议制度，制定联席会议规则，定期召开检、法、公、司联席会议，通过联席会议的平台和定期工作通报等协作机制，公开社区矫正工作开展情况，及时发现社区矫正执行过程中存在的制度漏洞和机制空白。在此基础上，开展专门性联席研讨会，共同研究社区矫正工作及法律监督中的重点、难点，加强各部门间的信息互通和协作配合，加强疑难问题研究和前沿工作探索，及时研究解决社区矫正工作中的重大问题。

3. 拓展监督方式

通过日常监督、联合监督、专项监督等方式，实现对社区矫正监督的常态化监督。一是开展日常监督，包括定期和不定期检察，通过采用检察相关法律文书、工作档案，与社区矫正人员谈话等方式，对社区矫正执法活动、人员矫治情况进行调查访问和核实监督。二是开展联合监督，建立联合检查指导、考核评价机制。会同公安、司法行政部门组成联合检查组，定期对社区矫正工作进行联合检查，总结经验，分析问题，提出整改措施。[1]三是开展专项监督，针对同类问题以及突出问题，开展强化型的专项监督，如脱漏管专项检察、缓刑罪犯专项检察等，通过专项监督查找原因，纠正问题，促进社区矫正工作规范开展。

（三）刑罚变更执行的同步监督

对刑罚变更执行的检察监督是贯彻宽严相济的刑事政策、调动罪犯改恶从善的积极性、保证刑罚执行效果的必要手段，能够有效防止在减刑、假释、暂予监外执行环节出现司法不公问题。

---

[1] 乐冰玉、邓玉兰："社区矫正检察监督研究——以湖南省涟源市为例"，载《刑事执行检察工作指导》2015 年第 3 期。

1. 实现监督过程全覆盖

按照《人民检察院办理减刑、假释案件规定》《暂予监外执行规定》等文件要求,结合日常检察工作,根据审核执行机关提请案件材料和自行调查取证情况,强化对提请、审理、裁决、执行等各个环节的同步监督,并加强对岗位调整、计分考核、立功奖励、病情鉴定等环节的监督,坚持实体监督与程序监督并重。依托办理刑事案件标准,设立严密审查的流程和要求,将日常检察与专门检察、书面审查与实际调查、一般审查与重点审查结合起来,实现繁简分流,将刑罚变更执行同步监督覆盖到裁决的全过程和监狱、看守所和社区矫正等各领域,实现对刑罚变更执行全过程的立体监督。

2. 加大对重点人员的监督

紧扣重点人员,加强对职务犯罪、金融犯罪和黑社会性质犯罪等重点罪犯刑罚变更执行的监督。一方面,在日常检察工作中,及时将重点人员纳入日常检察范围,对重点罪犯建档检察,将计分奖惩等建档条目细分为日常考核、刑罚变更、就医、会见、调监等,实时更新,动态跟踪。另一方面,严格对重点人员的刑罚变更执行检察,设立专门审查小组,按照规定逐案审查每个重点人员的减刑、假释、暂予监外执行案件,应根据规定开展书面审查、实际调查以及文证审查等工作,经集体研究讨论、检察室审核后报检察长审批,特别是重大影响案件应由检委会讨论决定。

3. 完善同步监督

第一,规范出席减刑、假释庭审工作。在遵照《人民检察院办理减刑、假释案件规定》的基础上,通过制定统一文件的方式,健全减刑、假释案件庭审工作模式,明确检察官出席庭审的法律定位和出庭职能,细化庭前检察的内容程序,列明检察官的出庭职责和监督事项,明确庭审阶段发表检察意见的具体要求。

第二,在实际出庭工作中,推行"谁派驻、谁审查、谁出庭"的履职模式,根据不同案件特点,制定分类庭审预案,开展出庭监督,通过讯问、询问、举证、质证等方式行使庭审监督权力。

第三,建立暂予监外执行病情鉴定文证审查机制。就个案开展试点,要求监狱提供相关病情诊疗依据、病史治疗等,逐步覆盖所有案件,并通过检察技术部门对所有暂予监外执行案件的罪犯病情鉴定结论实施文证审查,进而建立暂予监外执行病情鉴定文证审查机制。

第四，探索建立减刑附考验期制度，将余刑作为减刑的考验期间，对罪犯以表现良好获得减刑又在考验期内表现不好的，或以其他形式骗取减刑查证属实后应当撤销相应减刑，构成犯罪的撤销减刑后合并处理，以促进罪犯的踏实改造，改善监管秩序和教育改造质量，实现刑法的社会预防目标。

4. 开展专项检察

实践证明，通过不定期开展专项检察活动，集中对减刑、假释、暂予监外执行案件进行检察，对发现和纠正刑罚变更执行中的问题有明显效果。建议将具有突出问题的专项检察作为常规内容，加大对刑罚变更执行情况的监督力度，加强对法院刑罚变更执行裁判的监督，依法纠正刑罚变更执行中的违法问题，严肃查办监管环节职务犯罪，继续推进依法优先适用假释工作，提高同步监督的质量和效果。

（四）财产刑执行监督

1. 财产刑执行线索审查

第一，以量化的形式细化财产刑执行对象履行能力的判断标准，制定财产刑执行监督细则，明确执行对象和方式，通过跟踪财产刑执行过程、查出执行中的相关犯罪，确保执行无缝衔接。

第二，监督审查被执行人的财产状况，及时掌握罪犯履行财产刑的能力，将财产刑执行监督与自由刑的确认、执行相结合，建立检、法协作机制，促使罪犯主动履行财产刑，提高财产刑的执行率。

第三，自立案侦查起，侦查机关对可能判处财产刑的犯罪嫌疑人进行附带财产状况调查。检察机关在审查起诉时，进行二次复查，对财产状况不明、存在权属争议的，侦查机关或检察机关应说明情况，并将该情况随卷移送法院，作为法院判决的依据。

2. 确立财产刑监督配套制度

（1）法律文书移交备案制度

判决后法院应将包括单处财产刑的执行通知书副本连同判决书副本及时移交检察院，在现行"三书审核"的模式下，可由公诉部门交由刑事执行检察部门备案。对执行完毕的案件，需将执结通知书交由刑事执行检察部门并报案管部门备案。

（2）纳入执行变更同步监督审查程序

上海检察机关现已将有无能力履行法院判决财产附加刑列入罪犯认罪服

刑的重要考察内容，对有履行能力但拒绝履行的罪犯，在同步监督中坚决出具不符合变更执行条件的《检察意见书》，反向推动财产刑的执行力度，避免罪犯逃避履行附加财产刑。

（3）建立协助执行制度

明确规定协助执行人的范围、权利、义务，以及他人妨碍执行的法律责任。对故意转移财产逃避执行造成法院无法执行到位的，应及时确认并依照相关法律追究其责任。

（五）死刑执行监督

1. 确立死刑执行临场监督的司法地位

第一，在确立检察机关实施死刑执行临场监督活动后，应进一步确立派驻看守所检察室的职能定位，并设立专门的死刑执行监督检察官，具体了解被判处死刑的服刑人员的基本情况、案件信息、身体状况及个人，做到专人监督、全程监督和定点监督，并对专职检察官（包括参与监督的检察官助理、书记员）定期开展心理辅导和职业培训。

第二，严格临场监督案件的归档内容、流程和责任主体。《规则》仅要求"填写临场监督笔录"的签名归档，对于监督过程中收集或形成的其他法律文书、笔录、照片、视听资料等均未作要求。高检院《人民检察院临场监督执行死刑工作规则（试行）》对临场监督相关材料归档作了原则性规定，但未形成检、法协作机制，为避免出现类似"聂树斌执行死刑争议"的情况[1]，建议与法院协商，制定细则性规定，规范归档内容和流程，并落实归档责任主体和定期抽查制度。

2. 扩大临场监督时间和范围

第一，根据《刑事诉讼法》第251条和《关于适用〈中华人民共和国刑事诉讼法〉的解释》第424条，第一审人民法院接到执行死刑命令后，应当在7日内执行，在执行3日前，应当通知同级人民检察院派员临场监督。因此，除去通知时间，刑事执行检察部门只有3天时间介入死刑执行临场监督，但刑事执行检察部门并非案件的承办部门，在短时间内无法进行实质性审查，只能对临场监督进行形式审查，这与监督宗旨不符，因此建议提前临场监督

---

[1] 2015年，一组聂树斌被执行死刑前后的证据材料曝光，由于法院、检察机关等材料的缺失和矛盾，聂树斌被执行的时间、执行死刑时的情况等受到广泛质疑，引发舆论的强烈不满。

期间至高院向最高院提出死刑复核获同意后，或者死刑罪犯进入看守所或监狱等待执行后。

第二，根据《人民检察院临场监督执行死刑工作规则（试行）》，检察机关对死刑执行临场监督范围仅限于核实最高院的执行死刑命令、监督执行场所、方法和程序的合法性、确认罪犯是否死亡等六项内容，但对于死刑执行前罪犯近亲属会见、[1]执行死刑后续处理等监督事项未做规定，建议扩大监督内容，弥补死刑执行活动的监督空白，并在扩大监督内容的基础上进一步细化监督流程、规范操作规则。

（六）强制医疗执行监督

强制医疗虽然不属于刑罚和刑事强制措施，但因具有强制监管性质，被执行人人身自由受到限制，对其执行情况的监督也是刑事执行检察的一项重要业务。目前，检察机关对于强制医疗执行监督处于起步阶段，强制医疗在实践中也存在着执行场所不规范、执行标准不统一等问题。

1. 合理设置监督模式

派驻检察室对强制医疗所等专门的强制医疗机构开展法律监督，对接受委托代为执行强制医疗的普通精神病医院等非专门强制医疗机构实行巡回检察。对强制医疗的执行监督，要根据强制医疗对象的特殊性，进一步完善强制医疗执行监督方式，通过调卷审查、现场检察、调查取证、对场所管理安全的监督等方式[2]开展法律监督，并将监督覆盖临时保护性约束性措施、交付执行、强制医疗决定、医疗机构监管医疗活动的监督、定期诊断评估等强制医疗执行活动的全过程。

2. 加强对解除强制医疗活动的监督

落实定期诊断评估机制，将解除强制医疗活动监督作为强制医疗执行监督的重点。立法明确诊断评估期限，如根据国外实践和我国具体情况，可以确定为 6 个月进行一次诊断评估，[3]并由刑事执行检察部门对强制医疗定期

〔1〕 《人民检察院临场监督执行死刑工作规定》对"未依法保障死刑罪犯及其近亲属会见权等合法权利"提出纠正违法意见做出了规定，但未对同步监督进行要求。相关法律也仅对检察机关的监督作了笼统规定。

〔2〕 王胜学："强制医疗执行监督存在的问题及对策"，载《监所检察工作指导》2014 年第 1 期。

〔3〕 杨宝川： "强制医疗执行与执行监督制度的完善"，载 http：//www. gj. pro/sites/p/main/detail. jsp？KeyID＝20140822144312591284903&ColumnID＝p_ 185，最后访问日期：2015 年 11 月 23 日。

诊断评估进行监督，对被强制医疗人员的病情、是否具有人身危险性等情况进行综合判断。对强制医疗机构就不符合解除条件而向法院提请解除的，对不需要继续强制医疗而未及时向法院提出解除意见的，对被强制医疗人员不符合解除条件而法院作出批准解除强制医疗不当决定的，对解除强制医疗的批准程序或批准决定不合法的，检察机关均应向相关部门及时提出纠正意见。

3. 加强内外部衔接，完善协调配合机制

对外加强与公安、法院、强制医疗机构的沟通，设立联络员，建立信息通报制度，如公安在采取临时保护性措施、法院作出解除强制医疗决定、强制医疗机构出具诊断评估报告等行为后，通过联络员将情况及文书副本报送刑事执行检察部门。对内建立与公诉、侦监等部门衔接的工作机制，在作出强制医疗决定后，公诉部门应及时将决定送交刑事执行检察部门，后者应及时掌握情况，建立检察台账，防止因衔接不到位出现监督漏洞。可参照看守所的检察监督模式，与强制医疗机构建立信息共享平台，通过联网，及时、准确、动态了解掌握被强制医疗精神病人的执行情况，更好地进行执行监督。[1]

（七）查办刑事执行活动中的职务犯罪

围绕刑罚变更执行等监管职务犯罪易发、多发环节，刑事执行检察部门要强化线索排摸和案件突破工作，确保查案的质效和安全。

1. 保障办案力量

将刑事执行检察工作中的查办和预防职务犯罪职责纳入检察机关查办职务犯罪的总体工作部署。推行刑事检察办案"一把手工程"，各级院分管领导、刑事执行检察处（科）长、刑事执行检察派出院检察长亲自抓、亲自组织指挥刑事执行检察办案工作。[2]省、市级检察院刑事执行检察部门应配备一名专门负责办案工作的检察官，调整充实侦查骨干力量，建立专门的办案组织，健全刑事执行检察二、三级人才库。同时，对刑事执行检察部门采取定期组织专门的办案业务培训、侦查模拟演练等，提高刑事执行检察人员的办案能力和水平。

---

〔1〕 高飞："强制医疗检察监督的理论与实践探析"，载 http://www.gj.pro/sites/p/main/detail.jsp? KeyID=20131224111404115972562&ColumnID=p_185，最后访问日期：2015年11月23日。
〔2〕 袁其国编：《刑事执行检察工作重点与方法》，中国检察出版社2015年版，第402页。

2. 拓宽发现案件线索的渠道

第一，围绕刑罚变更执行、日常考核、会见通讯、场所变更、基本建设、物资采购等易发生司法腐败的环节，加强对重点服刑人员的关注，注重查办减刑、假释、暂予监外执行过程中的收受贿赂、徇私舞弊案件，以及社区服刑人员脱管漏管、重大监管事故背后的职务犯罪案件。

第二，通过公开举报电话，受理在押人员、服刑人员的控告举报，强化与侦监、公诉、反贪、反渎、控申等部门的协作配合，主动收集和挖掘案件线索，如从证人翻证、被监管人翻供中深查案件线索，利用约见检察官、个别谈话、信息监控系统等获取案件线索，建立联系人制度发现案件线索，从监管事故中发现线索，从监管场所生产经营活动、基建工程中发现线索等。〔1〕同时，规范案件线索管理，建立健全案件线索管理制度，严格按照规定分级上报备案，加强对案件线索的研判评估，提高线索利用率。

3. 建立健全统筹协调机制

省级院发挥组织协调作用，加强办案工作指导，建立定期调度、分析、通报制度，及时总结经验，对下级院难以查办的重大复杂疑难案件，采取参办、提办、领办、督办或者指定异地管辖的方式侦办案件，对下级院难以顺利突破的案件，及时派员帮助突破、协调解决相关困难和阻力。基层院要注重发现和收集案件线索，及时将线索上报备案，对难度较小的案件进行初查办理。同时，充分发挥派出检察院在办案方面的重要作用，将查办职务犯罪案件工作情况作为派出院评先评优的重要参考，落实科学合理的办案激励和责任制度，增强其抓好办案工作的责任感和自觉性。

4. 积极推进预防工作

预防监管场所职务犯罪的发生，要坚持标本兼治、注重预防。结合办案，从源头抓起，重视刑事执行环节的职务犯罪预防工作。认真开展预防警示教育活动，通过定期开设职务犯罪专题讲座、通报监管民警执法执纪苗头倾向性问题、组织旁听庭审等方式，对监管民警进行教育。结合案件开展预防，及时分析案件背后的隐患，通过以案释法、年度报告、专题报告、检察建议等方式，促进相关部门健全制度、加强管理、堵塞漏洞。

---

〔1〕 王金庆、王荣华："刑罚执行和监管活动中职务犯罪案件线索发现方法探析"，载《监所检察工作指导》2011 年第 1 期。

刑法前沿

发挥地缘特色　实现航运检察工作新发展

金建庆*

在全面推进依法治国、深入推进司法改革、稳步推进检察改革的新形势下，检察工作面临新的发展机遇和新挑战，虹口区人民检察院作为拥有全市第一家也是唯一一家航运检察科的检察机关，在开展航运检察工作中没有前例可循，没有捷径可走。当前，改革进入到关键时期，中流击水，惟改革者进，惟创新者强。特别是应对经济新常态和四中全会赋予检察机关的新职能，需要运用法治思维和法治方式推进航运检察工作的新发展，为上海航运中心建设、上海自贸区建设和北外滩金融、航运"双重承载区"建设提供更加有力的司法保障。

一、近年来航运检察工作的实践与探索

近年来，虹口区全面实施北外滩航运和金融服务业综合改革试点，推动航运、金融、贸易融合发展，重点打造企业总部基地、要素集聚中心、邮轮客运中心、口岸服务中心和文化创意中心五大功能，强化了北外滩在上海国际航运中心和国际金融中心建设中的地位。对此，虹口区人民检察院围绕服务"两个中心"建设，在全市首先提出航运检察这一创新性理念，2010 年 1月航运检察科设立，2011 年 7 月航运检察科独立建制运转，实行"捕、诉、研、防"一体的工作机制，并在打击和预防航运犯罪、专业化办案组织、专业化人才队伍建设等方面，进行了有益的实践，取得了初步的成效。

---

* 金建庆：上海市虹口区人民检察院党组书记、检察长。

(一) 航运领域刑事犯罪案件的特点

1. 航运物流领域刑事案件高发，部分案件涉案金额较大

航运物流领域刑事案件高发，占航运总案件数的36.9%，涉及的案件类型主要包括盗窃案，伪造、变造、买卖国家机关证件案，诈骗案，职务侵占案等。较为常见的犯罪行为包括承运人盗窃集装箱内货物、物流公司业务员利用职务便利骗取本公司财物以及伪造、变造、买卖驾驶证等。部分物流领域案件涉案金额较大，如上海某国际货运代理公司职务侵占、非国家工作人员受贿、对非国家工作人员行贿案，共13件14人，涉案总金额达271.4万元人民币。

2. 新类型、重大有影响案件不断涌现，争议问题频发

司法实践中发生了因管辖权争议导致盗窃外籍船舶货物无法司法处理、非法侵占部分水上运输货物难以追责、倾倒含多种超标重金属的建筑泥浆污染黄浦江水资源取证困难等新类型案件。部分航运案件定性争议较大，如私营企业主在船舶租赁业务终止后，未经允许，强行将船只拖走并使用，该案涉及海事、融资、租赁等多种法律关系，作案手法罕见，涉案标的特别巨大，且定性存在抢夺罪、劫持船只罪、破坏生产经营罪、强迫交易罪等诸多争议。

3. 航运职务犯罪中贿赂案件占比较高，呈现群腐现象

在航运领域职务犯罪案件中，贿赂案件占绝大多数，达79.03%。航运领域职务犯罪呈现抱团腐化、链式腐化趋势，即同一部门、同一环节的人员同时发生情节相近、手段类似的职务犯罪案件，群蛀现象严重。如上海某物流配送有限公司10件10人贪污、受贿窝串案，涉及公司总经理、副总经理、总经理助理、项目经理、巡库员等多个岗位。

4. 航运领域大型国有企业具有行业优势，国有企业人员职务犯罪呈高发态势

近年来航运领域国有企业人员职务犯罪高发，在职务犯罪案件中，国有企业工作人员占59.7%。大型国有企业由于国家政策倾斜、具有国资背景、财力雄厚等因素影响，在航运领域具有较强的业务优势和信誉保证，国有企业工作人员在船舶代理货运定价、服务提供等业务环节中，对于合作单位的选择、项目优惠的适用等方面具有较大的自由裁量权，成为行贿方长期集中公关的对象，导致职务犯罪高发。

（二）航运检察工作取得的初步成效

1. 严厉打击危害航运秩序和安全的刑事犯罪

2013 年制定《虹口区人民检察院服务上海国际航运中心建设若干意见》，明确航运检察工作的指导思想。发挥航运检察科的专业办案优势，依法严厉打击发生在水上运输、船舶租赁、船舶修造、仓储服务、航运保险、现代物流业建设和发展过程中的各类刑事犯罪；妥善办理涉及外籍船舶、邮轮等群众关注度高、社会影响大的刑事案件，努力维护航运安全和航运秩序。虹口区人民检察院办理的上海港集装箱系列盗窃案荣获全市检察机关首届"服务大局保障民生"十佳案例。虹口区人民检察院对口办理洋山港地区等部分自贸区航运领域刑事案件，针对去年以来上海港公安局查处的 50 件 50 人无资质驾驶员在自贸区内驾驶集卡车的案件，依据繁简分流、轻案快办的原则，形成航运领域假证案件的轻案快速办理机制，提高办案效率。

2. 积极查办航运领域的职务犯罪

积极查办发生在港口基础设施建设、港航装备制造、航运企业改造升级、报关服务、大型船舶安全评估技术服务、船舶进出码头拖带等航运领域的职务犯罪。强化内部联动，依托航运检察科、控申科、社区检察科等部门，拓宽职务犯罪线索的发现渠道，如反贪局依据航运检察科在办理全国首例截留外籍船舶免税香烟配额内销牟利的特大非法经营案中，发现公司其他管理人员的职务犯罪线索，查办了 6 件 6 人贪污、挪用公款案件。

3. 加强航运领域社会治安综合治理

针对 2011 年办案中发现的由于管辖权不明，导致对发生在停靠码头的外籍船舶上的多起盗窃案件无法进行司法处理的情况，会同上海市公安局水上公安局共同开展专项调研，市委政法委、市院牵头有关部门形成了统一的法律适用意见。针对近年来航运物流领域利用"飞单"环节盗窃集装箱内货物频发等情况，联合与航运主管部门、行政执法部门开展综合治理，提出堵漏建制的检察建议，有效遏制了同类案件的高发势头。2011 年以来，虹口区人民检察院针对职务犯罪案件，向航运领域国家机关及国有企事业单位制发《检察建议书》和《预防建议书》，均获得有效回复并落实整改。如针对水上生产责任事故认定单位不明、水上作业技术岗位资质培训缺漏等突出问题，及时向三家涉案单位及上级主管部门制发检察建议、提出整改对策，督促其明确责任、理顺机制，推进行业综合整治。

4. 探索航运职务犯罪专业化、社会化预防

2011年以来，虹口区院向航运行业专家提供法律服务300余人次；开展公益宣传、警示教育等职务犯罪预防宣传400余次；开展本市航运领域拖轮护航行业案件专项预防调查、案件分析13次。通过设立检察工作联络点、重点岗位和重点环节风险评估、预警预测、企业法律制度报备审查机制，探索航运要素单位廉政勤政风险防控新措施。采用预防咨询、预防检察建议、行贿犯罪档案查询、年度综合报告等方式，提高航运领域风险防范意识。定期开展廉政公益广告进码头、进轮渡、上邮轮、上游船活动，扩大预防宣传教育的影响力。构建"一网两创三基地"航运领域职务犯罪预防工作体系，"一网"是指构建航运领域职务犯罪预防工作网；"两创"是指在深入推进创"双优"工作的同时，开展以"创廉政拒贪腐、创勤政防渎职"为主要内容的创"双政"活动，探索航运要素单位廉政勤政风险防控新措施；"三基地"是指"北外滩航运和金融服务廉政文化教育基地"、"北外滩航运服务聚集区法律服务基地"和"专家型人才法律服务工作站"，完善航运领域职务犯罪预防工作网络。

5. 加强航运专业化队伍建设

虹口区人民检察院与上海海事大学组成联合课题组，吸收青年干警共同参与调研，完成上海检察机关重点课题《检察机关服务国际航运中心建设的职能和作用》。邀请专家学者就"自贸区改革与转变中的检察机关"进行专题讲座，提升检察人员主动服务自贸区的意识。组织青年干警成立航运领域犯罪专业研究小组，加强对航运检察的理论研究。通过刑事检察论坛的形式开展实务培训，创设"一线培训法"，即"问题源自一线、方法源自一线、成果服务一线"，目前已举办了14期刑事检察论坛。

二、航运检察工作面临的新问题新挑战

虽然近年来虹口区人民检察院在探索航运检察专业化建设方面取得了一些经验，但也要清醒地看到，新时期航运检察工作还面临不少新情况、新问题和新挑战。

（一）航运刑事案件复杂程度加大，给航运检察办案带来新难题

近年来航运领域新类型、重大疑难复杂案件增多，航运物流领域刑事案

件高发，同时，办案部门面临着案件数量居高不下和难度加大的双重压力。如何运用法治思维和法治方式，坚持底线思维，正确把握刑事政策，充分发挥检察职能，为上海国际航运中心建设和上海自贸区扩区后发展提供有力法治保障，是当前面临的重大考验。自贸区法律政策调整对刑法的适用带来冲击，原有刑法适用原则与办案思维能否在自贸区适用有待研究。自贸区设立后各项新制度探索实施过程中，会存在法律空白点、自由裁量权行使以及政府监管的难点、盲点，亟需监督部门的及时介入，检察机关在促进航运监管方面应发挥更大作用。在办案中如何主动适应经济新常态，紧紧围绕服务区域经济建设的大局，改变就案办案、机械办案的执法观，正确处理打击犯罪与保护创新、依法办案与服务发展、维护航运及金融市场秩序与激发市场活力等关系，是办案中迫切需要思考的问题。

（二）全面深化司法改革，对航运检察工作提出新任务

十八届四中全会突出强调检察机关要强化对诉讼活动的法律监督，修改后的《刑事诉讼法》提出检察机关要履行对诉讼违法行为审查纠正、非法取证行为调查核实、羁押必要性审查等新增监督职责；修改后的《民事诉讼法》《行政诉讼法》，要求检察机关切实加强民事行政检察工作，围绕生态环境和资源保护领域这一重点，促进依法行政、严格执法。司法实践中，立案监督、纠正违法、检察建议等法律监督总量不多，抗诉工作难以实现零的突破，非法证据排除、羁押必要性审查等新增法律监督职责、一类问题监督等亟待加强和改进。如何适应全面依法治国和修改后三大诉讼法的新要求，适应"以审判为中心"的诉讼制度改革要求，进一步提升检察工作理念，在履行好传统职能的同时履行好新增职能，在确保办案质量的同时参与航运领域社会治安综合治理，是当前必须解决好的重要问题。

（三）完善外部沟通协作，给航运检察工作带来新挑战

上海航运中心建设以及自贸区的有序运行和健康发展，维护金融、航运秩序和安全，有赖于金融、航运行业、政府监管部门和公检法等司法机关的共同努力。检察机关在打击、监督、防范和保障航运领域建设和发展中应当发挥更加积极的作用，应主动加强与相关单位和部门的沟通联系，完善工作机制，形成工作合力。然而，目前航运领域刑事案件的公检法协作配合机制还不健全，航运领域重大刑事案件的提前介入、引导侦查、同步监

督制度还需要完善，检察机关与航运行政执法机关之间的"两法"衔接机制还存在推进力度不大的问题，一定程度上制约了航运检察工作的深入发展。

（四）航运检察队伍的新变化，给队伍建设带来新要求

长期以来，航运检察队伍始终面临着案多人少的矛盾，如今队伍结构又呈现一些新特点，航运检察科、反贪局中青年检察人员较多，他们学历层次高、思想活跃、接受新事物快，但航运专业知识和检察实践经验较为缺乏，与公安、法院、行政执法机关、航运企业的沟通协调能力亟待提高。对青年检察人员专业能力培养的针对性还不够，缺乏长效的、有计划、分层分类的航运人才培养方案。

三、新时期深化和发展航运检察工作的设想

新时期，虹口区人民检察院将进一步解放思想，迎难而上，破解难题，积极探索打击和预防犯罪、依法监督、沟通协作、队伍建设的新思路、新举措，充分发挥航运检察专业化办案模式的特色和优势，提高检察工作法治化水平，在新的起点上推进航运检察工作新发展。

（一）打击和预防犯罪是促进航运经济发展的重要保障

1. 依法惩治严重破坏航运管理秩序的刑事犯罪和职务犯罪

虹口区院将保持对严重的航运、金融犯罪刑事案件的打击态势，以保护航运秩序和合法金融创新为出发点，加大对航运物流、航运服务业、航运金融领域新类型刑事案件的打击力度，保护航运机构、航运企业的合法权益。进一步突出职务犯罪查案重点，坚决查办航运领域行政执法机关窝案串案，突出查办大型国有航运企业权力集中、资金密集、资产聚集等重点部门、重点岗位和重点决策环节的职务犯罪。结合航运检察办案进行释法说理，开展法治宣传教育等活动，推动全社会牢固树立法治意识。

2. 正确把握宽严相济的刑事政策

坚持宽严相济的刑事司法政策，正确处理惩治犯罪与保障改革、依法办案与服务大局的关系，坚持惩防并举、打击与保护并重，审慎对待经济发展和改革创新中出现的新情况新问题，更加注重对航运企业的权益保护，正确

把握法律政策界限，讲究办案策略和方法，慎用强制措施，做到维护航运秩序与保护自贸区金融创新相统一。

3. 深化航运领域职务犯罪专业化、社会化预防工作模式

根据区域特点、借鉴国内外反腐败的先进经验，完善"一网两创三基地"的职务犯罪专业化预防工作体系，有针对性地探索适合现代航运发展特点的专业化和社会化预防工作。深化检企协作，以航运企业现实需求为导向，为航运企业和航运领域专家型人才提供全方位、多角度的法律服务。

（二）依法监督是维护航运领域司法公正的重要途径

1. 加强航运领域刑事检察监督

适应"以审判为中心"的诉讼制度改革要求，调研先行，加强党组成员重点课题研究；坚持以证据为核心，全面贯彻证据裁判规则，坚决排除非法证据，提升司法能力；更加重视发挥检察机关审前程序主导作用，加强对航运刑事案件侦查取证的监督引导；加大立案监督、审判监督的力度，提高监督的数量和效果。

2. 积极开展航运领域一类问题监督

依托上海检察机关法律监督平台的试点探索，对个案中发现的瑕疵问题注重积累，定期梳理航运领域常发、多发、高发的典型问题，开展一类问题监督。综合运用情况反映、工作简报、人大报告、检察建议向同级人大报备等方式，注重向上级检察机关、党委、人大、政府和有关部门提供完善政策、加强监管、科学决策的参考意见。

3. 加强对检察机关提起公益诉讼的研究探索

针对在航运领域发生的多起随意倾倒建筑工地泥浆、破坏黄浦江交通设施和污染水资源的刑事案件，检察机关在制发检察建议的同时，应深入开展调研，研究惩治和预防破坏生态环境和资源保护领域犯罪行为的有效对策，探索将恢复性司法理念运用于生态环境司法保护的新途径。

（三）沟通协作是完善航运检察工作平台的重要方式

1. 完善航运领域公检法协作配合机制

虹口区人民检察院航运科要与虹口法院刑庭航运办案组、上海港公安局、上海市公安局水上公安局形成专业化办案合力，充分发挥主导作用，定期组织召开公检法联席会议，及时通报航运领域重大案件信息和工作情况，共同

解决航运案件中的疑难争议问题，统一执法思想，明确一类案件的执法标准。加大对重大疑难复杂航运案件的适时介入和引导侦查力度。构建经常性、多层次的重大问题共同调研机制，定期研究航运领域带有普遍性的一类问题，共同提高办案质量和执法水平。

2. 构建航运领域"两法"衔接平台

进一步完善航运领域行政执法与刑事司法衔接机制，建立航运领域"两法"衔接信息共享平台，加强联系沟通，通过联席会议、航运检察白皮书、情况通报等形式，完善检察机关与航运、金融主管、监管部门、航运研究机构、自贸区管理委员会的定期会商和工作协调机制，实现工作的有效对接和优势互补，形成工作合力。主动参与自贸区、北外滩金融、贸易、税务等领域的制度设计和政策创新，研究提出防范航运犯罪的意见建议。

（四）专业化建设是推动航运检察工作发展的重要手段

1. 实现航运检察与金融检察专业化办案的深度融合，优化办案模式

近年来航运检察科在办理航运刑事案件中会大量涉及金融知识，航运与金融相互交织，如果仅仅熟悉航运专业知识而对金融专业知识了解甚少，将难以科学、准确地分析判断案件的定性。因此，虹口区人民检察院将进一步优化办案模式，将金融办案组从公诉科内分离出来，与航运检察科合并，以扩大专业化办案规模，实现优势互补，培养金融、航运复合型检察人才。

2. 建立检察官研修制度，提升专业能力

积极探索研究检察官研修制度的方式和内容，为航运检察科的检察官定向设定培训课程和研究课题，就航运领域新类型案件、重大复杂案件、群体性案件的发案趋势、特点规律等情况进行梳理分析，引导检察官完成航运专业课题的研修。组织检察官深入学习有关自贸区建设的法律政策、行政法规，熟悉相关航运物流、船舶运输、仓储保管、航运保险等国际惯例和行业规则，加强对海事、金融、国际法等各类专业知识的储备和人才培养，塑造一支专业化、精英化的检察队伍。

3. 深化检校合作机制，实现检智结合

依托我院与上海政法学院搭建的"刑事检察合作基地"，继续加强与上海国际航运研究中心、专家咨询委员的沟通联系，搭建航运理论研究合作平台。充分发挥专家智库作用，适时召开航运检察论坛以及航运疑难案件研讨会，

依托院专家咨询团中刑法、诉讼法、海事法等各领域专家学者，积极开展航运领域疑难法律问题探讨和航运检察工作中重大问题的课题研究。

4. 加强队伍长远规划，促进航运检察专业人才不断涌现

今年虹口区人民检察院制定了《虹口区人民检察院人才队伍建设规划》，计划利用 5 年时间，努力培养和造就一支具备政治理想、职业精神、专业素养、创新能力的检察人才队伍，实现人岗匹配、人尽其才、才尽其用。将检察人才分为检察业务人才、检察业务辅助人才、司法管理人才、后备人才四类，建立专业型人才库，对包括航运检察人才等在内的重点培养对象实行带教制度，输送优秀检察业务人才至上海政法学院等科研院校参加各类培训课程。

上海航运领域刑事案件办理若干问题研究

——以虹口航运检察工作为视角

潘建安[*]

建设上海国际航运中心，是党中央、国务院的重大战略决策，是上海建设国际经济、金融、贸易和航运四个中心的重要组成部分。上海既是"一带一路"和长江经济带的重要交汇点，也是世界第一大集装箱吞吐港，为上海航运中心建设创建良好的法治环境，是上海市检察机关服务社会经济发展大局的职责所在。我院于 2010 年 1 月成立了全市亦是全国首家航运案件专业化办理机构——航运案件检察科（以下简称"航运科"），并于 2011 年 7 月独立建制运转。成立五年多来，航运案件检察科在打击与预防航运领域犯罪、专业化办案组织和人才队伍建设等方面做了有益的实践，为上海航运中心建设、上海自贸区建设和北外滩金融、航运"双重承载区"建设提供了有力的司法保障。本文立足我院航运检察工作实践，对 5 年来航运领域刑事犯罪案件进行梳理，归纳特点，剖析问题，并提出对策建议，以期进一步完善航运领域的法治秩序。

一、航运领域刑事案件的主要特点

我院航运科主要办理上海港公安局和上海市公安局水上公安局移送审查逮捕、起诉的案件，本院自侦部门移送审查起诉的航运领域职务犯罪案件，以及上海市公安局虹口分局移送的涉及航运领域的相关案件。航运领域未成

---

　* 潘建安：上海市虹口区人民检察院党组成员、副检察长。

年人犯罪案件不在管辖范围。航运科实行航运领域相关案件审查逮捕、审查起诉、调查研究和犯罪预防的一体化工作机制。

（一）物流案件高发

2011 年以来，我院办理的航运物流领域刑事案件占航运刑事案件总数的 36.9%，涉及的案件类型主要包括盗窃，伪造、变造、买卖国家机关证件，诈骗和职务侵占。较为常见的犯罪行为包括承运人盗窃集装箱内货物、航运物流公司工作人员利用职务便利骗取本公司财物以及伪造、变造、买卖驾驶证等。

（二）涉外轮案剧增

涉外轮的盗窃案件的犯罪手段主要有两种：一是船厂的外包工、外籍船舶的船员与收赃人员串通，收赃人员驾水上小划子停靠外轮附近，作案人员直接将赃物用绳索从外轮悬吊给收赃人员；二是船厂的外包工、外籍船舶的船员窃取船上物品夹带至陆地，销赃牟利。此类犯罪作案风险小，手法雷同，同行同乡间相互传播效仿。

（三）涉假证案多发

我院对口办理洋山深水港区和外高桥港区等部分自贸区航运领域刑事案件，2014 年以来对大量无资质的驾驶员使用虚假车牌、伪造的行驶证、驾驶证等国家机关证件在自贸区内驾驶集装箱卡车的行为进行了重点打击。同期还办理自贸区内部分集卡驾驶员因持有假驾驶证而相关联的危险驾驶案和交通肇事案。

（四）犯罪手段多样

2011 年至 2014 年，我院办理的涉集装箱犯罪案件占航运总案件的 15.5%，案件类型集中于盗窃、诈骗、合同诈骗等。集装箱犯罪的受害单位通常为各物流企业和长三角地区的各类生产企业。犯罪分子作案手法多样，如承运人在运输途中拆换封箱号继而盗窃箱内财物，或者使用虚假身份获得集装箱承运资格后非法占有集装箱及箱内货物，又或以虚构的指定货代身份在从被害单位将货物装箱运往港口途中，多次指使装运车辆将集装箱运至指定地点，将部分货物从集装箱掏出后再次封箱出口至目的地，嗣后销赃。

（五）新型案件涌现

司法实践中发生挂靠经营的个体船主在履行承运合同过程中采用抽油注

水增重等方式占有部分承运货物，运泥船直接倾倒含多种超标重金属的建筑泥浆严重污染黄浦江水域的新类型和首例案件。部分航运案件定性争议较大，如私营企业主在船舶租赁关系终止后，拒绝归还船舶，并强行将船舶用于经营活动，该案交织了融资租赁、转租等民商事法律关系，作案手段贯穿整个租赁、拖船、施工过程，涉案标的特别巨大，且定性存在抢夺罪、劫持船只罪、破坏生产经营罪、强迫交易罪等诸多争议。还有全国首例通过截留外籍船舶免税香烟配额内销牟利的特大非法经营案。

二、办理航运领域刑事案件反映的突出问题

（一）航运物流运输环节刑事法律适用不统一

近年来，承运人利用水上承运期间保管货物的便利条件，采用以次充好、窃取掉包等手法非法占有承运财物的案件日趋高发。司法机关对案件主体身份认定以及构成何种罪名分歧较大，争议罪名涉及盗窃、侵占、职务侵占、诈骗、合同诈骗等。目前本市法院系统认为该类案件应按侵占罪处理，需由被害人自行向法院起诉，公安机关无管辖权，而实践中被害人由于在自行收集证据、确定损失等方面存在困难，考虑到诉讼成本和效率等因素，大部分往往放弃自诉，导致该类犯罪长期无法得到刑事追究，案件数量呈现蔓延趋势。

（二）停靠我国内水的外籍船舶刑事管辖权不明

2011 年，在本市各外轮修造船厂发生的盗窃案件中未报案的比例较高。究其原因，在于外籍船舶停靠我国内水时，对于外籍船舶上发生的刑事案件我国是否有管辖权存在争议，法律对于"外籍船舶"是否属于"中华人民共和国领域外"没有明确规定，理论界和实务界观点不一，外籍船东发现船上东西丢失而报案之后，侦查人员在现场不能断定是中国公民还是外籍船员作案的情况下，公安机关往往因为"双外"（外国人在中华人民共和国领域外犯罪）案件处置起点高、涉外问题敏感等因素而不予立案。此外，未经船长许可，侦查人员不能登船搜查，且外籍船舶停靠时间短，侦查期限短，而价格鉴定耗时长、难度大，给案件侦破造成较大障碍。司法机关无法及时有效处理，被盗外籍船方在诉求无果的情况下转而请求领事馆帮助，或者为快速得

到赔偿选择不报案而直接向中方船舶修理厂索赔。在外籍船方不报案或者不配合现场勘验的情况下，公安机关无法查证损失数额，中方船舶修理厂为确保业务不受影响，维护船厂名誉只能被迫承担赔偿责任。对于停靠我国内水的外籍船舶刑事管辖权的界定直接影响案件的立案侦查活动和涉外航运业的良性发展。

（三）船舶修造业在预防犯罪方面存在制度缺陷

船舶修造业涉案人员大多为外包工，船厂在外包工的招录、审核、登记、管理等相关制度中存在缺陷，如船厂在招录外包工时，仅对其所属承包工程队进行审核，对于从事实际修理作业的外包工仅需提供身份证即可，且审核不严，故存在冒名顶替、使用假身份证明应聘以及具有前科人员混入等情况，为船厂的治安环境埋下隐患。船厂安保措施存在漏洞，无法全面有效抑制犯罪，如在某些关键区域的监控设备缺失，导致船区情况无法得到有效监控。进出厂区人员多，保安或协管人员配备不足，无法一一核对持通行卡者是否人卡一致，容易导致外包工或厂外人员借用、盗用或者冒用他人通行卡的情况，存在一定的治安管理隐患。

（四）集装箱运输中的"飞单"环节存在漏洞

各货代公司或运输车队在承接集装箱运输业务后，因自身运力不足或为了降低成本，派人在进出港区的要道、堆场等处寻找空车驾驶员，以较低的运价将集装箱交接单交给集卡驾驶员捎带集装箱，或利用互联网派发承运业务，通过快递将相关手续单证存放于寄单处，交由集卡驾驶员承运集装箱业务，这一现象俗称"飞单"。为缩短集装箱的流转时间，"飞单人"要将手中的业务尽快派发，仅简单查看接单驾驶员的证件后就将提箱单交至驾驶员手中。一些驾驶员占有集装箱后运出港区销赃以非法获利，一旦集卡驾驶员的身份信息或手机号码虚假，待被害单位发现集装箱丢失或集装箱内货物短缺时已经无法找到该集卡驾驶员。此时有的被害单位为了尽快弥补损失，往往通过保险公司进行理赔，有的被害单位则抱着"自认倒霉"或是"怕麻烦"的心态，选择通过地下黑市购买集装箱后还回堆场，还有的被害单位则是不清楚报案途径和管辖单位，选择不报案。除此之外，从事集卡运输需要特定的驾驶证，考证不易且费用较大，加上相关部门对从业资质审核不严，由此催生了假驾驶证的买卖交易，为伪造、变造、买卖国家机关证件犯罪提供了滋生的土壤。同时，盗销集装箱"一条龙"盛行，掩饰、隐瞒犯罪所得犯罪案件急剧增加。

（五）破坏黄浦江水域环境案件的取证和定性难

2014 年我院严厉打击在黄浦江航道内违法倾倒建筑渣土、排放有毒有害泥浆等行为。此类犯罪作案手法新颖，定罪标准较为模糊，取证固证难度大。一是侦破难。非法倾倒淤泥的运泥船一般选择在深夜至凌晨的时间段作业，通过打开舱底泥门在水下完成倾倒行为，倾倒后淤泥迅速沉入江底。同时涉案船只在违法倾倒时均关闭了 AIS（卫星）定位系统，事后再伪造航行记录，以逃避监管。因此水下倾倒淤泥的行为具有较大的隐蔽性，很难在第一时间被发现。二是取证难。由于黄浦江面开阔，运泥船是边航行边抛泥，给准确定位运泥船的抛泥地点带来难度；同时由于黄浦江江水具有流动性，而江面的航行船只又具有随机性，给排他认定运泥船抛洒泥浆的数量带来难度。三是定性难。目前全国范围内没有可以鉴定航道安全类内容的司法鉴定机构，给判定破坏航道行为是否足以使船只发生倾覆、毁坏危险带来困难。

三、解决航运领域刑事案件突出问题的对策建议

（一）统一航运物流领域的法律适用标准

打击航运物流领域的刑事犯罪案件，既有利于维护我国的港口秩序，也有利于促进我国国际贸易的健康发展，因此有必要统一航运物流领域的法律适用标准，促进法律制度的完善。一是公检法机关加强工作会商，就办理本市航运物流领域刑事案件出台统一的法律适用意见，对于行为人在承运过程中以非法占有为目的，秘密窃取、骗取托运人财物的行为如何定性等问题做出详细规定，为今后办理同类案件提供统一的执法标准；二是充分发挥"两法衔接平台"的作用，完善航运物流领域行政执法与刑事司法衔接机制，建立信息共享平台，加强联系互通，及时通报并研讨航运物流领域案件中出现的新情况、新问题；三是建立工作协调和联合调研机制，检察机关与航运主管、监管部门、航运研究机构、自贸区管委会要加强工作协调，就共同的法律适用问题开展联合调研，实现工作的有效对接和优势互补，形成工作合力，增强服务实效。

（二） 明确停靠内水的外籍船舶刑事管辖权

近年来，外籍船舶来沪港口停靠维修的艘次日增，期间发生在外轮上的刑事案件也有所增加，尤以盗窃案件为常见高发的案件类型。《中华人民共和国刑法》第 6 条第 1 款规定："凡在中华人民共和国领域内犯罪的，除法律有特别规定的以外，都适用本法。"第 3 款规定："犯罪的行为或者结果有一项发生在中华人民共和国领域内的，就认为是在中华人民共和国领域内犯罪。"该条规定了刑法的属地管辖原则，与国际法上的领土主权原则相一致，沿岸国对于内水（港口）拥有完全的领土主权，对其港口内的外籍船舶上发生的刑事案件，除军舰或用于非商业目的的政府船舶外，具有司法管辖权。事实上，若将本国的船舶视为本国领土，那么船旗国对在外国内水（港口）的本国船舶上的犯罪具有排他性的管辖权，而沿岸国对内水（港口）内的犯罪行为根据领土主权原则也享有排他性的管辖权，船旗国与沿岸国都对同一个船舶上的犯罪拥有排他性的刑事管辖权，这将与相互尊重国家主权和领土完整的国际法基本原则相悖，故对位于内水（港口）的外籍船舶，宜由沿岸国根据领土主权原则行使刑事司法管辖权。

（三） 加强船舶修造业的招录管理和治安防范

各船厂应从招录管理环节就对外包工基本素质进行把关，逐步完善对外包工的姓名、年龄、身份证号码、籍贯、违法犯罪前科等相关基本信息的采集及审核。船厂之间应尝试建立信息共享平台，将刑事案件发生情况、外包工、承包队信息等问题进行共享，从而建立外包工黑名单，有效避免重复招录有前科劣迹的外包工情况的发生。另外，该平台也可以适时对刑事案件发生趋势、治安管理突出问题等进行归纳整合，便于司法机关进一步提出针对性举措，帮助各船厂降低类似案件的发生率。司法机关和行业主管部门可以在船厂内设置法制宣传点，进行典型案例的宣传、教育，避免船厂安保人员因不熟悉、不理解相关法律法规，而出现瞒报、漏报、迟报各案（事）件的情况。督促船厂加强和完善厂区、码头等重点部位的巡逻安保力量，加大技防投入，在上下船舶的梯口、关键区域进出口安装视频监控系统，消除监控盲点，进一步强化内部安全防范工作措施。公安机关应结合本市水上治安特点，充分发挥水域巡逻防控作用，调整完善巡逻机制，对辖区船舶集中停泊点、码头、渡口等重点部位开展 24 小时全天候水域巡逻，预防此类犯罪的频发，保证及时发现案件线索及作案人员、第一时间保护现场、固定证据，从而更有力地打击此类犯罪。

（四）强化集装箱运输"飞单"环节的行政监管

行政机关要切实履行自身职责，及时调整监督方式，强化对集装箱运输"飞单"环节的行政监管，有效治理行业乱象。一是建立集装箱物流行业组织，制定行业规范，提高集装箱物流企业的自觉性、自律性，填补行业内部管理缺陷和漏洞。二是对企业资质严格把关，定期予以审查，对不符合要求的、管理混乱的企业和车队予以整治和清理。要求货代企业和车队尽量在自身能力范围内承接业务并完成。尽快在行业内部搭建营运车辆、集装箱卡车司机等信息查询平台，对集装箱卡车司机统一管理，核实身份证、驾驶证，做到实名制。三是向辖区内的货运代理公司和车队通报相关案件情况，适时发布预警信息，把该领域常发犯罪的特点、手段以及预防措施传达给相应企业。货运企业要定期开展培训，加强交流，提升企业人员的鉴别能力和审查能力。

（五）提升破坏水域环境刑事案件专业化办理水平

针对在航运领域发生的随意倾倒建筑泥浆、破坏黄浦江交通设施和污染水资源的行为，要进一步加大监督力度。航道主管部门应当加强对航道疏浚工程的监管和查处的力度，形成有效的监管机制，把好源头关。环保部门应当督促相关工厂将建筑泥浆委托给有资质的单位处置，跟踪污染物的来源及走向。检察机关应深入开展调研，研究惩治和预防破坏生态环境和资源保护领域犯罪行为的有效对策，一方面积极与其他部门沟通协调统一认识，结合办案实践提升办理破坏水域环境刑事案件的专业化水平，统一证据标准和法律适用，加大适时介入、引导侦查的力度，切实解决此类案件侦破难、取证难、定性难的问题；另一方面探索将恢复性司法理念运用于生态环境司法保护的新途径，加强对提起公益诉讼的研究探索，支持行政机关或者社会团体对此类案件直接提起公益诉讼，让行为人在受刑罚处罚的同时承担民事赔偿责任，以便更好地惩治和预防此类违法犯罪行为。

信用卡恶意透支的刑事法律责任研究

顾静薇*

信用卡恶意透支是持卡人利用欺骗、隐瞒银行的手段，超过规定限额或规定期限，并且经发卡行催收无效的透支行为。利用信用卡进行恶意透支的行为在严重扰乱日常金融管理秩序的同时，也对持卡人的财产和银行消费信贷资金的安全造成了相当严重的侵害，甚至有可能威胁到国家金融资产的安全。在司法实践中，信用卡恶意透支犯罪及其刑事法律责任的认定存在许多问题需要深入研究，笔者以近年来上海市虹口区人民检察院（以下简称"虹口区院"）办理的信用卡恶意透支案件为分析样本，在比较和参考外省市类似案例的基础上，对当前信用卡恶意透支的刑事法律责任问题进行了实证性的研究，以期完善立法、推动司法。

一、信用卡恶意透支刑事法律责任的概述

（一）信用卡恶意透支的概念界定

"透支"是信用卡本身具有的一项重要功能，是指根据持卡人与发卡机构的用卡协议，发卡机构允许持卡人在规定限额内超过其账户余额进行消费或现金提取。发卡机构对持卡人提供适度的信用额度，既能方便持卡人的使用，促进消费增长，也有利于增加银行的利息收入。只要持卡人正确地利用这一功能进行透支消费取现，它就是发卡行允许和追求的，也是受到法律保护的。[1]但如果持卡人恶意地利用这一功能，故意超过信用额度进行透支或超过规定期

---

* 顾静薇：上海市虹口区人民检察院法律政策研究室主任。

[1] 隋卫东、李祥金："恶意透支及其刑法规制"，载《法学论坛》2009 年第 4 期。

限透支，经发卡机构催收拒不归还，以达到非法占有透支资金的目的，侵犯发卡机构的合法权益，则会受到法律的制裁。

根据危害性程度的不同，恶意透支又可以分为一般违法型恶意透支和犯罪型恶意透支。二者在主观目的和行为方式上具有一致性，都以非法占有透支资金为目的，并在这一主观目的的支配下，故意违反信用卡章程和有关协议约定，超过规定限额或规定期限进行透支，经发卡行催收仍不归还。它们的区别仅在于前者透支金额较小，情节显著轻微，无须刑事处罚；而后者透支数额较大，情节较为严重，应当予以刑事制裁。

（二）信用卡恶意透支的法律规定

我国第一张信用卡产生于1985年。随着信用卡市场的发展，与信用卡有关的犯罪，尤其是恶意透支行为开始在我国境内大量出现。为确认恶意透支行为的性质并对相关案件进行处理，1994年7月11日公安部法制司在《关于利用信用卡恶意透支案件如何定性问题的答复》（以下简称公安部《答复》）中指出："一、恶意透支数额较大，持卡人表示愿意偿还并且在约定的期限内全部偿还的，不构成诈骗，由发卡银行按有关规定予以罚息处理；二、恶意透支数额较大，经多次催偿，拒不偿还或逃避隐藏的，以诈骗定性，是否构成犯罪，视具体情节定；三、恶意透支数额较大，虽表示愿意偿还，但无正当理由在约定期限内拒还或无偿还能力的，以诈骗定性，是否构成犯罪，视具体情节定；四、对利用信用卡进行恶意透支的行为，应如何定性处罚，法律、法规尚无明确规定；处理该问题应以持卡人是否具有恶意占有的故意、是否具有社会危害性、透支的款项是否全部清偿等几方面综合考虑。"这是我国最早有关恶意透支的刑事规定，基本上与后来的《刑法》规定及相关司法解释保持一致。1995年4月20日最高人民检察院和最高人民法院联合颁布的《关于办理利用信用卡诈骗犯罪案件具体适用法律若干问题的解释》（以下简称1995年两高《解释》）规定："个人以非法占有为目的，或者明知无力偿还，利用信用卡恶意透支，骗取财物金额在5000元以上，逃避追查，或者经银行进行还款催告超过三个月仍未归还的，以诈骗罪追究刑事责任。持卡人在银行交纳保证金的，其恶意透支金额以超出保证金的数额计算；行为人恶意透支构成犯罪的，案发后至人民检察院起诉前已归还全部透支款息的，可以从轻、减轻处罚或者免予追究刑事责任；对实施上述犯罪行为的银行工作人员，应当依法从重处罚。"和公安部《答复》一样，该解释也将恶意透支行为纳入诈骗罪，并进一步指明了恶意透支型诈骗罪的要件和特征。

1997 年我国《刑法》修订时，在第 196 条正式规定了恶意透支型信用卡诈骗罪，并且在本条第 2 款中对"恶意透支"作出了专门的规定："前款所称恶意透支，是指持卡人以非法占有为目的，超过规定限额或者规定期限透支，并且经发卡银行催收后仍不归还的行为。"2009 年 12 月 3 日，最高人民法院、最高人民检察院联合颁布了《关于办理妨害信用卡管理刑事案件具体应用法律若干问题的解释》（以下简称 2009 年两高《解释》），对"恶意透支"作出了更为具体和详细的解释。2009 年两高《解释》通过限定《刑法》中"恶意透支"的定义、重新确定犯罪数额标准以及增设出罪标准等解释内容，实际提高了恶意透支型信用卡诈骗罪的入罪门槛，也表明了司法机关区别对待《刑法》规定的不同类型信用卡诈骗罪的意图。[1]根据这一司法解释，我们可以进一步细化一般违法型恶意透支和犯罪型恶意透支的界限：行为人以非法占有为目的，故意违反信用卡章程和有关协议约定，超过规定限额或规定期限透支，但数额在 1 万元以下，或尽管透支数额在 1 万元以上，但发卡行没有进行两次催收，或持卡人在两次催收后 3 个月内归还了欠款，或者在公安机关立案前已偿还全部透支款息，情节显著轻微，可以依法不追究刑事责任的，则构成一般违法型恶意透支，不构成犯罪，但需承担相应的民事责任或由公安机关视情况处以拘留或罚款。行为人以非法占有为目的，超过规定限额或者规定期限透支，数额超过 1 万元，并且经发卡行两次催收后超过 3 个月仍不归还的，构成恶意透支型信用卡诈骗罪，应当承担相应的刑事责任。

二、信用卡恶意透支刑事案件的特点

（一）犯罪数额较低，还款率较高

根据上海市的定罪量刑标准，10 万元是恶意透支数额较大和数额巨大的分界线，而司法实践中绝大多数的信用卡恶意透支案件的涉案数额属于数额较大范畴，以虹口区院 2010 年至 2012 年恶意透支型信用卡诈骗案件涉案金额统计来看，犯罪金额在 10 万元以下的占起诉案件的 89.9%，其中大多案件

---

〔1〕 刘宪权、曹伊丽："'恶意透支型'信用卡诈骗罪的刑法分析"，载《华东政法大学学报》2010 年第 6 期。

涉案金额在人民币 1 万元到 5 万元之间，犯罪金额在 10 万元以上的占起诉案件的 10.1%。

（二）犯罪主体多为无业人员

在检察机关办理恶意透支型信用卡诈骗案件中，发现很多行为人在申领信用卡时处于无业状态。通过对 2012 年虹口区院受理信用卡恶意透支案件犯罪嫌疑人的身份构成进行统计分析，发现大部分均为没有固定职业的无业人员，没有稳定的收入来源和还款能力。另外，还有部分持卡人曾有犯罪前科。

（三）少还多支、以卡养卡、逃避银行催收情况较普遍

在大量透支信用卡内资金之后，为了能够继续透支信用卡，行为人往往采用两种办法：一是采用"少还多支"的方式，即通过归还最低还款额的方式防止银行停止其信用卡的透支功能，从而可以继续透支该卡，但在归还最低还款额后，行为人往往会进行一次大额的透支；[1]二是采用"以卡养卡"的方式，即行为人同时向多家银行申办信用卡并同时使用，在一张信用卡透支过限时，以另外一张信用卡的资金填补资金空缺，最终导致多张信用卡均超过规定期限或者规定限额透支。[2]恶意透支的持卡人为便于循环透支，大多存在向多家银行申办信用卡并同时透支使用的情况，涉及的银行少则三家，多则七八家。

根据 2009 年两高《解释》第 6 条的规定，持卡人透支后逃匿、改变联系方式，逃避银行催收的，应当认定持卡人具有非法占有目的。在司法实践中，"逃避银行催收"主要分为三种情况：一是银行在催收开始时可以联系到行为人，但是行为人由于无能力归还透支本金以及高额的利息和滞纳金，于是采

---

[1] 如林某恶意透支案，其因网店需要资金周转，于 2008 年 7 月在某银行申办了一张额度为 2 万元的信用卡，通过网上银行购物然后退款等方式套现。此后一年，林某每月都会透支数百元至数千元不等，开始他还按照最低还款额偿还欠款，后来他每月按时还款 1 元或 2 元，远远低于最低还款额。至 2010 年初，林某恶意透支累计 5 万余元，并更换联系方式逃避银行催缴。参见王威、刘珺、石芳："信用卡恶意透支将被追究刑责，多数嫌犯主动还钱"，载 http://news.163.com/10/0519/23/6736TIAG00014AEE.html，最后访问日期：2015 年 9 月 4 日。

[2] 如刘某自 2006 年以来，先后申请了中国银行、广发银行、民生银行等 6 家银行信用卡，采取多张信用卡循环使用方式透支，比如用广发信用卡透支或取现消费，再用民生信用卡偿还广发信用卡的透支款，用此种方式，利用 6 张信用卡互相还款，最后因资金链断裂，累计透支 9 万余元，经银行多次催缴仍不归还。参见胡群："信用卡诈骗案频发，北京首现透支禁止令"，载 http://finance.sina.com.cn/money/bank/credit/20110506/02089799565.shtml，最后访问日期：2015 年 8 月 21 日。

用不接银行人员电话甚至更换手机号码、住址的方式以逃避催收;[1]二是某些行为人在申领信用卡之初就已经产生非法占有银行资金的目的,因此其在申领信用卡时就填报虚假的联系方式。在透支后,银行也就无法根据其留下的联系方式进行有效催讨;三是持卡人取得信用卡后更换了地址和联系方式,但是没有意识到要主动通知银行,从而导致银行无法通过电话和信函进行有效催收。在具体办案实践中,在持卡人透支达到一定数额时银行也会关闭信用卡的透支功能,届时行为人必定是明知其已透支银行大量资金,如若再拖延不还,就应当认定其具有非法占有目的。

(四)量刑轻刑化现象明显

由于多数信用卡恶意透支案件的涉案金额不大,且被告人多有自首、坦白、退赃等情节,轻刑化趋势明显,适用缓刑、免予刑事处罚的比率较高。在 2012 年全市检察机关受理并已判决的信用卡诈骗案件中,判处有期徒刑的占 22.6%,拘役的占 3.3%,宣告缓刑的占 60.3%,免予刑事处罚的占 13.8%。[2]此外,全市检察机关作相对不起诉决定的有 7 件。2012 年虹口区院受理并已判决的信用卡恶意透支案件中,判处有期徒刑的占 15.4%,拘役的占 4.9%,宣告缓刑的占 68.3%,免予刑事处罚的占 11.4%。此外,公安机关撤回起诉意见 6 件 6 人。信用卡恶意透支案件的量刑较为轻缓,确实符合该类案件的特点,也有助于维护持卡人的权益。然而,对于持卡人适用相对不诉、免予刑事处罚、缓刑等处理,还是会留有刑事犯罪记录,对其以后的生活、工作等造成困难。另外,轻刑化仍需消耗大量的司法资源,不利于提高诉讼效率。因此在今后,对轻微的信用卡恶意透支案件如何由轻刑化向无罪化处理转变值得深思。

---

[1] 如魏某信用卡诈骗案,其以个人名义先后申领了中国银行、工商银行、宁波银行等 9 张信用卡,其间累计消费、提现 20 余万元,用于赌博挥霍。当开卡银行多次催收时,魏某为了躲债,在未通知银行的情况下,擅自变更联系方式及住址,以此来逃避银行的催收。参见沈欣:"男子申领 9 张信用卡,恶意透支被警方抓获",载 http://news.cnnb.com.cn/system/2011/09/05/007064706.shtml,最后访问日期:2015 年 9 月 4 日。

[2] 参见上海市人民检察院金融处:《2012 年度信用卡犯罪案件情况通报》。

三、完善信用卡恶意透支刑事法律责任的建议

（一）完善信用卡恶意透支犯罪的构成要件

1. 主体方面

（1）"持卡人"的范围

对于"恶意透支"的主体，《刑法》仅将其规定为"持卡人"，由此学理上对"持卡人"的理解出现了多重解说，主要包括以下三种：一是将持卡人的概念范畴仅限于合法的持卡人；二是持卡人既包括了合法持卡人，也包括了骗领信用卡的人；三是持卡人包括全部持有使用信用卡的人员。[1]上述第三种观点将非经过合法程序持有信用卡的人员均认定为恶意透支的主体，事实上是将那些使用伪造的信用卡、使用作废的信用卡、冒用信用卡的人员全部都归入了恶意透支的主体范畴，有将恶意透支的主体扩大化之嫌，不符合恶意透支犯罪的立法本意；第二种观点在《刑法修正案（五）》出台之前尚有合理性，但《刑法修正案（五）》将"使用以虚假的身份证明骗领的信用卡"纳入刑法第196条第1款第1项，因此骗领信用卡与恶意透支为并列的信用卡诈骗犯罪情节，两者之间自然也就不再有相互包容的关系。也就是说在《刑法修正案（五）》实施后，恶意透支的主体已经被限定为以真实身份领取信用卡的行为人，即"合法持卡人"。

而这又产生了另一个问题，即在将恶意透支型信用卡诈骗罪的犯罪主体限定为合法持卡人的情况下，我们应当如何认定这种"合法"的资格？直接向银行申办并核准领取信用卡的人固然是"合法持卡人"，那被授权使用他人信用卡的人员（以下简称为实际持卡人，以区别于合法持卡人的概念，如申领人的亲属、朋友等）是否也属于"合法持卡人"，其实施恶意透支行为是否构成恶意透支型信用卡诈骗罪？笔者认为不能构成，理由是信用卡的申领是以个人信用为基础的，而个人信用是人格权的组成部分，因此只能由持卡人本人享有，而不能出借给他人。《银行卡业务管理办法》也规定，银行卡仅限于持卡人本人使用，不得出租和转借。司法实践中，有的持卡人将卡借给亲友使用，亲友实施了恶意透支的行为，由于对亲友是否符合犯罪主体要件存

---

[1] 谢望原、王波："论信用卡诈骗罪中的'持卡人'"，载《人民检察》2011年第17期。

在争议，故追究亲友构成信用卡诈骗罪的极少。当然，如果有证据证明借卡人和持有人恶意串通进行透支，符合恶意透支的成立要件，则应当追究借卡人和持卡人共同犯罪的刑事责任，认定为恶意透支型信用卡诈骗罪的共犯。

（2）共犯问题

在信用卡恶意透支犯罪中，比较典型的共犯形式是银行工作人员与持卡人互相勾结，利用职务上的便利，向持卡人超限额授权，从而骗取银行资金。由于该种行为可能符合多个罪名的构成要件，如银行工作人员构成贪污罪或职务侵占罪，持卡人构成信用卡诈骗罪，在这种情况下，应当如何确定共同犯罪的性质？根据最高人民法院 2000 年公布的《关于审理贪污、职务侵占案件如何认定共同犯罪几个问题的解释》："公司、企业或者其他单位中，不具有国家工作人员身份的人与国家工作人员勾结，分别利用各自的职务便利，共同将本单位财物据为己有的，按照主犯的犯罪性质定罪。"此时，如何区分主从犯？刑法理论界的主流观点是以实行行为的犯罪性质来确定共同犯罪的性质。然而实行行为具有相对性，因此要确定共同犯罪的性质，除了考虑实行行为的犯罪性质外，还应考虑共同犯罪中主犯的身份。也就是说，如果银行工作人员在共同犯罪中起到主要作用，那么银行工作人员就应当认定为是主犯，两人成立贪污罪或职务侵占罪的共同犯罪；反之，如果是持卡人在犯罪中起到主要作用的，那么持卡人就应被认定为是主犯，两人应成立信用卡诈骗罪的共犯。

（3）单位犯罪主体问题

近年来，特别是金融危机席卷全球以来，大量中小企业遇到了经济不景气甚至是资金周转困难的情形，而且我国还存在许多一人公司、个人独资企业等小微企业，一旦资金周转不灵，少数经营者往往会透支个人名下或公司员工名下的信用卡用于公司的经营。此时，信用卡恶意透支案件就会涉及单位犯罪问题。现行《刑法》对单位犯罪的规定采取的是总则和分则相结合的立法方式，即在总则中规定单位犯罪的含义和处罚原则，在分则中具体规定可以由单位实施犯罪的罪名。也就是说，刑法的明文规定是单位犯罪的一个基本特征，法律没有明文规定单位犯罪的罪名，就不得以单位犯罪论处。从《刑法》第 196 条的规定来看，信用卡诈骗罪并没有单位犯罪的规定，因此该罪的主体只能是自然人。但也有学者认为，单位能够构成信用卡诈骗犯罪的主体，理由是：目前我国信用卡可区分为个人卡和单位卡，虽然单位卡是由被指定的具体持卡人来使用的，但持卡人按照单位意图使用信用卡，其行为就是单位意志下的行为而不是持卡人个人意志下的行为，因此如果持卡人按照单位意志实施恶意透支等信用卡诈骗行为，应当追究单位的刑事责任。笔者认为恶意透支型信用卡诈骗犯罪不应以单位为犯罪主体，因为信用卡是以个人信用为基础，而不是单位信用，将单位纳入信用卡恶意透支犯罪主体缺乏信用基础，此外，将单位纳入恶意透支主体的话，容易将还款责任转移到公司，而公司承担的是有限责任，银行很难将欠款追偿到位。

2. 信用卡恶意透支的主观方面

2009 年两高《解释》规定"以非法占有为目的"为恶意透支型信用卡诈骗罪的主观方面，并基于个人内心思维的不可追查，结合恶意透支在司法实践中的具体表现形式，以列举方式提出了六种应当认定为"以非法占有为目的"的情形，具体为：第一，明知没有还款能力而大量透支，无法归还的；第二，肆意挥霍透支的资金，无法归还的；第三，透支后逃匿、改变联系方式，逃避银行催收的；第四，抽逃、转移资金，隐匿财产，逃避还款的；第五，使用透支的资金进行违法犯罪活动的；第六，其他非法占有资金，拒不归还的行为。

（1）"无法归还"的界定

对于无法归还，要正确区分具有主观恶性的拒不归还，和存在合理客观因素的不能归还。前者是行为人明知没有能力归还而透支，应界定为恶意透支型信用卡诈骗罪，而后者是主观愿意归还但因客观原因导致不能归还，由于缺乏主观恶意，不能成为刑法规制的对象。信用卡透支行为本身是一种合法行为，银行在获得信用卡透支收益的同时，应充分认识到其风险性并应承担一定的风险。我们不能为了最大限度地降低银行风险，就简单地将不归还行为一律推定为恶意透支，这有违刑法谦抑性原则。刑法惩罚恶意透支行为的重点在于其是一种"恶意"行为，更多关注的是行为人主观上的罪过，因此对不归还行为的推定必须要有限制性条件。例如对于生活困难而无法归还者应该区分情况处理：如果行为人在实施透支行为的时候就已经生活困难，那就属于"明知没有还款能力而大量透支"，主观上存在着非法占有的恶意，即使其透支的目的是为了生存，也应该以信用卡诈骗罪论处；但如果行为人在透支的时候有还款能力，之后确有不可抗力因素如破产、遭遇重大疾病等正当理由导致无法还款，其主观上具有还款的意愿，不属于"明知没有还款能力"，不能以犯罪论处。

（2）"非法占有目的"的认定

行为人的主观目的要综合各方面的因素加以判断。除了2009年两高《解释》规定的几种可以推断为"非法占有目的"的行为外，还可以从持卡人申办信用卡时有无虚假资信行为、透支款项的方式或用途、持卡人透支前有无偿还能力以及透支后有无还款行为等方面综合判断持卡人恶意透支的主观目的。此外，在认定"恶意透支"持卡人是否具有"非法占有目的"时，要从行为与责任同时存在的角度出发从严把握，以有效避免客观归罪的事后故意现象，同时也避免将民事上的正常债权债务关系转化为信用卡诈骗罪。因此对恶意透支行为应当规定相关阻却性事由，从而避免客观归罪：第一，持卡人因长期出差或出国等原因，未能及时收到银行发出的催收通知而造成拖欠信用卡透支款项情况；第二，持卡人因其本人或直系亲属生活必需、突发重病等原因暂时无法还款；第三，持卡人提供担保，担保人在银行催告后为其归还透支款项；第四，持卡人因不可抗力暂时丧失偿还能力。

3. 信用卡恶意透支的客观方面

（1）催收的问题

关于催收的时间，一般是在透支期限届满之后或者合约约定期满之后。《银行卡业务管理办法》第46条规定准贷记卡的透支期限最长为60天，那么《刑法》意义上的催收应当从第61天才算条件成立，贷记卡透支期限依合同约定的最长期限为56天，也就是说到第57天催收条件成立。当然，发卡行既可以在催收时间条件成立之日起即制发催收通知，也可以延迟催收。发卡行是否延迟催收，是否采用催收手续，怎样进行催收，是发卡行的业务范围和工作程序，《刑法》或司法解释不应作具体的规定。

关于两次催收的时间间隔，2009年两高《解释》规定了发卡行应当在透支期限届满后进行两次催收，但是并未规定两次催收之间的时间间隔，有些银行从自身机构利益出发，为尽快达到两次催收的法定次数，在第一次催收后短时间内便作出第二次催收。虽然司法解释并未对两次催收之间的时间间隔做出明确规定，但是银行的此种做法不尽合理，有变相剥夺持卡人还款宽限期之嫌，可能致使持卡人没有足够的时间筹足还款额，导致客观上不能归还钱款。因此，发卡行应该在发出第一次催收通知后，经过一个合理的间隔期间再制发第二次催收通知，以便给予持卡人足够的时间筹集钱款，同时也能够通过充分的还款时间考察持卡人对待透支的主观态度。但是两次催收之间间隔多长的时间才算合理呢？笔者认为，可以参照商业银行对账单生成日的周期来计算两次催收之间的时间间隔。每月 1 日是银行对账日，即对账单生成日，因此对账单生成的周期是一个月。银行在持卡人正常还款期间也是每个月生成账单以后将账单邮寄给持卡人，提醒持卡人还款金额等事宜。在发生持卡人超期或者超额的情形下，发卡行的催收也同样具有提示持卡人透支超额超期的功能，银行可以以一个月为周期对持卡人进行催收。[1] 这样既方便银行根据正常的对账日进行对账，也有利于给予持卡人足够的时间筹款，减少银行的经济损失。

关于催收的效力认定，2009 年两高《解释》规定了"经发卡行两次催收后超过 3 个月仍不归还的"是认定恶意透支的必要条件。在实践中往往由于持卡人改变了联系方式却未及时告知银行或者长期离开住所等各种原因，造成银行的催收信息不能送达持卡人，那么此时银行的催收行为是否有效呢？我们认为，银行只要有挂号信存根或回执等证据证明已将催收信函送达到持卡人登记的联系地址，那么无论催收信函最终是否送达持卡人，均视作持卡人已收到催收信函，银行的催收是刑法意义上的催收。因为持卡人明知自己已经透支，却不向银行提供有效联系方式，导致银行无法正常催收，那么由此可以推定其主观上存在恶意，应该承担不利后果。但另一方面，发卡行需有以下证据证明其尽到了严格的催收义务：一是电话录音。银行工作人员通过电话联系持卡人进行催收时，应将通话过程进行录音，记录持卡人有无还款意愿和拒不归还的理由。另外，如果电话联系不到持卡人本人的，应尽可能联系持卡人的亲友、担保人以转告催收情况；二是邮政专递记录。发卡行将催收信函通过邮政专递的方式送达到持卡人提供的地址，如因持卡人自身的原因无法接收到催收信件，应由邮政人员在信封上写明无法送达的原因；三是上门催收记录。银行派两名以上工作人员上门进行催收，并邀请无利害关系的见证人如居委会干部、邻居到场，现场制作书面催收记录。虽然催收的证明是单向的，但只要银行证明其实施了催收行为，无论持卡人是否收到催收通知，催收都应具有刑法上的效力。但还需注意的是，如果持卡人能证明确实是因短期旅游、出国、不可抗力等客观原因未能收到催收通知而不能还款，同样不宜作为犯罪处理。

---

[1] 林清红："恶意透支型信用卡诈骗罪司法难题研究"，载《中国刑事法杂志》2011 年第 1 期。

关于催收后部分还款问题，从持卡人实施恶意透支行为到案件进入司法程序，需要经过相当长的一段时间。司法实践中，持卡人可能在这一时间段内归还透支款项，此时恶意透支的数额又该如何认定？对该问题的处理应该区分不同的时间段。根据2009年两高《解释》的规定，恶意透支必须要经过银行两次催收后超过3个月不还才能构成犯罪，因此只要持卡人能在这个时间节点前归还，都应按照扣除还款后的恶意透支数额对其定罪量刑。如果扣除后的恶意透支数额没能达到"数额较大"的标准，就不应构成犯罪。特别是对于司法实践中常会出现的"拆东墙补西墙"情况，不能将持卡人多次透支的数额进行累积计算，而是应该把已经归还的透支金额在恶意透支数额中扣除，按实际尚未归还的透支金额计算恶意透支数额。但是，如果持卡人是在上述时间节点后归还透支款项的，此时恶意透支型信用卡诈骗犯罪已经成立，因此归还的透支款项并不能予以扣除，也就是说持卡人的此种归还行为不会影响到定罪，但是却可以作为一种量刑情节在量刑时予以考虑。

（2）数额认定问题

2009年两高《解释》明确规定恶意透支数额不包括复利、滞纳金、手续费等发卡银行收取的费用，但没有明确是否包括利息。笔者认为恶意透支的数额不应包括利息，理由是：第一，透支本金是持卡人的非法占有数额，而利息是银行的损失数额。在侵财类犯罪中，能成为定罪依据的，通常为直接犯罪对象，即占有数额，损失数额一般只能作为量刑情节；第二，虽然2009年两高《解释》规定，在公安机关立案后人民法院判决宣告前已偿还全部透支款息的，可以从轻处罚，情节轻微的，可以免除处罚。但是司法解释把偿还利息纳入从宽处理的范围存在一定的不合理性，而且该条款规定的是量刑依据，不能把量刑依据直接套用到定罪依据上；第三，当持卡人不能及时还款时，下个月利息就会累进本金计算复利。由于利滚利，因透支产生的各类费用会远远超过本金。而且银行就恶意透支行为向公安机关报案时，根本无法计算出准确的、不包含复利的利息数额，其所出具的信用卡账单上显示的利息均包含复利。法院在认定信用卡恶意透支数额时因无法准确地厘清利息和复利，在判决中多对利息不予认定。[1]当然，不将利息计入犯罪数额，并

---

〔1〕 郑州市金水区人民检察院："恶意透支型信用卡诈骗犯罪如何适用法律"，载《人民检察》2011年第16期。

不等于说可以不承担民事责任，也不意味着放弃对银行合法权益的保护，银行可以通过民事诉讼程序向持卡人另行追讨。

犯罪追诉时效期间的计算起始于犯罪成立之日，犯罪成立后的附随行为属于不可共罚的事后行为。因此，从定罪层面看，应以信用卡诈骗罪成立之日前的透支款项作为犯罪数额，而从量刑层面看，则应当以犯罪成立之日为截止计息的日期，即被告人只需要偿还该日期之前发生的透支款息，即可被减免处罚。实践中，如果被告人在立案之后法院判决宣告前只偿还了部分透支款息，法院认定恶意透支的数额构成犯罪的，仍应依法追究刑事责任，已偿还部分应作为退赃数额，在相应量刑档次中可以酌情从宽处罚。

实践中对于一人恶意透支多张信用卡的情况，其透支数额是否可以累计计算存有争议：第一种观点认为应当严格按照司法解释的规定，对不满 1 万元的恶意透支不予立案，从而不能累加；第二种观点认为可以比照受贿、盗窃等犯罪，可以累加；[1]第三种观点认为应当折中把握，只要有 1 张信用卡恶意透支数额达到 1 万元就可以立案，其他不足 1 万元的透支数额可以累加，如果透支数额均不足 1 万元，则不予累加。笔者认为第三种观点比较妥当，理由是：从法理上考量，当前《刑法》规定恶意透支型信用卡诈骗罪的透支数额起刑点为单次 1 万元，持卡人即使进行了多次透支，只要其每次透支数额不超过 1 万元，皆不存在触犯刑法的可能，因为我们不能将众多的合法行为累加成为非法行为。但另一方面，从社会影响上考量，只要判定持卡人"以非法占有为目的"，无论持卡人持有一张卡透支 1 万元以上还是持多张卡累计透支 1 万元以上，其行为性质及其对银行造成的损失都是一样的，因而也确有惩罚的必要，否则所有心怀不轨的持卡人都可以利用这一漏洞对法律进行恶意规避，从而大大削弱刑罚的社会预防功能。从折中方面把握，宜将法律解释为：持卡人持多张信用卡恶意透支的，只要有 1 张信用卡恶意透支数额达到起刑点就可以追究刑事责任，其他透支数额应当予以累加，如果所有信用卡的透支数额均未达到起刑点，则不应追究持卡人的刑事责任。

按照 2009 年两高《解释》规定，恶意透支型信用卡诈骗罪的数额标准是其他类型信用卡诈骗罪的两倍，即提高了恶意透支型信用卡诈骗罪的入罪门槛。然而在恶意透支型信用卡诈骗与其他类型信用卡诈骗相交织的案件中，

---

[1]　高晓峰："恶意透支型信用卡诈骗罪中新问题认定"，载《法制与经济》2011 年第 8 期。

该如何认定犯罪数额并量刑呢？一种观点认为，对不同类型的信用卡诈骗犯罪行为，应当分别定罪量刑，然后按照数罪并罚的原则对其进行量刑；另外一种观点认为，对不同类型的信用卡诈骗犯罪行为应认定为信用卡诈骗罪一罪，但是应当将不同行为的数额累计，然后按照某一类型信用卡诈骗罪的量刑档次进行量刑。[1]笔者认为，第一种观点有失偏颇，恶意透支型信用卡诈骗犯罪有其特殊之处，故而规定了不同的数额标准，但是无论如何，恶意透支型信用卡诈骗与其他类型的信用卡诈骗都只是信用卡诈骗罪不同的表现方式，与我国《刑法》第69条规定的"数罪并罚"中的"数罪"有本质上的不同。笔者认为，第二种观点较为适宜，应当将恶意透支的数额与其他类型信用卡诈骗的数额累计，根据总额来认定该信用卡诈骗罪的数额。但是对于累计后适用哪种量刑档次亦存有争议。有学者认为应该适用其他类型信用卡诈骗罪的量刑档次，即从重处理，也有学者认为应该适用恶意透支的量刑档次进行量刑，即从轻处理。恶意透支型信用卡诈骗与其他类型的信用卡诈骗之间最大的区别就在于，后者都有"骗"的因素在其中，要么使用骗领的信用卡，要么冒用他人信用卡，要么使用伪造的信用卡，而恶意透支则完全不存在诈骗的因素，其社会危害性相较而言也就小很多，《刑法》对其进行规制更多的是为了强调诚实信用原则。而且信用卡恶意透支存在由民事责任向刑事责任转化的过程，因此《刑法》对其数额标准、成立条件的要求也比较高。如果对行为方式交织的信用卡诈骗案件按照其他类型信用卡诈骗罪的量刑档次，那就抹杀了司法解释刻意从严认定恶意透支型信用卡诈骗罪的本意，无法将恶意透支与其他类型的信用卡诈骗在量刑上区分开来。因此在这种情形下，应当基于刑法谦抑性原则，选择有利于行为人的量刑标准，即将不同行为的数额累计以后，适用恶意透支型信用卡诈骗的量刑档次进行量刑。

（二）规范信用卡恶意透支犯罪的刑罚适用

1. 财产刑的适用

《刑法》第196条规定信用卡诈骗罪皆应并处罚金，罚金的起点数额为2万元，这就对法官的自由裁量权作出了极大的限制。恶意透支型信用卡诈骗的主观恶性及危害后果都比其他类型的信用卡诈骗要小得多，因此前者的入

---

[1] 宁建海、乔苹苹："论恶意透支型信用卡诈骗罪的法律适用"，载《中国刑事杂志》2011年第12期。

罪条件比后者严格，但两者的刑罚方式却差别不大，这似乎不尽合理。如果要实现恶意透支型信用卡诈骗罪的轻刑化，除了入罪方面进行更严格的把握外，在刑罚方式上也应体现差异。财产刑执行难本来就是我国法院普遍存在的问题，[1]恶意透支型信用卡诈骗罪罚金刑执行难显得尤为突出。这其实不难理解，恶意透支的持卡人在被最后判决之前已经历了好几道催讨程序——发卡行的两次催告、公安立案前偿还全部款息不追究刑事责任的激励、法院判决宣告前偿还全部款息免于刑事责任的诱惑，在历经这几道程序后持卡人都没有能够筹措到资金挽救己身于囹圄，在判决宣告后又怎能奢求其筹措罚金上缴国库？另外，对虹口区院2010～2012年受理恶意透支型信用卡诈骗案件刑事处罚附加罚金刑的统计分析显示，被判处缓刑的占71.28%，其中，并处罚金2～3万元的占94.79%。另有被判处拘役的案件8件，并处罚金皆为2～3万元。持卡人最后被判处缓刑、拘役，说明其犯罪情节轻微、主观恶性及社会危险性不大，那么在判处其自由刑时，是否还必须附加罚金刑呢？又或者是否可以只适用单处罚金的刑罚呢？因此我们认为立法应规定对恶意透支的持卡人，可以单处或并处罚金并适当降低罚金数额，同时在司法实践中应当加强对罚金的执行力度。

2. 缓刑的适用

2010～2012年虹口区院受理的恶意透支型信用卡诈骗案件中，被判处缓刑的占比71.28%。一方面这说明了大部分恶意透支案件犯罪情节相对较轻，多判轻刑，另一方面也表明了司法实务中对恶意透支案件适用缓刑的条件过于宽泛。此外，两高及公安部、司法部2011年颁布的《关于对判处管制、宣告缓刑的犯罪分子适用禁止令有关问题的规定（试行)》明确，法院对信用卡诈骗罪等金融犯罪的犯罪分子可以发布禁止令，禁止其在缓刑考验期内，从事申领贷款、使用信用卡等金融活动。

---

[1] 韩玉胜、沈玉忠："财产刑执行完善路径之探寻"，载《政法论丛》2009年2月第1期。

离异或单亲家庭未成年人犯罪研究

——基于上海市虹口区人民检察院的调研分析

谢华卫

对犯罪未成年人的教育和挽救，是社会面临的重要课题。司法实践中，我们关注到了未成年人中的一个特殊群体，就是离异或单亲家庭中的未成年人。离异或单亲家庭中的未成年子女的生活、教育与正常家庭不同，他们遭受父母离异或过世的打击，可能比正常家庭的未成年人更加感到困惑、焦虑、不安，有愤怒、背叛、无力感，这会严重影响个人的身心健康和生活适应能力。研究表明，家庭环境的优劣对该家庭中的未成年子女的成长具有直接和深远的影响，与其犯罪心理的形成有着密不可分的关系。针对离异或单亲家庭未成年人犯罪问题，分析原因，提出对策，加强对未成年人特殊群体的服务管理和预防犯罪工作，最大限度地预防和减少未成年人犯罪，维护未成年人的合法权益，对保障社会和谐与稳定具有积极的现实意义。

一、离异或单亲家庭未成年人犯罪现状

每个人都是家庭的成员，而每个家庭都是社会的细胞。对一名未成年人来说，家庭则是他赖以生存和生活的一个最重要的空间，是一个最安全的避风港，是接受启蒙教育，得到父母关爱、呵护的重要场所，是青少年健康成长的一个环境。[1]西方某些研究指出，破裂家庭对儿童的情绪、个性行为，甚至才能和成就都有一定的影响。我国学者的研究也表明，离异或单亲家庭

---

[1] 顾君忠："浅析家庭因素与青少年犯罪的关系"，载《青少年犯罪问题》2002 年第 4 期。

子女在情绪、性格、品德、学习四个方面表现出问题行为的人数比例，均大大高于完整家庭的儿童。[1]随着家庭解体或父母过世等环境导向变化，势必会降低甚至破坏家庭正常教育的职能，给未成年子女造成心理上和人格上的危害，直接引起犯罪的低龄化。我们的调研表明，现实中有不少未成年人犯罪就是从这类家庭中演变出来的。

近年来，上海市虹口区人民检察院受理移送审查起诉的离异或单亲家庭未成年人犯罪数量一直处于逐年上升趋势。离异或单亲家庭数量的逐年增加、家庭教育的缺失、学校教育的片面性、不良的社会环境对未成年人有着重要影响，应当引起重视。

二、离异或单亲家庭未成年人犯罪的主要特点

（一）犯罪类型相对集中，暴力犯罪比重大

据统计，2010～2012 年，在离异或单亲家庭未成年子女犯罪中常见的罪名包括抢劫、盗窃、聚众斗殴、故意伤害、强迫卖淫、贩卖毒品、敲诈勒索、抢夺和寻衅滋事等。可见，离异或单亲家庭未成年人的犯罪类型相对集中，暴力犯罪的比重较大，占比近 70%。

（二）犯罪主体呈低龄化趋势，女性占一定比例

据统计，2010～2012 年，年龄为 14～16 周岁的离异或单亲家庭未成年人犯罪人数，分别占当年受理离异或单亲家庭未成年人犯罪人数的 10%～30%。女性未成年人占一定比例，每年都有 1～2 人。

（三）作案方式以团伙作案居多

单亲或离异家庭涉事未成年人的身体、智力、心理等发育状况决定了其作案方式中，单独作案较少，多数情况下是结伙作案，且与成年人结伙作案的相对较多。据统计，在 2010～2012 年，离异或单亲家庭未成年子女团伙作案比例达 83.78%，其中，与成年人结伙作案比例为 54.84%。

（四）贪财成为犯罪主要诱因

单亲或离异家庭未成年子女犯罪的诱因与社会利益引导、家庭经济条件、

---

[1] 刘朝捷："离异家庭环境导向及对其子女心理的影响"，载《青少年问题研究》2004 年第 3 期。

父母管教有着密切关联。调研发现，单亲或离异家庭未成年子女犯罪的原因主要包括贪财、交友不慎、报复、寻求刺激，其中，贪财是犯罪主要原因。

三、离异或单亲家庭未成年人犯罪的原因分析

（一）家庭监护的失职

在离异或单亲家庭中，未成年子女长期缺少父爱或母爱，或者家长对子女心理等情况疏于过问，导致未成年人容易形成孤独、自卑、仇恨等心理性格特点。调研发现，部分家长对子女小偷小摸、强拿硬要、恃强凌弱等行为不及时制止和矫正，客观上也助推了子女走上违法犯罪道路。

（二）破裂家庭的影响

破裂家庭的阴影是影响未成年人不健康心理发展的重要因素。家长在遭受离婚或丧偶之后，自身心灵上留有创伤，加上生活的负担和工作的压力，心情往往处于压抑状态。这无形中带给孩子强烈的心理阴影，如：家长的喜怒无常，容易使孩子难以接受；家长的亏欠心理，往往容易导致过度溺爱；家长因自身生活的不满而对孩子期望过高，导致对孩子的无端施压；家长把对配偶的怨恨灌输给孩子，容易导致孩子无所适从。由于父亲或母亲的缺位，离异或单亲家庭未成年人往往有强烈的自卑感，生活中，他们宁愿选择远离"好"孩子，而从"差"孩子群中寻找自尊，慢慢染上各种恶习，极易走入犯罪深渊。

（三）物质条件的相对不足

物质条件的相对不足是离异或单亲家庭未成年人犯罪的直接诱因。一部分家庭离异或家庭成员过世后，家庭经济收入相应地减少，客观物质上的变化给孩子造成多方面的直接影响，如影响孩子成长的营养和健康水平。一些单亲家长无力为孩子购买有助于学业进步的器具、书籍、电子产品、游戏工具等，无力支付额外的教育培训费用，使这些家庭的孩子接受教育培养的深度广度都差于正常家庭的孩子。由于经济压力的增大，还有些家庭不得不住在生存环境相对比较差的社区，增加了未成年人受到不良文化污染的风险。

（四）关爱教育的缺失

关爱教育的缺失是离异或单亲家庭未成年人走上犯罪道路的催化剂。离

异或单亲家庭的孩子内心往往十分敏感和脆弱，对别人的批评易对号入座，对老师、同学、家长产生排斥心理。一旦成绩不理想或犯错，老师的关心，家长的焦心，就会使这些孩子的心理压力越来越重，自我否定意识越来越强。这种情况下，如果老师、家长没有引起足够的重视，反而对其一味批评、责备，或是放任不管，就会使未成年人产生厌学、厌世情绪乃至逃学、离家。若脱离了学校、家庭的教育和监管，未成年人就有了充足时间和空间上网、参与赌博、与社会闲散人员厮混。一旦进入社会大染缸染上种种恶习，就把其自身置入了犯罪的危险境地，极易引发犯罪。

（五）社会环境的腐化

社会环境的腐化是离异或单亲家庭未成年人走上犯罪道路的温床。显而易见，社会不良风气对离异或单亲家庭未成年人的影响尤其大。随着社会多元价值化的发展，各种思潮泛滥，一些不良的社会风气客观上也冲击着未成年人思想和价值观的发展。因为缺乏合适监护人正确的监督、管教，缺乏学校应有的爱护和正确引导，网吧、游戏厅等不良场所便成为未成年人偏离正轨、走向犯罪的温床。在离异或单亲家庭中，由于缺少家庭、学校的关爱，不少未成年人流入社会，逗留在网吧，以暴力、色情、凶杀等为主题的不健康内容在影视作品、游戏中经常出现，对他们产生不良影响。

（六）不健康的心理

不健康的心理是离异或单亲家庭子女偏离正常轨迹的主要内因。家庭的破裂、父母的离去等因素使原有的良好家庭生活秩序被彻底打乱，这种家庭的未成年人所受到的教育、所接受到的温暖与爱、原有的家庭亲情关系都随之发生巨大变化。这些变化，使得未成年人往往难以适应，容易心理产生紧张、焦虑、失落的心情。生活中，一部分人对离异或单亲家庭的孩子客观上还存在一定的偏见，往往会使未成年人的自尊心受到挫伤，使他们在心理上感到孤独、恐惧、悲伤。由于受到这样一些不健康心理的影响，离异或单亲家庭未成年人的行为便表现出散漫、自由，自我约束、控制力极差的特点。而这样一种表现又很容易被不怀好意之人利用。

四、离异或单亲家庭未成年人犯罪预防对策

未成年人犯罪的预防是一项系统工程，需要全社会的参与。对于离异或

单亲家庭未成年人这些特殊群体中的特殊群体的犯罪也是如此。当然，也应该更有针对性。青少年的身心与成人不同，他们在日常生活中常常受常规的"先前意义"（pre-existing meaning）而自然地进行行动，直到这个自然的行动产生了"问题"。这时他们的角色认同受到挑战、意义被模糊、互动被干扰。于是，青少年们开始感到迷茫，开始寻找新的互动方式和秩序，以建立新的意义建构和角色认同。经过青少年与环境的协商之后，个体的新认同重新建立，环境的意义再度得到建构。[1]我国《预防未成年人犯罪法》第3条明确规定："预防未成年人犯罪，在各级人民政府组织领导下，实行综合治理。政府有关部门、司法机关、人民团体、有关社会团体、学校、家庭、城市居民委员会、农村村民委员会等各方面共同参与，各负其责。做好预防未成年人犯罪工作，为未成年人身心健康发展创造良好的社会环境。"

（一）弥补家庭缺陷，改善家庭环境，强化家庭意识

毫无疑问，家庭是未成年人成长的基础。对于离异或单亲家庭未成年人，良好的家庭教育是防止其走上犯罪道路的关键。对于有缺陷的问题家庭，要通过家长学校等途径强化家长对有关青少年保护法律法规的学习，明确责任内容，对因未尽责任而导致子女受侵犯的，要追究家长的法律责任，加大对未成年人的保护力度。同时，发挥好家庭教育对离异或单亲家庭未成年人的正确引导作用，不断增加其成长的"正能量"。

（二）发挥学校教育的重要作用，帮助未成年人健康成长

和家庭一样，学校是未成年人学习、成长最重要的场所。学校应在思想、学习和生活等各方面给予教育、关心、爱护和监督，激起离异或单亲家庭孩子对学校、家庭和生活的热情，对未来充满希望和信心，使得他们能够健康成长。在教育方面，学校应该更加注重未成年人的素质教育，全面加强法制教育和道德教育，引导未成年人树立正确的价值观和人生观。对于离异或单亲家庭未成年人，在不伤害其尊严的前提下，学校应加以特别的照顾和关注，要及时关注他们的生活状况、学习情况和思想动态，给他们在学习、生活、心理等各方面的关怀和爱护，并教育其他学生不应歧视离异或单亲家庭未成年人，维护其自尊心，保障其心理健康。

---

〔1〕 费梅苹："青少年犯罪情境研究——以上海22名青少年社区矫正对象为例"，载《青少年犯罪问题》2010年第3期。

（三）立足社区，预防为主，多方协作

针对离异或单亲家庭未成年人犯罪的实际情况，积极构建家庭、学校和社区等多方预防青少年犯罪的大网络。青保办、团委、公检法司和社区等建立一个完善的联络机制，有利于对涉罪未成年人进行全方位的帮教和监护。通过各种通讯、联系途径，如电话、网络等，形成一张严密的观护网，保证全方位帮教。完善志愿者队伍建设，发挥社区法律志愿者的作用，开展"一对一"帮教活动，积极引导、正确教育。依托爱心企业，建立涉罪未成年人观护基地，组织职业技术培训，使他们能掌握一技之长，早日立足社会、服务社会，从而降低未成年人的重新犯罪率。

（四）强化心理治疗，帮助融入社会

加大对受到犯罪引诱的未成年人的保护力度。通过心理咨询师等专业人员的帮助，为涉罪离异或单亲家庭未成年人提供一个倾诉、寻求帮助、重新生活的机会。始终把教育、感化未成年人的方针落到实处，积极落实法律援助，深化刑事和解，最大限度地保护未成年人的合法权益。公检法司办案机关不断改进办案方式，努力做好与未成年人身心特点相匹配的工作。帮助涉罪未成年人度过人生中困难的时期，避免离异或单亲家庭未成年人被家庭"抛弃"，被社会"抛弃"。

（五）深化综合治理，扫除丑恶现象

加大对侵害未成年人人身、财产权利刑事犯罪案件高发地区的综合治理，坚决扫除侵害青少年身心健康的社会丑恶现象。密切关注侵害未成年人权益案件，认真贯彻落实宽严相济的刑事司法政策，做到不枉不纵，准确、及时地打击犯罪，保障未成年人的人身、财产安全。通过全方位的保护，预防和减少未成年人犯罪，教育和挽救涉罪离异或单亲家庭未成年人，改变涉罪未成年人的未来、改变其家庭的未来，共建和谐社会、和谐中国。

以暴力、威胁方法强索高利贷行为研析

张小蓓

一、案情梗概及问题提出

(一) 案情梗概

冯某于 2008 年 1 月 24 日向熊某借款人民币 50000 元，熊某以按往常惯例为由要求冯某写下借款 150000 元的借条，并称冯某实际只需归还人民币 50000 元，冯某同意后实际拿到钱款为 45200 元（先期扣除利息 4800 元）。一个月后因冯某未能归还借款，又被熊某要求写下借款 210000 元的借条。2008年 3 月冯某分两次归还了熊某 47500 元，但熊某要求冯某按照借条上所写的 210000 元数额还钱，遭到其拒绝。于是熊某指使万某、张某等人以恐吓胁迫甚至打耳光等暴力手段向冯某强行索取高额利息，后分多次索得钱款 120000余元。

(二) 问题的提出

上述案例是一起典型的由高利借贷引发的案件。高利贷是高利贷信用的简称，是一种不受法律保护、游离于正规的金融体系以外的民间信贷方式，作为一种古老的生息资本，高利贷在我国已有几千年的历史。[1]在我国民间的借贷行为中，除了传统的依靠信用支撑的"借"，较多的便是"高利贷"。高利贷的放贷行为不仅在一定程度上扰乱社会主义市场经济秩序，侵害国家的金融政策、金融管理秩序，而且为了逼迫借款人还清到期高利贷，又会衍

---

〔1〕 李华瑞："明清高利贷资本"，载《中国经济史研究》2002 年第 2 期。

生出非法侵入住宅、非法拘禁、绑架、故意伤害等犯罪行为，严重破坏了社会的安定与秩序。对于上述衍生犯罪行为，《刑法》中自有相应的罪名可对其进行规制，然而目前我国《刑法》尚未针对逼取高利贷行为作出专门规定，因此在司法实践中，对更为普遍存在的采用暴力（未造成被害人轻伤以上后果）、威胁手段逼债的行为该如何定性、处理，成为了一个让人困扰的问题。

有观点认为，高利贷双方之间的借款纠纷属于民事法律调整的范畴，刑法不应介入。现阶段在我国，民间借贷是被允许的，只是超过银行同类贷款利率四倍的利息部分，不受法律的保护。可以说，目前高利借贷在我国的法律规定中处于放任的灰色地带，没有法律对民间高息贷款行为作出禁止性规定。"法无禁止即自由"，根据双方的借款合意，高利贷的债权人有合法理由相信自己有从债务人那里取得财物的权利，债务人也有义务交付财物，因此对此种行为不应作为犯罪处理。

然而，对于这个问题，理论界和实务界还有不同观点，认为该行为的社会危害性已经超出了民事法律调整的范围，应以刑事法律进行规制，这其中又有三种不同的观点：第一种看法认为行为人发放高利贷的行为符合《刑法修正案（七）》第5条的相关规定，即"经国家有关主管部门批准非法经营证券、期货、保险业务的，或者非法从事资金支付结算业务的"，以非法经营罪定罪量刑，至于其后行为人指使他人向被害人强索高利贷只是非法经营的后续行为；第二种看法认为行为人以暴力、威胁等方法，凭借条要挟借款人交付高利贷借款，其行为符合敲诈勒索罪的客观要件；第三种看法认为行为人以非法占有为目的，指使他人采用暴力、威胁的手段从被害人处强行索取高利贷，应当构成抢劫罪。

二、强索高利贷行为分析研讨

从上述分析可以看出，在司法实践中，对以暴力、威胁等手段逼迫被害人支付高利贷借款的行为如何处理，可谓众说纷纭，这其中不仅有刑民之间的争论，更有不同罪名的碰撞。因此，本文并非针对单纯的个案进行研究，而是要以个案为引例，来界定采用暴力（未造成被害人轻伤以上后果）、威胁手段逼取高利贷债务行为的性质。

（一）非法占有目的的认定问题

根据最高人民法院 2008 年颁布的《关于人民法院审理借贷案件的若干意见》第 6 条规定："民间借贷的利率可以适当高于银行的利率……但最高不得超过银行同类贷款利率的四倍（包含利率本数），超出此限度的，超出部分的利息不予保护。"这一规定通常被认定为是区分民间正常借贷与高利贷的界限所在。该法条的意义在于，法院并不支持债权人向债务人索要高于银行同类贷款利率四倍的利息，也即现有法律或司法解释所保护的只是银行同类贷款利率四倍以内的利息，超出部分法律不予保护。而对法律不予保护的利息部分，只要债务人明示不愿承担，债权人即丧失诉权，债权人不能合法取回超出银行同类贷款利率四倍的利息。因此从法律上来讲，超过银行同类贷款利率四倍利息的所有权并非归债权人所有，其也无权向借款人索要这部分利息。支持民法调整论者所谓的债权人有权从债务人那里获取欠款的理论在此并不适用，其所索要的已超过法律所保护的范畴，不能单纯以民事上的借贷纠纷来看待。因此，债权人要求借款人偿还高利贷时，主观上具有非法占有的目的，而并非是在行使自身的正当权利，其在索要高利贷时又指使他人采用暴力、威胁等手段对借款人进行恐吓，侵害了刑法所保护的法益，应当按照刑法的相关规定对其定罪量刑。

（二）"非法从事资金支付结算业务"辨析

《刑法修正案（七）》将"非法从事资金支付结算业务"也列入非法经营罪的调控范围，实际上针对的是日益猖獗、危害严重的"地下钱庄"。所谓"地下钱庄"，是对在金融机构以外非法从事金融业务的组织或个人的俗称，并不是一个规范的法律用语。"地下钱庄"主要以公开或半公开的寄卖、典当行、担保公司为掩护，专门从事资金筹集、高利放贷、票据贴现、融资担保等非法金融业务，其主要利润来源是高额手续费和利息。[1]"地下钱庄"逃避金融监管，非法为他人办理大额资金转移等资金支付结算业务，严重扰乱了金融市场秩序，因此必须将其纳入"非法经营罪"的范围依法予以严惩。同时《支付结算办法》（以下简称《办法》）第 6 条规定，银行是支付结算和资金清算的中介机构，未经中国人民银行批准的非银行金融机构和其他单位不

---

［1］ 黄太云："刑法修正案（七）解读"，载《人民检察》2009 年第 6 期。

得作为中介机构经营支付结算业务，但法律、行政法规另有规定的除外。从这一规定可以看出，在我国资金的支付结算业务必须是银行或经过中国人民银行批准以及法律、行政法规许可的单位方可拥有经营的资格，其他单位如不具备上述条件则不能从事该项经营行为。由此可见，对秘密开展支付结算业务的"地下钱庄"，应当根据《刑法修正案（七）》的规定进行定罪量刑。

然而，对于偶尔为之、未形成规模并以自有资金发放高利贷的行为，是否也应纳入"非法从事资金支付结算业务"的范畴呢？笔者认为，若将单纯发放高利贷的行为也归入非法经营罪的范围，难免会使该罪名的打击面过于宽泛：首先，对于利用自有资金进行高利借贷的行为，目前连民事法律都没有给出明确的制约规定，也无相应的处置措施，即该行为目前处于法律的灰色地带。而根据刑法的谦抑性及二次违法理论，在法无明文规定的情况下直接将发放高利贷行为视为犯罪，显然是不适宜的；其次，在《刑法修正案（七）》并未对"资金支付结算业务"的内涵与范围作出清晰明确界定的情况下，只能参照《办法》第3条的相关规定来解释"资金支付结算业务"，即指"单位、个人在社会经济活动中使用票据、信用卡和汇兑、托收承付、委托收款等结算方式进行货币给付及其资金清算的行为"。显然，单纯发放高利贷的行为只是利息较高的借款行为，并未涉及金融领域复杂的资金支付结算业务，因此不符合非法经营罪的相关构成要件。

（三）"抢劫"和"敲诈勒索"的应有之义

从上述分析可以看出，行为人以暴力、威胁方法强索高利贷的行为应当入罪，但对单纯发放高利贷的行为又不宜以非法经营罪追究责任，那么对于"强索"行为究竟是以抢劫还是以敲诈勒索定罪，是颇具争论的难题。抢劫罪与敲诈勒索罪都是常发性犯罪，理论上似乎不易混淆，实践中有时两者却难以辨别，以至于认定事实和适用法律发生错误。究其原因，抢劫罪与敲诈勒索罪存在疑似之处，即当两罪都表现为当场使用暴力或暴力威胁并取得财物的情况下，理论上对两罪的疑似之处辨别不清。这就需要从"两个当场"及暴力性两方面进行分析：

1. 对"两个当场"时空连续性的理解

有学者认为，"抢劫罪和敲诈勒索罪所侵犯的客体，都属于复杂客体，……

区分两罪的关键要看是否当场实施暴力或威胁，是否当场取得财物。"[1]抢劫罪的成立要件中应当包含"当场"，这一观点已得到理论界与实务部门较为一致的认同。而《现代汉语词典》对"当场"的解释是："就在那个地方和那个时候"。[2]在此基础上，有学者主张，"当场"是指"案件发生的现场，即行为人和被害人都同时存在的那一时空"。[3]笔者认为，该解释把"当场"的概念融入刑法学范畴，进行刑法意义上的界定，因此更具合理性、科学性。具体来说，对"当场"的认定要符合两个要素：一是时间性，即实施暴力或威胁的时间不能在犯罪行为着手之前，亦非取得财物之后，而必须在行为人着手实施犯罪过程之中。此外，暴力实施须在被害人正处现场之时，而非尚未到达现场或已离开现场；二是空间性，即行为人、被害人和财物须在同一空间中，也只有在同一空间中，才能有效抑制被害人的反抗，获取财物。如果行为人为了迫使被害人答应在日后某个时间、地点交付财物而当场对被害人使用了暴力，这种暴力实际上与以实施暴力相威胁一样，不是作为当场占有他人财物的手段，而只是对被害人起了胁迫作用，因此不能认定为抢劫罪。只有当行为人采用威胁方法勒索钱财，当场遭到被害人拒绝，进而使用暴力、胁迫方法夺取财物时，行为人在行为手段上才符合抢劫罪的以"暴力"方法迫使被害人"当场交出"财物的规定。概括而言，敲诈勒索罪必须排除"当场对人身使用暴力或威胁、当场取财"的情况，即敲诈勒索罪的暴力、威胁行为与取财行为无法并存，不能够同时出现。

然而，笔者认为，对"当场"的理解不能过于绝对。根据上述分析可以看出，"两个当场"的本质是实施暴力的犯罪方法行为和劫取财物的犯罪目的行为在同一时空，或者在不同但却连续的时空内同时发生的情形。具体来说，"两个当场"是指实施暴力的方法行为是当场实施的，劫取财物的目的行为也是当场实施的。同时，当场取财可以理解为行为人当场使用暴力等手段立即夺取财物或行为人当场使用暴力等手段迫使被害人立即交出财物。被害人无随身财物，行为人使用暴力等手段迫使其立即从他处取出财物的，如胁迫他人立即从 ATM 机上取款的行为，也可视作当场。如果使用

---

〔1〕 祝铭山主编：《典型案例与法律适用（抢劫罪）》，中国法制出版社 2004 年版，第 41 页。

〔2〕 中国社会科学院语言研究所词典编辑室编：《现代汉语词典》，商务印书馆 1996 年版，第 249 页。

〔3〕 王作富主编：《刑法（第二版）》，中国人民大学出版社 2005 年版，第 425 页。

暴力或威胁手段与占有财物在时空上存在分离，也就是行为人在一个时间使用暴力或威胁手段，然后在另一时间获取财物，或者行为人先勒索财物，被害人如不交付，则在另一时间使用暴力或威胁手段，那么其行为可认定为敲诈勒索罪。只有行为人采用暴力、威胁手段与获取财物之间在时间与空间上存在一致性时，才能够成立抢劫罪。因此，"当场"在时空上不应理解为一个点，而应是一条线或一个面。虽然暴力、胁迫等方法与取得财物之间在时间上有持续，空间上有转移，但从整体上看行为并无间断的，也应认定为当场取得财物。

2. "威胁"及"暴力"的含义辨别

（1）"威胁"的区别。威胁或胁迫是指对公私财物的所有者、保管者给予精神上的强制，造成其心理上一定程度的恐惧，以致不敢反抗的方法。[1]抢劫罪的胁迫，是指对被害人以当场实施暴力相威胁，迫使被害人当场交出财物或者任由行为人劫取财物的行为。具体而言，抢劫罪中的胁迫，与敲诈勒索罪中的威胁相比，有如下三个特征：一是胁迫的作出须是当被害人之面，如果采用书信、电话形式作出或者由第三人传达，则属于敲诈勒索罪的"威胁"；二是胁迫的内容，须是被害人如不就范便要当场立即使用暴力，如果是以非暴力行为进行威胁或者以今后使用暴力进行恫吓，即使胁迫行为是当场作出，亦非抢劫罪；三是胁迫的同时，行为人当场实施抢劫财物的行为。由此可见，抢劫罪中的胁迫是以立刻的、当场的暴力为内容的胁迫。敲诈勒索罪中的所谓威胁，只能称为"要挟"，也就是说这种威胁不具有紧迫性，威胁的程度相对也要小些，被害人即使不当场答应行为人的勒索要求，其人身安全也不致受到严重危害。

需要注意的是，抢劫罪中的胁迫只能理解为以实施暴力相威胁。刑法学界通说的观点认为，"我国刑法对胁迫自然应理解为以暴力相威胁"。[2]但有的学者则提出异议，指出："这样理解胁迫不是十分精确""恐吓或胁迫，其能否成为抢劫犯罪中的胁迫，并不在于内容如何，而在于能否造成使他人明显难以抗拒这一结果。任何形式的恐吓或胁迫，不管其内容是暴力的，还是非暴力的，只要其能够令人明显难以抗拒，就足以成为抢劫犯罪中的胁迫"。[3]然而

---

〔1〕 赵秉志：《刑法各论问题研究》，中国法制出版社1996年版，第516页。

〔2〕 高铭暄主编：《刑法学》，法律出版社1982年版，第484页。

〔3〕 甘雨沛等编：《犯罪与刑罚新论》，北京大学出版社1994年版，第640页。

笔者认为这一说法有失偏颇，还是赞成抢劫罪中的胁迫只能理解为以实施暴力相威胁。因为我国刑法中抢劫罪之胁迫，必须是当着被害人的面作出，而且必须是当场能够实现的，而这样的胁迫，唯有暴力这一形式。而敲诈勒索罪不仅可以暴力相威胁，也可以其他方式，如以泄露秘密威胁被害人。但敲诈勒索罪的暴力威胁是有特定范围的，它可以以暴力相"威胁"，但必须排除"当场对人身使用暴力"的情况。除去这种暴力，敲诈勒索可以任何将来的暴力相威胁，比如"将来我打断你的腿"等，也可以马上实施暴力相威胁，但这个暴力只能是"针对人身以外其他物的暴力"，比如"不给钱，我马上烧你的房子"，而不能是"如果不给钱，我马上打断你的腿"。

（2）"暴力"含义的区别。抢劫罪是以"暴力"为基础而成立的，这是刑法理论和司法实践的共识。敲诈勒索则是由敲诈和勒索两个动词构成。敲诈，是指用暴力、恐吓手段，或滥用法律或官方职权等，从一个不情愿的人手中获取财物。勒索是指以威胁、强迫手段索取财物。从两个词的含义看，敲诈和勒索均不排除"暴力"内容。虽然敲诈勒索主要是采用威胁的方式，但并未完全排斥暴力手段，在敲诈勒索中一般不使用暴力，但不是使用了暴力手段就一定不构成敲诈勒索罪。因此，在抢劫罪与敲诈勒索罪中都允许存在暴力行为。

暴力可分为两种：一种是针对人身的，另一种是针对人身以外其他对象的，如财产。抢劫罪与敲诈勒索罪虽然都包含暴力内容，但暴力的作用却不相同：抢劫罪中的暴力是为了排除被害人反抗的阻力，主要针对于人身；而敲诈勒索罪中的暴力则是用来对被害人的心理施压，使被害人权衡以后，放弃反抗交出财物，主要针对人身以外的其他对象，即财物。此外，抢劫罪中的暴力必须达到足以抑制对方反抗的程度，[1]而敲诈勒索罪中的暴力却没有达到此种程度，相对而言较为轻微。

然而何种程度的暴力才算是达到抢劫罪所要求的"足以抑制对方反抗的程度"，这是司法实践在认定抢劫罪时面临的一个操作性难题。笔者认为，不能抽象地看待这一问题，而是应该按照具体情况，综合考虑行为人和被害人

---

〔1〕 事实上，在日本，抢劫罪中的暴力也是要求达到足以抑制对方反抗的程度，这不仅是刑法理论的通说，而且为司法实践所全盘接受。参见［日］大谷实：《刑法各论》，黎宏译，法律出版社2003年版，第165页；［日］大冢仁：《刑法概说（各论）》，冯军译，中国人民大学出版社2003年版，第212～213页。

的人数、年龄、性别、体格，以及实施行为的时间、场所、暴力本身的形式，特别是有无使用凶器，使用何种凶器等，客观地判断暴力是否达到了足以抑制对方反抗的程度。换句话说，就是要以一般人为标准，在社会一般观念上，必须是要达到使人感到如果被害人反抗的话，就会马上被制止并被夺取财物程度的暴力。〔1〕

三、由强索高利贷行为引发的思考

通过上述分析，笔者认为在本文探讨的案例中，行为人主观上具有非法占有目的，客观上采取了指使他人以威胁及轻微暴力手段迫使被害人偿还高额贷款利息的行为，但其暴力手段未达到使被害人不能、不敢、不知反抗的地步，并且采用暴力、威胁手段与取得财物行为之间存在时空分离性，因此应以敲诈勒索罪定罪处罚。现实中基于"高利贷"引发的类似案情并不少见，当贷款拖期或者无法归还时，放贷方经常会采用不合法的收债渠道，如雇佣讨债公司进行暴力催讨。于是，因高利贷死亡、家破人散、背井离乡、无家可归的现象数不胜数。无可否认，民间高利贷易诱发犯罪是事实，但这并不等于说民间高利贷行为本身就是犯罪。毋庸置疑，民间高利贷有其存在与发展的价值：一是可以帮助难以为继的借款方暂时渡过难关，使得生存和经营得以延续；二是促使正规金融机构改进业务，提高竞争力；三是相较于金融机构贷款的高门槛与复杂的审批程序，民间高利贷较为灵活，发放贷款较为快速；四是可以分摊金融机构的贷款风险，对于稳定金融市场有不可忽视的作用。历史也已经证明，用刑罚的方法并不能消除民间高利贷，而对于这种本身符合市场规律的必然、且利大于弊的现象，我们为什么要动用刑罚来予以禁止呢？"即使行为侵害或者威胁了他人的生活利益，也不是必须直接动用刑罚。可能的话，采取其他社会控制手段才是理想的。可以说，只有在其他社会控制手段不充分时，或者其他社会控制手段过于强烈，有代之以刑罚的必要时，才可以动用刑罚。"〔2〕因此对民间高利贷的合法化是可行的，也是遏制其派生犯罪的最有效途径。一旦民间高利贷合法化，那么就很少有人愿

---

〔1〕 吴学斌："抢劫罪中'暴力'内涵的司法认定"，载《重庆工学院学报》2005年第10期。
〔2〕 张明楷：《刑法格言的展开》，法律出版社1999年版，第104页。

意用违法犯罪的手段来收贷，合法化的民间高利贷在和金融机构竞争的过程中，势必会降低利率，从而减轻借款方的负担。然而，值得注意的是，为了保证民间高利贷市场的规范、有序发展，发放高利贷行为必须处于法律的监管之下，因此可以借鉴香港的《放债人条例》，明确规定对于高利贷款的监管部门和监管程序，以扬长避短，使其最大限度地为社会服务。

程序探索

新刑诉法新增证据种类与来源的审查判断

田欢忠[*]

证据是刑事诉讼的核心，是查明案情、认定事实和作出裁判的重要依据。刑事诉讼的过程，就是各类证据的收集、审查、判断和采信的过程。2012 年新修改的《刑事诉讼法》（以下简称"新刑诉法"）中，证据制度的充实和完善成为修法的重要内容，并为新修订的《人民检察院刑事诉讼规则（试行)》（以下简称"高检院刑诉规则"）所吸收和细化。在证据概念中，以"材料说"代替了"事实说"，将"物证"、"书证"列为不同的证据种类，增加了"辨认笔录"、"侦查实验笔录"以及"电子数据"为新的证据种类，将"鉴定结论"修改为"鉴定意见"，增加规定了行政机关在行政执法和查办案件过程中收集的物证、书证、视听资料、电子数据等证据材料在刑事诉讼中可以作为证据使用，增加规定了运用技术侦查措施收集的证据材料作为证据使用的条文等。这些新的规定在司法实践的运用中遇到了诸如标准不一、应对不足等新问题，需要进一步完善和改进。

一、新增证据种类与来源中存在的问题

（一）辨认笔录、侦查实验笔录

辨认笔录与侦查实验笔录是从辨认和侦查实验这两种侦查行为中产生的证据材料，作为新的证据种类，其规范性要求显然要高于侦查行为本身，但目前辨认笔录和侦查实验笔录在制作的规范性上还存在一些问题：

---

* 田欢忠：上海市虹口区人民检察院党组成员、副检察长。

1. 形式上的不规范问题

形式上的不规范问题较多，比如在案卷中往往只有辨认笔录，而没有供辨认人进行辨认的照片。辨认照片中对辨认对象没有在后页附说明，没有附带被辨认人的身份信息。辨认照片中对辨认对象编写了编号，后页也有相应说明，但姓名与照片无法对应。对辨认对象未分别辨认，多名辨认对象在一页纸上供辨认人辨认，作笼统辨认。辨认活动没有个别进行，在同一时间、空间同时给两个辨认人作辨认，尤其在辨认作案现场时，侦查人员往往带了二、三名犯罪嫌疑人共同外出，一起对作案地点进行辨认。辨认对象的数量不符合规定，或供辨认的对象数量符合规定的数量，但是其中包含需被辨认的多名犯罪嫌疑人。漏掉见证人的签名或盖章。刑事辨认笔录与行政辨认笔录混用，没有辨认人权利义务告知和见证人等刑事辨认笔录的要件。侦查实验笔录缺乏明确的时间、地点、参加人等，笔录过于简单，缺乏说服力。

2. 内容上的不规范问题

有些辨认笔录存在诱导现象，在辨认笔录的照片页中对被告人作了明确的标示。未将辨认对象照片混杂于具有类似特征的其他对象中，造成辨认对象的特征异常突出。有的辨认笔录中反映出在很短的时间内让嫌疑人进行多次辨认活动，比如一份辨认笔录中侦查人员在 30 分钟时间内组织一名犯罪嫌疑人至本区各作案地点，共辨认出 27 个作案地点。先后两次辨认笔录出现矛盾未予解释，无法判断真伪等等。

检察机关如何在审查逮捕和审查起诉阶段纠正这些问题，如何在出现重大违法时排除非法证据值得进一步研究，另外有必要研究检察机关审查判断辨认笔录、侦查实验笔录的基本规范和标准。

（二）电子数据

电子数据具有电子性，不同于物证、书证、视听资料等传统证据种类，上海检察技术部门针对这一新类型证据，在高检院技术信息中心的指导下，于 2007 年起开始探索相关电子数据取证工作，取得了明显的成效。近几年全市技术部门受理并完成的电子数据检验鉴定数保持高速增长态势。

司法实务中对于电子数据的形式规范性存在诸多问题，比如很多侦查部门只提交打印件，储存该电子证据的磁盘、光盘等可移动存储介质一般不予提交。没有明确载明电子证据形成的时间、地点、对象、制作人、制作过程及设备情况。缺乏取证人、制作人、持有人、见证人的签名或盖章。未出示搜查证即进行搜查，搜查后扣押的相关电子证据也不制作扣押物品清单。手机作为作案通讯工具和个人数据处理终端，存储着最为重要、私密的数据信息，在办案中往往起到关键作用，日益受到办案部门的重视，但目前缺乏对于手机等即时通讯工具所形成的电子数据证据的收集、固定和运用规则。目前《高检院刑诉规则》并没有规定对电子数据的审查，这就对检察人员在办案中审查判断电子数据证据提出了新的挑战，我们认为，对于电子数据这一新的证据种类，有必要结合信息时代证据收集和审查的新要求进行具体的分析。

（三）鉴定意见

鉴定结论修改为鉴定意见对刑事鉴定制度提出了新的要求。目前在司法实践中，检察机关在审查鉴定意见的过程中仍存在一些问题：

1. 鉴定程序规范性上的问题

在鉴定程序的规范性上存在问题，比如无法对鉴定机构、鉴定人资质进行实质审查，绝大部分鉴定意见并未附相关鉴定机构和鉴定人的资质证书复印件。审查中发现鉴定主体无鉴定资质或出具鉴定意见的鉴定人少于 2 人的仍旧存在。鉴定过程描述过于简单，鉴定所依据之法律法规、所采用的鉴定方法不明。违反鉴定特定标准、适用条款错误或计算错误、鉴定基准日错误、财产类鉴定中将价值和损失混同。对鉴定主体的合法性存在认识分歧，如行业协会（专家委员会）能否直接给出鉴定意见，知识产权鉴定主体为何方等问题仍需要明确。

2. 多份鉴定意见的效力认定问题

鉴定结论修改为鉴定意见后，司法实务中，有可能对同一待鉴定事实存在多份鉴定意见，多份鉴定意见共存于同一诉讼中时如何认定其效力存在争议，有些法院在案件审理过程中，面对截然相反的鉴定意见，根据鉴定机构的行政级别来决定鉴定意见的取舍，有的则是法院另行指定一家鉴定机构重新鉴定，最终以法院指定的鉴定机构的鉴定意见为法院采纳的意见。据调查，具有 5 年以下刑事审判经验的法官中有 30.9% 的法官根据鉴定机构的级别高低对鉴定意见的可靠性进行认定，69.1% 的法官并没有按照鉴定机构级别的高低来认定鉴定意见的可靠性。而在具有 6～10 年刑事审判经验的法官中有 35.9% 的法官倾向于根据鉴定机构级别的高低来认定案件，而 64.1% 的法官并没有依据鉴定机构级别的高低来认定鉴定意见的可靠性。在具有 11～20 年刑事审判工作年限的法官中有 25.3% 的法官会依据鉴定机构级别的高低来认定案件事实，而 74.7% 的法官并不会根据鉴定机构级别的高低对鉴定意见的可靠性进行判断。在具有 20 年以上刑事审判工作年限的法官中有 28.2% 的法官会依据鉴定机构级别的高低来认定案件事实，而 71.8% 的法官并不会根据鉴定机构级别的高低对鉴定意见的可靠性进行判断。[1] 对于多份鉴定意见的效力认定尚需进一步明确。

（四） 行政机关收集的证据材料

在司法实践中，许多刑事犯罪案件的案发是从行政违法调查入手的，但对工商、税务、监察等部门收集的证据如何在刑事诉讼中使用的问题，存在不同的认识，对此，"新刑诉法"第 52 条第 2 款新增了行政机关收集的证据材料作为证据使用的规定："行政机关在行政执法和查办案件过程中收集的物证、书证、视听资料、电子数据等证据材料，在刑事诉讼中可以作为证据使用。"《高检院刑诉规则》第 64 条则进一步细化了该款规定。但行政机关收集的证据材料作为证据使用在实践中仍不可避免地会产生以下一些问题：

1. 如何理解和界定"行政机关"

比如纪检部门不属于行政机关，这对检察机关自侦部门在查处职务犯罪过程中，运用纪检部门证据材料的合法性提出了挑战，因为行政机关收集的证据材料作为证据使用中的行政机关仅限于"根据法律、法规赋予的职责查处行政违法、违纪案件的组织"，将纪检部门排除于外。而实务中很多职务犯罪案件为纪检部门移送，而行政机关移送的较少，自侦部门对于纪检部门移送的证据材料仍要重新收集和审查判断，未根本解决检察工作的实际需求。

2. 如何审查行政机关收集的证据材料

行政机关收集的实物证据，检察机关要审查后才能作为证据使用，而对于言词证据则需要检察机关重新收集，检察机关审查和重新收集证据的方法法律并没有明确，实务中做法也不一，有必要进一步明确。

（五） 运用技术侦查措施收集的证据材料

新刑诉法在"侦查"一章新增了"技术侦查"一节，涵盖了关于采取技术侦查措施的程序和主体，技术侦查措施的内容及有效期，技术侦查措施的

---

[1] 马云雪："鉴定意见认证存在的问题及其对策研究"，载《西部法学评论》2012 年第 4 期。

执行和保密，关于进行秘密侦查和控制下交付的规定以及技术侦查所获证据的适用等内容，构建了相对完整的"技术侦查"框架，但尚存在一些立法问题值得探讨，比如对相关概念的界定不清晰，甚至相互矛盾，而且对很多细节与配套保障措施未加以规定，整体显得过于原则化，缺乏可操作性等。

另外，司法实践中也存在一些问题，比如对于侦查机关采取技术侦查、秘密侦查措施所获取的证据材料在移送给检察机关后，检察人员如何审查判断该类证据材料缺乏标准和细则，尤其是如何把握技术侦查的程序合法性，纠防滥用技侦手段侵犯当事人合法权益的行为值得探讨；通话、短信记录及其内容等信息是否属于密侦材料，公检法认识不一；采用特殊侦查措施收集的证据，侦查机关以什么形式移送审查起诉（是否需要转换）不明确；对于将特情、卧底的证言以证人证言的形式移送审查起诉，公诉机关再将该证人证言作为指控犯罪的证据并在法庭上质证，是否利于特情、卧底以后的工作以及保护特情、卧底的人身安全认识尚不统一；庭上不出示相关证据，被告人及辩护人提出有自首情节，如何证明公安机关已通过特殊侦查措施掌握了嫌疑人的犯罪事实并抓获了嫌疑人也需要明确。

二、对新增证据种类与来源的审查判断

（一）辨认笔录、侦查实验笔录的审查判断

辨认笔录与侦查实验笔录作为一种新的证据种类，检察机关在审查判断时，除了遵循审查证据的一般规则和方法外，还要根据这两种笔录的特殊性进行有针对性的审查，具体而言：

1. 对辨认笔录的审查判断

对于上文提及的辨认笔录在形式和内容不规范性上的不足，要按照法律法规和司法解释的规定，按照辨认规范性的要求进行改进和完善，进一步明确审查判断辨认笔录的要点和标准，这些要点和标准，也即辨认程序应遵循的规则和要求，有专家指出，"在辨认的程序上，应当审查辨认相关规则的执行。询问前置、辨前回避、告知责任、禁止暗示、混杂辨认是辨认的几个重要规则。"[1]即在审查判断过程中，要重点关注辨认前是否进行过询问和告

---

[1] 林晖："辨认笔录的审查要点"，载《检察日报》2013年5月8日。

知，明确虚假辨认的责任，相关侦查人员是否回避，有无针对特别对象作突出某种特征的特别辨认，[1]是否通过语言或者图片等进行暗示或者是否进行混杂辨认等等。

要根据法律法规的差异性规定进行分别审查，比如《高检院刑诉规则》规定，辨认犯罪嫌疑人、被害人时，被辨认人的人数为 5～10 人，照片 5～10 张；辨认物品时，同类物品不得少于 5 件，照片不得少于 5 张。公安部规定则要求，辨认犯罪嫌疑人时，被辨认的人数不得少于 7 人，对犯罪嫌疑人照片进行辨认的，不得少于 10 人的照片；辨认物品时，混杂的同类物品不得少于 5 件。再如"高检院刑诉规则"规定，几名辨认人对同一被辨认人或者同一物品进行辨认时，应当由每名辨认人单独进行。必要的时候，可以有见证人在场。而按照公安部规定，辨认经过和结果，应当制作辨认笔录，由侦查人员签名，辨认人、见证人签字或者盖章。由于两法在辨认人数、见证人是否要签字等规定上存在一定的差异，在辨认笔录的审查上，也要有所区别。

2. 对侦查实验笔录的审查判断

对于侦查实验笔录的审查判断，也应从形式规范性和内容规范性的角度进行，在此基础上，对于以下出现的情形，在审查判断时应予以排除或者补正：第一，侦查实验的组织主体和侦查实验笔录的制作主体不是具有侦查职权的侦查人员的；第二，侦查实验的组织者、执行者、见证人和侦查实验笔录的制作者违反回避规定的；第三，侦查实验所依据的条件不符合待证事实发生时的客观条件或者待证事实发生时的客观条件未能查明的；第四，侦查实验方法、步骤不符合科学规律的；第五，侦查实验的内容、结果与案件事实没有关联的；第六，侦查实验有造成危险、侮辱人格或者有伤风化行为的；第七，侦查实验笔录缺少签名、盖章而不能补正，或者签章人身份无法查明的；第八，侦查实验笔录的内容不全面、详细、准确、规范，足以影响对侦查实验结果可靠性判断的；第九，侦查实验结果自相矛盾或者与其他证据确证的事实存在不能作出合理解释的矛盾的。[2]

---

[1] 实践中有的辨认对象有一定特征，如戴帽子、近视眼镜、墨镜等。若辨认对象免冠或者未戴眼镜，所制作的辨认笔录，显然证据力不够。辨认笔录应当因辨认对象特征做相应调整或者补充，并辅助其他证据补强证据效力。一种做法是辨认对象戴帽子、眼镜等供辨认，一种做法是辨认后再补充制作笔录，以让辨认人说明在摘除帽子、眼镜后做出辨认的依据以及理由。参见林晖："辨认笔录的审查要点"，载《检察日报》2013 年 5 月 8 日。

[2] 杨东亮："侦查实验笔录简论"，载《证据科学》2011 年第 5 期。

另外，对于侦查实验的审查判断，还应从证明力的角度来考查实验过程的科学性和实验结果的准确性，具体包括：一是侦查实验条件是否与案件发生时的客观条件一致，客观条件包括时间、地点、气候、光照、工具等；二是侦查实验是否体现了对实验结果有影响的事件发生时有关人员的主观因素，为审查验证某人的证言、陈述、供述、感知能力而进行的侦查实验，实验中该人在事件发生时特定的心理、生理状况能否得到体现，对实验结果的可靠性往往有重大影响；三是组织实施侦查实验的策略方法是否恰当；四是实验结果能否排除偶然性，如果通过反复进行同一实验得到的结果不尽一致，则必须查明产生差异的原因，而不能随意认定其中某次实验结果是真实可靠的。[1]

（二）电子数据的审查判断

由于《高检院刑诉规则》对检察机关审查判断电子数据缺乏明确的规定，检察机关审查判断电子数据只能参照一般的证据审查规则，并不具有针对性，对此，我们认为有必要进行细化和具体分析。

1. 审查电子数据取证的原始性和真实性

电子数据具有易破坏性的特点，与其他证据相比，电子数据是最为脆弱、最容易受到破坏的一种证据。当有人为因素或技术障碍介入时，电子证据极容易被篡改、伪造、破坏或毁灭。因此，我们首先要重点审查电子数据的真实性，以便确定电子数据的证明力。电子数据取证除了遵循刑事诉讼一些基本的取证原则，如及时取证原则、全面取证原则、合法取证原则等，还要遵循一些技术规制标准，如无损取证原则。具体要求为：一是不能直接对原始电子数据进行分析、检验和鉴定；二是对电子数据进行复制时要遵循相应的技术规则，确保每一个复制件都与原件一致；三是分析数据的计算机系统辅助软件及分析方法等必须安全、可靠；四是整个取证过程都必须详细记录并受到监督。

2. 审查电子数据的保管流程是否清晰完整

电子数据对电子系统具有完全依赖性，其生成、存储和传递都必须借助电子系统，任何差错都可能导致电子数据受到不易察觉的损害。因此，司法实践中对电子数据一种普遍的法律争议就是电子数据是否受到过污染和潜在破坏。因此，在电子数据的取证和保管环节就需要特别规范保证其真实性：

---

[1] 杨东亮："侦查实验笔录简论"，载《证据科学》2011 年第 5 期。

一是形成严格的电子数据保管锁链；二是通过技术手段对比的方式以确保电子数据的复制件同原件在内容上是一致的。

3. 审查电子数据的关联性

在审查判断电子数据的关联性时，切不能被电子数据所反映的表面现象所迷惑。审查时，既要审查存在于计算机软硬件上的电子数据，也要审查其他相关外围设备中的电子数据；既要审查文本信息，也要审查图像、视频等信息；既要审查对犯罪嫌疑人不利的证据，也要审查对其有利的证据，通过全面综合审查，审查电子数据与其他证据之间的关系，确认电子数据与待证事实之间的关系。只有电子数据与其他证据有联系，并能相互印证，才能作为定案的证据。

另外，对于电子数据所具有的专业性和技术性，要求进一步提高检察干警的审查电子数据的能力，提高技术人员参与办案的比例，因为分析提取电子数据证据需要一定的技术能力和专业取证设备，才能保证重要数据在不被改变的前提下，得到完全、准确地提取。如果使用人工直接查看的传统方法，不但耗时长、成功率低，而且操作过程极易改变电子数据证据的内容，造成无法逆转的破坏。因此，建议技术和办案部门根据新刑诉法的要求，进一步完善和落实《上海市人民检察院关于在办案中加强电子证据勘验检查、审查和鉴定工作的若干意见（试行）》，形成技术办案协作机制，提高技术人员办案参与率，确保全市电子数据证据的取证质量和效率。

（三）鉴定意见的审查判断

鉴定所得出的结果在形式上讲仅仅是一种意见，而非最终结论。因此，新刑诉法将"鉴定结论"替换成"鉴定意见"，不仅除去了其盖棺定论的意味，更是准确地表达了鉴定是由具有专门知识的人就专门性问题所提供的言词证据的性质，所以，检察干警对于鉴定意见的审查判断要转变观念，更加注重对形式和程序规范性的审查。

1. 对鉴定意见规范性的审查判断

加强对鉴定意见规范性的审查判断，要对鉴定机构、鉴定人资质进行实质审查，若鉴定意见未附相关鉴定机构和鉴定人的资质证书复印件，应当要求相关鉴定机构予以补充提供。在审查过程中，如果发现鉴定人并无鉴定资质或者鉴定程序严重违法，可以按照非法证据排除规则予以排除，如果是鉴定过程描述过于简单，鉴定所依据之法律法规、所采用的鉴定方法不明，违反鉴定的特定标准、适用条款错误或计算错误、鉴定基准日错误、财产类鉴定中将价值和损失混同等，则可以要求鉴定机构予以补正或者作出合理解释，而非一概予以排除。对于鉴定主体的合法性存在的认识分歧，我们认为，既然鉴定结论修改为了鉴定意见，那么对于鉴定主体的范围也可以适当放宽，行业协会、专家委员会在一定情况下也可以提供鉴定意见，比如对于一些特殊的鉴定事项，当现存的鉴定机构没有专门的鉴定人予以鉴定时，可以委托行业协会或者专家委员会予以鉴定。知识产权鉴定主体，一般为第三方中立的机构，根据2000年11月实施的《司法鉴定执业分类规定（试行）》，知识产权鉴定是司法鉴定的一种。目前全国各地均已建立了有合法资质的知识产权鉴定主体。这些主体是依法成立的中介组织，不隶属于任何司法机关，是中立的鉴定主体，具有公信力，其出具的鉴定结论具有刑事诉讼法上鉴定结论的法律效力。[1]

2. 对多份鉴定意见的效力的审查判断

随着法官工作年限的增加，越来越多的法官倾向于根据鉴定意见说理的充分程度和综合全案的证据来认定案件事实。但是仍有一部分法官会依据鉴定机构的级别高低和鉴定人的权威来判断鉴定意见的可靠性。这种方式过分信赖鉴定机构和专家的权威，而忽视科学认证，极易导致鉴定意见认证的错误。鉴定意见本身并没有预定的证明力，不能在法庭上提出来就自然作为定案的根据，关键是要在诉讼中对鉴定结论设置审查程序当庭接受控辩双方的质证，最后由法庭决定是否予以采信。对鉴定意见证明力的采信应该是在遵守法律的前提下，综合全案的情况加以判断。此外，当在庭审中出现多份有争议的鉴定的情况下或者在重新申请鉴定仍然有异议的情形下，法官应作出裁定，在裁定过程中应遵循有利于被告人原则。这不仅有利于提高诉讼效率，而且也有利于被告人人权的保障。[2]

（四）行政机关收集的证据材料的审查判断

行政机关收集的证据材料在刑事诉讼中作为证据使用需要进一步明确行政机关的范围、行政机关收集的证据材料的范围以及对这些证据材料的审查判断等内容：

---

[1] 秦天宁、叶莹："刑事诉讼视野下我国商标鉴定结论"，载《中国司法鉴定》2008年第4期。
[2] 马云雪："鉴定意见认证存在的问题及其对策研究"，载《西部法学评论》2012年第4期。

1. 对于行政机关的范围宜作扩大解释

对于行政机关的范围比较有争议的是纪检部门是否应该涵盖其中，从行政机关的定义上看，纪检部门并不属于行政机关，因为纪检部门是根据党章及党的有关文件规定履行职责的部门。对于纪检监察机关而言，理论上属于行政机关的只能是根据行政监察法和行政监察法实施条例等法律法规行使职责的监察机关。因此，可转化为刑事诉讼证据的纪检监察证据须以监察机关名义依照行政监察相关法律法规所规定的程序和措施收集，并以监察机关名义移送。体现在具体的办案中，就要求有关证据收集和移送的文书、函件等书面手续均应使用监察局的名义，并使用监察局印章。但实务中很多职务犯罪案件的立案都得益于纪检部门移送，而行政机关移送的较少，也不会考虑用监察部门进行"中间转换"，导致自侦部门对于纪检部门移送的证据材料仍要重新收集和审查判断，未根本解决检察工作的实际需求。对于这一问题，有关观点认为："检察机关直接立案受理的案件确实与纪检部门联系密切，但通过内部文件的方式加以规范，也不会影响自侦案件的正常办理。"[1]我们认为，应对新刑诉法该条规定中的行政机关作扩大解释，将纪检部门纳入其中，通过立法来根本解决这一问题。

2. 对行政机关收集证据材料的审查判断

（1）对实物类证据材料的审查判断

对于行政机关在行政执法或查办案件过程中收集的物证、书证、视听资料和电子数据，要审查行政机关在收集上述证据材料时是否遵循了行政程序中的证据规则要求，如果行政机关违反了行政程序证据规则要求，无法确保证据材料的客观性和关联性，则该类证据材料不能被采纳。对于行政机关通过检验、检测、鉴定等行政行为形成的鉴定意见材料则要与刑事诉讼中的鉴定意见有所区别，刑事诉讼中的司法鉴定一般实行登记管理制度，需要具备法定的司法鉴定资质，如果行政机关作出检验、检测等行为的机构或人员具有法定的鉴定资质，在司法行政部门登记注册，则相应的鉴定意见与刑事诉讼中的鉴定意见无异，在刑事诉讼运用中不存在障碍；如果行政机关作出检验、检测等行为的机构或人员不具有法定的鉴定资质，则需要转换为其他证

---

〔1〕 孙谦主编：《〈人民检察院刑事诉讼规则（试行）〉理解与适用》，中国检察出版社2012年版，第56页。

据形式以便在刑事诉讼中运用，具体而言，如果需鉴定事项存在法定鉴定机构的，则由司法部门委托法定鉴定机构重新进行鉴定；如果需鉴定事项不存在法定鉴定机构的，则应当由专门人员对该事项以证人证言的方式作出识别与判断。[1]

（2）对言词类证据材料的审查判断

对于行政机关在行政执法过程中收集的证人证言、当事人陈述等言词类证据材料必须通过司法机关重新收集，才能作为刑事诉讼中的证据使用，这是考虑到言词类证据材料容易发生造假、胁迫等非法情形，具有相当的不确定性。所以，对于该类证据材料，要着重审查证据收集程序的合法性，防止出现非法收集证据的情形，因为在刑事诉讼中，采用刑讯逼供等非法方法收集的犯罪嫌疑人、被告人供述和采用暴力、威胁等非法方法收集的证人证言、被害人陈述，应当予以排除。因而，对证人证言、当事人陈述等言词证据由司法机关重新提取，不仅符合刑事取证合法性的要求，也有利于准确认定犯罪事实。当然，考虑到司法实践中可能出现的言词证据材料确实无法或者不便重新收集的情况，法律作了例外规定，规定路途遥远、死亡、失踪或者丧失作证能力的情形下，言词证据材料可以为证据使用的条件，即供述、证言或者陈述来源、收集程序合法，并有其他证据相印证，经检察机关审查符合法定要求的，可以作为证据使用。

（五）运用技术侦查措施收集的证据材料的审查判断

对于运用技术侦查措施收集的证据材料如何在刑事诉讼中转化和运用，需要通过司法解释进一步细化相关规定，使其更规范、易操作，符合立法本意，具体而言：

1. 进一步明确技术侦查措施的适用条件和程序

无论是公安机关还是检察机关决定使用技术侦查措施，都要求在立案之后才使用，包括检察机关接到线索以后对线索进行核实的初查阶段都不能使用，这将对检察机关职务犯罪侦查部门对职务犯罪线索开展初查时采取的技术性初查措施提出挑战，比如开展测谎、进行话单分析、手机通讯记录查询等技术措施将受到严格限制。要防止技术侦查措施滥用，损害当事人合法权

---

〔1〕 陈卫国、胡巧绒："行政执法证据在刑事诉讼中的转换与运用——兼论新刑事诉讼法第五十二条第二款的适用"，载《犯罪研究》2013 年第 4 期。

益，在没有任何证据的情况下，仅仅凭侦查人员的主观怀疑不能使用技术性手段，而要把技术侦查手段当作最后手段使用，只有在其他手段无效或会付出很大代价的情况下才能使用技术侦查手段。另外，还要经过严格的审批程序，经过严格的审批程序是《人民警察法》第 16 条、《国家安全法》第 10 条的表述，由于实际情况复杂，针对不同的适用对象、不同的犯罪情况采取的技术侦查措施种类是不同的，要经过的批准程序也不尽相同，在实际中的使用，人民检察院应当根据其他规范性文件明确规定的规则和程序要求进行报批。[1]

2. 进一步明确运用技术侦查措施收集的证据材料的转化

运用技术侦查措施收集的证据材料要在刑事诉讼过程中使用就必须按照法定的证据种类进行转化，而不能直接移送审查起诉，所以对于运用技术侦查措施收集的证据材料的审查判断，就可以按照一般的证据审查方式和要求进行，同时要特别注意该类证据材料的合法性和必要性问题，特别是必要性原则的要求，即技术侦查措施不得随意使用，只有在必要时才能使用，如无必要，即使是有效的手段也不得使用，虽然新刑诉法并没有明确规定使用技术侦查手段一定要遵守必要性原则，但在一些条文中对必要性原则的精神有所体现。如新刑诉法规定，在追捕逃犯中可以采取追捕所必需的技术侦查措施，技术侦查措施有多种，只能采取必需的措施，防止不必要的使用技术侦查措施。同时，在技术侦查措施使用期间，规定对于不需要继续采取技术侦查措施的，应当及时解除，这是从时间上限制技术侦查措施的使用，这些规定都可以理解为是必要性原则的体现。[2]

3. 进一步明确进行庭外核实证据材料的情况

如果将特情、卧底的证言以证人证言的形式移送审查起诉，公诉机关再将该证人证言作为指控犯罪的证据并在法庭上质证，并不利于特情、卧底以后的工作以及保护特情、卧底的人身安全；庭上不出示相关证据，被告人及辩护人提出有自首情节，如何证明公安机关已通过特殊侦查措施掌握了嫌疑人的犯罪事实并抓获了嫌疑人？对于上述问题，我们认为可以通过庭外核实

〔1〕 孙谦主编：《〈人民检察院刑事诉讼规则（试行）〉理解与适用》，中国检察出版社 2012 年版，第 205 页。

〔2〕 李明："进步与不足：新刑事诉讼法技术侦查措施规定之反思"，载《时代法学》2013 年第 1 期。

证据材料的方式进行核实，根据法律的规定，必要的时候庭外核实证据至少应当具备三个条件：一是通过技术侦查手段所获得的资料是作为定罪量刑的依据，这是庭外核实证据的前提条件；二是公开质证可能危及到有关人员的人身安全或产生其他严重后果，如可能暴露特情身份、影响重大犯罪的侦查、造成严重财产损失等；三是当庭质证即使采取不暴露有关人员身份、技术方法等保护措施也难以保证不发生严重后果。应当通过进一步明确进行庭外核实证据材料的情况来确保特殊证人的人身安全。

非法证据排除视野下的侦查人员出庭问题研究

杨亚民* 周 健 戴鸿誉

《刑事诉讼法》第57条第2款规定："现有证据材料不能证明证据收集的合法性的，人民检察院可以提请人民法院通知有关侦查人员或者其他人员出庭说明情况；人民法院可以通知有关侦查人员或者其他人员出庭说明情况。有关侦查人员或者其他人员也可以要求出庭说明情况。经人民法院通知，有关人员应当出庭。"上述规定丰富了司法机关证明证据合法性的手段和方式，完善了侦查人员出庭制度，在规范侦查取证行为、保障被告人合法权益、促进司法公正和维护司法权威等方面具有十分重要的意义。然而，《刑事诉讼法》以及相关司法解释对侦查人员出庭说明情况的范围、程序、法律后果等问题尚无明确规定，本文从司法实践角度就相关问题进行分析与探讨。

一、侦查人员出庭的现状

尽管司法实践在尽量避免侦查人员出庭说明情况陷入"理想国"的境地，我们依然不能否认其现存的两大困境：一是实例少，二是效果差。从本市为数不多的几次侦查人员出庭说明情况的案例看，效果并不理想，这项制度还需要一段时间的探索和完善。

（一）制度形同虚置，实例不多见

侦查人员出庭说明情况制度被期望发挥积极的作用，尤其在被告人当庭翻供并控告侦查人员存在刑讯逼供、暴力威胁等违法取证行为的情况下，可

---

* 杨亚民：上海市虹口区人民检察院公诉科科长。

以一定程度地避免被动依靠侦查机关提供的书面情况来机械地论证侦查程序合法性的情况，也可以一定程度地减少被告人和辩护律师对书面情况说明的普遍质疑，更可以防止严重损害被告人的合法权利和司法机关公正形象的现象，较传统的《情况说明》有着天然的优势。然而，即便在法律规定上苛以义务，实践中侦查人员出庭说明情况的案例并不多，本市一些区县院至今尚无具体案例。难怪有的学者尖锐地批评这种现象为"中国作证制度之三大怪现状"之一。[1]

（二）出庭流于形式，效果不明显

侦查人员由于缺乏庭审经验，被询问时不能做出有力应答，场面非常被动，另外侦查人员从幕后走到台前，增加了报复陷害的可能性，对侦查工作开展可能产生不利影响。同时，法院对侦查人员取证合法性的询问针对性不足，公诉方对侦查人员发问经验不足，尤其是部分年轻法官或公诉人庭审掌控能力不强，往往不能及时制止被告人或辩护人对侦查人员的无理质问，导致庭审效果不佳。从另一方面看，对被告人或辩护人的对质权保障不够充分，现有法律、法规没有明确被告人是否可以询问侦查人员，质证程序也相对模糊，执行过程中被告人对侦查人员常常口无遮拦，肆意污蔑指责，无理取闹，甚至恶语相加，这往往导致庭审场面失控，庭审效果不理想。

二、侦查人员出庭现状的反思

上述侦查人员出庭的现状，让我们不断反思，制度缘何无法有效实施？笔者认为，侦查人员出庭说明情况主要存在以下障碍：

（一）侦查人员在庭审中的"身份"不明确

对于侦查人员出庭时的身份，理论上具有较大的争议。有观点肯定侦查人员的证人身份，认为侦查人员在定罪、量刑、程序性裁判中均有可能就其所了解的"案件情况"作为证人向法庭提供证言；[2]也有观点认为，侦查人员就在执行职务中目击的犯罪事实以及被告人自首立功等量刑事实向法庭作证系普通证人身份，而就证据取证过程的说明，并非提供证据行为，系职务

---

[1] 龙宗智："理论反对实践"，法律出版社2006年版，第196~199页。

[2] 陈瑞华："论侦查人员的证人身份"，载《暨南学报（哲学社会科学版）》2012年第2期。

行为，性质是辅助履行公诉职责。[1]侦查人员针对取证合法性的出庭身份无论在立法上、理论上还是实践中都没有明确标准和定义，给侦查人员出庭带来前提障碍。

（二）侦查人员应对出庭准备不足

侦查人员长久以来不经历法庭庭审，对庭审陌生，经验不足，同时对出庭的观念转变较慢，内部应对机制未完善，实训较少，从而显现出侦查人员出庭时的被动局面。具体而言主要原因有：第一，诉讼观念落后。侦查人员代表国家行使侦查权，是讯（询）问的主动发起者，多数侦查人员认为出庭说明情况，无异于自降身份，还要接受律师的质询，心理上难以接受。第二，保障措施不足。由于警力有限，相关保障措施不到位，出庭必然增加侦查人员的工作量，影响其他任务的完成。第三，容易陷入出庭目的混淆的困境。侦查人员出庭说明情况是为了证明取证行为的合法性，证明未存在刑讯逼供等非法取证行为，但侦查人员出庭又往往要应对被告人或辩护人提出的问题，要证明自己未采取非法手段取得证据，相当于"小程序"中的"被告人"身份。侦查人员会陷入无法证明合法性、反而要不停地证明自身清白的怪圈。

（三）侦查人员出庭的保护措施不到位

一般证人出庭会担心自身的安全，侦查人员也不例外。侦查人员会顾虑接受被告人的质证，会损害自己的权威，怕遭到打击报复，也会顾虑自己的取证行为存在疏忽之处，不敢出庭接受质证，更怕庭审查明后被追究法律责任。种种担心和顾虑形成侦查人员出庭的观念障碍。而这种担心并非杞人忧天，域外有对证人保护的法律规定和制度保障，如我国香港特别行政区有专门的保护证人组来保护证人的人身安全，其中也包括保护警察的安全。但目前我国内地没有专职的保护人员和行之有效的机制，忽略对侦查人员的保护，即便有保护，也只停留在事后保护、人身保护、宣言式保护范围内，侧重于对事后伤害行为实施惩罚，忽视了对侦查人员事先预防性的保护。

---

〔1〕 吕卫华："我国侦查人员出庭辅助公诉若干问题探讨"，载《国家检察官学院学报》2005年第6期。

三、侦查人员出庭的程序设想

《刑事诉讼法》虽然规定了在证据合法性存在争议经检察机关举证仍无法排除的情况下，侦查人员可以出庭说明情况。但如前所述，这种情况下的侦查人员是否系证人的身份缺乏具体的法律规定，立法及相关司法解释均没有明确法庭应当如何审查。为此，我们认为有必要构建侦查人员出庭的相关规则。

（一）侦查人员出庭说明情况的"身份"

《刑事诉讼法》第60条规定，"凡是知道案件情况的人，都有作证的义务"。"知道案件情况的人"大致可分为两类：一类是在案件发生过程中"知道案件情况的人"，包括被害人、犯罪嫌疑人或被告人、证人等；另一类是在案件发生后"知道案件情况的人"，包括鉴定人、翻译人员、辩护人、法定代理人、诉讼代理人以及侦查人员、检察人员、审判人员等。[1]刑事诉讼中的证人，应当理解为案件发生过程中"知道案件情况的人"，而且必须是当事人以外的自然人，也就是"证人证言"所对应的"证人"范围，《刑事诉讼法》第187条第2款将人民警察就执行职务时目击的犯罪情况作证纳入证人范围正好印证了这一理解。

而在非法证据排除程序中，侦查人员就证据收集过程作情况说明的指向主要是证据的合法性争议，与普通证人的证言指向证据的真实性和关联性有着本质的区别。作为证据的询问笔录、讯问笔录、搜查文书等是否可以成为刑事诉讼中的证明对象，理论上也有较大的争议。有观点认为，证据既是证明手段，又是证明对象，任何证据都要查证属实才能作为定案的根据，而查证属实，就必须用其他证据来印证，在相互印证中，被印证的事实就是证明对象。[2]而通说认为，证据本身不能成为证明对象。[3]"证明"一般是指"用可靠的材料来表明或者断定人或事物的真实性"。也就是说，证据证明的内容是客观事实，证据本身应当具备真实、关联、合法特征，对证据的证据能力和证明力

---

〔1〕 顾永忠："侦查人员出庭作证的法律依据辨析"，载《法学家》2009年第6期。

〔2〕 裴苍龄：《证据法学新论》，法律出版社1986年版，第160~161页。

〔3〕 陈光中主编：《刑事诉讼法学》，北京大学出版社2002年版，第162~165页；卞建林等主编：《证据法学》，中国政法大学出版社2000年版，第285页。

的说明、辩论，实际上属于对证据的质证或审查判断，而非刑事诉讼中的"证明"。

从这个意义上来说，侦查人员出庭就证据的收集过程说明情况的行为，并非对案件事实的证明，而是作为侦查机关针对法庭审理中有争议的证据的补充或延伸，为法庭对证据的审查判断提供帮助。这一过程中，侦查人员并非以证人的身份出庭对犯罪事实进行指控或辩护，而是应法庭的要求就证据本身的来源和收集过程作补充说明，不涉及案件事实本身，与证人出庭作证有着本质区别。

（二）侦查人员出庭的启动条件

根据刑事诉讼法的规定，侦查人员出庭可以通过以下程序启动：第一，检察机关为了证明证据的合法性，或者为了应对法庭对证据合法性提出的疑问，提请法庭通知侦查人员出庭说明情况；第二，法庭根据案件情况可以直接通知侦查人员出庭说明情况；第三，有关侦查人员主动要求出庭说明情况。

检察机关提请法庭通知侦查人员出庭说明情况的，或者侦查人员主动要求出庭说明情况的，人民法院从有利于检察机关指控和法庭事实调查的角度，均应同意通知侦查人员出庭。但是，辩护人或被告人提出排除犯罪嫌疑人、被告人口供或其他证据申请，并提供涉嫌非法取证的人员、时间、地点、方式、内容等相关线索或证据，是否可以申请法庭通知侦查人员出庭呢？笔者认为，虽然法律没有明文规定，但是应当允许被告人或辩护人提出申请，具体是否决定通知侦查人员出庭由人民法院依职权决定。人民法院决定通知侦查人员出庭的，应当在开庭前合理期限内通知侦查人员，并告知人民检察院和辩护人，为出庭人员以及控辩双方提供准备时间。

（三）侦查人员出庭的程序规则

现阶段法庭审理中是否安排独立的非法证据排除程序尚在不断摸索和探讨中，如法庭调查前安排独立的非法证据排除程序的，可在该阶段中传唤侦查人员或其他人员出庭，如未安排独立的非法证据排除程序的，可在控辩审三方讯问被告人后、举证质证前，传唤侦查人员或其他人员出庭说明情况，也可在相关证据的举证质证过程中安排侦查人员或其他人员出庭说明情况。具体出庭程序设置上，可以参照证人、鉴定人出庭的相关规定，同时结合侦查人员和其他人员身份的特殊性作一些新的设置，具体有以下几个步骤：

1. 传唤及告知环节

首先应由法庭传唤侦查人员或其他人员出庭，并核实出庭人员的身份，告知其出庭的原因和目的以及诉讼权利和义务。[1]

2. 陈述及发问环节

权利义务告知完毕后，可以首先要求侦查人员或其他人员对争议证据的取证过程、手段等情况作简要陈述，然后进入发问环节。由于侦查人员身份的特殊性，法庭应安排公诉人首先发问，待公诉人发问完毕后，由辩护人进行发问，控辩双方发问完毕后，法庭还可以根据案件的情况依职权进行询问。在确有需要的情况下，法庭也可以安排被告人或其他当事人对侦查人员或其他人员进行发问。

3. 控辩双方总结性陈述

发问结束后，由法庭通知侦查人员或其他人员退庭，同时可以安排控辩双方对侦查人员或其他人员出庭说明的情况进行总结性陈述，以供法庭评议参考。

在对侦查人员或其他人员发问过程中，法庭应担负起主持和监督控辩双方发问的职责，主要的规则有：一是发问的问题不得与争议证据无关，侦查人员或其他人员仅就争议证据收集过程中的问题回答，其他问题可以拒绝回答；二是不得在发问中对侦查人员或其他人员进行人身攻击或者实施威胁、胁迫行为，不能单纯以侦查人员或其他人员的职务身份对证据的合法性提出质疑意见；三是控辩双方一般不得以诱导方式发问。[2]

四、侦查人员出庭的义务和保障

刑事诉讼法对于证人无正当理由拒不出庭的，可强制要求出庭，甚至可以处以 10 天以下的拘留；对于鉴定人拒不出庭的，该鉴定意见不得作为定案的根据。鉴于侦查人员的特殊身份，对于侦查人员拒不出庭的，法律没有规定相应的强制或惩戒措施。

---

[1] 《刑事诉讼法》尚未明确规定侦查人员诉讼权利和义务，可以视情参照证人、鉴定人的诉讼权利义务进行告知。

[2] 对于明确表现对立性的人，也可以适当采用诱导性的发问，具体可由法庭在庭审中自由裁量。

（一）侦查人员或其他人员拒不出庭的法律后果

《公安机关办理刑事案件程序规定》第 68 条第 1 款规定，人民法院认为现有证据材料不能证明证据收集的合法性，通知有关侦查人员出庭说明情况的，有关侦查人员应当出庭。从现有的规定来看，原先侦查人员和其他人员出庭的法律障碍已排除，关键是侦查人员和其他人员拒不出庭的法律后果应当如何确定。《刑事诉讼法》第 58 条规定，对于经过法庭审理，确认或者不能排除存在以非法方法收集证据情形的，对有关证据应当予以排除，因此，经法庭通知，侦查人员无正当理由拒不出庭，导致根据现有材料不能证明证据收集的合法性的，人民法院可以依法排除该证据。遗憾的是，侦查人员拒不出庭的不利法律后果却是由检察机关承担的，如何发挥检察机关的法律监督职责，督促侦查人员或其他人员出庭说明情况，将是今后的重要议题。如果侦查人员出庭说明情况时，作虚假陈述，帮助隐瞒被告人犯罪事实的，或者故意致使无罪的被告人受到追诉的，应按照徇私枉法罪，而非伪证罪予以处罚，因为侦查人员出庭说明情况系职务行为，而非普通证人的作证行为。

（二）侦查人员或其他人员出庭的权利保障

为保证出庭的侦查人员的人身安全和日后正常工作，也应明确规定若干可供选择的特殊作证方式。由法庭核实身份后，允许作证的侦查人员采用不暴露外貌或者真实声音等隔离方式接受询问，避免公开作证给侦查人员带来危险及工作上的不便。至于是否需要参照《刑事诉讼法》第 63 条的规定给予侦查人员一定的经济补助等措施，笔者认为不需要，因为侦查人员有特殊职务身份，与一般证人还是存在区别的，侦查人员出庭作证是其职务行为的当然延伸，是追诉犯罪职责的应有之义，其出庭所需相关费用应由所在机关自行负担。对于侦查人员及其近亲属的人身安全，应予保障。

全程同步录音录像制度在实践中的问题和对策

赵新华*　李迎胜**　陆凯健　徐佳迪

全程同步录音录像就是在讯问犯罪嫌疑人或询问证人的同时，运用摄录设备对整个讯问或询问过程进行即时的录制，从而通过画面和声音客观记录下讯问或询问的全部场景和细节的活动。随着我国越来越重视在司法中保障人权和实现正当程序，全程同步录音录像这一起源于英国的制度，因其有效遏制刑讯逼供、保障被讯问人合法权益的作用，在我国刑事诉讼领域，不论官方还是学术界，都得到积极的响应。

为进一步规范执法行为，依法惩治犯罪，保障人权，最高人民检察院于2005～2006年先后颁布了《人民检察院讯问职务犯罪嫌疑人实行全程同步录音录像的规定（试行）》、《人民检察院讯问职务犯罪嫌疑人实行全程同步录音录像技术规范》、《人民检察院讯问全程同步录音录像技术工作流程（试行）》和《人民检察院讯问全程同步录音录像系统建设规范（试行）》，并于2007年10月1日开始，全国检察机关在职务犯罪讯问全面实行全程同步录音录像制度。2013年1月1日起施行的《刑事诉讼法》第121条规定："侦查人员在讯问犯罪嫌疑人的时候，可以对讯问过程进行录音或者录像；对于可能判处无期徒刑、死刑的案件或者其他重大犯罪案件，应当对讯问过程进行录音或者录像。""录音或者录像应当全程进行，保持完整性。"由此，同步录音录像制度正式被法律确定为侦查过程中的一项法定制度。

＊　赵新华：上海市虹口区人民检察院反贪污贿赂局副局长。
＊＊　李迎胜：上海市虹口区人民检察院反贪污贿赂局侦查二科科长。

一、检察机关全程同步录音录像的性质和意义

全程同步录音录像将电子科技运用到刑事审讯办案过程中，能全面、真实、生动地展现整个审讯过程，其诸多有利的功能较传统的纸质笔录有着明显的优势。首先，相对于传统的纸质笔录，全程同步录音录像能够完整地记录下审讯人员和审讯对象之间对话中的每一字每一句，全面展示审讯过程中的每一细节，这是人工记录无法实现的；其次，录音录像通过机械录制来客观反映审讯过程，而传统笔录中难免留有办案人员在记录时主观取舍的痕迹，故而录音录像更加真实可信；最后，电子多媒体的应用不仅可以记录下审讯人员和审讯对象之间的对话，还能记录下他们在审讯过程每一阶段的细微动作和神情变化，生动再现审讯全貌和审讯技巧，使观看者能身临其境地了解审讯当时的具体情况和各种细节。录音录像的上述优势使得全程同步录音录像制度在实践运用中产生积极的成效。

（一）讯问全程同步录音录像的性质

讯问全程同步录音录像是固定保全讯问结果的一种方法，作为一种证据在诉讼程序上属于视听资料。一方面，讯问全程同步录音录像不仅记录下了被讯问人供述的内容，而且还记录下了讯问人与被讯问人的语言语调及神态等供述时的客观情况，为法庭提供了侦查讯问时的完整过程，不仅重现了嫌疑人的声音和语调，而且还能观察到被讯问人的表情姿态。另一方面，讯问全程同步录音录像能够证明侦查人员的讯问手段是否规范合法。而讯问全程同步录音录像可以回溯再现讯问当时的情境，不仅能够重现犯罪嫌疑人在讯问当时的精神状态和身体状况，而且使侦查人员的讯问方式得以固定并且能够在法庭上重现，以证明讯问当时手段的合法性，从而驳回犯罪嫌疑人的辩解。总之，同步录音录像客观直接地记录了当时的讯问活动和过程，且相关信息没有经过笔录人员的加工提炼，当同步录音录像资料被重启阅看时，阅看者和亲历审讯的人员获得的案件信息几乎是一样的。

（二）实行全程同步录音录像的意义

1. 规范了讯问过程，体现了程序的正当性

侦查程序的正当化问题更应引起高度的重视。传统的讯问方式，对于侦

查人员采取拷打或限制犯罪嫌疑人睡眠等讯问的背景条件，不可能作出记录；同时在讯问过程中，犯罪嫌疑人不可能固定侦查人员实施刑讯逼供的证据，从而给侦查人员采取刑讯的手段留下了空间。而对讯问的过程实施同步录音录像，不仅能够重现犯罪嫌疑人在讯问当时的精神状态和身体状况，而且使侦查人员的讯问方式得以固定并且能够在法庭上重现，这对侦查人员采取非法手段获取口供产生很大的威慑作用，从而最大限度地限制了讯问人员采取非法手段获取口供的行为。另外，录音录像并非只是对讯问内容的记录，而是对讯问全过程的录音录像，因此将促使侦查人员认真地履行讯问过程中的义务，比如权利告知义务等。在侦查人员讯问的过程中，实行全程同步录音录像制度，将其讯问的过程公开化，能有效地规范侦查人员的讯问行为，促使其依法办案。这本身就是程序正义的充分的体现。

2. 有利于遏制刑讯逼供，对侦查人员也能起到保护作用

由于我国侦查部门的权力过大，它可以很方便地启动侦查程序，采取各种侦查手段和措施而较少受到约束。司法实践中的频频发生的刑讯逼供、任意践踏人权的现象就是其真实的写照。实行全程同步录音录像制度，可以将侦查人员的讯问活动置于公开透明的监督之下，不仅能有效地遏制侦查人员的恣意妄为，督促其文明规范办案，保障被讯问人的各项人权，而且这也给侦查人员提供了免受犯罪嫌疑人错误投诉和指控的保护。

3. 固定了讯问内容，提高了诉讼的效率

在司法实践中，许多被告人选择在庭审阶段对侦查阶段的口供进行更改或翻供；或者一些被告人在庭审中指出，在侦查阶段所作的供述大多是讯问时刑讯逼供所致，致使法庭审理陷入尴尬。而有了对讯问过程的同步录音录像，讯问的整个过程在法庭得以重现，就可以有效地抑制被告人的任意翻供，大大缩短法庭质证的时间，从而提高庭审效率。相对于讯问笔录这种固定证据的方式，全程同步录音录像具有真实性强、稳定连续性高等明显的优势，更能完整地反映讯问的过程和内容，有效地克服了讯问笔录不连贯、不完整的缺点，切实提高了诉讼的效率。

二、全程同步录音录像在实践中存在的主要问题

（一）用语规范的制约

实践中，侦查人员在讯问方式上存在一些普遍性的问题，侦查谋略与威逼利诱、诱供之间往往拥有某些重合点难以区分。尽管同步录音录像仅仅是固定口供的一种方式，但如果当庭播放，人们往往会留意犯罪嫌疑人在什么情况下开口、为什么会开口，因此侦查人员的讯问方式将成为关注的焦点。虽然一些不妥当的表述未必会造成非法证据排除的严重后果，但也在一定程度上形成了证据瑕疵，并将某些侦查人员有违文明办案的情况暴露在公众视线中，有损检察机关的司法公信力和执法权威性。

（二）选择性地同步录音录像

根据现有的规定，录音录像的开始时间是被讯问人进入讯问场所之时。但是如果被讯问人进入讯问场所之前就受到了讯问，那这段讯问是否要录音录像？又或者在录音录像结束之后，被讯问人在被押送至看守所过程中，又就相关问题受到讯问，这样的情况应该如何处理？甚至有时候对象在没有录音录像的情况下，更愿意敞开心扉与侦查人员交流，把问题谈深谈透。在这些情况下，一方面给选择性录音录像规避法律规范的空间，另一方面也显现了录音录像的局限性，不符合全程、全面、全过程的要求。

（三）犯罪嫌疑人对同步录音录像心存抵触

一方面犯罪嫌疑人在录音录像过程中思想反复，对录音录像存在一定的抵触和抗拒心理，害怕形成证据而被完全固定下来，因而拒不交代罪行或者只进行无罪辩解。另一方面是一些污点证人和有检举揭发欲望的犯罪嫌疑人，由于害怕形成录音录像资料后会被他人知晓其揭发行为而受到报复。如在行、受贿案件中，由于行、受贿犯罪属于对偶犯罪，在讯问过程中必定会涉及与犯罪嫌疑人有过行、受贿行为的另一方。在全程同步录音录像的情况下，犯罪嫌疑人可能会对"出卖"对方心存芥蒂，担心以后万一今后在举证时，被对方看到了录音录像后会相互之间产生矛盾。

（四）录音录像与笔录有出入

犯罪嫌疑人供述内容在讯问笔录的记录中与在同步录音录像的显示中不

一致，甚至在罪与非罪的关键问题上反映出不一致。现在的讯问笔录已经在司法实践中被严格地程式化，讯问笔录有着严格的形式要求。实践中的讯问笔录大多数采取一问一答记载形式，但一方面犯罪嫌疑人在被检察机关讯问时，往往在强大的心理压力下，表述能力差，讲话逻辑性不强，条理不清，使得侦查人员必须进行整理归纳后记录；另一方面讯问笔录中的问题都是侦查人员有针对性地预先做出的设计，问题的设计直接影响甚至改变着犯罪嫌疑人对问题的理解和作答。在面临刑事追究的处境下，犯罪嫌疑人对侦查人员的讯问往往都只会作出简单的回应，大部分内容可能是由侦查人员进行具体讯问，而犯罪嫌疑人只是回答是或否。然而上述的讯问方式从严格意义上讲，可能存在诱供的嫌疑。同时，犯罪嫌疑人的口供包括犯罪嫌疑人的供述和辩解两方面，不可能只作有罪供述而不进行无罪或罪轻辩解，但这种无罪或罪轻的辩解在笔录中往往很难见到，讯问笔录有着极强的犯罪追诉倾向。在可能影响到罪与非罪、事实认定等关键性问题上不记、少记或朝有罪方向记，在同步录音录像条件下是有极大风险的，一旦开庭时被告人要求当庭播放同步录音录像以证明自己曾有辩解或不曾认罪，无疑会陷检察机关于被动，直接影响诉讼的进程甚至结果。

三、加强和改进全程同步录音录像工作的建议和对策

针对目前全程同步录音录像工作中存在的主要问题，笔者认为，应从以下方面进行加强与改进：

（一）建立多方监管保障制度

组、科、局领导在同步录音录像进行过程中，应根据具体要求加强对侦查人员讯问过程的指导，对于可能存在的诱供、骗供等情况及时作出部署调整，引导侦查人员正确使用侦查谋略；复审人员要对同步录音录像资料及笔录制作情况进行审核，如发现问题及时向局领导汇报；办案人员应当在讯问的前一天将相关情况向监察部门备案，请监察部门对讯问同步录音录像情况进行监察。通过三管齐下的监管制度来保障全程同步录音录像下的讯问笔录高质量。

（二）制定统一、详细的实施细则

要使同步录音录像实现真正的全程，首先要通过制定规范性文件从制度

上予以调整。关于全程同步录音录像，新《刑事诉讼法》只有一个原则性的条文规定，缺少具体的操作规范。而在检察系统，虽然最高人民检察院就讯问职务犯罪嫌疑人实行录音录像出台了一些具体的规定，但在实施过程中检察机关自侦部门仍然出现选择性同步录音录像等问题，说明这些规定尚存在漏洞需要弥补。为应对选择性同步录音录像的问题，笔者认为新的规范性文件在整合现有规定的基础上可以从两个方面进行改善。第一，进一步明确录音录像的开始时间。对于录音录像开始时间的限定，重点应在被讯问人开始接受讯问之时而非进入讯问场所之时。第二，强化监督制约。对于录音录像的开启时间，应由技术人员依法进行把握和操作，审讯人员不得干涉；审讯人员应当事先书面告知被讯问人录音录像法定的起止时间以及就选择性录音录像可以提起控告申诉的权利，并由被讯问人签字确认。技术人员和被讯问人分别从内部和外部对审讯人员进行牵制，从而防止选择性录音录像的出现。

（三）加强业务培训促进检察队伍自身能力素质提升

任何制度设立之后都离不开人的执行。全程同步录音录像在制度层面不断更新和完善的同时，执行这项制度的人的意识和能力也应当随之更新和完善。全程同步录音录像制度在实践中的运用必然会对传统的审讯模式带来影响。审讯人员难免会产生一些不适应，从而在采用录音录像的意愿和执行录音录像的相关能力方面给这项制度在实践中的深入应用带来阻力。由于全程同步录音录像的实行尚处在起步、探索阶段，而侦查人员往往已经形成了自己固有的办案习惯，在同步录音录像制度推行后，难以迅速适应调整，之前的讯问方式仍继续沿用。因此，笔者认为应当有针对性地将提高在全程同步录音录像情况下的审讯能力和笔录制作能力作为反贪局部门业务培训的重要内容。通过观摩现任优秀侦查员的示范同步录音录像资料及笔录制作、由资深侦查员"一对一"带教，规定讯问前主审人员与记录人员必须对该次同步录音录像及笔录制作进行沟通等形式，进一步提高反贪干警在全程同步录音录像下的笔录制作能力、审讯突破能力及协作配合能力。

（四）提升讯问笔录的准确性

第一，正确记载讯问的起止时间、地点、人物。笔录制作对讯问的起止时间、地点、人物的客观描述是笔录能够被认定为合法证据的前提条件。因此，笔录首页上应注明讯问起止时间、涉嫌罪名及诉讼阶段，讯问人员、记录人员、犯罪嫌疑人及翻译人员、未成年犯罪嫌疑人的法定代理人也应当分别当场在笔录首页上签名。

第二，准确记载讯问环境，使笔录有"现场感"。讯问是一个立体、动态的过程，笔录不仅要记载讯问双方就案件内容的问答，对于能够反映犯罪嫌疑人认罪态度、心理变化等状况的表情、神态、动作等也应如实记录。如当犯罪嫌疑人对讯问人员的问题不予回答时，应当记录"沉默不语"；对象在接受讯问人员的政策教育之后，因对自己所作所为感到悔恨而哭泣，应在笔录上记录"大哭"。只有真实地进行环境描述才会使讯问笔录与全程同步录音录像资料相一致，使笔录更形象更完整全面地反映讯问全过程。

第三，笔录制作要详略得当。侦查人员制作讯问笔录应根据讯问的目的把握讯问过程的主体脉络和实质内容，做到详略得当。特别是在首次讯问时，由于被讯问人存在抗拒、侥幸、家庭顾虑等心理，侦查人员必然要做长时间的思想政治工作，这种工作可以通过全程同步录音录像资料进行还原，在讯问笔录中应简要记载，如直接在笔录上书写为"政策教育"，没有必要长篇累牍逐字逐句地还原讯问人员的表达内容。

第四，讯问笔录要忠于原话。讯问笔录制作是将侦查人员与犯罪嫌疑人讯问过程还原在纸上。讯问笔录所反映的应当是讯问过程发生的客观事实，包括讯问人的所问和被讯问人的所答，不能添油加醋，不能臆断，必须客观地将问与答记录在案。不仅要对犯罪嫌疑人做出的有罪供述进行记载，对犯罪嫌疑人提出的无罪辩解或反证也要予以记载。不仅要对犯罪嫌疑人交代的罪重情节予以记载，对犯罪嫌疑人提出的罪轻情况也应记载。同时，对于被讯问人的回答尽量使用其原句，不应刻意运用法言法语"替"被讯问人回答。当然，由于存在犯罪嫌疑人文化程度的不同、逻辑能力的不同，以及在强大的心理压力下语无伦次的情况，导致如将被讯问人的原样照搬的话，整份笔录将"不堪入目"，讯问人员对此应当进行适当地概括、梳理，在保留原话原句以及其主要意思的情况下进行一定地合理逻辑安排。

第五，复制与粘贴的合理运用。复制粘贴并非完全禁止，对一些程序性的发问或者在犯罪嫌疑人供述稳定的条件下，一定的复制粘贴可以提高办案效率。但如果完全不考虑审讯实际情况，全盘复制粘贴，对于犯罪嫌疑人的补充、辩解或者心理、思想上的变化没有记录在笔录中，从而造成每份笔录内容都雷同，只是前后次序换了换，一旦到了法庭质证，容易引起对笔录客观性、真实性、合法性的怀疑，同时笔录内容单一也会造成口供证明力的薄弱。因此讯问笔录绝对不能千篇一律，每次讯问应该根据不同的犯罪嫌疑人、不同案件、不同讯问阶段、犯罪嫌疑人的心理变化等，从多角度、多方向制作讯问笔录，使笔录与笔录之间互为关联又互相独立，从而形成一条完整的"证据锁链"。

第六，讯问人员在讯问前要"做好功课"。对于本次的讯问内容在讯问前要有一个深入的构思，要解决何问题？如何解决？从哪几个角度解决？这些都需要讯问人员事先做好准备。对犯罪构成要件要逐次渐进进行讯问，特别是对犯罪故意及当时的心理活动，要尽量忠于犯罪嫌疑人的原话，关键处要用法言法语，以堵死犯罪嫌疑人将来可能翻供的出路，形成完整的证据链。比方说是否有书面账册记录；作案时是否有他人在场；第一次作案及最后一次作案的时间地点；赃款赃物的去向等等，这些间接证据的获取，能够客观地反映出犯罪嫌疑人的作案情况，能更客观地印证犯罪嫌疑人的犯罪事实。

（五）合理运用同步录音录像

录音录像一方面对侦查人员的讯问能力提出了更高的要求，促进了侦查人员业务素能的提高；另一方面也保障了被讯问人的相关权利，杜绝了刑讯逼供等违法、违规审讯手段的出现。但笔者认为，同步录音录像绝对不应该成为办案工作的绊脚石。如案件涉及犯罪嫌疑人的个人隐私、犯罪嫌疑人有检举揭发等情况下，犯罪嫌疑人可能因为有录音录像的存在而不愿意全盘、如实地交代。在这样的情况下，完全没有必要机械地、不加选择地运用同步录音录像，这样只会对突破案件、查清案件、深挖案件造成阻碍。笔者认为，在上述情况下，在犯罪嫌疑人主动要求或者征得犯罪嫌疑人同意后可以适当暂缓使用同步录音录像。如果因同步录音录像而造成案件无法查清，反而得不偿失。

附条件不起诉监督考察机制的构建

胡 杰

附条件不起诉，又称暂缓起诉、缓予起诉，是指检察机关在审查起诉中，对于符合法定起诉条件但基于各种合法和合理因素的考量没有必要立即追究刑事责任的犯罪嫌疑人，附条件地暂时不予起诉，而视其考验期间的具体表现决定是否最终作出不起诉决定的制度。[1]2013 年 1 月 1 日开始施行的《中华人民共和国刑事诉讼法》（以下简称修改后《刑事诉讼法》）在特别程序一章中正式提出和确立了附条件不起诉制度，使附条件不起诉这一之前颇受争议的司法制度摆脱了于法无据的尴尬处境，正式进入司法实务的领域。

一、问题的提出

附条件不起诉的监督考察工作是附条件不起诉适用过程中的核心部分，依据修改后《刑事诉讼法》第 272 条之规定："在附条件不起诉的考验期内，由人民检察院对被附条件不起诉的未成年犯罪嫌疑人进行监督考察。未成年犯罪嫌疑人的监护人，应当对未成年犯罪嫌疑人加强管教，配合人民检察院做好监督考察工作。"但对于人民检察院如何开展监督考察工作、监护人又如何配合做好监督考察工作，法条并无详细规定。此外，单从法条字面理解，人民检察院是附条件不起诉的唯一监督考察主体，监护人仅起到配合作用。而在司法实践中，对一名涉罪未成年人进行监督考察需要考察者投入大量的时间和精力，要求检察机关在长达 6 个月甚至 1 年的考察期内对被考察者进

---

[1] 郑丽萍："附条件不起诉之进一步构建——基于我国（刑事诉讼法修正）之思考"，载《法学杂志》2012 年第 9 期。

行监督，不仅会占用大量司法资源，而且监督考察的效果也难以得到保障。因此，如何构建一套切实可行的监督考察机制是目前检察机关亟需解决的问题。

二、国内外类似制度之借鉴

附条件不起诉是一项基于起诉便宜主义和恢复性司法理论而使案件在未进入法院审理阶段就得以解决的制度。在世界各国的刑事司法体系中类似制度有很多，通过对这些制度中监督考察机制的分析和借鉴，可以为我国附条件不起诉监督考察机制的构建提供参考。

（一）德国检察机关暂缓起诉权

在德国，起诉便宜主义的法律表现是德国《刑事诉讼法》第153条a项："经负责开始审理程序的法院和被指控人同意，检察院可以对轻罪暂时不予提起公诉，同时要求被告人：作出一定的给付，弥补行为造成的损害；向某公益设施或国库交付一笔款额；作出其他公益给付；承担一定数额的赡养义务，以这些要求、责令适合消除追究责任的公共利益，并且责任程度与此对称为限"。[1] 该条所规定的检察机关的自由裁量权即暂缓起诉权。从法条上可以看出，在德国检察机关作出不起诉决定前，被不起诉人应当实际履行与检察机关消除追究刑事责任的公共利益相对称的要求和责令。

（二）日本的更生保护制度

在日本，附条件不起诉被称为起诉犹豫制度，而为了对起诉犹豫人员加强监管，督促其改造，日本在1950年5月25日施行的《更生紧急保护法》中将起诉犹豫人员确定为对象之一，通过结合起诉犹豫人员的犯罪情节、个人素质、性格特征，分析其改造成功和重犯越轨行为的可能性。更生保护的体制主要是"官民协作、以民为主"，即在官方领导下以民间力量为主的社区矫正组织体系。[2] 检察机关在作出起诉犹豫的决定后，将委托专门的观察所对起诉犹豫人员进行观护帮教工作，并在食宿、就业、求学等多方面为其提

---

〔1〕 ［德］约阿希姆·赫尔曼著：《德国刑事诉讼法》，李昌珂译，中国政法大学出版社1995年版，第73页。

〔2〕 王云舟："少年观护制度的探索和深化"，载《青少年犯罪研究》2011年第2期。

供帮助和教导。更生保护的期间一般为 6 个月，届满后由观察所向检察机关反馈起诉犹豫人员在保护期间的行为及悔改表现等情况。日本的更生保护制度提倡个别处遇模式，注重调查及制定个体计划，也更加体现非权力性的福利属性。[1]

（三）我国台湾地区缓起诉制度

我国台湾地区受起诉便宜主义的影响，于 2002 年 2 月创设了缓起诉制度。所谓缓起诉制度，是指虽然合乎起诉要件，但是检察官基于便宜原则的考量（尤其是一般预防与特别预防之目的），课予被告（犯罪嫌疑人）一定的条件或义务后，予以暂缓起诉之裁量处分。[2]依据我国台湾地区刑事诉讼法第 253 条之二，检察官可以命令缓起诉处分者遵守或履行 8 项义务：向被害人道歉；立悔过书；向被害人支付相当数额之财产或非财产之损害赔偿；向公库或指定之公益团体、地方自治团体支付一定之金额；向指定之公益团体、地方自治团体或社区提供 40 小时以下之义务劳动；完成戒瘾治疗、心理辅导或其他适当之处遇措施；保护被害人安全之必要命令；预防再犯所为之必要命令。

三、我国附条件不起诉监督考察制度之构建

（一）考察主体

如前所述，检察机关难以单独承担全部监督考察工作，因此，有必要借鉴上述国家和地区的经验，建立一个以检察机关为监督考察主体，同时依托家庭、学校、社区以及社会组织力量的全方位监督考察机制。

实践中，上海检察机关采取了有益的探索，通过组织未成年犯罪嫌疑人所在社区、学校或单位、未成年人保护组织的有关人员以及专业社工、心理咨询师、志愿者等社会帮教力量，建立帮教小组，协助人民检察院开展监督考察工作。但在操作上仍存在困难：一是帮教组织不够齐备，缺少类似企业、协会等长期合作的帮教基地，部分外来三无人员由于没有固定住所和工作单位而无法落实帮教措施；二是心理咨询师、志愿者等并不具有帮教考察的工

---

[1] 王云舟：“少年观护制度的探索和深化”，载《青少年犯罪研究》2011 年第 2 期。
[2] 林钰雄：“刑事诉讼法（下）”，我国台湾地区“国家图书馆”2001 年版，第 148 页。

作职能，没有制度规范，没有职责要求，全凭个人的兴趣参与帮教，可能会影响帮教考察的质量。

因此，检察机关应积极争取国家公权力的支持，不断拓展帮教渠道，积极出面与司法所、企业、学校、社区居（村）委会等沟通协商，形成合力，不断完善社会帮教体系。对于承诺对附条件不起诉人员实施帮教的单位和个人，应严格其帮教责任，采取每月听取汇报、每季回访的形式，并实行不定期的抽查，确保帮教效果。对于帮教流于形式或出具虚假帮教信息的则要严肃批评，甚至取消其帮教资格，同时对于考察人员出具的考察意见实行终身责任制，促使责任落到实处。

（二）考察内容

所附条件是否科学合理、恰当可行，是附条件不起诉制度实施后能否取得良好社会效果的关键因素。[1]检察机关在附加条件时，应当充分考虑适用的必要性和可行性。考虑必要性是避免不合理地增加犯罪嫌疑人的负担，考虑可行性则是避免增加执行上的难度。

笔者认为，考察内容可以借鉴我国台湾地区缓起诉制度中的有益经验，将所附条件分为基本条件和可选择条件，所谓基本条件就是对每一名涉罪未成年人都必须适用的条件，具体包括：不得故意实施违法犯罪行为；接受教育或训诫；书面悔过；向被害人道歉；对被害人的损失作出赔偿或者给予被害人补偿；向指定的公益团体支付一定数额的财物；提供一定时间的公益劳动；参加有益身心健康的青少年集体活动。而可选择条件则需根据每一名涉罪未成年人的具体情况区别适用，目的则是为了避免其再次犯罪，具体包括：不得进入特定场所；不得接触特定人员；不得从事特定活动；不得持有能够便利犯罪的物件；完成一定的生理、心理、精神治疗等。[2]

（三）考察期限

设定考察期限的目的在于观察被不起诉人是否能够在非监禁的环境中改过自新，不致再危害社会。因此，这一期限的设置不应过长也不应过短，而要结合个案的具体情况，同时考虑涉罪未成年人的人身危险性、认罪悔罪态度、考察内容和方式等因素，在6个月至1年之间确定。

---

〔1〕 郭斐飞："附条件不起诉制度的完善"，载《中国刑事法杂志》2012年第2期。
〔2〕 刘浪、景孝杰："附条件不起诉制度的构建"，载《华东政法大学学报》2010年第5期。

（四）考察程序

第一，开展社会调查。检察机关在作出附条件不起诉决定前有必要对涉罪未成年人的家庭成员结构、社区表现等情况进行了解，分析其犯罪原因、人格缺陷，从而有针对性地确定帮教方式及帮教小组成员，确保帮教的效果。社会调查的主体可以交由专门的司法行政机关（如司法局矫正科）或专职社会调查员负责。此外，在开展调查前，检察人员还可以根据案件基本情况，制作社会调查提纲，以方便社会调查人员有针对性地开展社会调查。

第二，成立帮教小组。结合社会调查报告并针对犯罪嫌疑人的自身特点，成立相应的帮教小组。帮教小组成员必须掌握一定的帮教理论知识和经验技巧，以确保帮教效果。具体而言，可由检察机关办案人员、公安机关、专业社工、犯罪嫌疑人所在学校、社区等专门工作者和社会志愿者共同组成。

第三，程序告知。检察机关应将帮教考察所产生的权利、义务、责任及时告知当事人及帮教小组成员，并征询意见。

第四，签订帮教协议。检察机关在宣布附条件不起诉考察决定时，要与帮教小组签订帮教协议。由帮教小组按照协议开展帮教活动，并对犯罪嫌疑人的思想动态与行为表现进行监督。

第五，出具评估报告。考察期满后，由帮教小组召开考察座谈会，责令被考察对象提交书面思想汇报，报告考察期间的学习、工作、生活情况，必要时也可要求被害人、公安机关参加座谈会。帮教小组最终出具考察报告，对被考察对象的改造表现进行总结，以此作为检察机关是否作出不起诉决定的重要参考依据。

行政机关收集的证据材料审查适用问题研究

——以基层院反渎取证规范化为视角

徐　颖

证据是案件的生命线。《刑事诉讼法》第52条第2款规定明确了行政机关在行政执法中所收集证据在刑事诉讼中的法律效力，强化了行政执法与刑事司法"两法"衔接机制，对查办反渎职侵权犯罪案件而言无疑是一个福音。长久以来在此问题上无法可依、重复劳动的局面得以打开，具有现实意义。与此同时，反渎职侵权部门在侦查取证工作中对行政机关所收集证据材料的审查、转换、适用亟需规范化运作，这对反渎部门转变侦查方式、规范侦查行为、提高案件质量都将产生深远的影响。本文从反渎办案实践出发，探讨《刑事诉讼法》语境下侦查人员在取证工作中对行政执法证据的审查适用问题。

一、疑问：行政证据审查必要性之透视

《刑事诉讼法》第52条第2款的规定无疑为行政机关收集的书面材料作为证据使用的效力"正名"，然而，这是否意味着行政证据可以与刑事诉讼中的证据画上等号？反渎侦查人员在为因固定行政证据花费不必要的劳动、精力减少而庆幸的同时，应当清醒地认识到《刑事诉讼法》并未减轻侦查部门固定证据的压力，反而对侦查取证工作的规范性提出了更高的证据审查要求。《刑事诉讼法》第54条明确规定了非法证据排除的诉讼规则和司法机关排除

非法证据的法律义务。第 57 条〔1〕以法律形式对 2010 年"两高三部"《关于办理刑事案件排除非法证据若干问题的规定》的相关规定加以规范，重申了必要时侦查人员需对证据收集合法性出庭说明情况。对照来看，行政机关收集的证据要想成为刑事诉讼证据，前提条件是行政机关收集的证据必须具备"三性"，即关联性、真实性和合法性。行政证据只有真正具备证明力，与其他证据一同形成稳定的"证据链"，才能真正成为呈堂证供。概而言之，在侦查取证过程中，承办人员有必要对诸如证据形成的原因、与案件事实之间的证明关系、证据是否为原件、原物、提供证据的人或证人与行政机关是否有利害关系，是否符合法定的形式、证据的取得是否符合法律、法规、司法解释和规章的要求等等一系列问题进行审查。

二、析理：行政证据规范化审查探究

（一）行政证据取证主体合法性审查

行政证据取证主体的界定，关系所转化证据的合法性，按照《刑事诉讼法》规定，取证主体应当是行政执法、办案的权力部门，但实务操作中究竟哪些行政主体取得证据属于《刑事诉讼法》意义上的可转化证据，尚不明确。〔2〕笔者认为，正确理解第 52 条第 2 款中所称行政机关内涵和外延是界定行政证据取证主体的前提。首先，从"两高"出台的司法解释可窥出端倪。最高人民法院《关于适用〈中华人民共和国刑事诉讼法〉的解释》（下称《解释》）和最高人民检察院《人民检察院刑事诉讼规则》（下称《规则》）对执法办案的行政机关的主体范围认定作了进一步细化规定。〔3〕显然，"两高"对行政机关

〔1〕 《刑事诉讼法》第 57 条规定："在对证据收集的合法性进行法庭调查的过程中，人民检察院应当对证据收集的合法性加以证明。现有证据材料不能证明证据收集的合法性的，人民检察院可以提请人民法院通知有关侦查人员或者其他人员出庭说明情况；人民法院可以通知有关侦查人员或者其他人员出庭说明情况。有关侦查人员或者其他人员也可以要求出庭说明情况。经人民法院通知，有关人员应当出庭。"

〔2〕 胡元强："行政机关收集的证据材料使用问题探究"，载《上海检察调研》2013 年第 5 期。

〔3〕 最高人民法院《关于适用〈中华人民共和国刑事诉讼法〉的解释》第 65 条规定："行政机关在行政执法和查办案件过程中收集的物证、书证、视听资料、电子数据等证据材料，在刑事诉讼中可以作为证据使用；经法庭查证属实，且收集程序符合有关法律、行政法规规定的，可以作为定案的根据。""根据法律、行政法规规定行使国家行政管理职权的组织，在行政执法和查办案件过程中收集的证据材料，视为行政机关收集的证据材料。"最高人民检察院《人民检察院刑事诉讼规则》第 64 条第 4 款规定："根据法律、法规赋予的职责查处行政违法、违纪案件的组织属于本条规定的行政机关。"

均作了适当扩大的界定，《解释》第 65 条第 1 款是对狭义行政机关即国家行政机关的规定，第 2 款则是对法律、法规授权的组织即授权性行政主体的对应规定，而《规则》第 64 条第 4 款规定中的"行政机关"系从广义角度使用。其次，办案实践中面对大量的行政授权以及行使管理职责的党委机关、事业单位、团体等在执法中扮演的重要功能，不应对行政机关的外延仅作字面解释。如证监会、保监会、银监会等单位在行政执法中易于收集到大量证据材料，且侦查机关难以重新取证。此外，尽管党的各级纪律检查委员会并非依据法律法规的规定或授权而成立，但其与各级行政监察部门合署办公，且在职务犯罪侦查工作中扮演重要角色，实践中涉及党员的案件，侦查部门均需依靠纪委。故对各级纪委收集的证据材料应视为行政监察部门所取得，经依法审查确认后，可以作为刑事证据使用。

（二）行政证据材料范围的审查

《刑事诉讼法》第 52 条第 2 款以跳跃式的方式列举了物证、书证和视听资料、电子数据，并以"等"字收尾界定了行政机关收集证据材料作为证据使用的范围。在《规则》出台前，实践中对其范围的理解不尽相同，而《规则》的正式出台细化了对行政证据的转化应按证据种类区别处理的原则，《规则》第 64 条区分了三种情况：一是关于行政机关在行政执法和查办案件过程中收集的物证、书证、视听材料、电子数据等证据材料，应当以该机关的名义移送，经人民检察院审查符合法定要求的，可以作为证据使用；二是关于行政机关在行政执法和查办案件过程中收集的鉴定意见、勘验、检查笔录，鉴于其不易发生伪造、本质属性较为客观，且重新收集可能造成资源浪费等特点，故对于没有必要重新收集或者因客观原因无法重新收集的，经人民检察院审查符合法定要求的，可以作为证据使用；三是鉴于言辞证据主观性强、容易变化，行政机关在收集时没有严格的法律程序的要求，应当重新收集。但考虑到证据灭失、路途遥远、死亡、失踪或者丧失作证能力等无法重新收集的例外情况，在供述、证言或者陈述的来源、收集程序合法，并由其他证据相印证，经人民检察院审查符合法定要求的，可以作为证据使用。[1]综上，侦查人员对于证据相对客观、稳定，受主观影响较小的物证、书证、视听资

---

[1] 陈国庆、李昊昕："人民检察院刑事诉讼规则（试行）修改主要问题的理解与适用"，载《反渎职侵权工作指导与参考》2012 年第 5 期。

料、电子数据、鉴定意见、勘验、检查笔录等行政证据的转化上拥有了较大的裁量权空间，这对提高职务犯罪侦查效能有积极的影响；对于言辞证据规定原则上应当重新收集，即使无法收集的例外情形也再次强调程序合法且存在其他证据印证等较高要求，实质上对侦查人员审查适用证据提出了更为严苛的标准，彰显出"不轻信口供"的刑事诉讼理念，与《刑事诉讼法》第53条相互辉映，保证了法条的内在统一。

（三）行政证据审查程序

1. 程序规定的缺失

审查证据是一个"去粗取精、去伪存真、由此及彼、由表及里"的逐步深入的认识过程。[1]基于行政主体与刑事诉讼主体在取证行为的目的、手段、法律后果的不同，《规则》第64条明确了检察机关对行政机关收集的证据材料在转化前进行审查的义务。

然而与审判阶段较为具体的操作规程相比，《刑事诉讼法》和《规则》均没有从体系上对侦查取证环节证据审查作出程序性规定。程序应当如何启动，依何种标准进行等关键问题均是语焉不详，这都给侦查取证环节审查适用证据带来不确定因素，自由裁量幅度较大，这也是实践中审查程序宽严不一，标准各异的重要原因。笔者认为，应当将审查工作作为侦查取证工作的内容。一方面要建立和完善承办人审查负责制，确保"一证据一意见"；另一方面从提升侦查效能出发，由部门负责人审签存档，简化审批程序。

2. 审查要求

立足自侦部门办案实践，审查证据就是依据证据的本质属性，结合案件的具体情况分析、鉴别，判断行政证据在刑事诉讼过程中是否具备合法证明力，进而转化为刑事证据。

《刑事诉讼法》有关检察机关非法证据排除的规则以及《解释》中法院对证据审查的阐述对我们有借鉴作用。首先，这二者均提出实质审查的要求。其次，对证据的关联性、真实性着重审查实体，应当根据具体情况综合全案证据进行审查，从证据与待证事实的关联程度、证据之间的联系等方面进行审查判断。再次，对行政证据的合法性审查偏重于程序合法，可以概括为：第一，取证主体合法，如行政执法人员不得少于两人；第二，证据形式合法，

---

[1] 杨迎泽主编：《检察机关刑事证据适用》，中国检察出版社2001年版，第150页。

符合《刑事诉讼法》规定的证据类型；第三，取证程序合法，如扣押手续需履行必要的审批手续，需被扣押人在场、见证人在场，共同签字或盖章；第四，取证依据合法，有法可依、有规可循是行政机关取证合法性的前提条件，侦查人员需收集相关行政机关职权证明材料。

三、实证：渎职案件中行政证据审查之困惑

以王某某等人滥用职权案为例，将某住房保障和房屋管理局在行政执法活动中收集到的《关于王某某户拆迁补偿安置情况的意见》《关于王某某户拆迁补偿安置情况的补充说明》等书证随案移送，以证实该动拆迁户建筑面积被更改扩大后该户获取的拆迁补偿安置总价款。由于取证主体合法，证据形式合法，取证方法和程序合法，法院庭审过程中将行政机关收集的这两种书证直接作为指控犯罪的证据使用，经过举证、质证后当庭得到合议庭的认可。

然而，侦查部门在查处过程中收集的其他行政执法证据的认定仍模棱两可，如非执法办案状态下收集的证据材料如何认定？行政执法机关在执法办案中收集到的附带材料，若与其职权无关又当如何对待？行政执法人员对案件的陈述性质没有明确，是否可以作为证人？大量的办案实践证实，非职权范围内、执法工作外的举报线索往往成为侦查部门重要的线索。行政执法人员对案件事实的熟稔程度对职务犯罪侦查起到关键性作用，纳入诉讼证人行列有利于案件的连续性。前述案件中，公安机关以诈骗罪对该案犯罪嫌疑人进行立案侦查，并在公安侦查阶段取得大量书证及笔录材料，后检察机关对其中部分犯罪嫌疑人以滥用职权罪立案。在法庭审理中，由于对诈骗罪、滥用职权罪进行并案处理，故对公安机关之前获取的证据材料并无适用上的争议。综上，有关行政证据转化的问题还需更全面的制度设计和理论规定的进一步完善，以解实践之惑。

四、路径：行政机关收集证据证明力之衔接

证据具有两个属性，即证据能力和证明力。《刑事诉讼法》解决了行政机关在行政执法活动中收集证据的证据能力问题，即可否作为证据采用。如何保障行政执法机关在前期行政调查程序中充分固定的证据在刑事诉讼中能够

固定案情，是促进"两法"衔接的有力举措，也是从根本上解决行政证据审查适用规范化的途径。

（一）提升"三种能力"，强化侦查人员证据审查能力

基于我国现有的刑事诉讼模式以及非法证据排除的规定，侦查人员在侦查取证阶段对行政证据材料进行证据审查，无疑有利于证据的采纳，阻隔"信息的污染"。[1]现有的实践也充分暴露出侦查人员证据法理论欠缺，证据审查适用的经验不足等缺点。因此，在强调证据审查意识的同时，还要提升侦查人员证据审查能力。通过学习和培训，深刻掌握刑事诉讼证据的基本理论，领悟《刑事诉讼法》及相关司法解释的立法精神，通过对办案实践的不断总结，提高侦查人员准确界定证据范围、及时发现非法证据和瑕疵证据、审查适用证据的能力。

（二）细化"三个标准"，增强行政执法机关移送主动性

行政执法机关移送的涉嫌犯罪案件往往更直接和真实，因为执法机关对事实和证据以及其他情况的了解和掌握保证了可信度和权威性，有利于司法机关迅速获得全面的一手资料和尽快侦查、破案。[2]事实上，无论是检察机关的立案监督或者渎职侵权监督，都无法做到每案必查。行政执法机关的内部监督才是保证行政执法机关移送案件主动性的关键一环。做好行政执法机关的内部监督，需细化好三个标准：一要明确行政执法机关内部的案件移送标准，这就需要明晰具体行政执法人员的职权职责；二要确立移送考评标准，鼓励积极移送行为，惩治消极失职行为，促进行政执法机关移送案件的积极性；三要将案件进入刑事诉讼程序的最终结果纳入考评标准，促进行政执法机关与侦查机关配合的积极性。如虹口区检察院在职务犯罪预防体系中引入创"双政"活动的探索，提出反渎工作要"创勤政防渎职"。在与上海海关"创双政"的试点过程中，通过岗位职责修订、明确权限责任、勤政表彰评比、自纠自查制度建立等帮助行政执法机关内部廉洁自律机制的建立，进而强化双方线索、案件的移送、协作机制。上述举措对加强监督，增强行政执法机关移送主动性有较好的效果。

---

[1] [美] 达马斯卡：《漂移的证据法》，李学军等译，中国政法大学出版社2003年版，第66页。

[2] 闻志强、王春丽："从应然层面看行政执法和刑事司法相衔接的价值所在"，载《法制与经济（下旬）》2013年第2期。

（三）依托"三个前置"，构建信息对接机制

行政执法机关不但是"两法"衔接案件的来源方，更是"两法"衔接具体案件的重要参与方。我们应当建立健全刑事司法机关与行政机关执法工作的执法合作机制，在制度设计上，应该建立重大行政违法案件检察机关提前介入制度和重大行政处罚案件报检察机关备案制度。[1]通过联席会议等制度，构建自侦部门与行政执法机关间常态性信息交流平台，形成打击行政、刑事案件的合力，更好地推进"两法"衔接工作。侦查人员提前介入行政取证，有利于避免因行政机关取证不力及证据灭失等情况的发生，具体从"三个前置"来把握：一是行政执法机关在初期要对可能涉嫌刑事犯罪的案件做好评估，适当向侦查机关寻求帮助；二是中期调查要向侦查机关提供必要的案情信息，侦查机关要给予技术指导；三是后期做好案情跟踪工作。对重大的行政执法事件，侦查人员要走访行政职能部门了解情况。做好对行政执法案件材料、执法人员、涉案人员的调阅、调查、取证。向具体办案的行政机关提出口头或者书面的质询。通知行政相对人，询问、证实有关情况，听取申辩意见。[2]

---

[1] 孙康："行政证据与刑事证据的衔接与转化"，载《学习论坛》2012年第3期。

[2] 姚来燕："关于行政执法检察监督的立法设想"，载《东方法学》2013年第1期。

基层检察院办理外国人犯罪案件的程序应对

刘　强[*]

随着中国对外开放程度的加快，来华的外籍人士与日俱增，据统计，2011 年外国人出入境达到 5400 万人次，来沪的外国人达到了 550 万人次，目前常住上海的外国人达到 16 万余人，较五年前增加了 25%。大量外籍人士来沪留学、工作或居住，外国人犯罪现象成为一个新的社会问题并呈日益增长的趋势，我国新修改的《刑事诉讼法》第 20 条将外国人犯罪案件的管辖由中级法院调整至基层法院，与此相对应，基层检察机关具有了办理外国犯罪案件的管辖权，但由于缺乏基层检察机关办理外国人犯罪案件的实施细则，基层检察机关也将会面临一些新的程序性问题，比如语言文字的翻译问题、强制措施的适用问题、通知使领馆以及领事会见的问题等等，如何应对这些新的程序问题成为基层检察机关面临的一项新的课题。

一、基层检察院办理外国人犯罪案件面临的新问题

新修改的《刑事诉讼法》明确将普通外国人犯罪案件的管辖权由原先的中级法院管辖案件类型中删除，这就意味着该类案件可以由基层法院管辖审理，相应地该类案件的立案、侦查、审查逮捕、审查起诉也下移至基层公安机关和检察机关。面对管辖权上的重大调整，最高人民法院在关于适用《中华人民共和国刑事诉讼法》的解释、公安部在《公安机关办理刑事案件程序规定》中，均对办理外国人犯罪案件的程序问题做出了新的调整，而最高人民检察院通过的《人民检察院刑事诉讼规则（试行）》中，对基层检察院办

＊ 刘强：上海市虹口区人民检察院法律政策研究室副主任。

理外国人犯罪案件的程序规则未作明确规定，一定程度上会造成执法尺度和标准的不统一，为提高程序的规范性，笔者提出以下几个亟待解决的程序问题：

（一）语言文字翻译问题

外籍犯罪嫌疑人获得语言文字的翻译权问题是保证刑事诉讼顺利进行的基础，检察机关不仅要保障外国人在检察环节获得语言文字翻译权，还要对其他诉讼环节外国人获得翻译权的落实进行监督。

1. 翻译资质的问题

上海市人民检察院于 2004 年颁布实施的《公诉部门关于委托翻译人员参与刑事诉讼的规定（试行）》中要求：办理涉外案件必须聘请上海市外事翻译工作者协会、上海上外翻译总公司或其他中国翻译工作者协会的会员单位等指定机构派出的翻译人员。但在司法实践中，像格鲁吉亚语、立陶宛语、孟加拉语等小语种法定的翻译机构均不具有相应翻译资质的翻译，而需求量较大的乌尔都语、韩语、马来语等小语种翻译也屈指可数，当上海本地没有某种语言的翻译，而外地有时，由于涉及诉讼成本以及办案期限的限制，检察机关是否需要从外地聘请翻译需要明确。另外，翻译过程中法律术语翻译的准确性还需要不断提升。

2. 摆渡翻译的问题

摆渡翻译主要是指由于缺乏通晓某种语言的或者法律术语的翻译导致无法在两种语言间直接进行翻译，而通过第三种语言在前两种语言间进行转译，该第三种语言与前两种语言均能直接互译，即"A 语言 – B 语言 – 中文"的过程，比如犯罪嫌疑人只会说某种非洲土语，而懂土语的翻译不会中文只会英语，只能再找英语翻译进行摆渡。另外，由于诉讼过程中涉及较多的法律术语，而中国法律术语在一些语种中如何翻译存在空白，且翻译人员一般法律知识有限，也需要找通晓法律术语翻译的人士进行摆渡翻译。这种小语种或者法律术语的转译过程，不仅程序繁琐，而且难以避免翻译差错几率增加的弊病，如何减少摆渡翻译问题还需要继续研究。另外，在进行摆渡翻译过程中，是否需要两个翻译同时在场，两位翻译的翻译文本是否需要同时附在中文文本之后实践中也未明确。

3. 翻译语种的选择顺位问题

当犯罪嫌疑人的母语与其官方语言不一致时，是否都应一律使用官方语言翻译存在争议，因为有些说母语的人不一定都能读写官方语言，我院在办理一起孟加拉人民共和国籍犯罪嫌疑人敲诈勒索案中发现，虽然该国的官方语言为英语，但是犯罪嫌疑人只能进行简单的英语交流，也不能进行英文书写，而由于缺乏通晓孟加拉语的翻译，公安机关只选择了英语进行翻译。在存在母语与官方语言不一致或者犯罪嫌疑人通晓多种语言时如何选择翻译还需要明确。

4. 翻译程序的正当性问题

一些外国人在得到不利判决后经常借口翻译有问题提起上诉，甚至要求启动审判监督程序。如在上海市人民检察院第一分院办理的一起格鲁吉亚籍人犯罪案件中，鉴于格鲁吉亚系前苏联加盟共和国，受过教育的格鲁吉亚人都通晓俄语，司法机关为其提供俄语翻译，被告人在侦查、审查起诉和一审阶段都没有异议，但在判决后该被告人以自己不懂俄语为由提起上诉。另外，针对公安机关聘请翻译的资质和程序，检察机关如何开展监督实践也没有明确。

5. 诉讼文书的翻译问题

除了语言翻译外，还涉及文字翻译的问题，比如犯罪嫌疑人诉讼权利义务告知书、讯问笔录、起诉书等等。在实务中，上海市人民检察院第一分院考虑到使用英语的涉外案件较多，专门制作了英语版的诉讼权利义务告知书。对于其他语种并没有涉及，比如法语、西班牙语等大语种以及上海地区经常需要聘请翻译的乌尔都语、韩语等小语种。基层检察院亟待完善外语版本的诉讼文书，另外对于讯问笔录和起诉书的翻译还需要从体现文书翻译的规范性以及对犯罪嫌疑人诉讼权利的保障性等角度进行完善。

6. 律师聘请翻译的资格审查问题

修改后《公安机关办理刑事案件程序规定》第51条规定，辩护律师会见在押或者被监视居住的犯罪嫌疑人需要聘请翻译人员的，应当经公安机关审查。对于符合相关规定的，应当许可；对于不符合规定的，及时通知其更换。翻译人员参与会见的，看守所或者监视居住执行机关应当查验公安机关的许可决定文书。律师会见在押犯罪嫌疑人需要聘请翻译人员的，应当经公安机关准许。但在司法实践中，随同辩护律师至看守所会见在押外国人员的翻译身份各异，公安机关许可的标准不明确，存在较大的安全隐患。

（二）强制措施适用问题

目前，针对外籍犯罪嫌疑人采取取保候审和监视居住的比率较低，主要是因为很多外籍犯罪嫌疑人在我国无固定住所，或者缺乏适合的保证人，《刑事诉讼法》修改的立法本意是减少羁押性强制措施的适用，更加注重保障人权，对此如何完善外籍犯罪嫌疑人适用取保候审和监视居住的标准以及加强羁押必要性审查需要进一步予以明确。另外，在实践中，对犯罪嫌疑人采取取保候审措施时一般会扣押护照，以防止其擅自离境，对取保候审的外国人一般也都扣留护照。但中国公民仍旧持有身份证件，正常出行和生活不会受到影响，但外国人若没有护照对其生活影响较大，其无法购买飞机票、火车票、无法入住宾馆，如何体现人性化办案要求值得探讨。

（三）通知驻华使领馆与会见问题

1995 年 6 月六部委颁布实施的《关于处理涉外案件若干问题规定》指出："在外国驻华领事馆区内发生的涉外案件，应通知有关外国驻该地区的领事馆；在外国领事馆区外发生的涉外案件应通知有关外国驻华大使馆。与我国有外交关系，但未设使、领馆的国家，可通知其代管国家驻华使、领馆。无代管国家或代管国家不明的可不通知。"但是，对于犯罪嫌疑人国籍难以查明的，是否应该通知以及如何通知，法律和解释都没有明确。另外，对外籍犯罪嫌疑人的办案权下沉至基层院之后，通知驻华使领馆是否可以沿用原来的通知程序需要进一步明确。根据我国参加的《维也纳领事关系公约》规定，领事官员有权探访受监禁、羁押或拘禁之派遣国国民，与之交谈或通讯，并代聘其法律代表。但也可能存在妨碍诉讼的风险，比如不具有领事官员身份的人员陪同领事官员会见犯罪嫌疑人，一旦与案件有利害关系的人员参与其中，风险较大。

（四）刑事特别程序适用问题

新修改的《刑事诉讼法》第五编新增了"未成年人刑事案件诉讼程序"、"当事人和解的公诉案件诉讼程序"、"犯罪嫌疑人、被告人逃匿、死亡案件违法所得的没收程序"和"依法不负刑事责任的精神病人的强制医疗程序"四项特别程序，但是对外国人犯罪案件适用简易程序尚无先例，修改前《刑事诉讼法》对外国人犯罪案件明确由中级人民法院管辖，排除了适用简易程序的可能性，最高法、高检院、司法部《关于适用普通程序审理"被告人认罪案件"的若干意见（试行）》也明确将外国人犯罪案件排除在外，适用于外国人犯罪案件的刑事和解程序也需要探索，尤其是和解涉及的语言问题，另外，外籍未成年人刑事案件的社会考察，尤其对未成犯罪人学习教育情况如何开展调查也需要明确。

（五）外国被害人诉讼权利保障的问题

如果外国人犯罪案件中涉及外国被害人的，在办案过程中就会涉及外国被害人诉讼权利保障的问题，比如外国被害人离境以及被害单位在国内无诉讼代理人等情况下如何告知其诉讼权利义务，在司法实务中经常采取的以工作记录替代告知的做法严格来说不足以保障被害人的诉讼权利。如果外国被害人尚未离境，单纯向其邮寄送达中文版《被害人权利义务告知书》和《委托诉讼代理人告知书》而不加翻译和说明，这对于不通晓中文、不了解中国法律制度的被害人来说，仍然不能实质性地保障其诉讼权利。另外，在询问被害人过程中，也涉及翻译的问题，对此，是否可以参照讯问外国犯罪嫌疑人进行翻译的程序和做法在实践中也未明确，尤其是当遇到一些国家的国民权利意识和诉讼意识都比较强，且中外诉讼程序和制度也存在较大差异的情况时，容易产生偏见，若解释或者翻译不当极有可能对我国司法机关的整体形象产生负面影响。

（六）告知诉讼权利义务的问题

无论是外国犯罪嫌疑人还是外国被害人、证人，在进入诉讼程序后，对于其享有的诉讼权利和承担的诉讼义务都可能比较模糊，在告知的权利义务的具体内容上实践中没有统一的做法。针对中国公民的诉讼权利义务告知，目前有犯罪嫌疑人诉讼权利义务告知书、被害人权利义务告知书、证人权利义务告知书、鉴定人权利义务告知书、委托诉讼代理人告知书等，在参考这些文书的告知内容方面，针对外国人犯罪案件有何特殊的告知事项有待研究。

二、基层检察院办理外国人犯罪案件的程序应对

基层检察院在办理外国人犯罪案件过程中，迫切需要从程序上进行规范和完善，笔者认为，应从贯彻我国司法主权原则、保证诉讼程序的合法性和正当性原则、保障当事人诉讼权利原则、体现人性化办案原则等方面去改进。

(一) 细化语言文字翻译规则

语言文字翻译问题是基层检察院办理外国人犯罪案件面临的最大的困惑,对此,可以参考目前上级检察机关办理外国人犯罪案件聘请翻译的通常做法,并根据基层院的特点予以调整。

1. 翻译资质和摆渡翻译的问题

笔者认为,可以参照日本的做法,日本司法机关为有效处理外国人犯罪而制作了全国翻译人员名册,还特意为翻译人员配备了翻译手册和"法律用语对译集"等工具用书。日本最高裁判所和检察厅还不时召开由翻译人员和检察官、裁判官等一起参加的交流会和研究会,以讨论翻译中的问题和提高翻译质量。[1]对此,基层检察院除了可以聘请上海市外事翻译工作者协会、上海上外翻译总公司或其他中国翻译工作者协会的会员单位等指定机构派出的翻译人员外,针对一些冷僻的小语种缺乏专门的翻译人员的问题,可以建议上海市公检法司从全市办案的层面,会签关于建立小语种翻译人才库的意见,将通晓小语种的导游、中文水平较高的小语种国家人、小语种专业教师等人员纳入小语种翻译人才库,供司法机关选聘;定期为小语种翻译进行法律专业知识培训,并为其配备小语种法律翻译手册;定期与检察人员一起参加交流会和研讨会,扩大小语种翻译人员的法律知识面。若小语种人才库创建初期存在有些语种仍无法聘请到合适的翻译的问题,可以考虑从外地聘请相应的翻译来沪提供翻译服务,但由于基层院审查逮捕时间较短,在审查逮捕期间从外地聘请翻译存在时间上的不便,对此,笔者认为应在案件进入审查起诉阶段再聘请过来,侦监部门同时应将上述情况及时向公诉部门报备。

针对摆渡翻译的问题,笔者认为在能直接翻译的条件下,应尽可能减少摆渡翻译,如果确实需要摆渡翻译的,两位翻译应同时在场进行翻译,两位翻译的翻译文本也均应附在中文文本之后,同时也可以考虑对转译过程进行同步录音录像,保全翻译过程的原始资料,一旦犯罪嫌疑人借翻译问题质疑司法程序的正当性,人民法院可以审查小语种翻译的聘请程序是否合法,翻译记录是否真实、客观和准确,也可以调阅摆渡翻译时的同步录音录像予以核查。

---

[1] 杜建人:"日本的外国人犯罪及诉讼上的翻译问题",载《政治与法律》1996 年第 1 期。

2. 翻译语种的选择顺位问题和翻译程序正当性的问题

笔者认为，应按照犯罪嫌疑人掌握最好的语言为优先原则。一般以犯罪嫌疑人的母语为优先，其所通晓的国家官方语言次之，其通晓的其他语言再次之。只有在其本人提出意愿，或者司法机关主动提出并获其本人同意后，才可以使用其母语之外的语言。对于当事人只能口头交流而无法进行书面书写的语种，一般不能选择作为翻译语种，而应选择其口头和书面均通的语种。对于通晓中文的外国华裔，一般不需要为其提供翻译，但要由其本人书面声明愿意以中文接受讯问。检察人员在审讯过程中，必须明确将使用某种语言进行翻译，并征得犯罪嫌疑人的同意，并将其同意的意见记录在案，如果犯罪嫌疑人拒绝翻译的，也应将其拒绝翻译的情况记录在案，这可以防止犯罪嫌疑人借翻译问题质疑诉讼程序，保证程序的合法性和正当性。

基层检察院还应利用检察监督权对公安机关聘请翻译的进行资质审查和程序审查。上海公安机关聘请翻译的主要做法是通过上海外国语大学聘请翻译；通过其他大学或是相关机构聘请翻译；请内部某个通晓外文的公安干警来临时担任翻译等。故在审查方法上，对于通过上海外国语大学等机构聘请的，审查是否具有翻译资质证明，对于没有翻译资质证明的，审查是否具有能够反映其翻译能力的证明（如证明其系某外语专业的教师或研究人员或者是具有反映其语言能力的专业等级证书等）；对于翻译人员是公安干警的，审查是否具有反映其语言能力的证书（如外语专业考级证书）；对于没有任何翻译资质证明或者能够反映其语言能力证明的小语种翻译，通过讯问犯罪嫌疑人等方式，审查相关翻译人员是否具有翻译能力等。

3. 诉讼文书的翻译问题

在日本，虽然法律对此并无明文规定，同时判例也认为可以不添附译文，但自 20 世纪 90 年代开始，日本的最高裁判所已开始考虑在送达起诉书的同时，添附上相应的译文，同时还附上一份有关律师的选择和审判程序的说明一类的外文介绍文书。[1]对此，笔者认为，除了上海市人民检察院第一分院尝试的英文版本的诉讼权利义务书外，还可以考虑制作各种其他语种的诉讼权利义务告知书和其他法律文书备用，比如法语、西班牙语等大语种以及上海地区经常需要聘请翻译的乌尔都语、韩语等小语种，并借鉴日本的做法，

---

〔1〕 杜建人："日本的外国人犯罪及诉讼上的翻译问题"，载《政治与法律》1996 年第 1 期。

制作关于诉讼程序介绍的外文资料一并提交给外国犯罪嫌疑人。另外，对于讯问笔录的翻译，要求翻译人员对讯问笔录进行全文翻译，在翻译结束当事人确认无误后，同时要求翻译人员签名，并写上"上述笔录由我翻译，属实"。另外，还要请翻译人员将当事人所签字并书写的"上述笔录我已经看过，和我所说一致"翻译成中文。在起诉书的翻译上，一般也以犯罪嫌疑人的母语为优先，其所通晓的国家官方语言次之，其通晓的其他语言再次之的原则。犯罪嫌疑人的外文姓名的书写，应按其国籍国的书写习惯来表示，有些犯罪嫌疑人的名字较长，在事实表述时需要进行省略的，也应尊重其语言习惯，不能想当然的根据中文习惯只使用姓进行省略。犯罪嫌疑人国家的表示，一律以该国正式的国家全称表示，如"民主刚果共和国""新加坡共和国"等，不能表示为"刚果""新加坡"。对此，可以参照新华词典后面所附的各国正式称谓描述。对于起诉书中第一次出现的中国地名、法规等，应冠以"中华人民共和国"，以表示我国主权的权威。一般起诉书的翻译件，不加盖检察院的公章而直接加盖翻译单位的公章，出现翻译歧义时，以中文文本为准。

4. 律师聘请翻译的资格审查问题

笔者认为，基层检察院应着重审查律师聘请的翻译提供的身份证件，证明其翻译资质的证件或者从事翻译工作的情况，由于律师聘请翻译本身就是其要承担的诉讼风险，故对其翻译资质的要求不必一定参考公安机关和检察机关聘请翻译的资质，可以予以放宽，但为防止翻译借与律师一起会见犯罪嫌疑人时伪造、隐匿证据，影响案件办理的，可以要求翻译签署保证书，保证本人与案件无利害关系，不实施妨碍诉讼的行为，遵守监管场所规定，一旦发现有上述行为的，检察机关应及时中止翻译，并追究其相应的法律责任。

（二）扩大非羁押强制措施的适用

针对外籍犯罪嫌疑人采取取保候审和监视居住的适用比率较低的情况，笔者认为，从注重保障人权角度，要进一步扩大非羁押性强制措施的适用，对于在我国无固定住所，或者缺乏适合的保证人的外国人，可以扩大适用保证金制度，在选择保证人上，可以选择该外国人国籍国驻上海的领事、外国人所在公司的中国籍负责人等。对必须采取羁押措施的，也要加强羁押必要性的审查，严防超期羁押或者变相羁押，以免引起其国籍国使领馆对我国羁押制度提出质疑及外交敏感事件。另外，在对外籍犯罪嫌疑人取保候审期间，对扣留护照也要采取慎重态度，笔者认为，一般情况下，应不予以扣留，而仅采取边控措施；特殊情况下必须扣留护照的，时间也一般不超过 3 天，并报公安部出入境管理局审核，决定是否通知外国驻华使领馆。

（三）完善通知驻华使领馆与领事会见制度

笔者认为，办案权下沉至基层检察院之后，通知使领馆的主体和程序仍应按照检察机关之前办案的通知模式，由基层院承办人员填报相关报送事宜，报分管检察长审核同意后，提交省市级检察院外事办，由其统一通知，国籍不明或者属无国籍人的，可以不予通知。[1]上海市人民检察院外事办公室，是基层检察院与外国使领馆联络的唯一窗口。即使有使领馆不清楚其中的程序，直接联络到基层院的案件承办人，也必须告知他们要通过市院外事办公室进行使领馆官员会见的安排。至于基层检察机关在办理外国人犯罪案件的审查逮捕、审查起诉过程中，审查逮捕情况和审查起诉情况通报同级人民政府外事部门在实践中存有争议，按照新修改的《公安机关办理刑事案件程序规定》第 357 条的规定，对外国籍犯罪嫌疑人依法作出取保候审、监视居住决定或者执行拘留、逮捕后，应当在 48 小时以内层报省级公安机关，同时通报同级人民政府外事办公室。重大涉外案件应当在 48 小时以内层报公安部，同时通报同级人民政府外事办公室。笔者认为，基层检察机关如果作出批准逮捕、不批准逮捕、取保候审、监视居住、起诉或者不起诉决定时，均应通报同级人民政府外事办。同时，检察机关还应监督公安机关是否充分保障领事会见的权利，如依法应予以通知会见而没有通知会见的，应对侦查机关的违法行为制发《纠正违法通知书》，并要求侦查机关及时通知会见。在检察环节也应保障领事会见的权利，但为避免领事会见和通信中可能存在的诉讼风险，检察机关应严格审查领事官员的身份证件，禁止不具备领事身份的人参与会见，禁止其签署文件、递送非法的文件和物品，禁止其他有碍诉讼程序

---

[1] 犯罪嫌疑人国籍国在上海设有领事馆，可以在上海进行通知；若犯罪嫌疑人国籍国在沪没有领事馆，如朝鲜，但在其他省份（沈阳）设有领事馆的，在驻京大使馆和领事馆之间就近选择一个进行通知。对于犯罪嫌疑人国籍国与我国虽有外交关系，但未设使领馆的，可以按照就近原则，向其代管的使领馆通知；若无代管国家，但犯罪嫌疑人国籍国在第三国设有使领馆，而第三国在中国设有使领馆的，可以就近委托第三国使领馆通知。参见上海市人民检察院第一分院和上海市浦东新区人民检察院联合课题组承担的 2012 年度上海市人民检察院重点课题《基层院办理外国人犯罪案件的应对和机制研究》。

的行为等，〔1〕为掌握领事会见谈话和交流的基本内容，检察机关应聘请一位检方翻译，如发现领事会见的交流内容涉嫌违法或者违规，应及时中止其会见。

（四）探索外籍犯罪嫌疑人刑事特别程序的适用

新修改的《刑事诉讼法》颁布施行后，使得涉外籍犯罪嫌疑人刑事和解程序、外籍未成年人特别诉讼程序的适用成为可能，在程序的具体适用上还需要进一步明确标准和措施，比如在具体标准上也必须是可能判处3年以下、由民间纠纷引起的，涉及《刑法》第四、第五章中的犯罪，检察机关在主持当事人和解程序时，应按照前文论述的方法聘请适合的翻译予以现场翻译，制作的和解协议书应当以中文作为标准语言文本，并提供其他语言文本附于标准文本之后，以标准文本的内容为准。在适用外国未成年人刑事诉讼程序时，对其学习教育和成长经历开展社会调查时，可以通过刑事司法协助的方法，由国外司法机关予以协助，对调查材料也应通过使领馆予以认证，当然在条件成熟时，也可以探索委托国内的未成年人社会组织予以调查，对此，在社会调查的方法、时间、语言文字的翻译等具体问题上，可以与未成年人社会组织一起研究予以确认。

（五）强化对外国被害人诉讼权利的保障

如果出现外国被害人离境以及被害单位在国内无诉讼代理人等情况导致无法直接通知或者邮寄通知期限过长的，笔者认为，可以通过电子邮件的方式通知，如果检察机关穷尽各种方式仍无法通知到外国被害人的，应记录在案。通知外国被害人的《权利义务告知书》和《委托诉讼代理人告知书》应按照上述的诉讼文书翻译的要求进行翻译，并向外国被害人提供翻译文本和中文文本。另外，在询问外国被害人、外国证人过程中的翻译，应参照讯问外国犯罪嫌疑人进行翻译的程序和做法，此不赘述，并应做好充分的释法说理工作，以解决因法系或者国别法不同而可能对我国司法程序产生的理解上的偏差。

---

〔1〕 在使领馆会见时，经常会遇到使领馆关员带一些书籍、信件给当事人。根据《维也纳外交公约》，这是允许的。但办案部门必须对每本书进行相应的检查。检查内容包括是否有夹带纸条、书或者杂志，内容是否与案件有关。如果检查后发现没有问题，告知看守民警没有问题，可以由当事人带回监所。

（六）明确诉讼权利义务告知的具体内容

由于外国人犯罪案件的特殊性，在涉及犯罪嫌疑人、被害人、证人的诉讼权利义务的告知上，除了参考常规的告知内容外，需要有更为具体的和有针对性的告知内容，比如针对外国犯罪嫌疑人，还需要告知其有权获得翻译的权利、有权委托在中国的律师事务所执业的律师的权利、有权与其近亲属、监护人会见、与外界通信的权利、有权拒绝领事与其会见和探视的权利、有权提出要求外交保护的权利、有权要求进行刑事和解的权利等。

刑事诉讼法中非法证据和瑕疵证据的界限

刘　洋

　　2010 年施行的《关于办理死刑案件审查判断证据若干问题的规定》和《关于办理刑事案件排除非法证据若干问题的规定》中具体规定了各类证据证明力的判断标准和准则，总的说来确立了三种具体规则，分别是：针对非法言词证据的强制性排除规则，针对非法实物证据的自由裁量排除规则，针对瑕疵证据的补正排除规则。[1] 2012 年颁布的新《刑事诉讼法》进一步确认了这些规则。这三种规则针对的对象实际上只有两类，即非法证据和瑕疵证据，因而要正确理解和运用这些规则关键是要把握非法证据和瑕疵证据的界限，本文将围绕这一主题从理论和实务上展开研究。

一、新《刑事诉讼法》关于证据排除的规定及意义

（一）新《刑事诉讼法》关于证据排除的规定

　　新《刑事诉讼法》第 54 条规定：采用刑讯逼供等非法方法收集的犯罪嫌疑人、被告人供述和采用暴力、威胁等非法方法收集的证人证言、被害人陈述，应当予以排除。收集物证、书证不符合法定程序，可能严重影响司法公正的，应当予以补正或者作出合理解释；不能补正或者作出合理解释的，对该证据应当予以排除。在侦查、审查起诉、审判时发现有应当排除的证据的，应当依法予以排除，不得作为起诉意见、起诉决定和判决的依据。《关于办理刑事案件排除非法证据若干问题的规定》对非法证据的排除规则做了细化的

---

[1]　陈瑞华：“非法证据排除规则的中国模式”，载《中国法学》2010 年第 6 期。

规定，包括程序性的问题，而《关于办理死刑案件审查判断证据若干问题的规定》则引入了瑕疵证据的概念，并针对法定证据种类分别规定了要直接排除的情况和能够补正的情形。

因而，三部法律及司法解释共同确立了中国刑事诉讼法的证据排除体系，即以非法言词证据强制排除规则、非法实物证据自由裁量排除规则、瑕疵证据补正规则为基石的证据排除体系，前两类规则共同针对的都是非法证据，只是根据证据种类不同而确立了不同的规则，补正规则则针对的是瑕疵证据。由此可见，中国证据排除体系的核心就是非法证据和瑕疵证据两个概念。

需要注意的是，新《刑事诉讼法》和"两个证据规定"所涉及的非法证据和瑕疵证据的概念针对的主要是证据"三性"中的合法性而言的。证据的"三性"，指的是客观性、关联性、合法性。证据只有具有"三性"，才能作为有效的证据，起到证明案件事实的作用。证据的客观性，是指证据作为已发生的案件事实的客观遗留，是不以人们的主观意志为转移的客观存在。证据的关联性，是指证据必须与需要证明的案件事实或其他争议事实具有一定的联系。证据的合法性，是指提供证据的主体、证据的形式和证据的收集程序或提取方法必须符合法律的有关规定。瑕疵证据和非法证据共同属于不合法的证据。

（二）新《刑事诉讼法》将不合法证据划分为非法证据和瑕疵证据的意义

《刑事诉讼法》将不合法的证据进一步区分为非法证据和瑕疵证据，兼顾了刑事诉讼打击犯罪和保证人权的观念，同时符合我国现阶段的基本国情。我国正处在社会主义初级阶段，法制还不健全，犯罪率仍然居高不下。我国有限的诉讼资源和相对落后的侦查技术不足以支撑瑕疵证据的全面排除。[1]尽管目前作为现代刑事诉讼的核心的保障人权理念越来越深入人心，但是如果将不合法的证据一律排除，无疑会导致放纵犯罪的恶果。因此，允许侦查机关对轻度违法的瑕疵证据进行补正，而对于严重违法的非法证据进行排除，能够很好地解决刑事诉讼惩罚犯罪和保证人权两个重要任务之间的矛盾。

另外，划分非法证据和瑕疵证据能有效杜绝司法实务中滥用补正的情况。在未划分非法证据和瑕疵证据之前，司法实践中实际已经存在大量的瑕疵证

---

〔1〕 杨冠宇、孙军："构建中国特色的非法证据排除规则"，载《国家检察官学院学报》2010 年第 4 期。

据补正情况，这种情况由于没有法律的规制，导致的结果就是所谓的补正不排除。而且，由于在非法证据和瑕疵证据之间没有明确的界限，将非法证据也当成瑕疵证据进行补正，极易引发冤假错案的发生。《刑事诉讼法》将不合法的证据划分为非法证据和瑕疵证据，实际上规制了瑕疵证据的适用，明确了非法证据与瑕疵证据的界限，有效避免了瑕疵证据适用的随意性。

二、非法证据和瑕疵证据的界定

（一）非法证据的界定

根据新《刑事诉讼法》第 54 条的规定，非法证据包括三个方面的证据：一是采用刑讯逼供等非法方法收集的犯罪嫌疑人、被告人供述，二是采用暴力、威胁等非法方法收集的证人证言、被害人陈述，三是不符合法定程序收集物证、书证，可能严重影响司法公正的。因而，非法证据分为非法言词证据和非法实物证据两大类。

1. 非法言词证据的界定

非法言词证据包括非法的犯罪嫌疑人、被告人供述，非法证人证言，被害人陈述。在理论上，争议最大的是如何界定非法供述以及非法的证人证言、被害人陈述，具体而言，实际上是对于"刑讯逼供等非法方法""暴力、威胁等非法方法"理解的分歧。

第一，如何理解刑讯逼供？根据《禁止酷刑和其他残忍、不人道或有辱人格的待遇或处罚公约》的相关规定，"酷刑"是指为了向某人或第三者取得情报或供状，为了他或第三者所作或涉嫌的行为，对他加以处罚，或为了恐吓或威胁他或第三者，或为了基于任何一种歧视的理由，蓄意使某人在肉体或精神上遭受剧烈疼痛或痛苦的任何行为，而这种疼痛或痛苦是由公职人员或以官方身份行使职权的其他人所造成或在其唆使、同意或默许下造成的。该公约将违法的取证方法界定为所有"使人在肉体或精神上遭受强烈痛苦的任何行为"。综合一些国际条约关于非法的界定，一般包括：暴力取证；精神折磨的方法取证；用不人道的方法所获取的证据；使用药品取证等等。[1]我国《刑事诉讼法》没有明确规定刑讯逼供的定义，但在《刑法》中规定有刑

---

[1] 樊崇义："'五条八款'确立非法证据排除规则"，载《检察日报》2012 年 3 月 5 日。

讯逼供罪。根据 2006 年 7 月 26 日最高人民检察院《关于渎职侵权犯罪案件立案标准的规定》，刑讯逼供是指司法工作人员对犯罪嫌疑人、被告人使用肉刑或者变相肉刑逼取口供的行为。该司法解释又列举了肉刑的手段如殴打、捆绑等，以及变相肉刑的方式如冻、饿、晒、烤等。笔者认为，《刑事诉讼法》的刑讯逼供的概念应当与《刑法》规定是一致的。

第二，如何理解"威胁"？现代汉语词典中定义威胁为：用威力逼迫恫吓使人屈服。从字面含义来看，威胁不仅包括暴力威胁，而且包括其他能使他人产生畏惧情绪的手段方式。威胁属于一种精神强制方式，那么它需要达到什么程度？它和刑讯逼供的精神强制方式有什么区别？笔者认为，威胁的精神强制要求低于刑讯逼供的精神强制。举个例子来说，刑讯逼供的精神强制就好比拿枪顶着一个人让他去抢劫，这种强制有现实性和较高的强制程度，而威胁的精神强制就好比对一个人说，如果不这样做，就要对他家人实施不法侵害，一般具有将来性并且强制程度要低于前者。那么如何认定构成《刑事诉讼法》上的威胁呢？笔者认为，只要一般的人在这种威胁的情况下，都会作出与事实不符的证言或者陈述，就可以认定为非法的证人证言或者被害人陈述。

2. 非法实物证据的界定

新《刑事诉讼法》规定需要排除的非法实物证据需要符合三个条件：一是收集物证、书证不符合法定程序，二是可能严重影响司法公正的，三是不能补正或者作出合理解释的。这三个条件形成了非法实物证据的自由裁量的排除规则。通过这三个条件可以看出，所谓的非法实物证据指的就是不符合法定程序收集的，会严重影响司法公正的物证、书证。其中违反法定程序很好理解，但是何谓"严重影响司法公正"？严重要达到什么程度？笔者认为，只要在裁判者心中形成对于该证据真实性的质疑，且该证据会影响到案件定罪和量刑就达到了"严重影响司法公正"这一程度。

（二）瑕疵证据的界定

现代汉语中瑕疵的含义是：微小的缺点。所谓"瑕疵证据"，即取证程序存在瑕疵的证据，瑕疵证据属于侦查机关并未侵犯公民的宪法性基本权利而仅仅是以轻微违法的方式获得的证据。瑕疵证据，虽然也存在违法情节，但因并未侵犯公民的宪法性基本权利，因而只要能够补正或者作出合理解释，该证据仍然具有证据能力，可作为证据使用。[1]

瑕疵证据主要规定在《关于办理死刑案件审查判断证据若干问题的规定》里，该司法解释针对瑕疵的物证、书证、证人证言等几类证据作了规定。总体上看，"瑕疵证据"大都是侦查人员在制作相关证据笔录时存在技术性缺陷的证据，如笔录记录有错误、笔录遗漏重要内容、笔录缺乏相关人员的签名等。[2]这些证据在审查者看来，虽然违法，但是客观上很可能是真实的，反映了案件的真实情况，因而给予侦查机关以补正的机会，以节约侦查成本并保证有力打击犯罪。另外，从瑕疵证据的规定中，我们可以看出，针对不同证据的属性，对不同证据的要求是不同的。以犯罪嫌疑人、被告人供述和证人证言来比较，对于前者的要求显然较高，无论是规定笔录填写的讯问时间、讯问人、记录人、法定代理人等有误或者存在矛盾的，还是讯问人没有签名和首次讯问笔录没有记录告知被讯问人诉讼权利内容的情形，都传达了同一个意思，侦查人员实际上是按照正确的程序在履行职责，只是因为疏忽大意而没有记录。相比而言，询问证人的地点等方面的违法程度明显高于犯罪嫌疑人、被告人供述瑕疵的违法程度，如果讯问犯罪嫌疑人的地点违法、讯问人员存在造假可能，都是属于重大违法情形，应视为非法证据予以排除。

（三）非法证据和瑕疵证据的理论区别

《关于办理死刑案件审查判断证据若干问题的规定》中既有瑕疵证据的规定，也有非法证据的规定，因而为我们分析两者的区别提供了很好的蓝本。

1. 是否影响证据真实性不同

侦查人员采用的刑讯逼供等非法方法取得的犯罪嫌疑人、被告人供述以及采用暴力、威胁等方法获取的证人证言和被害人陈述等非法证据，由于侦查人员的行为对于犯罪嫌疑人等诉讼参与人的思维具有压制性，以至于这些诉讼参与人只能按照侦查人员的要求进行叙述，因而极有可能违背了其真实的想法，背离案件的真实情况，造成冤假错案。相反，瑕疵证据中，侦查人员并没有刑诉逼供等可以严重影响犯罪嫌疑人诉讼参与人自由叙述的行为，只是在程序上有所疏漏，从外观上看，这种疏漏不足以影响证据的真实性，不会妨碍案件事实的查清。

---

〔1〕 万毅："解读'非法证据'——兼评'两个证据规定'"，载《清华法学》2011年第5期。
〔2〕 陈瑞华："论瑕疵证据补正规则"，载《法学家》2012年第2期。

2. 违法程度不同

非法证据中，侦查人员的行为是刑讯逼供、暴力、威胁等严重违法，甚至构成犯罪的行为。而在瑕疵证据的情况下，侦查人员只是存在遗忘记录、没有签名、忘记材料等轻度违法行为。

3. 侵权程度不同

所谓"非法证据"，大都是侦查人员通过严重侵犯犯罪嫌疑人、被告人合法权益的手段所获取的，而"瑕疵证据"的形成过程，虽然通常会存在着一些技术性的违规情况，却没有发生较为严重的侵权现象。[1]以犯罪嫌疑人、被告人供述为例，《关于办理死刑案件审查判断证据若干问题的规定》第19条、20条规定，采用刑讯逼供等方法所取得的供述，没有犯罪嫌疑人、被告人确认的讯问笔录，没有提供翻译的盲聋哑、少数民族人员犯罪嫌疑人、被告人所做的供述，都是非法证据，应当排除。而第21条规定，讯问笔录填写的讯问时间、讯问人、记录人、法定代理人等有误或者存在矛盾的，讯问人没有签名的，首次讯问笔录没有记录告知被讯问人诉讼权利内容的，这三种情形如果侦查人员补正或者作出了合理的解释，可以采用。我们比较这几条后很容易发现，非法证据的取得中，侦查人员侵犯的是犯罪嫌疑人等诉讼参与人宪法权利以及《刑事诉讼法》规定的诉讼参与人的基本权利，而瑕疵证据的产生，只是侵犯了诉讼参与人的一般程序性权利。

（四）审查起诉中如何区别非法证据和瑕疵证据

人民检察院在审查起诉的过程中，正确区分非法证据和瑕疵证据有非常重要的现实意义。这主要是由《刑事诉讼法》对于非法证据和瑕疵证据规定了完全不同的法律后果决定的。对于任何一类瑕疵证据，我们都可以要求侦查人员补正或作出合理解释，在补正之前这类证据是效力待定的，只要补正恰当，就可以使得这类证据具有完全的证明能力；而对于非法言词证据，法律直接规定其是无效的。因而，对于非法证据和瑕疵证据一旦认定错误，会直接影响到人民检察院认定案件事实的准确性，甚至会打破据以定罪的证据链条。在审查起诉的实践中，笔者认为可以通过以下方式来区别非法证据和瑕疵证据：

---

〔1〕 陈瑞华："论瑕疵证据补正规则"，载《法学家》2012 年第 2 期。

1. 非法证据和瑕疵证据的发现方式不同

实务中，我们一般都是通过认真审查案卷发现瑕疵证据的，比如记录的文字错误，缺少签名、盖章，辨认笔录没有被辨认人的基本情况等等。对于瑕疵证据我们基本上都是通过阅卷的方式发现。相反，对于非法证据我们基本上都是通过讯问犯罪嫌疑人等方式发现。在办案的过程中，我们会在阅卷时发现某些犯罪嫌疑人供述不稳定，对于这种情况，我们都会在讯问中特别问到犯罪嫌疑人在公安机关是否都是如实供述等等，另外，有些在公安机关一直供述稳定犯罪嫌疑人在审查起诉中也可能突然翻供，提到曾经遭受刑讯逼供。因而，我们发现非法证据的直接来源一般是来自犯罪嫌疑人的口供。

2. 通过理论方法综合判断

首先，侦查人员的违法行为是否会影响该证据的真实性。例如，询问证人的地点不符合法律的规定，这种情况一般不会影响证人证言的真实性，但是如果讯问犯罪嫌疑人不在指定的地点，那么这种违法行为就极可能影响证据的真实性了，因为不在办案场所讯问犯罪嫌疑人就极可能存在刑讯逼供的可能，因此前者属于瑕疵证据，而后者属于非法证据。其次，侦查人员的违法行为侵害诉讼参与人的权利不同，瑕疵证据情况下，侦查人员只是侵害了诉讼参与人的一般程序性权利，而取得非法证据时，侦查人员的行为往往是侵害了诉讼参与人的宪法性权利或者《刑事诉讼法》规定的重要权利，比如刑讯逼供侵犯了犯罪嫌疑人的人身权，又如询问聋哑人或者不通晓当地通用语言、文字的少数民族人员、外国人时，应当提供翻译而未提供的，侵犯的是《刑事诉讼法》规定的重要权利。

新《刑事诉讼法》和"两个证据规定"对于证据排除体系的规定是我国刑事诉讼惩罚犯罪和保障人权两个最重要理念博弈的产物，在现行法的框架下，正确理解和区分非法证据和瑕疵证据的概念，对于我们实务人员都是非常必要的。笔者认为，理论上非法证据和瑕疵证据在对证据真实性的影响、侵权的程度等方面有所差异，在实践操作中，我们借助理论的指导，通过审阅案卷和讯问犯罪嫌疑人的方式能够较好地发现并区分这两类证据。

检察工作

庭审直播对公诉人带来的挑战与应对

潘建安[*]

2014 年 3 月 10 日，最高人民法院院长周强在全国两会上指出，"2013 年，最高人民法院建成中国法院庭审直播网，各级法院直播案件庭审 4.5 万次。最高人民法院通过多种媒体直播社会关注案件庭审情况，取得良好效果。"作为庭审直播的"主角"——公诉人，是否准备好了应对因庭审直播可能带来社会公众对案件公平正义的质疑？是否准备好了应对庭后千百双挑剔眼睛对你庭审中一言一行的质疑？是否准备好了应对因庭审直播可能使你陷入社会舆论的漩涡之中而带来如山的压力？

一、庭审直播概述及意义

（一）域外关于庭审直播的历史

庭审直播是指通过电视、互联网或者其他公共传媒对法院公开开庭审理案件的庭审过程进行图文、音频、视频直播、录播的一种传播方式。从世界范围看，这一传播方式从最初的想法到现实，经过了百年的争议与打磨。在英国，1925 年就立法明确对任何案件严禁电视录播，直到 1992 年，苏格兰法院率先确立了庭审录音录像的"基本指导规则"，但须经过严格审查，目前，英国法院普遍接受庭审直播。在美国，对庭审直播的收与放，同样也经历了往复曲折的历史。1925 年，第一个收音机直播案件；1953 年，第一个电视录播案件；1955 年，第一个电视"现场直播"案件，目前，联邦和州两大法院

　＊ 潘建安：上海市虹口区人民检察院党组成员、副检察长。

系统，对庭审录播和直播的态度截然不同，绝大多数州法院已允许摄像机进入法院，但在全国性著名案件中，无论是州法院还是联邦法院，在严格审查的情况下都可以进行庭审直播。

（二）我国关于庭审直播的现状

在我国，一方面受传统文化中耻诉、厌诉和畏诉观念的影响，另一方面，也因为担心庭审质量会让民众产生不良的印象，长期以来，司法部门大多难以接受庭审直播。从立法情况看，对庭审直播方式从来没有在法律上明确予以禁止。我国《宪法》规定，人民法院审理案件除法律规定的特殊情况外一律公开进行。《人民法院组织法》、《刑事诉讼法》等法律都规定了裁判公开的原则。最高人民法院对庭审直播则一直持积极态度。2010 年 11 月 21 日，最高人民法院公布了《关于人民法院直播录播庭审活动的规定》，对人民法院通过电视、互联网或者其他公共传媒系统对公开开庭审理案件的庭审过程进行图文、音频、视频的直播、录播作了详细规定。2013 年 11 月 28 日，最高人民法院公布《关于推进司法公开三大平台建设的若干意见》，要求人民法院积极创新庭审公开的方式，以视频、音频、图文、微博等方式适时公开庭审过程。[1]

从全国各地司法部门庭审直播情况看，广东省高级法院明确要求，每个合议庭每年至少要选择一个社会影响较大的案件庭审进行微博直播，主动回应民众需求。据统计，目前全国 31 个省份中，至少有 17 个省份出现"微庭审"案例，包括北京、上海、海南、广东、陕西等地。[2]上海庭审直播起步于上世纪 90 年代，目前，上海市检察机关参与庭审直播较为典型的做法即"检察官在线"。通过检察官做客网站接受访谈、网络庭审直播、听庭评议等形式，积极开展与群众的交流互动。2011 年静安区人民检察院在上海市检察系统率先开通"静安检察"官方微博，随后，上海市检察机关微博群在东方网东方微博开通，通过官方微博，为微直播提供了便利。在上海市检察机关 2014 年工作重点中，特别提出要加强执法办案行为和语言规范化建设，这同样包含对公诉人在庭审直播中的规范要求。近日，最高人民法院院长周强在

---

[1] 2013 年的"12·4"法治宣传日，最高人民法院身体力行，首次利用电视直播、广播连线、网络直播等全媒体形式直播奇虎、腾讯不正当竞争案的庭审全过程，同年 12 月 11 日，中国法院庭审直播网正式上线。

[2] 徐清："应避免选择性播报"，载《检察日报》2013 年 9 月 30 日。

评论网络直播薄熙来案时指出：薄熙来案的微博直播，充分体现了中国司法机关的程序公正，对案件审理的公正透明，一定要把司法公开进行到底，只有通过公开形成倒逼机制，才能真正实现司法公开的效果。法官要将"自己的产品"晒到互联网上，接受网民监督，在这个问题上，法院不怕出洋相，不怕曝家丑。可以预见，无论在世界范围还是中国司法高层决心，司法民主化、公开化将是必然趋势，而庭审直播将是中国司法践行司法公正、实行司法为民、推行司法公开的重要举措。

（三）庭审直播的意义

1. 建设法治中国的重要举措

2013 年，习近平同志就做好新形势下政法工作首次提出建设法治中国的宏伟目标。建设法治中国，要在广大干部群众中树立法律的权威，善于运用法治思维，使人们充分相信法律、自觉运用法律，形成全社会对法律的信仰，弘扬法治精神，培育法治文化，在全社会形成学法、遵法、守法、用法的良好氛围。按照习近平同志提出的"努力让人民群众在每一个司法案件中都感受到公平正义"的目标，通过庭审直播等方式，要严格规范司法行为，切实遵守法定程序，准确适用法律法规，公平公正对待案件参与各方，努力把每一个案件都办得合法、合情、合理，使司法公正以人民群众感受得到的方式得以实现。

2. 推进司法公开和公正的有效途径

司法公开作为一项宪法原则，是促进司法民主，实现司法公正的重要保障，也是树立司法机关良好形象，提升司法公信力的有效途径。在信息化时代，司法公开也意味着审判的网络公开，每个网络上的信息获取者都可以方便地轻点鼠标而饱览全国各级各地法院推出的庭审直播内容，案件庭审情况通过法院官方微博、微信以及中国法院网开设的庭审直播网得以真实呈现。网络直播庭审的方式正是迎合了信息时代对司法公开的新要求，是司法公开原则的拓展性实现方式，使民众对司法审判不再雾里看花并因此产生误解，有助于拉近民众与司法的距离，揭开司法神秘主义的面纱，增强民众对于司法的信赖感。

3. 提升司法人员能力的有效平台

庭审直播将对司法人员的能力和素质提出挑战，挑战也意味着机遇和动力，它促使司法人员更注重自己的言行举止和专业素养。对于国家公诉人而言，庭审直播也将其推到了公众挑剔的视野之中，公诉人的一举一动、一言一行，都将直接接受专业内外各界人士的检阅和监督，这将对公诉人本身的法律专业水平、庭审把控能力、出庭仪表礼仪等产生直接影响，这种影响从另一个方面讲也有利于促使公诉人提升自己的出庭应诉能力。庭审直播对于贯彻直接言词原则，实现庭审从形式化向实质化转变具有重要的推动作用。

二、公诉人参与庭审直播中存在的问题

"正义不仅要实现，而且要以看得见的方式实现"。随着庭审直播频率与力度的加大，作为刑事诉讼庭审中处于重要地位的国家公诉人，其在法庭上的一言一行都将处于更大范围的监督之下，如果公诉人不注意自己的言行举止，不仅会使个人形象受损，也会使检察机关的整体形象受损，更有可能使民众对司法公正产生怀疑。虽然近年来我们加强了对公诉人出庭能力的培训，也取得了一定成效，但在庭审直播这一平台上公诉人需具备的综合能力还远不能适应这一形势发展的要求，具体表现如下几个主要方面：

（一）职业素养与荣誉感有待增强

在等腰三角型的诉讼构造中，公诉人处于重要一方，既代表国家行使指控犯罪的职责，又依法对庭审行使监督职责，这一特殊身份所要求的综合素养比之其他检察业务部门的检察官要高得多。具有职业荣誉感与神圣感是成为一名优秀公诉人最基础的素养，没有对这份职业的崇敬与追求，纵然你有滔滔雄辩口才也不可能成为这一行业中的翘楚。当前，培养公诉人良好的职业荣誉感与神圣感显得有些薄弱。主要表现在：一是信仰的缺失。仅把这份职业视作为个人谋生的工具，或以工作压力大、福利收入少为由千方百计调离公诉岗位或检察机关；二是价值观的错位。办案与出庭以走过场为目标，没有对每起案件产生的原因与引出的思考作深入剖析与阐述；三是工作激情的懈怠。将每次与优秀律师庭上激烈交锋切磋视为提升庭审能力机会的意识不强。这些现象如不引起我们各级领导的高度重视并加以切实解决，将会影响到整个公诉队伍的稳定与整体素能的提高。

（二）驾驭庭审的能力有待提高

《刑事诉讼法》确立了控辩式庭审方式，使公诉人从原本纠问式庭审方式

中的"配角"转变为"主角"。作为代表国家行使指控犯罪的公诉人将在庭审中行使讯问（询问）、示证、质证、辩论及对庭审活动的监督等职责。虽然控辩式庭审仍然由法官主持整个庭审过程，但公诉人实质上掌控着整个庭审各个阶段的节奏，从对讯问（询问）切入点的把握、对辩护人不当讯问（询问）的制止、通过讯问制服被告人的无理辩解与翻供等，到示证组合的合理安排，再到辩论时的有力指控与回应，都要求公诉人显示出色的驾驭庭审的能力。当前，在一些有重大影响的或者复杂的案件庭审中，我们发现许多公诉人不能有效掌控庭审，以至于在办理一些多被告、多事实、多律师且重大有影响案件时，公诉人往往显得力不从心、捉襟见肘。主要表现在：不熟悉公诉人在庭审中的相关权限与职责，以至于对许多违法现象不善监督、不敢监督；讯问（询问）和示证漫无边际，不能结合案件主要问题突出讯问与示证的针对性；辩论针对性不强，不能概括庭审各方争议焦点并作出有力回应；对庭审中突发事件（突袭证据、翻供、旁听人员骚扰法庭等）的应变处置能力不强等。

（三）辩论对抗性不强

控辩式庭审突出庭审的实质化，并对公诉人庭上的综合能力提出了更高要求，甚至有观点认为应将公诉的重心由庭前审查转向出庭支持公诉。可以预见这种庭审模式，特别是在庭审直播方式下，庭审控辩双方的对抗性将会加大，旁听人员及社会公众对庭审关注度将加大，庭审效果决定案件审理结果的影响力将加大。当前，法院系统通过加大培训，许多法官掌控庭审和居中裁判的能力有了明显提高，另外由于体制机制等方面的原因近年来律师队伍吸引了一大批优秀人才，更加适应控辩式庭审，尤其在庭审直播中有一定的优势。从共振原理看，达到庭审效果的最佳，需要控辩审三方的极致发挥，任何一方的弱势都将会对庭审效果带来负面影响，对此，要更加重视检察机关出庭公诉的工作。

当前公诉人在庭审技巧的把握和对抗性方面的问题主要表现在：一是讯问（询问）不着边际，不能结合案件特点精心组织有效讯问。同时讯问（询问）的针对性不强，不善于运用组合讯问（询问），不知讯问（询问）与在案证据如何做到内在逻辑有机联系。二是示证与质证的针对性不强。是根据罪名构成要件示证还是根据案件本身特点示证，抑或根据案件发生发展过程示证，或者针对被告翻供证人翻证直接组合示证等，显得目的性不强。三是示证说明与概括性不强，回应不力。对每份或每组证据所要证明的内容没有精练概括，对辩护人提出示证质疑不能有效回应。四是辩论阶段的对抗性和针对性不强。习惯于照本宣科，不善于临场表达或脱稿辩论，对被告人的当庭辩解与辩护观点不善于归纳，答辩答非所问。五是语言枯燥乏味。不善于运用生动的，能直击旁听人员心灵的精练语言进行对抗，不善于在辩论中用"讲道理"的方式进行辩论，不善于运用已经庭审质证的证据、事实和法理、情理组合进行鞭辟人里的阐述等。我们注意到许多公诉人习惯于将发表公诉词教条化和格式化，导致庭审效果的僵化，套话、废话连篇，公诉词中规中矩，没有个性，更谈不上艺术性。有时在对抗辩论中往往表现为演讲式辩论、宣泄式辩论、吵架式辩论和法制宣讲式辩论，甚至完全是出于表演、作秀式辩论等等，偏离了法庭辩论的本质与目的。

（四）出庭礼仪形象不佳

庭审直播对公诉人出庭的形象要求甚高，其庭审中表现出的气场和气质往往影响庭审效果，而这种气场与气质既有与生俱来的天赋，也有后天个人努力的结果，要知道一名优秀的公诉人在庭审中表现出的摄人心魄的气场和气质，均来自于其庭审中的语言、肢体、激情等多种因素的有机结合共振的结果。虽然形式不是决定性的，但有时形式的瑕疵往往会给公众留下足够的质疑，特别是在庭审直播方式下这种瑕疵会被无形放大。当前，公诉人在出庭礼仪及形象方面存在主要问题是：一是服饰仪表不佳。出庭前公诉人往往不注意个人仪表形象，有的服饰过多，有时头发凌乱，有的领带或徽章佩戴歪斜，有些女同志耳环叮当，口红指甲十分显眼；二是庭审中手舞足蹈，雷言雷语；三是正襟危坐，目不斜视，与法庭气氛不相适应。这些都将给公诉人庭审形象带来负面影响。

三、公诉人应对庭审直播的对策

庭审直播对公诉工作产生的诸多挑战也凸显出当前公诉人的出庭应诉能力、职业精神以及公诉人的选拔和培养等方面存在亟待改进的问题：

（一）统一对公诉工作求变革新的思想认识

马克思主义辩证法强调，不变是相对的，变是绝对的，改革就是求变，就是一种革命，需要大胆和谨慎、勇气和智慧并重，坚持变与不变相统一，不能因循守旧。这种哲学理念折射到公诉工作中，就是要遵循检察工作变化发展的基本规律，顺应时代发展的潮流，找准检察工作改革的基点。庭审直播是对传统庭审方式的一种突破，它已从传统的到庭旁听演变为电视直播、网络直播，受众面不断在扩大，面对这种变化，公诉人要应时应势而变，不断改进在镜头下出庭应诉的能力和水平，以求变和应变顺应法治社会带来的挑战和庭审方式的新变化。

（二）加强公诉人职业素养与荣誉感的培养

代表国家行使指控犯罪的职责决定了公诉人岗位的职业荣誉感与神圣感，这一职业由于它的特殊性在公众心目中是一份光荣而神圣的职业，是受公众尊敬的，任何一名称职的公诉人都应当把这份职业视为生命，热爱这份职业并维护这一职业形象，在这一岗位上充分体现职业理想、职业道德、职业态度、职业纪律与作风。而当前公诉人出庭应诉能力上的欠缺一定意义上还要归咎于公诉人自身职业荣誉感和责任感不够内化和巩固。对此，良好的政治理论水平和高度的正义感是公诉人必备的政治素质，同样也是选拔公诉人的首要前提，不具有这一特质的人即便有满腹才能同样不适合做公诉人。责任催生良知，责任推动敬业，有了责任心，就会有"忠诚"；有了责任心，就会牢记"公正"；有了责任，就会保持"清廉"。

（三）提升公诉人的公诉能力和技巧

刑事审判虽然是在法官的主持下进行，但庭审中的举证、讯问（询问）等活动主要由公诉人进行，因此，公诉人在庭上必须具有"眼观六路、耳听八方"驾驭全局的能力，保证庭审活动按公诉预定的方案顺利推进。同时，鉴于庭审对抗性增加，还要求公诉人具有严密的逻辑论证能力，思维敏捷，能捕捉庭审活动中一切有利控诉的言词、证据，使庭审质证能以控诉为中心，真正做到论证严谨，以理服人，说服力强，反驳有力。要让公诉人明白，法庭辩论的目的就是说服法官采纳公诉人观点，然后通过种种证据的列举和理由的阐述，力争公诉观点被法庭采纳，紧紧围绕这样的目的进行的法庭辩论，才会取得良好的庭审效果。

法庭辩论应当注意几个方面：一是注重庭审效果的艺术性。在有限时间内用简洁语言将复杂案情表达清楚。一场庭审效果较好的公诉庭，会使我们感受到庭审最高境界中的艺术性，用自己人文素养、表达能力和知识结构来控制整个法庭气氛和吸引法庭中所有人的注意力，而公诉人散发出的强大气场，使整个法庭上的人都关注他下面将要表达的观点，这种对法庭的掌控已不仅是一种技巧，而可以称之为艺术。而达到这种效果除了上面所述外，一定要注意语言本身的表达艺术，其中很重要一点，就是让旁听人员听得进、听得懂，给人留下反应和理解的余地。二是注重庭审语言的说理性。直播面对的是普通大众，公诉人要准确把握"情、理、法"的界限，并注重"情"与"理"的阐释，在语言上要善于将案情化繁为简，用群众听得懂、能理解的语言，在一些具有典型警示教育意义的案件中，要善于用朴素但又能直击人心的语言阐述案件和进行法制宣传。三是注重知识结构的丰富性。庭审活动中，控辩双方争辩的焦点往往不仅仅限于法律问题，很多疑难复杂问题会涉及天文地理，人文社科等诸多方面的知识。它要求公诉人不仅要精通法律，还要有强烈的求知欲，有锲而不舍，学而不倦的精神，自觉不断地学习新的知识，公诉人既要有勇于走向知识海洋的胆魄，又要有勤于学习的韧劲和善于学习的技巧。同时指控犯罪的过程和激烈抗辩的本身，还需要公诉人具有文学、语言学、心理学、逻辑学等多种学科知识。只有具备这些，才能保证公诉人在庭审活动中以快速敏捷的反应、陈辞雄辩的口才、庄重文雅的气质、沉着稳健的风度、灵活的语言艺术、缜密细致的思维揭露犯罪，促使被告人认罪伏法。公诉人的知识结构应随着客观条件的变化而相应予以充实，从发展的角度和战略的眼光来分析，培养复合型专业人才将是公诉人队伍发展的必由之路。

（四）完善公诉人选拔和培养机制

公诉人需要具备扎实的法律功底、灵活的思维头脑和出众的口头表达能力和形象等特质，这些特质决定了一名优秀公诉人的发展潜力，应进一步完善公诉人选拔和培养机制。

一是把好公诉人选拔的招录关。公诉人特质的具备和发掘需要一个漫长的过程，这需要检察机关善于从检察机关内外发现具备公诉人特质的人才，并吸引该类人才进入公诉队伍，通过有计划的培养和训练，使其成为一名优秀的公诉人。我们认为，检察机关可以与大专院校构建检校合作培养储备公诉人机制，在大专院校的法律院系、学生会、辩论队等机构和组织中发现具备公诉人特质的学生，由学校推荐，并经过检察机关考察，将该类学生作为

"储备公诉人"，组织学生来检察机关实习锻炼，检察机关对其进行有针对性的培训，鼓励学生报考检察机关，对于报考者，在同等条件下，优先录用。

二是把好公诉人选拔的培养关。除了加强系统内部的培养外，我们认为，可以构建大陆与香港、澳门、台湾地区检察机关的交流培养机制，每年委派优秀公诉人至港澳台地区的检控机关进行交流和学习，由该地区检控机关进行集中培训、重点培养、传授出庭应诉经验和技巧，特别是镜头下庭审应诉的能力，处理涉港澳台案件的知识，公诉人出庭的礼仪仪表知识等等，进一步拓展视野，提升公诉人的综合能力。

三是把好公诉人选拔的晋升关。我们认为，对于公诉人的考核和评价不能与对公诉部门的考核评价画等号，即将某些部门考核指标用来考核公诉人；其次，要逐步改变行政审批制对公诉人职业能力的制约，因为在行政级别逐级上报，层层审批，在这一思维模式的反复运作下，检察官个体对案件的判断和决断能力自然难以提升，可以结合现在试点并逐步推广的主任检察官制度，研究考核主任检察官工作业绩的指标要求；再次，不能简单地以量化的办案数为指标，应偏重于办案质量和社会效果，特别是通过办案延伸纠防一类问题发生的应作为重点考核指标之一；另外，要将公诉人特质作为考核和评价的特殊指标，以此促使公诉部门在任用和晋升公诉人上更关注公诉人特质。

庭审直播作为庭审的一种新方式，对检察机关的公诉工作和公诉人的出庭应诉能力将产生日益严峻的考验和挑战，对此，我们应作前瞻性思考与应对。近年来，上海检察机关的公诉工作一直走在全国的前列，面对新兴的庭审方式变革，上海公诉人应以求变应变的心态、大胆谨慎的思路、开放包容的胸襟，充分展现上海检察机关的整体形象，促进公诉工作更全面、深入、可持续发展。

新媒体时代检察队伍思想政治工作的变革与应对

肖蓉晖*

当今伴随着信息技术的迅猛发展，以数字网络技术为核心、以互联网为渠道、以无线移动设备为终端、以个人为中心的"新媒体"[1]强悍登场，并宣告了一个新时代——"新媒体时代"的到来。新媒体以其快捷高效强大的传播功能，日益博得民众青睐，人们的信息获取方式和沟通交流方式因此而悄然改变，民众生活乃至经济社会的发展方式，也正在经历着深刻而广泛的变革。作为以传播思想、沟通交流为主要职能和手段的政治思想工作，不可避免地受到新媒体时代的影响和冲击，从其理念、方式到内容的变革与应对势在必行。如何在信息社会渐露峥嵘的"大众麦克风时代"，握好思想政治工作这根"麦"，更好地服务于检察队伍建设便是本文所要探讨的内容。

一、因势而谋——新媒体时代检察思想政治工作变革的紧迫性

"每一项技术都是人类意愿的一种表达。"[2]信息技术的发展丰富了各类社会文化的形成和存在方式，它们依网络而构建、因网络而互联，以网络为平台传播信息、表达诉求、发挥影响。

---

* 肖蓉晖：上海市虹口区人民检察院党组成员、政治部主任。

〔1〕 新媒体泛指利用电脑（计算及资讯处理）及网络（传播及交换）等新科技对传统媒体之形式、内容及类型所产生的质变，载维基百科 http：//zh. wikipedia. org/wiki/% E6% 96% B0% E5% AA% 92% E9% AB% 94，最后访问日期：2013 年 9 月 27 日。

〔2〕 ［美］尼古拉斯·卡尔：《浅薄——互联网如何毒化了我们的大脑》，刘纯毅译，中信出版社2010 年版，第 47 页。

（一）新媒体成为检察干警获取信息的主要渠道

以往在思想政治工作中，书籍、报刊、广播、电视等传统媒体承担着传播主流思想的重要媒介和载体功能。当下，随着信息网络技术的蓬勃发展，微博、微信、手机报等新媒体，凭借着即时、方便、快捷的特点，迅速得到了干警尤其是年轻干警的广泛认可和接受。

近年来，检察队伍中充实了大批年轻干部，注入了大量新鲜血液。他们思想活跃，对信息的需求量更大，对信息新、奇、快的要求更高，传统媒体往往无法满足其需要，新媒体因而成为他们了解信息资讯的首选渠道。

（二）新媒体成为检察干警沟通交流的主要媒介

由于借助新媒体进行交流具有平等性、开放性、即时性、互动性的特点，微博、微信、QQ 等社交平台备受推崇，为回避现实环境中存在的无形压力和束缚，人们更愿意进入虚拟世界、借助网络平台发表观点和互动交流。

据调查，我院绝大多数干警都在使用 QQ、微博、微信等网络社交工具进行线上活动，通过转发文字、发送图片、语音聊天等形式与同学、朋友、同事等交流。在年轻人众多的科室，网络平台更是成为他们交流互动的主要工具，生日时刻的一个祝福、心情低落时的一声鼓励、紧张繁忙时的一句问候，都成为沟通彼此的桥梁，拉近彼此的距离，增强科室的凝聚力。而科室来了新人，大家互@互粉，"以新带老玩转微力量"也成为干警中常见的现象。

（三）传统思想政治工作受到挑战

面对来势汹涌、声势浩大的新媒体浪潮，一些传统的思想政治工作方法，特别是以纸媒为主要传播媒介、集中灌输式的做法，如集中开会读文件等工作方式，正在遭遇效果瓶颈。

1. 纸媒受到冷遇，书报文件失去吸引力

集中学习、读书读报读文件，是传统思想政治工作的重要方式，然而由于纸媒相对滞后的传播速度、相对固化的表达方式，其承载的资讯往往由于不新、不活而难以受人关注。相对来说，网络资讯因其跨越时空、即时鲜活，往往赢得广泛拥趸。如：你微博里刚刚收到的一条新闻，可能就发生在 1 小时前的世界各地，随之还会有即时跟进的后续报道、跟踪评论、实时截图、相关解读，如此的播报速度是传统纸媒无法做到的。同时，新媒体传达资讯语言更加生动、生活化气息更浓，从而拉近了与受众的距离，更容易吸引眼球。现实中，多数干警的阅读习惯，也已从传统的阅读书刊、杂志等方式，向浏览微博、微信等碎片化的信息获取方式转变。

2. 权威受到质疑，专家学者失去影响力

传统模式下，行业系统内的专家领导、学者教授往往被视为某个领域的权威，他们往往代表和引领着业内的主流声音，其个人也因其身份地位而具有强大的影响力。而新媒体时代，信息来源的单一性、传播渠道的固定性在发生改变，信息网络提供了多元、互动的交流平台，网上论坛、微博成就了人们自由表达的空间，网络赋予了人们更多的选择，人们视野更加开阔，思辨能力更强，人们不再人云亦云、迷信权威，而是更多地比较辨别、独立思考。结果是：一方面，一些专家学者失去了天然的影响力，且稍有不慎，可能就因其不够专、不够精、不够中立，而被无情"拍"落凡尘。与此同时，一些活跃于新媒体的网络大V、意见领袖应运而生，他们或由于平民草根的"身份中立性"而更容易受到网民信任和认可，或由于不直接关联事件的"权力利益无关性"，其言论对公众的影响也更加有力、更加深入人心。

而今在政治思想工作中我们可能正面临这样的现实：干警对思想政治工作中所施加的影响不会轻易顺从、全盘接受，而是更倾向于将各种信息进行综合比对，经过一番独立自主的思考后再做取舍，最终形成自己的思想。政治思想工作者如果仅仅凭借组织优势开展工作，不加强自身学习，不把问题看深看透，不把道理说清道明，就算是格调再高，也难以真正求得对方的接受和认同。

3. 受众成为主体，单方灌输失去说服力

新媒体时代开放、互动的环境，促进了人们主体意识的觉醒。人们更尊重崇尚个性，人人都手持麦克风，人人都掌握话语权。这对传统的思想政治工作方式提出了新的挑战，简单说教模式已经越来越难以为人们所接受。从日常实践来看，每当遇到困境、疑惑，感到不安、委屈等不良情绪时，人们也很少主动去向思想工作者推心置腹，而是选择随手转发个心灵鸡汤式的微博、在微信朋友圈向好友倾诉心声，亦或是在类似的论坛里发发牢骚寻求思想上的共鸣。

这就要求，新媒体时代下的思想政治工作，应当以平等交流为基础、以互动讨论为途径。思想政治工作者应当把对方作为平等的交流对象，采取对话、沟通、倾听和互动的方式方法，真正与交流对象建立起心理和精神上的情感共鸣和价值默契。[1]如果不能尊重个体的主体性，不能采用平等对话、互动交流的方式，将使对方失去沟通兴趣，终止交流，思想政治工作的效果也可想而知。

与此同时，由于阅历、认知方式、价值取向、利益相关性等方面的区别，干警对事物和问题的认识必然存在一定程度的差异。因此，思想政治工作者必须保持更大的宽容度，尊重个性表达，甚至要尊重他人反对自己的权力。从这个角度讲，新媒体环境下的沟通方式对思想政治工作者的能力素质提出了更大的考验。

4. 正统遭遇恶搞，贪大求全失去感染力

一直以来，人们对于思想政治工作的普遍认识可以用两个词语来概括——"严肃"和"严谨"。无论是它的从业者形象、语言模式、还是载体形式，带给人们的感觉都是严肃有余而活泼不足，谨慎有余而生动不足。受之影响而形成的是"宣传体"拘谨客套的表达方式，有的一味追求穿鞋戴帽徒增繁文缛节，有的过于中规中矩显得呆板单调，有的满足辞藻堆砌实则语焉不详空洞无物，带来的是仿佛不食人间烟火般的疏离感，失去的是走进现实贴近生活的生机，推远了与受众彼此间的距离。而与之效果相对的是，新媒体环境下催生的各种"娱乐体"的表达方式，如我们都耳熟能详的"凡客体、甄嬛体、咆哮体、淘宝体"等等，这些表达方式之所以都曾经或正在网络风靡一时、广受追捧，正是因为相比之下，人们更愿意接受这种诙谐幽默、奇幻出卫、多变速成、博取眼球的语言风格，也反映出人们普遍存在的"打破常规、藐视权威、张扬自我、崇尚平等"的社会心理需求。

反观当下的思想政治工作，我们是否可以对传统的完全说教式的"宣传体"语言风格和表达方式做出适当的创新和改变？适当借鉴网络语言轻松幽默、个性化、生活化的表达方式和风格，在严肃权威地叙事明理的同时，辅之以活泼生动的语言和清新亲切的文风，拉近彼此距离，提高思想政治工作的感染力和亲和力。如我院每年都将检察文化建设成果以电子书、视频片等形式在局域网上动态展示，通过图文并茂、声像俱全的立体传输模式，

---

〔1〕 薛小荣：《网络党建论——互联网时代政党的组织变革与社会适应》，时事出版社 2013 年版，第 239 页。

生动呈现干警丰富多彩的精神生活，在轻松愉悦的氛围中达到用检察文化影响人、凝聚人的目的，改变了传统思想政治工作给人的冷淡、无味、僵化的感觉。

二、应势而动——凸显新媒体在检察思想政治工作中的价值

2013 年 6 月 25 日中国社会科学院新闻与传播研究所、社会科学文献出版社联合发布的新媒体蓝皮书《中国新媒体发展报告（2013）》认为，功能不断延展的新媒体与社会的融合在深化，成为"美丽中国"的积极建设力量。新媒体快速、便捷、鲜活的传播优势，如能为我所用，就如同在思想政治工作者与干警之间架起了沟通的桥梁，使其情相融、心相通、利相合。

（一）"风起青萍末"——及时关注、感知人心

新媒体既然已成为干警表达交流的主要媒介，那么它同时也是反映干警所思所想、所疑所惑的"晴雨表"。思想政治工作者应当及时关注微博、微信等新媒体，力求在第一时间感知干警的思想状态，知晓干警的利益诉求，也努力在第一时间作出回应、加以引导。防止一些思想疑惑、负面情绪因缺乏关注回应和正确引导，而产生"滚雪球效应"和"蝴蝶效应"，避免小问题累积叠加成为大麻烦。

同时要畅通多样化的表达渠道，通过开展网上微调查、征集微评论等形式，引导干警通过电子邮件、QQ、论坛"拍砖灌水"等方式，表达自己的想法和建议。

如针对当下"晒娃一族"盛行的潮流，可引导干警建立准妈妈、小妈妈微信群，引导干警通过在朋友圈分享备孕准备、育儿心经，互通亲子资讯、健康知识等方式，拉近彼此的距离；思想政治工作者可通过加入微信群，主动跟进，经常互动，关注干警状态，及时跟进慰问，增强工作效果，促进工作氛围的和谐。

（二）"灵犀一点通"——消除阻碍、贴近人心

新媒体作为交流沟通工具广受推崇的重要原因之一，就是可以避免现实世界中直接面对面交流的尴尬。从心理学的角度来看，对现实的个体身份、职业等重要社会特征的掩盖，会无形中放大虚拟环境中的角色定位，缩小人

际交往的心理距离，减少心理防范。所以在虚拟环境下，通过博客、论坛、网络聊天等形式进行交流包括各类问卷调查，更能真实流露个人情感，大胆发表意见，出现畅所欲言的状态。

因此，可以通过建立网上谈心室、领导信箱等形式，鼓励干警袒露心声、大胆谏言。这种做法既可以实现点对点交流，体现对干警个体的尊重，又能消除面对面交谈带来的紧张和尴尬，解除干警的思想负担和顾虑情绪。同时，平等对话的态度、及时个性化的回复、信息情感的真诚交互也是在网络交流中获得对方心理认同的重要影响因素。

（三）"润物细无声"——以小见大、直达人心

古今中外，在哲学宗教和意识形态领域，都主张以小见大，通过讲述小故事阐明大道理、传授大智慧。现实生活中，人们也乐于运用微信、微博转发各类经典美文、故事箴言，与朋友分享人生感悟、人生哲理。因为小故事、小人物往往更接近现实、更贴近生活，也更容易引起人们内心的触动和情感的共鸣。这种以小见大的方法可以作为对大规模、集群化思想教育手段的补充，值得政治思想工作者借鉴。

如定期开展"微话题讨论""微人物评选""微格言征集"等活动，组织干警针对当前社会热点、重点工作、干警关注的问题、身边人身边事等，开展讨论、评议等，在潜移默化中引导主流价值观、澄清错误思想观点、弘扬先进事迹和人物。

触动人心的关键是要有真情实感、以人心换人心。讲故事、以小见大不能矫揉造作，更不能虚情假意，而是要在思想政治工作中注入深沉的情感，用真情、说真话、求真理，这样才能引起共鸣，从情感而非理智上影响受众，达到直达人心的效果。

三、顺势而为——破解新媒体时代检察思想政治工作难题

新媒体有其自身的优势，它是舆论放大器，能以小搏大，以寡引众，然而新媒体也有其局限性，过度依赖新媒体产生的负面效应同样不可小觑。

首先，传播主体身份的隐匿性、传播渠道的开放性、传播方式的无序性，

决定了新媒体信息是良莠不齐的。[1]海量信息瞬间涌入，让人难以明辨是非，一般人没有能力、也没有时间加以甄别，这种无所适从感久而久之会泛化为人内心的不安全感和不确定性，进而强化人际间的信任危机。

其次，人机交流、键键交流无法替代眼神交汇、握手拥抱带来的真实温暖。当下人们已经意识到，不分时间、不分场合的埋头刷屏、低头织脖已严重影响了正常的人际交往和情感交流，有网友调侃："世上最远的距离，是我在你身边，而你却在玩手机"，呼吁放下手机，摒除冷漠。

第三，新媒体缺乏表情、语气、语境支持的表达方式往往容易引起歧义，产生误解。如不久前发生的杨澜跟帖评论朗朗引起误解的事件在网上引起轩然大波，杨澜本意是在微博上的助阵提问，却被网友指责语意不善，"杨澜体"因此在网络上意外走红。对此杨澜无奈地表示："电视主持人的提问方式，在微博时代给我带来了麻烦。""在微博上，脱离了具体语境和语气，就完全可以被解读成另外一个意思——不同媒体有不同的特点，人们有可能出现多元性解读。我觉得要不断学习各种不同语态下的提问方式。"

在现实环境下，干警在检察工作中必然要面对工作对象、当事人和社会公众，人与人、面对面的交流不可避免，这时新媒体就显得无能为力，当下许多青年干警在虚拟空间交流互动时如鱼得水、从容自如，而在现实工作中与人当面沟通时却无能为力、无所适从，一方面是因为经历有限经验不足，另一方面也是因为长期沉溺虚拟空间、过度依赖新媒体而造成不敢沟通、不会沟通。

（一）牢牢把握虚拟空间话语权，阻断不良思潮干扰和侵蚀

1. 要有危机意识，积极关注新动向

新媒体时代，干警不可避免地受到各类网络杂音和不良思潮的冲击、干扰和影响，如果不加以及时干预和正确引导，他们可能会由此产生困惑疑虑，滋生不良思潮，甚至会发生理想信念的动摇和世界观、人生观、价值观的错位。思想政治工作者对此要保持清醒的认识和足够的敏感度、觉察度，避免后知后觉，使不正确的思想意识侵蚀检察队伍，要防止检察队伍的整体发展受到不利因素的影响。

---

〔1〕 汪馨兰："新媒体环境下高校思想政治教育创新发展研究"，载《学习党建与思想教育》2013年第3期。

近年来，检察队伍中年轻干部跳槽转行的人数与年俱增。究其根源，一方面的原因是，部分年轻干部对检察职业收入、晋升空间等方面过高的期望值与现实产生差距；另一方面，网络环境下多元化思潮对年轻干部择业观念、自我意识自主意识的影响也难辞其咎。我们必须进一步完善检察人员招录制度以及职业道德教育、职业精神培养、职业激励等机制，从而正确考察识别应聘人员的职业动机、改进职业教育内容方法，用职业理想感召人、用科学的制度留住人。

2. 要有先机意识，弘扬主旋律，传播正能量

思想政治工作不能在新媒体上缺位和"失声"。要牢牢掌握主动权，主动抢占虚拟阵地，传播检察正能量，利用新媒体树立主流文化的权威。

（1）建立微观点分析制度

构建以政工部门为主导、各部门合作、兄弟单位部门联动的工作网络，及时关注、收集有关检察队伍的评论和干警散落在微博、微信等工具上的微观点，定期进行微观点动态分析，对发现的苗头和倾向性问题及时研究，提出解决方案和措施，在第一时间做好关心、疏导工作。

（2）建立微人物微事迹宣传制度

依托内网"检察先锋榜""文化沙龙专栏"，并通过微博、微信推送先进人物事迹，树立检察官良好形象，营造争先创优的积极氛围。特别要用心呵护和彰显平凡检察官的事迹，让"微奉献"者感受到温暖，从而引导、促使正能量的旺盛生长。

（二）有效融合网上网下工作新方法，摒除键键交流的疏离和冷漠

毋庸置疑，我们在思想政治工作中的一些传统的做法，如集中宣讲、家访、谈心等，发挥着新媒体手段不可取代的重要作用。应当将这些方法与新媒体手段加以融合，优势互补，促进政治思想工作的时代性和有效性的进一步增强。

1. 思想教育既要坚持"面对面"，也要学会"键对键"

2011 年 5 月 4 日发布的《社会心态蓝皮书》中指出，传统媒体的被信任程度较高，而网站较低。书刊、杂志等传统主流媒体在"深度"和"精度"上远超网络。要坚持通过组织学习会、读书会、座谈会等形式，开展思想教育和交流活动。在交流过程中，干警相互之间对信息的再筛选、对事实的再梳理、对观点的再组织可以保证正确思想观念的传递。在会议的形式

上，可以借助 PPT 演示、微信交流等新媒体形式，进一步深化、生动交流效果。

2. 关心干警既要坚持"点对点"，也要善于"点带面"

要坚持"七必访"制度，在干警工作生活发生重要转折、家庭遭遇重大变故以及其他重要的时间节点上，开展家访活动。在坚持上门家访、当面慰问、促膝谈心的同时，在干警生育、献血、生病、退休等重要时刻，可借助局域网、微博微信短信等，进行网上祝福，让更多的干警参与和分享快乐，放大工作效果。今年，我院坚持传统做法，在中秋佳节举行外地来沪单身青年座谈会，与往年不同的是，与会青年们收到了一份珍贵的礼物——由院文化沙龙小组成员自发组织 DIY 活动，亲手制作的月饼，受到干警们的欢迎，相关信息在干警微信朋友圈中转发。

要完善检察内部局域网建设，通过开设网上沙龙等，为干警搭建个性的交流平台，发挥文艺骨干、文化精英在网上网下的引导作用，让主流声音在检察系统内无处不在，无所不在。要建立网上谏言栏，重视收集意见和建议，及时予以回复和处理，实现网上与线下协同。

（三）努力锤炼驾驭新媒体的本领，提升思想政治工作者素养和形象

要建立以院科领导、党团支部、工会妇联组织等分工负责、互动联合的立体化全覆盖式的思想政治工作网络，做到人人关注思想政治工作。院、科两级领导要坚持"一岗双职"，充分发挥组织优势，通过谈心、走访等形式定期与干警有效沟通交流，及时了解掌握干警的思想动态。健全机关党委、妇联、工会建制，发挥各级组织在思想政治工作中的主导作用。积极鼓励支持文化沙龙小组活动，发挥骨干力量在检察文化建设中的引领作用。

思想政治工作者要适应新媒体的时代趋势，在思想意识上更加包容，举止行为上更加从容，要善于学习，不断提高运用新媒体的能力，不断提高舆情预判和危机处置能力，改变"刻板的训诫者"形象，努力成为"灵活的导师"。

1. 树立敏锐的信息意识，做到游刃有余

虚拟空间的海量信息和新媒体时代信息的时效性极大削弱了思想政治工作者的信息优势，思想政治工作者要从观念上认清新媒体时代思想政治工作发展趋势，要熟悉信息传播规律，主动、理性应用新媒体于思想政治工作中；立足新媒体保证信息摄取的深度与厚度，真正做到思想引领游刃有余。

2. 强化"把关人"意识，及时筛选过滤

思想政治工作者要规避信息的重复更迭，控制或屏蔽不良的信息，同时也要求思想政治工作者端正传播动机，公正、客观地表达观点，营造良好的传播环境和氛围。但把关人并不意味着对"不同声音"的排斥，所谓君子"和而不同"，思想政治工作者要以宽大的胸怀和辩证的眼光去看待干警不同的声音甚至一些非主流的观点，面对干警在新媒体渠道上的"吐槽、拍砖"，不能一堵了之，而要善于疏导。通过公开思想政治工作者的博客、微博、QQ等联系方式，以平等真诚的对话获取干警信任和支持，进而实现隐形的思想引导。[1]

3. 提高网络技术的应用能力

思想政治工作者缺乏必要的网络技术知识、技能，会使网络思想阵地建设影响力和吸引力不足，与干警沟通交流的"兴趣点"减少，同时还会出现对思想政治教育反应"迟钝"的现象，使得思想政治工作实效性大打折扣。应有计划、有针对性地对思想政治工作者进行培训和辅导，使其成为熟练驾驭新媒体为我所用的行家里手。

4. 增强网络舆情的应对和处置能力

平等对话、有效沟通是新媒体时代以人为本的管理要求，思想政治工作者要主动寻找和加入检察干警论坛、干警QQ群、微信朋友圈等主动了解干警的利益诉求、思想倾向，及时捕捉干警日常关心的焦点、热点问题，正确有针对性地开展网络舆情引导。要注意收集分析相关信息，以便掌握网络舆情的走向和发展趋势，做到凡事有预案、有行动、有交代。

---

〔1〕 龙妮娜："新媒体时代大学生思想政治教育工作创新路径探析"，载《学校党建与思想教育》2013年第11期。

统一业务应用软件对上海检察机关信息化的影响

陈　荔*

近年来社保部门、银行业、保险业、电信行业的数据大集中已经成为各行业信息化建设的热点话题。而全国检察机关统一业务应用软件对于现有的检察业务软件系统规划、业务管理模式、数据信息利用和软件应用操作都将是一次巨大的变革。软件平台的统一、数据信息的集中存储和分析的好处是显而易见的，对于上海市检察系统信息化而言是一次难得的机遇，但伴随着统一软件而来的一系列问题又使上海市检察系统信息化面临着巨大的挑战。

一、信息化规划方面

由于上海检察机关近年的信息化规划形成于统一软件实施之前，有些软件系统的规划与现有统一软件不完全相符，统一应用软件全面上线，势必涉及现有信息化规划的相应调整，以及上海市检察机关信息化应用重心的改变。

（一）现有各系统之间的定位界限

目前在用的应用系统不少内容与统一软件重复。统一软件应用之后的双系统甚至三系统并行必然增加大量的工作量，什么系统继续运行下去，什么系统需要调整后使用，什么系统尽早停止使用，都需要早做决定。多套系统并行的时间要尽可能短。因为检察信息化的价值评判来自于一线干警的应用。上海检察机关信息化今天的成就来之不易，离不开市院信息化领导小组与时

---

* 陈荔：上海市虹口区人民检察院技术科科长。

俱进的信息化理念下的决策，离不开各业务条线逐年增加的重视，更离不开各基层院一线干警在实践摸索中不断提出的改良意见。

（二）统一软件数据利用分析

统一软件数据利用分析包括市院层面、分院和基层院。关于各院数据如何下发的问题，如果高检开放数据结构，这仅仅是个技术问题。如果高检不开放数据结构，这个问题就更为复杂，我们是否有能力有自信去解析并利用？但我认为这个事情必须要做，如果统一软件在上海仅仅停留在使用层面，而不对数据进行利用，对上海检察信息化发展而言是很不利的。

二、信息安全方面

统一软件的数据实行上海市院集中存储，客户端在各应用终端部署，这将增加上海市院安全性方面的风险，虽然近年来，市院开发了不少集中部署的系统，但应用层面和实时性要求均没有统一业务软件这么大。

第一，数据的安全性风险集中，因此灾备中心的建设显得尤为重要。在分布式存储的数据向市院数据中心集中的同时，原来分散的风险也随之集中。在这种模式下，虽然数据库的故障点减少了，市院对管辖范围内的数据安全可控性增强，但是故障影响面和破坏程度大大增加了。因此，如何确保意外发生情况下检察业务系统应用的持续性和业务数据的安全性成为了面前的一道现实难题。为此，建立起高可靠性、高冗余性和高扩展性标准的数据处理中心，通过"虚拟化灾备技术"，以逻辑的虚拟实现数据的统一集中或分散管理调度，建立数据实时备份中心，建立异地灾备中心都是不容忽视的头等大事。

第二，网络运维、管理的压力变大。数据的集中处理对检察专网的通畅依赖性更强，对带宽要求也变得更高，而所有系统客户端必须连接省级院数据中心才能进行系统应用，更是提高了其对实时性的要求。新的应用系统对网络的可靠性、安全性等方面都比单纯的 C/S 架构有了更高的要求。一是要重视网络的链路备份，评估单链路故障发生应用延时的可接受性。二是要优化网络管理问题，对于上海检察系统核心的应用如视频会议、机要通道、应用软件等各自的带宽进行切实有效的优化管理，优先保证重要业务流带宽，并运用错时、分时的方式合理地安排好数据的备份等工作。

三、业务管理模式方面

统一应用软件在上海检察机关的应用并非仅仅是采购新硬件、安装新软件这么简单，而是信息、文档、工作流的统一电子化。上海检察机关多年的实践已经证明：软件系统能否通过信息共享来降低检察工作的时间成本、经济成本，以及通过管理业务的网络化和工作流程的标准化来提高业务和管理效率是一线应用部门关心的重点，也是体现软件系统的生命力的关键。统一业务应用软件并非就是统一软件部署和构建数据中心，更重要的是如何让统一的信息、应用和硬件发挥作用。

检察条线业务相应的管理模式如果不因数据集中而变更，那么检察机关的管理成本不会因为应用软件统一而降低。上海作为全国改革开放的先行者，应该以人员编制、工作机制、管理模式全方位促进检察体制改革为切入点，提升统一应用软件在上海的价值。

一是现有业务流程完全可以按统一应用软件上线后的变化进行整合（业务流程的变革）调研。如各条线诸多的月、季度和年统计报表的生成、汇总，现在的模式是层层制表，自下而上逐级汇总。这部分应该考虑变为自上而下、按权限各取所需的模式。如各级绩效考核、专家型人力资源的统筹管理等变革都是可以期待的。目前需要马上着手调研如何利用数据中心的信息，推动检察体制改革和流程再造，如果可以在统一应用软件正式实施后不久即进行相应的改革试点，那对于上海检察信息化应用的价值将是质的飞跃。

二是现有信息化运维模式会与"统一软件"有很多的不适应。首先是区县院变成各客户端后，各院信息化应用维护的重点就变成应用软件的推广，做好市院信息中心和区县院应用的沟通、协调。一要深入业务部门了解实际应用情况，二要多汇报多请示。

执法办案风险评估预警工作机制之完善

——以案管部门的科学管理为视角

崔希俭*

检察机关建立健全执法办案风险评估预警机制，是防范和化解社会矛盾，维护社会稳定工作机制的创新，是检察机关化解社会矛盾的重要途径，也是实现检察业务管理科学化的重要形式。近年来，全国各地各级检察机关针对执法办案风险评估预警工作机制，从评估案件范围、信息等级划分以及风险化解流程等角度进行了有益的探索。如何对执法办案风险评估预警工作进行科学管理，以保障此项工作的规范有序、扎实有效的开展，是当前亟需研究和解决的一个问题。

一、案管部门管理执法办案风险评估预警工作的必要性

案件管理部门开展执法办案风险评估预警管理，对于规范检察机关执法办案活动，提高办案质量，建立健全执法办案风险评估机制有着积极作用。

（一）提高办案质量的必然要求

将案件办理与案件管理适当分离，对业务部门办理的案件进行质量监督，实现规范办案，提高办案质量，是案件管理部门工作的核心内容。风险评估机制的目标在于提高案件办理质量，提高司法效能，本质上是为案件办理服务的。[1]将风险评估预警工作纳入案件管理部门的管理范畴，有助于更好地

---

* 崔希俭：上海市虹口区人民检察院案件管理科副科长。

〔1〕 孟昭文、胡崇安："检察机关执法办案风险评估机制的构建"，载《人民检察》2011 年第 6 期。

发挥风险评估预警化解社会矛盾，促进公正执法的职能作用，实现执法办案的政治效果、法律效果、社会效果的统一。

（二）实现全面覆盖的有效途径

执法风险评估预警工作贯穿于整个执法办案过程中，办案人员一方面要及时全面掌握风险信息，另一方面也会根据案件的办理情况实时地调整风险评估化解措施。案件管理部门作为整个执法办案活动的监督中心、管理中心和协调中心，依托网络信息化平台，通过对案件办理的源头控制、动态监督和全程管理，提前汇总执法办案风险信息，随案件办理流程流转信息情况，对风险处理进行全程跟踪，更好地体现每案必评、每案必查的工作要求，从而实现对执法办案风险评估预警工作的全覆盖管理。

（三）提升监督实效的客观需要

案件管理部门的建立实现了检察事务性工作与业务性工作的适当分离。作为独立于其他业务部门的专门管理机构，案件管理部门不直接参与执法办案风险评估预警活动，对于风险评估预警工作的管理能坚持客观中立的立场，避免了既是"运动员"又是"裁判员"的现象。同时，案件管理部门通过办案情况通报、案件质量评查、综合业务考评等工作对执法办案风险评估预警进行督促检查，从机制上保障了监督的实际效果。

二、案管部门管理执法办案风险评估预警工作的现状分析

如何科学界定案件管理部门风险评估预警的工作职责范围，以及如何理顺案件管理部门和检察机关其他部门之间的工作关系，需要深入研究。

（一）职能定位

作为执法办案风险评估预警工作机制中的管理者，案件管理部门应坚持程序管理为主、实体管理为辅以及信息共享、部门联动的原则，与控申、办案部门分工合作，互相配合，形成风险收集、识别、评估、预警、化解的一个整体。

首先，就组织协调而言，案件管理部门应从宏观的角度，就风险评估预警的信息流转、流程运作、内外关系等开展管理工作，而不是仅就个案进行组织协调。作为牵头部门，案件管理部门可借助案件管理系统为风险评估预

警工作搭建信息化平台，就风险评估预警工作程序制定相关制度予以规范，将检察院内部各部门工作进行无缝衔接，形成联动机制，与公安机关、法院等单位就执法办案风险信息流转、预警化解工作达成共识，构成高效顺畅的风险评估预警内外循环工作机制。

其次，就督促检查而言，案件管理部门主要是就程序性问题进行监督，如风险信息未报备归档、按期未开展风险评估预警、案件审结后仍未进行风险评估预警等情形，而对于风险等级划分、预警化解处置等实体性问题则不予监督。实践中，案件管理部门可结合办案期限预警催告、案件管理情况通报、案件质量评查、检务效能督察等工作，针对不同程度、不同类型的问题采用不同的、多样化的形式进行督促检查。

（二）需要厘清案件管理部门与其他部门的相互关系

1. 案件管理部门与控申部门的工作关系

根据检察机关各部门的职能划分，控申部门是检察机关的对外"窗口"，主要负责涉案当事人的信访工作，因此控申部门在执法办案风险评估预警工作机制中的职责之一就是全程介入相关工作，在处理来信来访中及时发现执法办案风险苗头信息，协助各办案部门对执法办案过程中涉及的涉检信访风险制定工作预案，落实预案并随时调整防控措施，与办案部门互相配合、互相支持，共同做好涉案风险的化解和稳控工作。而案件管理部门在执法办案风险评估预警工作机制中是一个管理者，并不涉及具体的风险化解工作，而是依托信息化平台对整个风险评估预警工作进行宏观的组织和协调。同时，控申部门还承担着办理刑事申诉、刑事赔偿等案件的职能，在办案过程中对相关风险亦需开展评估预警工作，案件管理部门对此在组织协调的同时还应进行督促和检查。

2. 案件管理部门与办案部门的工作关系

执法办案是检察工作的中心，案件管理要自觉服务于办案工作，通过案件管理促进和保障办案活动规范、有序、高效地进行。在执法办案风险评估预警工作机制中，办案部门是核心部门，具体负责对执法办案风险的评估和化解工作，即针对执法办案风险的具体情况，提出对执法办案风险的评估意见和化解措施，并与控申等部门相配合，落实相关措施，化解风险矛盾。案件管理部门作为管理者，应通过履行案件统一受理、流程监管、质量评查、综合考评等职责进行组织协调和督促检查，对办案部门的相关工作开展管理和监督，而不能包办代替办案部门履行职能，切实做到"监督而不替代、管理而不越位"。

3. 案件管理部门与监察部门的工作关系

案件管理部门与监察部门同为检察机关执法办案内部监督的责任主体，但两者具有不同的工作重点和范围。监察部门主要是对执法办案内部监督工作进行归口管理，对办案人员履行执法办案职责的情况进行监督。在执法办案风险评估预警工作机制中，监察部门定期对办案部门工作情况进行监督检查，对没有开展风险评估预警工作，导致不稳定事件发生、造成不良后果的，根据情节轻重，按有关规定追究相关人员的责任。案件管理部门主要是对评估预警的工作流程进行监控督促，结合案后评查等工作予以监督。两者互相独立又互为补充，监察部门的监督为案件管理部门提供了保障，案件管理部门的管理监督为监察部门提供了支持。

（三）现行管理模式比较分析

实践中，执法办案风险评估预警工作管理模式主要有两种：

一是建立专门机构，负责风险信息收集研判、评估处置检查督查等工作。如北京市人民检察院第二分院建立的执法办案风险评估预警管理工作办公室，其主要职责是风险信息的收集、分析、研判，对确定风险等级案件的评估情况和处置方案进行审查，提出改进完善的意见建议，及时向相关部门发出预警，通报风险种类、等级、处置预案，协调各相关责任主体共同开展矛盾化解工作，并对执法办案风险评估和处置工作进行督查等。

二是成立领导小组，控申部门负责组织协调，或是检务督察办公室负责督察。这是全国各级检察机关采取的主要模式，本市各检察院亦大多采用该模式。即成立涉检信访案件风险评估预警领导小组，检察长任组长、分管控申部门的副检察长任副组长、主要业务部门负责人任组员，研究协调解决执法办案风险评估预警工作中遇到的问题，确保此项工作组织落实到位。控申部门负责组织协调，监察部门对执法风险评估预警工作进行考评检查，并落实责任追究。

上述两种管理模式具有一定的合理性，对于执法办案风险评估预警工作均具有积极的推动作用，但是因其与案件管理脱钩，在实践中还是存在一定的缺陷，主要体现在：

一是组织协调的全面性、系统性不强。不管是专门机构还是控申部门，对于执法风险信息的收集和掌握都难以达到及时全面的要求。将执法办案风险评估预警工作和案件办理分割管理，不可避免地重复劳动、浪费司法成本，而且也难以开展系统化的管理。控申部门本身在刑事申诉案件、刑事赔偿案件的办理中承担着风险评估预警工作，集管理者与管理对象于一体，这样的设置不利于管理工作的规范有序开展。

二是监督检查的及时性、高效性不够。专门机构或监察部门独立于案件办理过程之外，难以及时掌握案件办理情况及风险信息变化，其获取的有关执法办案风险评估、预警工作的信息都是被动的、事后的，不符合同步监督风险评估预警工作以确保风险早发现、早预防、早控制的要求。对于风险评估预警工作情况的检查考核还未从机制上予以保障，实践中对于检查不合格的个人予以责任追究的情况极少，导致有关人员没有对此项工作引起足够的重视，难以真正起到监督促进的作用。

三、案管部门开展执法办案风险评估预警管理的路径设计

案件管理部门应结合自身的工作职责，依托案件管理系统搭建执法办案风险管理信息化平台，开展信息汇集流转、全程动态监督、健全保障机制等组织协调、督促检查工作，形成信息联通、部门联动的立体管理工作模式。

（一）搭建风险管理平台，确保信息及时准确

借助案件管理系统建立执法办案风险评估预警工作管理平台，收集汇总执法办案风险信息，实现信息共享和信息互动。

1. 强化与公安机关的沟通交流

双方签订相关工作协议，规定公安机关对于涉及民生、医疗、教育等社会敏感问题可能引起不稳定因素的案件，在侦查过程中及时收集相关风险信息进行评估，并填报《案件风险预警评估表》，说明案件主要风险内容及公安机关已采取的化解措施和化解情况。在案件提请批准逮捕、移送审查起诉时，将《评估表》及相关评估材料随案移送，及时告知案件存在的信访风险和矛盾隐患，使涉检环节风险信息的掌控点得以前移。案件管理部门在案件受理时对相关材料应认真检查，将有关执法办案风险信息在管理平台上予以发布，随案件信息一起流转。

2. 多方汇集执法办案风险信息

案件管理部门及时收集汇总控申接待窗口"访情"、媒体网络"舆情"、办案部门"案情"中涉及执法办案风险的信息，客观记录每个风险点、风险源、风险变化，力求不漏掉一个风险，同时快速流转给办案部门、控申部门。

3. 实现信息共享互动

同一案件的风险评估预警信息依托风险管理平台在同一部门不同业务种类间、在不同部门间以及在市区院间的流转，从而实现上下级检察院之间、同一检察院不同部门之间对风险信息的共享。对所有的风险评估预警情况，系统通过对网上实时数据的提取，实现个案和整体情况的查询、跟踪、反馈。

（二）强化流程管理监督，规范执法办案行为

1. 研究制定工作流程规范

根据高检院对执法办案风险评估预警工作的有关要求，结合检察办案的实际情况，在多部门研商、多层次调研的基础上，牵头制定执法办案风险评估预警工作流程规范，就评估预警责任主体、时间节点、信息反馈等事项予以明确的规定。

2. 跟踪预警评估处置情况

在案件办理过程中，案件管理部门要加强对各办案部门落实执法办案风险评估预警处置情况的跟踪检查和适时监督，督促办案部门承办人根据公安移送的风险评估材料，及时开展执法风险预警评估工作，确定风险等级、制定化解方案，并根据案情变化随时调整风险预警等级，实施全程动态评估，确保将风险隐患解决在萌芽状态，促进风险化解、息诉稳控。同时，积极开展办案流程监控预警，防止超期羁押和超期办案，杜绝因超期引发涉检诉访风险的发生。

3. 同步审查审结处置工作

根据案件集中统一管理原则，案件审结后均应到案件管理部门报结，并由案件管理部门审核后统一送达。案件管理部门在审核案件移送材料时，应对案件执法风险预警情况进行同步审查，审查相关预警化解工作是否达到规定的标准，对于未进行总结或者未达到标准的要进行通报，提高评估的自觉性。

（三）健全督促保障机制，提升管理监督效能

立足于案件管理部门的流程监控、案件评查、综合考评等职能，结合检务效能督察、干警执法档案等工作，多角度、多形式地就执法办案风险评估预警工作情况进行监督，保障督促检查工作的顺利开展，全面提升监督管理的实际效果。对于遗漏评估、超时评估、未备案等情况通过流程监控预警进行实时监督，每月一次将案管工作情况在全院范围内予以通报。结合案件办理情况就执法办案风险评估预警进行案后质量评查，将风险评估预警效果作为业绩考核的重要内容，纳入部门和个人年度考评内容，并记入每位承办人员的执法档案。对于执法办案风险评估预警工作取得明显效果的，可由办案部门申报奖励，以提高办案部门、承办人的积极性。对于该评估未评估、严重不负责任、措施不落实，造成不良后果的，由监察部门立项开展检务效能督察，并在全院通报情况。

（四）深化类案分析研判，服务决策办案工作

案件管理部门应加强类案风险评估预警和分析研判，通过对检察业务信息的收集、处理、传输、存储、共享等工作，对执法办案情况进行综合分析，积极探索执法办案风险评估长效机制。[1]

一是在流程监管中，时时关注录入、更新的各种执法办案信息，一方面定期对跟踪监控的执法办案风险进行汇总分析，掌握集中反映在检察环节影响稳定的案件类型、社会动态、敏感信息及当事人诉求变化，通过实时审查核对、统计分析，及时发现开展执法办案风险评估预警化解工作中存在的执法办案问题或异常情况，及时向有关领导报告，向相关办案部门反馈。

二是每季度或年度就一段时期执法办案风险评估预警情况开展统计和研析工作，对所有办理过的案件进行跟踪，就案件质量效果作出量化分析，归纳整理不同类型案件评估处理方法的异同点，评析执法办案风险评估预警工作的效果，就有关情况形成高质量的专项工作报告，为领导决策和业务部门办案做好服务。

〔1〕 易珍荣、郑颖："检察机关案件管理与执法办案风险评估"，载《江汉大学学报（社会科学版）》2012 年第 5 期。

试论不捕案件释法说理模式的构建与完善

盛　琳

目前，由于不捕案件的适用标准和条件较为笼统，检察机关对提请批捕案件作出不逮捕决定后，容易引发侦查机关和案件当事人的质疑与不满，从而影响检察机关的执法公信力和权威性。为此，2013 年上海市检察机关将"释法说理"专项练兵活动作为"执法为民"主题实践活动之一，希望通过该活动提升释法说理的专业性。笔者认为，除了案件承办人需提升释法说理能力外，还需要构建释法说理工作机制、规范释法说理内容方式，进一步提升检察机关不捕决定在侦查机关和案件当事人间的可接受度。

一、不捕案件释法说理的渊源

（一）检察机关释法说理的内涵

检察机关释法说理，是指检察机关就其作出决定的事项所依据的法律及事由进行分析论证、解释说明。[1]其中，"法"主要指法律原则、法律概念和法律条文等既定规范性事项；"理"，是指事理、法理、情理，既包括对全案证据审查意见，对事实的认定和对法律适用的分析，还包括对当事人提出的异议作出的答复。[2]

根据上述解释，笔者认为，不捕案件释法说理，就是指检察机关对提请批捕案件作出无逮捕必要、证据不足及不构成犯罪等不批准逮捕决定后，就该不批捕决定向有关单位和个人开展的释法说理工作，主要分为主动说理和

---

〔1〕　王振峰："立足检察实践细化规范释法说理工作"，载《检察日报》2011 年 3 月 8 日。

〔2〕　徐剑磊："浅析检察机关推行释法说理制度"，载《法学之窗》2011 年第 8 期。

被动说理两种，前者指依据相关法律规定主动向侦查机关等法定说理对象进行说理；后者指根据相关政策和要求，向来访的案件当事人、代理人（辩护人）、涉案单位等与案件有关人员进行说理。

（二）不捕案件释法说理的法律政策渊源

我国《刑事诉讼法》第 88 条规定，人民检察院对于公安机关提请批捕的案件进行审查后，应当根据情况分别作出批准逮捕或者不批准逮捕的决定……对于不批准逮捕的，人民检察院应当说明理由，需要补充侦查的，应当同时通知公安机关。《关于依法适用逮捕措施有关问题的规定》《人民检察院刑事诉讼规则（试行）》和《公安机关办理刑事案件程序规定》等也对此作了要求。此时，释法说理的对象仅限于公安等侦查机关。最高人民检察院（以下简称"高检院"）在 2005 年的《关于进一步深化检察改革的三年实施意见》及最高检侦监厅 2009～2011 年的侦查监督工作要点中都明确提出要进一步深化不捕说理工作，不断提高不捕说理的释法说理水平。[1]特别是高检院《二〇一一侦查监督工作要点》中明确提出：不捕不仅要向侦查机关说明理由，必要时还应当向被害方释法说理。从而扩大了释法说理的范围，将案件当事人、其他诉讼参与人等涉案人员纳入释法说理对象范围。

（三）对不捕案件释法说理制度和模式构建的必要性

建立不捕案件释法说理制度是贯彻落实我国法律政策的必然选择，是保障犯罪嫌疑人、被害人等案件当事人诉讼权益的客观需要，也是树立检察机关公正、透明执法良好形象，提升检察公信力和权威性的现实要求。2013 年，上海市人民检察院陈旭检察长在全市检察长会议上对"提高司法说理能力"作了进一步要求，并对相关信息作了批示：对不捕、不诉等案件加强释法说理工作，是增加检察工作透明度、提高司法公信力的重要途径，也是司法工作内在规律的客观要求。各级院要加强实践探索力度，市院侦监、公诉、未检等部门要积极推进，总结经验，逐步形成制度和规范。陈旭检察长的批示要求，将不捕案件释法说理制度的建设纳入了上海检察机关建设的具体实践之中。

---

〔1〕 纪钧耀："不捕释法说理制度的探索和是完善"，载《法制与经济》2011 年第 8 期。

二、分解不捕案件释法说理结构

(一) 释法说理的主体和对象

释法说理的主体应当是检察机关具体承办案件的人员，具体来说，应该是侦查监督部门负责该起不捕案件审查的具有助理检察员以上资格的承办人员。在实际操作中，也存在控告申诉部门干警和不具有行使检察权资格的书记员协助说理的情况，笔者认为，应明确该类主体不应作为不捕案件释法说理的责任主体。不捕案件释法说理的法定对象为提请批准逮捕的侦查机关（不限于公安机关，但不包括检察机关自侦部门）。[1] 此外，其他对象还应包括诉讼参与人、当事人近亲属或与案件有利害关系的人。[2] 因此，不捕案件释法说理对象为三方，即侦查机关（主要为公安机关）、犯罪嫌疑人一方（包括共犯家属等）和被害人一方（包括与案件有牵连的人员）。

(二) 不同分类下的不捕案件释法说理重点对象

根据我国《刑事诉讼法》规定，不批准逮捕案件有三种分类，但实践中，除个别案件系嫌疑人的家属对批捕决定不服外，多数系被害人家属对不批准逮捕嫌疑人的决定不服。[3] 嫌疑人及其家属不服不批准逮捕决定主要在于不服不批捕决定适用的种类，[4] 而非不批捕理由。

一是不构成犯罪不批准逮捕，即绝对不捕案件。实践中，由于公安机关绝对不捕案件较少，且系法定理由，证据充分。因绝对不捕案件影响较大，若侦查机关不服决定通常会进入复议复核程序而不涉及释法说理问题，故主要针对被害人家属开展释法说理工作。二是无逮捕必要不批准逮捕，即相对不捕案件。该类案件即存在着"不捕案件适用条件和证明标准在操作层面较为笼统"[5] 等问题，多方均可能存在争议，因而侦查机关、被害人一方均为该类释法说理的主要对象。三是证据不足不批准逮捕，即存疑不捕案

---

〔1〕 张文博、李嘉："不捕案件说理相关问题研究"，载《法制与社会》2012 年第 10 期。

〔2〕 王振峰："立足检察实践细化规范释法说理工作"，载《检察日报》2011 年 3 月 8 日。

〔3〕 王静："对侦查监督工作释法说理的思考"，载《中国检察官》2013 年第 2 期。

〔4〕 笔者注：故在本节分析重点对象时暂且排除嫌疑人一方。

〔5〕 朱广胜："检察机关实行不诉理制度刍议"，载 http://www.jcrb.com/procuratorate/theories/academic/201110/t20111012_733674.html，最后访问日期：2013 年 12 月 16 日。

件，与相对不捕案件对象相同，但说理的倾向性和具体内容存在差异，容后分析。

三、不捕案件和不捕说理现状分析

（一）上海检察机关不捕案件数据分析和说理模式[1]

通过分析 2013 年上半年全市各级人民检察院侦监部门不批准逮捕案件情况发现，不批准逮捕人数占所有提请批捕人数的 12.4%，同比上升 6.3%。其中，多数为证据不足不捕案件和无逮捕必要不捕案件，分别占 46.4% 和 43.3%。

不捕案件数据的上升，固然有公安机关因案件数量多、周期短造成疏忽等原因，但也切实增加了检察机关向公安机关进行释法说理和向嫌疑人、被害人一方开展释法说理的工作量和难度。但同时，全市复议复核数据处于低位，也说明公安机关对检察机关作出的大多数不捕决定持肯定态度，对检察机关的释法说理予以认可。目前，在不捕案件释法说理的审查程序上，已形成"承办人提出意见—部门讨论意见或部门负责人意见—检察长意见或检委会意见决定"的三级审查程序，并在理论界和实务界均得到广泛的认同和实行。[2]明年，随着劳动教养制度的逐步取消、轻型化案件趋势和司法改革、新《刑事诉讼法》适用的深入，不捕案件存在上升趋势，要通过制度建设和规范化操作进一步提升不捕案件释法说理的效果。

（二）不捕案件释法说理一般模式

根据检察机关现有工作模式，不捕案件释法说理主要有两种方式：

1. 文书说理

检察法律文书释法说理，是指检察官在办案终结时，在检察文书中对作出检察决定所根据的事实和法律以及事实和法律的逻辑结合进行解释和说明。[3]一是指检察机关在作出不批准逮捕决定后，需制作《不批准理由说明书》，将

---

〔1〕　数据来源：上海市人民检察院侦查监督处《侦查监督业务指导》2013 年第 5 期。
〔2〕　纪钧耀："不捕释法说理制度的探索和是完善"，载《法制与经济》2011 年第 8 期。
〔3〕　高权："检察法律文书释法说理研究——以刑事法律文书为视角"，载《大庆社会科学》2010 年第 1 期。

不批准逮捕理由和所适用的法律条款逐一说明，就证据、事实、法律、刑事政策等内容向公安机关等侦查部门进行不捕说理，属于法定说理范围。实践中，检察机关案件承办人也会通过其他形式与侦查机关承办人开展非正式性的说理沟通，确保侦查机关及时、全面地获悉不捕理由。二是指检察机关对提请批捕案件进行审查后，需制作《审查逮捕案件意见书》，对于拟作不捕决定的案件，要求承办人在制作《审查逮捕案件意见书》时从案件事实、法律适用、社会危险性与诉讼风险等方面进行充分论证，不能简单地作出结论。[1]该文书属于涉密材料，具有较长的保存期限，但仅限于检察机关办案人员为向侦查机关或与案件有关人员、单位开展释法说理时作为参考依据，不对外公开。

2. 当面说理

当面说理是指检察机关不捕案件承办人面对面地向来访涉案人员或侦查机关口头进行的被动式的说理方式。通过当面说理，及时、有效地解决侦查机关或来访人员对不捕案件提出的质疑和询问。与书面说理不同，由于当面说理针对的对象和说理目的不同，在说理过程中要注意方式和内容。一是若该案件仍处于诉讼阶段，对部分涉密案情和证据收集情况应注意保密。如果告知被害人不捕理由，很有可能会影响到案件的继续侦查工作或泄露案件秘密。[2]二是由于来访人员多为无法律专业知识的涉案群众或被害人及其家属，因此在释法说理过程中，应注意少用法言法语，改用普通群众能够明白、能够理解、能够接受的日常语言，沟通时应注意来访人员情绪，并做好维稳工作。

（三）当前模式中存在的问题

一是办案周期短，承办人员对除案情外的其他情况，如被告人、被害人或其他涉案人员的家庭情况、工作生活情况等不甚了解，因此无法进行有针对性的释法说理，只能阐述法律的相关规定，以及案件的大致情况和不影响案件侦查的不捕理由。

二是基于上述理由，且由于目前不捕说理制度总体来说还属于试行阶段，还没有形成具体的制度规范，因此办案人员在适用不捕说理机制的尺度、范

---

[1] 赵敏："江西抚州检察院三举措开展不捕案件释法说理工作"，载 http://www.jcrb.com/procura-torate/jckx/201303/t20130307_1060239.html，最后访问日期：2013年12月20日。

[2] 纪钧耀："不捕释法说理制度的探索和是完善"，载《法制与经济》2011年第8期。

围方面不是很好把握，[1]因而可能存在适用界限不清而引发泄露案件秘密的问题。

三是书面说理存在形式僵化、内容简单、千篇一律的问题。如《不批准理由说明书》，属于格式化法律文书，只需将不捕结果和理由简要地书于格式内即可，缺乏对案情和证据的具体分析和概括，无法体现检察机关在审查过程中发现的问题和情况，因而对公安机关仅具有通知作用，而未能起到释法说理的作用。

四是部分检察人员在思想上缺乏释法说理的意识和观念，在执法环节开展说理的主动性、自觉性不强。[2]一些案件承办人员由于客观上存在工作量繁重、压力较大等情况，对不捕案件的释法说理"有心无力"，能省则省、能简则简，只重结果不重过程。

五是部分检察人员执法说理的素质和能力不足，说理的技能和水平相对欠缺，还不能完全适应法律监督工作形式的需要。[3]亦即承办人员的法律素养和口头表达能力不同，使部分承办人员在与来访人员或侦查机关进行沟通时存在障碍，无法有效阐述不捕的理由，或者无法使他人了解案件情况。

四、不捕案件释法说理的模式思考

（一）多方集中释法说理

在文书说理和当面说理之外，建议针对因多次上访而产生较大社会影响的案件及存在缠诉缠访、涉检上访倾向的不捕案件，采取由当事人申请进行公开答复说理的方法，即实行听证说理。尤其是对具有重大社会影响力的案件，可以召开由检察机关作为释法说理方，公安机关和被害人一方、被告人一方、利害关系人为听证申请人，人大代表、政协委员、基层群众代表等为第三方参与的听证会或座谈会，现场向申请人释法答疑，第三方参与人进行评判和提问，提升检察机关对不捕案件释法说理的公信力和权威性。

---

〔1〕 纪钧耀："不捕释法说理制度的探索和是完善"，载《法制与经济》2011年第8期。

〔2〕 张际枫、邢永杰、侯晓焱："检察执法环节释法说理的正当性、路径及限度"，载《广西政法管理干部学院学报》2012年第3期。

〔3〕 张际枫、邢永杰、侯晓焱："检察执法环节释法说理的正当性、路径及限度"，载《广西政法管理干部学院学报》2012年第3期。

同时，通过驳立辩证说理的方式，在全面剖析案情的基础上，紧紧围绕争议焦点展开说理，充分论证为什么不批准逮捕，既要阐述所采纳观点的事实和法律依据，又要揭露和驳斥相关观点的谬误，[1]使在场三方能够客观地了解、接受不捕原因。

（二）个别约谈释法说理

对于具有较多涉案利害关系人（包括被害人一方及嫌疑人一方）的案件，建议主动约谈他们的代表人或代理人，增强工作透明度。如2013年上海多发的黄金期货类非法经营案件，对部分嫌疑人作出不捕决定后，可能会引发众多利害关系人员的不满，甚至发生集访、闹访的情况。笔者认为，对该类涉众案件开展释法说理工作，应在稳定涉案人员情绪的同时，建议先由涉案人员推荐2～3名代表人，检察机关对这些在涉案人员中具有较高威信的代表进行释法说理，做好平复维稳工作，再由代表人员向群众反馈意见，缓解无序混乱的集访局面和群众不信任执法机关的情况。该模式主要适用于涉众型犯罪案件，实现了释法说理过程的平稳有序，控制了来访规模，预知了来访时间，有效缓解了对集体人员进行释法说理的压力。

（三）案件分类释法说理

笔者认为，不捕案件虽然罪名存在差异，但类型多为存疑不捕和相对不捕，对于主要是证据不足或不捕理由相近的案件，案件承办人员可以根据不同情况进行分类。如对同类案件或情况类似的案件当事人进行分析，发现案情共通点和当事人的共同诉求，从而有针对性地对个案或类案进行说理。即，根据不同类型的案件当事人，分别采取不同的释法说理方法来解决纠纷、化解矛盾。一方面，通过案件分类形成一套规范性和具有针对性的释法说理流程和规定，总结案件特点和说理要点，提升释法说理效率和作用；另一方面，能够将类似案件当事人的情况作为理据例证，用他人的实例进行说理，使释法说理工作更具可信度和实效性。

（四）提前不捕案件释法说理阶段

实践中，检察机关通常在作出不批准逮捕决定后，再根据情况对公安机关、案件当事人及其家属开展释法说理活动。笔者认为，可以将释法说理工

---

[1] 李静："浅析检察法律文书释法说理"，载《法学研究》2010年第26期。

作提前至审查过程中，在审查案件的同时，充分听取公安机关、案件被害人、被告人及家属的意见和想法，并将检察机关对案件审查所采取的标准和逮捕条件告知有关人员，在未作出不捕决定前即做好说理和解释工作，获得公安机关和案件当事人、涉案利害关系人的肯定和谅解，避免在作出不捕决定后，造成他人的不解和误会，切实发挥检察机关对不捕案件开展释法说理的主动性和前瞻性。

（五）不同释法说理对象下说理内容应有所侧重

说理对象为侦查机关或律师代理人、辩护人等具有一定法律专业知识的人员时，在严格遵守法律规定的逮捕条件同时，检察机关应注重对证据认定和法律适用上的说理。如通过嫌疑人的年龄、前科劣迹、案件情节等来阐述是否有逮捕必要性；围绕证据证明标准、犯罪构成和证据"三性"等来印证证据不足不捕；对于不构成犯罪不捕，主要是针对"情节显著轻微，危害不大"，即围绕社会危害性和人身危险性程度进行说理。

说理对象为不具有专业法律知识的人员时，除了应使用他们能够接受和理解的遣词造句外，还要做到法、理、情的有机交融。一是情感说理，即要允许当事人存有情绪化倾向。把握案件背景、嫌疑人个人和家庭情况、犯罪目的等，寻找说理对象的情感共同点，使说理对象得到情感认同。二是场合说理，即换位思考法。将自己代入案件情景，分析对方的心理，抓住其诉求根本，在维护自身的同时，要有替对方着想的体现。三是成本和算法。[1] 即运用核算成本的方法，和涉案当事人算经济账，找出落差，寻找软肋，使涉案当事人客观地接受现有状况。

五、关于不捕案件释法说理的要求和设想

（一）构建"两必谈"制度

"两必谈"即不构成犯罪不捕必谈和公安机关文书说理必谈。前者针对绝对不捕案件的当事人必须经过听证制度。由于绝对不捕案件是认为案件不构成犯罪或不认为是犯罪，它的绝对性和终局性决定了不捕决定作出后会对公

---

[1] 谷鑫鑫："释法说理在检察执法工作中的运用"，载《中国检察官》2010 年第 6 期。

安机关造成负面影响，同时被害人一方也较难接受这一决定。对此，笔者认为，为防止公安机关的不配合和被害人一方的不理解，可以通过进行公开听证取得两方谅解。一方面，绝对不捕案件因其"绝对性"具有较强的论据支撑，不捕理由较其他两种不捕决定容易被接受；另一方面，听证公开阐述不捕理由是检察机关检务公开的方式之一，能够有效树立检察机关的权威，并被公安机关和案件当事人所接受。后者指作出不捕决定后，必须对公安机关作出书面的详细的不捕理由说明。这不仅体现在《不批捕理由说明书》格式化项目的填写中，更要求对案件的事实认定、证据分析、行为定性和法律适用等问题进行详细、深入的阐述。故笔者建议，在检察法律文书中提高叙述式法律文书的比例，对需要释法说理的文书尽可能制作叙述式文书。

（二）建立"三级答疑制度"

将"三级审查"适用于释法说理之中，即对个别案件当事人、集访案件和重复访案件当事人、复杂特殊案件当事人等三级案件分别采取案件承办人、部门负责人、分管检察长或检委会意见进行说理，以应对不同释法说理案件的特殊情况，确保案件质量，保证不捕案件释法说理更加深入、透彻，从而有效解决不捕说理有理难说、有理说不清的难题，提高风险防控预警机制效果。

（三）加强说理中和说理后的跟踪处理

一方面，积极在审查逮捕阶段对因民事纠纷等情节轻微的不捕刑事案件开展刑事和解。对不捕的轻微刑事案件适用刑事和解，能够促进加害方和受害方达成谅解，迅速解决两者之间的纠纷，减少当事人投入诉讼的精力和物力。尽快地使被害人的财产损失得到赔偿，尽早地使被害人心理上得到抚慰，同时节约司法机关所花费的资源。[1]另一方面，对存疑不捕和相对不捕案件，做好后续侦查工作。对于被害人一方，应告知批捕只是一种强制措施，不是对案件的最终处理，不代表对嫌疑人不追究刑事责任，公安机关仍要通过法定程序移送起诉，法院仍可能要定罪判刑。对于公安机关，通过《补充侦查意见书》提供侦查方向和证据收集意见，同时跟踪后续处理情况，及时使被害人一方获得相关讯息。

---

〔1〕 刘家勇、葛庆峰："把和谐理念融入'冰冷'的程序——对不捕制度运行现状的反思与重构"，载《中国检察》2011年第12期。

（四）建立释法说理工作考评机制

检察业务考评制度和执法档案，能够有效引导案件承办人正确办案。建立释法说理工作考评机制，通过考评机制实现对承办人释法说理工作的规范和制约，是提高检察机关释法说理工作水平、督促承办人加强释法说理工作，积极探索释法说理方法的有效途径。通过开展由"三员"代表、专家学者、基层群众参与的释法说理优秀案例、优秀文书评选等评优活动，定期推选释法说理检察人才，使之成为侦监部门释法说理的风向标，调动干警释法说理的主动性和积极性，不断提高释法说理工作能力和水平。

（五）释法说理时应注意的要求

一是注重案件保密要求。对案件相关文书公开以及释法说理的口头答复程序公开要排除涉密情节的公开，对于因法律规定及工作需要不能公开或者不宜公开的事项不予公开，避免造成案件泄密，影响后续侦查；在释法说理工作中应注意履行保密义务。二是明确案件性质和对不捕案件的态度。要坚决维护司法裁决的正确性，不能为迎合说理对象失去原则底线，作出不合宜的承诺或说明；不对说理对象透露检察机关内部对案件的争议和分歧；对无理要求要委婉拒绝、对不属于管辖的情况要予以指引。三是加强检察队伍能力素养。通过典型案例指导、释法说理文书评选、资深干警带教传授、参与基层群众接待等岗位练兵的方式，加强对案件承办人员的释法说理能力的培养，提升检察人员运用证据和法律论证、分析的能力。

利用 P2P 进行非法集资犯罪研讨会会议综述*

近年来，随着互联网的发展与民间借贷的兴起，P2P 网络借贷这一新型金融模式随之产生。P2P 网络借贷是指个人和个人之间通过互联网平台实现直接借贷，P2P 公司从中起中介作用。然而，司法实践中，出现了一些假借 P2P 网络借贷公司或设立 P2P 网络借贷平台非法吸收公众存款或集资诈骗（以下简称"非法集资"）的新类型案件。假借 P2P 网络借贷进行非法集资的行为，严重侵害了广大投资者的财产利益，也危害金融管理秩序，司法机关必须依法进行严厉打击。如何准确把握这一新类型金融犯罪案件，需要我们进行深入的研讨。

一、入罪标准的问题

入罪标准的问题，即如何准确区分真正的 P2P 网络借贷和假借 P2P 网络借贷之名进行的非法集资犯罪。P2P 网络借贷是一种新型的互联网金融方式，有利于满足个人小额信贷需求，提高社会闲散资金利用率。然而在实践中，有些 P2P 公司违反相关规定，假借 P2P 网络借贷之名进行非法集资的犯罪行为。如何准确区分正规的 P2P 网络借贷和假借 P2P 网络借贷之名进行非法集资的行为，是当前困扰司法办案的一个难点。

有观点认为，近年来，犯罪分子实施非法集资的手段在不断更新，比较常见的手法有以投资入股、转让林权并代为管护等。最近几年，传统金融行业与互联网相结合形成的互联网金融逐步兴起并蓬勃发展，P2P 网络借贷就是一种典型的互联网金融模式。犯罪分子利用目前存在的立法相对滞后、行

---

* 本文系根据虹口区检察院于 2015 年 9 月 24 日组织召开的"利用 P2P 进行非法集资犯罪研讨会"成果整理而成。

业不规范以及监管不完善等漏洞，频频假借 P2P 网络借贷之名进行非法集资。在司法实践中，假借 P2P 网络借贷之名进行非法集资有以下三类情况：一是平台自融资，即 P2P 公司以自己公司的名义向社会公众吸收资金，这是典型的非法集资案件。二是设立"资金池"，目前司法部门对"资金池"的认识尚未统一，导致各部门对一些案件的定性存在争议。有观点认为，"资金池"是指 P2P 公司通过各种方式使投资人的资金进入 P2P 平台账户或者由平台实际控制的第三方账户，常见的方式包括 P2P 公司将借款需求设计成理财产品出售给投资人，或者 P2P 公司以中介名义对外宣称有借款需求，继而吸收社会公众资金。三是设立平台作为中介，帮助借款人吸收资金，构成非法集资的帮助犯。有观点认为，上述三类情况都是假借 P2P 网络借贷之名进行非法集资犯罪，应当予以入罪。非法集资犯罪案件具有以下四个特点：一是未经有关部门批准，行为系非法；二是承诺还本付息；三是面向社会不特定公众；四是以公开手段吸收公众存款。如果 P2P 公司从事的是合法的 P2P 业务，仅仅作为资金需求方和出借方之间的中介，那么其账户内不会出现大量资金长期停留的情况，也不会形成所谓"资金池"。也就是说，只要存在"资金池"，该 P2P 公司就涉嫌非法集资犯罪。

有观点认为，首先，要区分正规的 P2P 网络借贷和假冒的 P2P 网络借贷。正规的 P2P 网络借贷是一个网络中介平台，而假冒的 P2P 网络借贷是假借 P2P 的名义实施非法集资犯罪。其次，就"资金池"的认定标准而言，有观点认为只要资金由 P2P 公司实际控制，就可以认定存在"资金池"；只要存在"资金池"，原则上就可以认定构成非法集资犯罪。如果平台账户中所有进出的资金都是一一对应的，即只是形式上存在"资金池"，那么不宜作为犯罪论处。如果资金表面上从 P2P 公司账户中流出，实际上又流回该账户的，那么应当认定存在"资金池"，构成非法集资犯罪。最后，在司法实践中，认定非法集资犯罪的帮助犯有一定困难，因为难以收集足够的证据证明帮助犯的主观故意。为此，有观点建议"两高"、公安部联合发布司法解释，明确非法集资案件中可以适用推定明知的具体情形，以统一执法的尺度。

有观点认为，非法吸收公众存款罪，是指非法吸收公众存款或者非法变相吸收公众存款，扰乱金融秩序的行为。正所谓"万变不离其宗"，无论行为人采用什么样的手法实施非法吸收公众存款，其行为的本质是相同的。不论行为人是采用传统的手法，还是新型的手法，即设立 P2P 网络借贷平台，通过平台进行自融资、设置"资金池"或者作为吸收资金的中介，在判断是否构成非法吸收公众存款罪时都要把握以下三个要件：一是非法，即未经有关主管部门的批准；二是吸收社会上的资金为自己所用，并承诺在一定期限内还本付息；三是面向社会上不特定的公众。因此，有观点认为不能简单地因为存在"资金池"，就认定行为人构成非法吸收公众存款罪，要结合该罪的上述三个本质要件进行判断。

有观点认为，P2P 网络借贷构成非法吸收公众存款罪必须满足上述三个要件。当然，除了满足这三个要件以外，对 P2P 平台自有"资金池"还要进一步甄别，对部分行为"出罪"，即将一些不构成非法吸收公众存款罪的行为排除在外。第一，虽然公司控制"资金池"，但该"资金池"由第三方监管或担保，则不宜认定为犯罪。第二，尽管公司控制"资金池"，且该"资金池"不由第三方监管或担保，也不宜直接认定为犯罪，而是要进一步判断公司是否具有占有、沉淀"资金池"中资金的目的。实践中可以通过查阅公司的账目、核实资金流向等方法进行判断。假如绝大部分的借款人和出借人之间存在真实的、一一对应的借贷关系，且 P2P 公司的业务和盈利都是真实的，那么即使 P2P 公司短暂地控制资金，也不宜认定为犯罪。当然，要排除表面上存在一一对应的借贷关系，但实际上出借的资金又流回 P2P 公司的情况。第三，从 P2P 公司对投资人的承诺进行判断，如果 P2P 公司向投资人明确表明该投资需自负盈亏，那么也不宜认定为犯罪。如果 P2P 公司向投资人承诺还本付息，而且是高额利息，那么就应认定为非法吸收公众存款罪。

有观点认为，根据中国人民银行发布的《关于促进互联网金融健康发展的指导意见》（下称《指导意见》），P2P 公司的支付账户由银行作为第三方进行监管。然而目前，这一规定暂时尚未得到落实。实践中，P2P 公司的支付账户一般都由第三方进行监管。但是，除了陆金所等规模特别巨大的 P2P 公司以外，一般的 P2P 公司都能实际控制其支付账户。因此，有观点认为仅仅以公司实际控制资金为由认定存在"资金池"不够全面。假借 P2P 网络借贷之名进行非法集资与使用传统手段进行非法集资不存在本质区别，因此在认定"资金池"时，还需要判断 P2P 公司对其账户内的资金是否进行汇集、沉淀以及对外放款。另外，如果借款人借助 P2P 网络借贷平台发布借款需求，且资金需求量特别巨大，那么该借款人涉嫌非法集资犯罪，而 P2P 公司不构成非法集资犯罪。因为借款人的行为不符合《指导意见》规定的 P2P 网络借贷是个体对个体直接借贷的要求，而 P2P 公司仅仅是中介，不存在"资金池"，因此不构成非法集资犯罪。

有观点认为，首先，目前发生的假借 P2P 网络借贷之名进行非法集资的案件，在本质上都是非法集资这一传统犯罪的变形，与真正的互联网金融创新毫无关系，因此不存在如何平衡金融创新和打击金融犯罪的问题。其次，可以从资金所有权人的角度判断是否存在"资金池"，即通过明确 P2P 公司账户中资金的所有权人来分析该账户是否构成"资金池"。如果 P2P 公司受借款人委托向公众借款，而该借款人本身不具备吸收资金的资格，或者其委托内容不合法（比如提供高于银行同期贷款利率四倍的利息），那么该借款人就涉嫌非法集资犯罪，而 P2P 公司作为受托人不构成犯罪；如果 P2P 公司自发地向社会公众吸收资金并存放于公司账户中，那么该 P2P 公司就存在"资金池"，涉嫌非法集资犯罪。

二、主观故意和涉案人员范围问题

关于如何认定行为人的主观故意，目前有三种不同的观点。第一种观点认为，行为人明知 P2P 公司向社会公众吸收资金，并承诺在一定期限内还本付息，且明知资金进入公司"资金池"（"资金池"是一种资金管理模式，通过统一调拨公司的资金，最大限度地降低公司持有的净头寸），并由公司操纵投资款的去向。第二种观点认为，行为人明知公司向社会公众吸收资金，并承诺还本付息，且明知资金进入公司的账户。第三种观点认为，只要行为人对 P2P 公司行为的违法性有一定了解，就可认定其存在非法集资的主观故意。关于如何认定涉案人员范围，即 P2P 公司人员包括公司股东、法定代表人、高管、中层领导以及业务员等，其中哪些需依法追究刑事责任存在争议。

有观点认为，要认定行为人具有非法集资的主观故意，行为人必须明知 P2P 公司向社会公众吸收资金并承诺还本付息，且明知资金进入公司"资金池"并由公司实际控制。此外，有观点认为对 P2P 公司的高层人员应推定其主观上明知，对 P2P 公司的普通员工则不能推定其主观上明知。

有观点认为，从理论上分析，不论 P2P 公司的员工是否直接实施非法集资的行为，也不论其在 P2P 公司中工作时间的长短，只要该员工具有帮助实施非法集资犯罪的故意，就可以认定为非法集资的帮助犯。但在司法实践中，不宜完全按照刑法理论来确定需追究刑事责任的人员范围，而是应当贯彻宽严相济的刑事政策，对P2P公司中不同情况的员工进行区别对待，防止打击范围过大的情况发生。对在P2P公司中工作了很长时间的老员工，由于其完全清楚公司的实际业务运作，即使该员工没有直接实施非法集资的行为，也可以认定其为非法集资的帮助犯；对在P2P公司中工作时间较短的新员工，由于其并不完全清楚公司的实际业务情况，可以不作为犯罪处理。

有观点认为，行为人必须明知资金进入公司的"资金池"并由公司实际控制。传统的非法吸收公众存款与假借P2P网络借贷之名非法吸收公众存款不同，前者是"自吸自用"，后者是"自吸他用"。这导致在认定行为人的主观故意时，前者只要证明行为人明知吸收的资金进入公司账户就可认定其存在非法集资的主观故意，而后者必须证明行为人明知吸收的资金进入公司的"资金池"，并由公司实际控制才可认定具有非法集资的主观故意。具体而言，P2P公司的法定代表人、高管以及财务人员对资金的实际控制情况应当是明知的，而P2P公司的普通业务员则未必明知。就处理人员的范围而言，结合行为人主观故意的认定标准以及宽严相济的刑事司法政策，有观点认为处理原则可以通俗地表述为"高层打、中层看、普通放"，也就是说，公司高层人员构成犯罪，普通员工不构成犯罪，中层人员要结合具体情况具体分析。原则上，中层财务人员可以构成犯罪，但也不排除特例，比如入职时间较短的中层财务人员可以不作为犯罪处理。

有观点认为，只要行为人明知公司向社会公众吸收资金并承诺还本付息，且明知该资金进入公司账户，就可以认定行为人具有假借P2P网络借贷之名进行非法集资的主观故意。也就是说，在认定主观故意方面，这种新型的非法集资与传统的非法集资应当采用相同的标准。虽然在理论上二者的确存在"自吸自用"和"自吸他用"的区别，但在实践中自用和他用常常交织在一起，因此不宜以此为由主张行为人必须明知资金进入公司的"资金池"并由公司实际控制。就处理人员范围而言，有观点认为不能简单地以行为人在P2P公司中的身份作为划分依据，而是应当以行为人的犯罪事实、犯罪情节以及主观故意作为判断其是否符合构成非法集资犯罪的标准。从直接实施犯罪行为的角度，P2P公司的普通业务员在犯罪中所处的地位、发挥的作用甚至高于P2P公司的股东、法定代表人以及高管。不能因为这些业务员大多文化水平较低，且属于社会中的弱势群体，就放纵其犯罪行为。在实践中，有些 P2P 公司的业务员主观恶性极大，如果对他们一律不追究刑事责任，将难以发挥刑罚的威慑作用，无法起到良好的打击和预防非法集资犯罪的效果。

有观点认为，可以通过行为人具体的行为来推定其主观故意。如果行为人有明显规避或违反法律的行为，就可以推定其具有非法集资的主观故意。比如行为人在从事业务时使用假名，欺骗或者骚扰投资人，通过参加所谓的"经验交流会"学习如何应对公安机关等有关部门的检查等。另外，正规的 P2P 公司应当从事介绍等中介工作，如果业务员超越 P2P 公司的经营范围，向社会上不特定公众吸收资金投资于 P2P 公司，并且承诺还本付息，就可以推定其具有非法集资的主观故意。P2P 公司实施非法集资犯罪是一种在公司组织架构下的犯罪，要结合这一特点，对 P2P 公司中的不同员工进行分析。对公司管理人员，要以其是否具体参与非法集资的管理和获取分成为标准。对公司财务人员的处理不能一概而论：对其中与公司法定代表人、高管相勾结，负责转移和掩盖资金的财务人员应当定罪；对其中纯粹负责记账工作的财务人员则不应当定罪。对在公司中从事事务性工作的人员，即使其明知公司实施非法集资的犯罪行为，也不宜定罪，其对非法集资犯罪没有起直接作用。对仅收取很低比例佣金（例如 0.5% 佣金）的普通业务员，可以不作为犯罪处理。

有观点认为，一些 P2P 公司假借 P2P 网络借贷之名实施非法集资犯罪，其行为社会危害性极大，给人民群众造成很大的经济损失，严重扰乱金融管理秩序。但是，司法机关在打击此类犯罪时，依然要严格遵守刑法的罪刑法定原则。行为人的主观故意和客观行为都要符合《刑法》的规定，要做到严格依法办案。另外，在确定需要追究刑事责任的人员范围时应遵循从严控制的原则，不宜太宽泛。换言之，定罪时一定要慎重，因为定罪对个人、家庭以及社会的负面影响都相当大，所以要慎之又慎。同时，她认为一概以行为人在 P2P 公司中的身份作为划分标准不妥当。例如，P2P 公司的股东、法定代表人、高管、中层经理对本公司假借 P2P 网络借贷之名实施非法集资犯罪未必全部知情或者积极参与，因此不宜全部追究刑事责任。而 P2P 公司中的普通业务员在非法集资共同犯罪中参与程度很高，直接从事非法集资的犯罪行为，主观恶性很大，如果对这些业务员一概不追究刑事责任，有放纵犯罪分子之嫌。总之，不宜以身份作为唯一的划分标准，应具体案件具体分析。

三、犯罪金额的认定问题

在非法集资案件中，犯罪金额的大小影响定罪量刑，因而至关重要。利用 P2P 进行非法集资的犯罪金额如何认定目前尚无统一的标准，需要结合司法实践进行研讨。

有观点认为，在确定非法集资犯罪金额时，要分别确定每一名犯罪嫌疑人涉及的犯罪金额，以便根据不同的金额逐一量刑。因此，重点审查相关司法审计报告的内容。在开展司法审计时，可以结合每一位犯罪嫌疑人在该 P2P 公司工作的年限、P2P 公司的会计账簿、公司的现金流水账、P2P 公司与出借人签订的合同、POS 单以及投资人的陈述等证据进行综合分析，以确定每一名犯罪嫌疑人所应承担的犯罪金额。另外，有观点认为原则上应当将 P2P 公司内部人员投资于本公司的自有资金从非法集资的总额中予以扣除，但要排除一些特例。具体有以下三种情况：一是 P2P 公司员工投资于本公司的自有资金应当扣除；二是当员工之间存在上下级关系时，在上级员工应承担的犯罪金额中，应当扣除其直接下属用自有资金投资于本公司的金额；三是当 P2P 公司假借招募员工之名吸收资金的，被招募员工用自有资金投资于本公司的数额应当扣除，但在上级员工应承担的犯罪金额中不应当扣除这部分金额。另外，要汇总 P2P 公司已归还受害人的本金数额，以确定每一名受害人的损失金额。

有观点认为，认定犯罪金额时必须遵循主客观一致的原则，客观证据和犯罪嫌疑人的供述、受害人的陈述要相吻合。如果在办案过程中出现合同、司法审计报告、受害人陈述以及犯罪嫌疑人供述的金额难以相互印证，且实在无法查清的情况，有观点认为应当遵循"就低不就高"的原则，在证据有疑点时作有利于犯罪嫌疑人的认定。另外，有观点认为原则上已支付的利息应当从犯罪金额中扣除，因为非法集资犯罪的关键在于犯罪嫌疑人实际控制的资金量，而已支付的利息不在犯罪嫌疑人实际控制的范围之内。当然，在把握上述原则的前提下，还要根据利息支付的时间区分不同的情况：如果犯罪嫌疑人是在吸收本金后当场支付利息，那么可以把这部分利息扣除；如果犯罪嫌疑人是在吸收本金后很久之后才支付利息，那么这部分利息则不能从犯罪金额中扣除，只能作为量刑情节考虑，因为根据刑法基本理论，犯罪既遂后归还财物不影响既遂的认定，归还财物的行为仅作为量刑情节考虑。

有观点认为，实践中，一些 P2P 公司的业务员、业务经理甚至高级管理人员，为了提高业务量以获取更高的佣金、提成，而将自有资金投资于本人任职的 P2P 公司。在计算犯罪金额时，这部分资金是否应从非法集资的总额中予以扣除存在争议。有观点认为，在认定非法集资犯罪金额时，不应当扣除这部分资金，因为在已经建立非法集资平台的情况下，平台吸收的所有资金都应当认定为非法集资的金额。

电信网络新型犯罪疑难问题研讨会会议综述[*]

近年来，随着通信业和互联网的快速发展，以电话欠费、银行卡消费、冒充司法人员等虚假信息为诱饵进行的电信网络犯罪在我国日益增多，电信网络犯罪案件呈高发态势，侵犯了人民群众的财产安全和社会的和谐稳定。近几年，上海司法机关持续开展了打击电信网络诈骗犯罪专项行动，取得了一定的成效，但电信网络犯罪的手法也在不断翻新，呈现国际化、专业化和信息化的特点，而司法机关在打击该类犯罪时常常面临破案难、固证难和法律适用难的问题，需要对这些疑难问题进行研讨，并寻求解决方法。为此，上海市虹口区人民检察院组织召开了"电信网络新型犯罪疑难问题研讨会"，与会专家学者围绕如何准确锁定和追讨犯罪嫌疑人，收集、固定、转化电子证据，鉴定伪造的银行卡，查清涉案资金流向，准确把握案件管辖权和适用罪名，准确认定犯罪数额以及共犯等问题畅所欲言，提出了有针对性的对策和建议。现将研讨会主要情况作如下综述。

一、破案难：如何准确锁定和全面追逃犯罪嫌疑人

电信网络犯罪通常是在一种远程、非接触式的情况下完成的，犯罪嫌疑人使用现金的 VOIP 网络电话和任意显号软件，往往难以追踪，犯罪嫌疑人通常使用虚假的银行卡、手机卡，一旦成功就会立即丢弃、销毁，从而难以获取，如何准确锁定和全面追逃犯罪嫌疑人是困扰侦查机关的一大难点。

有观点认为，近年来，随着通讯技术的不断发展，电信网络犯罪呈现愈演愈烈的态势，打击的难度也在不断地加大，原因包括：一是跨境作案，如

---

* 本文系根据虹口区检察院于 2016 年 6 月 2 日组织召开的"电信网络新型犯罪疑难问题研讨会"成果整理而成。

VOIP 网络电话机房的位置已从我国大陆地区迁移至东南亚、我国台湾地区，甚至塞尔维亚、乌克兰、加拿大等欧美国家以及部分未与我国建交的加勒比海国家，为公安机关在抓捕、取证方面造成地域上的障碍；二是犯罪团伙结构松散，成员间分工明确、互不相识、单线联系，公安机关很难将其一网打尽并形成完整的证据链；三是利用网银快速转账，有些犯罪团伙的网银转账速度高达每小时人民币 800 万元，给银行卡的冻结、被害人财产损失的追回带来困难。在办理电信网络新型犯罪案件的过程中，公安机关通常是以资金流作为案件的突破口，通过查找网银转账的 IP 地址以及犯罪嫌疑人的取款地点，以此为线索抓捕取款人，并进而抓捕上游的犯罪嫌疑人。

有观点认为，2009 年以来，上海电信网络新型犯罪持续高发，被害人群体不断扩大，从以 60 岁以上老年人为主演变为遍布各个年龄阶段和社会阶层，严重危害人民群众的财产安全和社会和谐稳定。虹口区公安机关在查办电信网络犯罪时，由于侦查资源等各方面的限制，通常都是从资金流、银行卡的角度进行突破，以银行监控视频、网银转账 IP 地址、犯罪嫌疑人的住宿信息为线索抓获犯罪嫌疑人。这些犯罪嫌疑人大多处于电信网络犯罪链条的前端，比如办理并出售银行卡的犯罪嫌疑人、被犯罪嫌疑人欺骗误认为自己是在协助国家司法机关办案的人等。作为基层侦查机关，对搭建伪基站、发送诈骗短信等处于犯罪链条后端的犯罪嫌疑人，以及通过网银层层转账后在境外取款的犯罪嫌疑人缺乏足够的侦查能力和侦查资源，无法进一步开展侦查并将其顺利抓获。

有观点认为，电信网络犯罪往往由多人共同实施，既有策划整个诈骗活动的"指挥组"，也有具体实施对话诈骗的"导演组"，既有专门负责网上转存、资金分解的"转汇组"，也有实施取款的"取款组"。由此可见，电信网络犯罪有多个作案环节，且环环相扣，可能涉及购买伪基站设备、提供钓鱼网站链接、拨打诈骗电话、购买闲置银行账户、制作伪造的银行卡、套现等多个环节。但通过分析我们目前在办的扰乱无线电通讯管理秩序案、破坏公用电信设施案、妨害信用卡管理案以及信用卡诈骗案等案件可以发现，受制于有限的侦查资源和能力，基层侦查机关往往只能抓获电信网络诈骗犯罪中个别环节的犯罪嫌疑人，很难将整个电信诈骗团伙一网打尽并形成完整的证据链。因此，结合基层、一线司法机关办案实际，他认为要充分利用现有资源，加大对电信网络犯罪链条中设置伪基站以及涉信用卡环节的打击力度，达到打击整个犯罪链条、遏制此类犯罪进一步蔓延趋势的目的。

有观点认为，据统计，2015年全国公安机关共立案侦查电信网络诈骗案件59余万起，涉案金额高达人民币220亿元，同比上升32.5%，可见在我国电信网络犯罪呈现愈演愈烈的态势。电信网络诈骗团伙高智商、团伙化的特点也对我们公安机关的侦查能力提出了更高的要求。对此，我们可以借鉴我国台湾地区的成功经验。我国台湾地区于2005年创建具有综合职能的"165反诈骗咨询专线"，后经不断发展完善，成为一个功能强大的综合应用信息平台，具备拦截不法汇款、监控可疑账户、封停涉案电话、建立庞大数据库等功能。该平台有效整合了公安、金融、电信等多方力量，不仅有利于侦查工作的顺利开展，而且有助于被骗钱款的及时追还，对打击和预防电信诈骗起到了较好的效果。目前，上海已借鉴这一经验，成立了反电信诈骗中心，通过建立银行先紧急止付，公安机关再送达相关法律文书的机制，在追回被害人财物方面取得了一定的成效。未来，我们应当整合全市甚至全国公安、电信和银行的资源，成立一个综合性平台，形成工作合力，更好地打击和预防电信网络犯罪。

有学者认为，司法机关在打击和预防电信网络新型犯罪中面临诸多困难。从犯罪嫌疑人的角度分析，一是电信网络犯罪的成本很低，而侦查的成本很高；二是采用网络化、非接触式的犯罪方法，且犯罪手法不断翻新，给公安机关破案造成一定困难。从侦查机关的角度分析，一是侦查资源投入少、力量分散，不利于案件的侦破；二是随着我国法治化水平的不断提升，将来的《刑事诉讼法》会进一步规范侦查程序，侦查机关搜查、扣押计算机，获取电子证据的方式、范围都会受到严格限定；三是侦查机关已尽可能联合包括银行在内的社会各方力量，共同防范电信网络犯罪的发生，但依然难以遏制此类案件高发的态势，而且被害人群中不乏高级知识分子。针对如何打击和预防电信网络新型犯罪的问题，他认为要以信用卡环节为抓手，因此，银行成为打击和预防电信网络新型犯罪的关键，一是银行在发卡环节要严格把关，做到审慎发卡；二是银行要积极配合公安机关的调查取证，并提供相关证据。另外，司法机关要联合电信公司和银行，建设一个打击、防范电信网络犯罪的综合性平台。

二、固证难：如何收集、恢复、固定和转化电子证据以及把握鉴定意见的有效性

电信网络犯罪涉及的电子证据源有电脑主机或笔记本电脑、语音网关、移动存储介质、手机、银行卡等，如何收集、恢复、固定和转化这些电子证据源中的电子证据成为侦查的难点；另外，对于伪造的银行卡应由哪些机构来鉴定在实践中也存在不同的观点。

有观点认为，刑事诉讼中证据的重要性毋庸置疑，我们在办理电信网络新型犯罪案件时，有时就因为证据有所欠缺而不得不对犯罪嫌疑人的罪名作降格处理，甚至无法进行诉讼。总体而言，电信网络新型犯罪案件的证据主要存在三方面的问题：一是收集、固定、转化电子证据存在困难。比如公安机关已经取得犯罪嫌疑人的有罪供述，并扣押了相关的设备，但因鉴定部门无法读取设备内的数据，不能提供鉴定意见而未能提起诉讼；二是无法及时调取通讯数据。在电信网络犯罪中，犯罪嫌疑人都是通过短信、QQ、微信等即时通讯工具进行联络，这些通讯数据对案件的成功办理起着重要的作用，但目前调取通讯数据存在一定的滞后性，对于及时固定证据存在变数，建议应当通过立法解决这一问题；三是中国银联反欺诈服务中心对被写入境外银行卡信息的伪造银行卡是否具有鉴定资质的问题，检法意见不一，他认为该中心具有鉴定资质，而法院认为该中心不具有鉴定资质，应由相应的境外银行卡组织出具鉴定意见。

有观点认为，目前我们对伪基站案件、电信诈骗案件的证据认识存在很多问题，对此有观点提出三点建议：第一，公检法机关要尽可能地达成共识。与自然犯不同的是，目前公检法机关对很多法定犯，尤其是高科技背景下的法定犯尚未达成共识。案件诉讼环节的转换意味着风险的转换，因此，建议公检法机关要避免仅从自我本位的角度看待问题，而是应尽可能地多从对方的角度考虑问题，并通过典型案例，就鉴定意见等证据认识问题达成共识。第二，要转变思路。"两高"《关于办理诈骗刑事案件具体应用法律若干问题的解释》中规定，利用发送短信、拨打电话、互联网等电信技术手段对不特定多数人实施诈骗，诈骗数额难以查证，但发送诈骗信息 5000 条以上或拨打诈骗电话 500 人次以上的，以诈骗罪（未遂）

定罪处罚。这一规定的出台有助于解决实践中的部分案件，但我们也要认识到，电信网络诈骗的本质仍然是诈骗，是以非法占有为目的，用虚构事实或隐瞒真相的方法，骗取公私财物，且数额较大的行为，因此可以从传统诈骗罪的角度处理一些案件。第三，要构建制度。比如出台更有利于司法机关在实践中打击犯罪的规定，再比如在保护大多数网络用户合法权益的前提下，与运营商开展合作等。

有观点认为，第一，要进一步发展技术。上海要学习广东珠海的先进经验，以科技为引领，信息作支撑，提升大数据时代侦破电信网络新型犯罪案件的能力。第二，在办理电信网络新型犯罪案件时，可以借鉴办理非法集资案件的思路，只要相关的电子证据、书证等证据足以认定案件事实，即使缺乏被害人陈述也可以定罪。第三，关于中国银联反欺诈服务中心对磁道内被写入境外银行卡信息的伪造银行卡是否具备鉴定资质的问题，有观点认为，中国银联反欺诈服务中心只对磁道内被写入境内银行卡信息的伪造银行卡具备鉴定资质。伪造维萨（VISA）、万事达（Master-Card）等国外银行卡的，可以由其驻沪办事处进行鉴定并出具鉴定意见。第四，伪造银行卡的外在形式是次要的，银行卡的本质是具有转账、支付、结算的功能。因此，只要可以在自动柜员机（ATM 机）上用该卡取现，就应认定为伪造的银行卡。

有学者认为，在获取电子证据时，我国侦查机关面临的主要困难不在于法律规定的限制。根据《刑事诉讼法》第135条的规定："任何单位和个人，有义务按照人民检察院和公安机关的要求，交出可以证明犯罪嫌疑人有罪或者无罪的物证、书证、视听资料等证据。"该条明确了单位和个人协助搜查的义务。虽然法条中没有列举电子证据，但根据法理解释，"等"字包括电子证据。电信网络犯罪的证据主要是电信、银行等部门提供的电子证据，而利用境外网络电话犯罪，因提取证据的手续更加复杂、视频证据保存时间短暂等原因，收集齐全的证据难度很大。由此可见，困难不在于法律规定，而在于机制和技术。为破解机制和技术方面的难题，一方面，侦查机关应与电信公司、银行建立协作机制，便于在办案中获取相关电子证据；另一方面，侦查机关要在技术上有所突破，提高恢复电子证据的能力。在获取电子证据方面，我国面临的问题与发达国家恰恰相反，发达国家的侦查机关具备恢复海量数据的技术，他们的障碍主要是法律方面的争议。另外，通常我们都是通过扣押物理介质获取电子证据，但在技术允许的情况下，可以借鉴国外的做法，通过远程镜像获取电子证据。关于中国银联反欺诈服务中心鉴定资质的问题，他认为该中心对国外银行卡不具备鉴定资质，应由国外银行驻我国办事处对伪造国外银行卡进行鉴定。另外，根据《关于适用〈中华人民共和国刑事诉讼法〉的解释》第 217 条的规定，公诉人有权申请专家辅助人出庭，因此，公诉人可以申请国外银行驻我国办事处作为专家辅助人出庭，就鉴定意见提出意见，规避有关鉴定人资质的争议。

三、法律适用难：如何准确认定案件管辖权、涉嫌罪名、共犯以及犯罪数额

电信网络诈骗案件涉及的罪名有诈骗罪、信用卡诈骗、窃取信用卡信息、非法经营、非法生产、销售间谍专用器材等罪名，在办案中如何正确适用罪名，做到罪责刑相一致，需要进一步明确。另外，如何准确认定案件管辖权，认定共犯，确定犯罪数额等问题在实践中也存在争议。

有观点认为，第一，关于案件管辖的问题。根据《关于适用〈中华人民共和国刑事诉讼法〉的解释》第 8 条、第 9 条的规定："中国公民在中华人民共和国领域外的犯罪，由其入境地或者离境前居住地的人民法院管辖……""外国人在中华人民共和国领域外对中华人民共和国国家或者公民犯罪，根据《中华人民共和国刑法》应当受处罚的，由该外国人入境地……的人民法院管辖。"可见，虽然电信网络犯罪的行为地可能遍布全球，但只要犯罪嫌疑人被抓获后是从上海入境的，上海司法机关就具有管辖权，且上级司法机关可以适用指定管辖。第二，关于共犯的问题。在只能抓获部分环节犯罪嫌疑人的情况下，有观点认为以下三种情形可以认定为共同犯罪：一是下家向上家明示自己将实施电信网络犯罪，而上家仍然积极提供帮助的；二是上家在意识到下家可能实施电信网络犯罪的情况下，仍然积极提供帮助，并参与分赃；三是上家和下家间存在长期合作关系，已形成固定模式。除上述三种情形以外，在认定共同犯罪时要审慎。第三，关于适用罪名。电信网络犯罪案件涉及多种罪名，如诈骗罪，信用卡诈骗罪，非法经营罪，窃取、收买、非法提供信用卡信息罪，非法生产、销售专用间谍器材、窃听、窃照专用器材罪等，罪名的多样化有利于司法机关更好地打击电信网络犯罪，而不

是一种障碍。当然，在适用具体罪名时要坚持刑法的基本原则。第四，关于数额的问题。笔者认为对具体案件中数额的认定尚无统一的规则，需要根据个案进行判断。第五，关于被洗脑的被害人的问题。对那些原本是被害人，因为被犯罪嫌疑人洗脑而在事实上帮助犯罪嫌疑人实施诈骗的人，处理时不能一概而论，既不能全部入罪，也不能全部出罪，应该要结合他们的主观方面进行判断。

有学者认为，第一，关于共犯的问题，不要局限于共犯理论，可以运用阶段性理论处理电信网络新型犯罪案件。虽然电信网络新型犯罪的最终目的是诈骗被害人的钱财，但在这类案件中，上、下游犯罪嫌疑人间鲜有充分的犯意交流和意思表示，因此不宜运用共犯理论，而是应该运用阶段性理论，适用各种罪名，分段处理电信网络犯罪案件。刑法分则中规定了很多与电信网络犯罪相关的罪名，且立法的趋势是加大对这类犯罪的打击力度，比如，以第288条扰乱无线电通讯管理秩序罪为例，《刑法修正案（九）》对该罪名的三处修改体现了立法机关对电信网络犯罪加大打击力度的态度：首先，取消了二次违法要件；其次，把后果要件修改为情节要件；最后，加重了法定刑。另外，侦查机关在调查取证时不应仅仅围绕诈骗罪进行取证，而是应围绕每一个犯罪环节中犯罪嫌疑人的行为进行取证。第二，对伪造银行卡的理解，这个问题涉及刑法解释论中的实质解释论。根据全国人大常委会的立法解释，刑法规定的"信用卡"，是指由商业银行或者其他金融机构发行的具有消费支付、信用贷款、转账结算、存取现金等全部功能或者部分功能的电子支付卡。其中，"由商业银行或者其他金融机构发行"是形式要件，具有转账、支付、结算功能是功能要件。刑法将伪造信用卡的行为规定为犯罪是为了保护金融秩序，如果伪卡完全不能使用，那么就不可能危害金融秩序，即使磁道内被写入银行卡信息，也不构成犯罪。第三，数额的认定。只要有证据证明该资金是犯罪嫌疑人通过诈骗获得的即可，不必精准到诈骗金额和被害人一一对应的程度。另外，笔者针对"两高"于2011年出台的《关于办理诈骗刑事案件具体应用法律若干问题的解释》谈了两点想法。首先，该司法解释有利于司法机关打击电信网络诈骗犯罪。如《解释》第5条规定，以数额巨大的财物为诈骗目标的诈骗未遂应当定罪处罚，该规定有助于司法机关打击未遂的诈骗犯罪；其次，该司法解释拓宽了侦查机关调查取证的思路。侦查机关不仅可以从诈骗数额的角度进行取证，而且可以从发送诈骗信息或拨打诈骗电话数量的角度进行取证。

有观点认为，首先，要坚持主客观相一致的原则。在仅抓获部分环节犯罪嫌疑人的情况下，除非有证据证明其与他人存在诈骗的合意或概括的故意，比如上家和下家约定分成或二者间存在长期的合作关系，否则不宜认定为诈骗共犯，而应运用阶段性理论，适用各自不同的罪名。对那些被诈骗犯洗脑的被害人，如果有证据证明其自始至终以为自己是在帮助司法机关办案，即使其客观上造成了其他被害人财产的损失，处理时一定要慎重。其次，要坚持刑法基本理论。第一，在无法认定为共犯的情况下，运用阶段性理论，对不同阶段的犯罪行为适用不同的罪名。第二，对牵连犯和想象竞合从一重处罚而不能数罪并罚。第三，对电信网络疑难案件要充分运用间接正犯等刑法理论加以解决。第四，即使诈骗金额和被害人无法一一对应，只要有证据证明该金额是诈骗犯罪所得，并且得到其他书证、电子证据的印证，就可以认定为诈骗数额。最后，要具体案件具体分析。电信网络犯罪案件是一种新类型的案件，目前尚没有统一的理论和规则。司法机关面对新型、疑难、复杂的案件时，即使由于种种原因无法适用重罪，只要可以将犯罪嫌疑人绳之以法，使其受到刑法的制裁，也不失为一种可以接受的结果。

青年法苑

庭前会议若干问题研究[*]

周　健

新《刑事诉讼法》第 182 条第 2 款规定，"在开庭以前，审判人员可以召集公诉人、当事人和辩护人、诉讼代理人，对回避、证人出庭名单、非法证据排除等与审判相关的问题，了解情况，听取意见。"尽管只有一款规定，意义却非凡，这项程序的建立打破了中国的刑事审判程序由起诉到审判的直接过渡，在起诉、审判之间植入了中间程序。[1]但是对于庭前会议的定位、操作规程以及法律效力等问题理论界和实务界皆存有较大的争议，本文试图从我国的刑事诉讼模式以及现有诉讼权力（利）分配出发，探讨庭前会议制度的具体内容，在法律框架内丰富庭前会议的内涵，积极发挥庭前会议有效保证庭审顺利、高效进行的重要功能。

一、庭前会议的功能定位

从刑事诉讼的程序来看，总体上可以分为立案、侦查、审查起诉和审判阶段，审判阶段又可以分为公诉案件审查、庭前准备和法庭审理，前两者一般合称为庭前程序。公诉案件审查程序是指人民法院对公诉案件进行审查，以判断公诉提起是否符合法定要件，决定是否将案件交付法庭审判的诉讼活动；庭前准备程序是指为保障审判的顺利进行，在审判日之前，审判人员、公诉人、被告人及其辩护人等诉讼参与人为正式法庭审理所作的各项准备活动。

---

* 本文荣获最高人民检察院公诉厅"刑事诉讼法再修改与公诉工作"理论研究征文活动评选二等奖。

[1]　刘金林："特别报道之四：刑诉法大修'探秘'"，载《检察日报》2012 年 5 月 14 日。

新《刑事诉讼法》第181条针对全案移送的修订做了相应的调整，规定人民法院对提起公诉的案件进行审查后，对于起诉书中有明确的指控犯罪事实的，应当决定开庭审理，这是我国公诉审查程序的原则规定，当然我国刑事诉讼中公诉审查程序与外国预审程序不同之处在于，我国仅仅进行形式审查，不涉及事实与证据。第182条规定了人民法院决定开庭审理后的组成合议庭、送达起诉书副本、告知开庭日期和地点、通知相关人员到庭、召开庭前会议等，初步构建了我国庭前准备程序。

从现有的诉讼程序框架来看，庭前会议是庭前准备程序的重要内容，是新《刑事诉讼法》对诉讼程序的重要补充，但是我们也应当看到，囿于我国刑事诉讼结构以及证据规则，庭前会议的定位和功能相较于国外的庭前会议制度还有很大的差别，尚不具有抑制公诉权滥用、排除非法证据、避免法官心证污染等功能。新《刑事诉讼法》创设庭前会议程序的主要目的在于为法庭审理排除障碍，有效保障集中审理、提高诉讼效率。

首先，保障控辩双方权力（利）平等的功能。控辩平衡是现代刑事诉讼的基本理念，控辩平等的基本要求之一就是控辩双方在证据知悉和掌握上拥有大致相当的权利和手段。新《刑事诉讼法》恢复全案移送制度，可以有效保证辩护方辩护权的有效实现，同时辩护人手中的有关被告人不在犯罪现场、未达到刑事责任年龄、属于依法不负刑事责任的精神病人的证据以及检察机关在审查起诉后搜集的其他证据，可以在庭前会议上展示，而且还可以在审判人员的主持下交换控辩双方的意见，保证控辩双方诉权的平等，避免信息的不对称影响诉讼的平衡，进而影响庭审公平进行。

其次，有效保障集中审理的功能。一方面可以在庭前会议上发现并解决回避、管辖、证人出庭等程序性争议事项，另一方面庭前会议可以在交换控辩双方意见后整理事实、证据以及法律适用方面的争议点，通过明确争点和整理证据，可以在法庭审理过程中集中精力审理争议的焦点，能够实现庭审的集中、充分审理，大幅提高审判效率。同时，也可以通过庭前会议督促控辩双方认真开展审判准备工作，特别是敦促检察机关针对辩护方提出的异议进行调查核实，为法庭的充分辩论提供实质性保障。

尽管与国外完善的公诉审查程序和庭前准备程序还有一定的差距，但庭前会议制度的设立在起诉、审判之间植入了由审判机关、检察机关、辩护方共同参与的特殊程序，已经是一个巨大的进步。原《刑事诉讼法》及相关司法解释对于庭前程序的设置主要围绕人民法院的职责展开，多为人民法院单方面的程序性事务，缺少其他诉讼主体的参与。此次《刑事诉讼法》的修改，在保持现有司法机构格局不变的前提下，各方诉讼主体均有机会和权力（利）介入庭前程序（庭前会议），审判权得到规范，适当扩充检察机关的参与和法律监督，增加被告人及辩护人的权利，增加被害方的权利，使庭前会议成为一个科学有序、互动有为的环节。

二、庭前会议的启动条件

庭前会议不是法庭审理前的必经程序，是人民法院在法庭审理前根据公诉案件的复杂程度或者其他需要召集相关人员了解事实与证据情况、听取控辩双方的意见，整理争点，为庭审安排进行的准备活动。从新《刑事诉讼法》第 182 条第 2 款的规定来看，召开庭前会议的决定主体是人民法院，但是对于当事人及其辩护人、诉讼代理人是否可以向法院申请召开庭前会议，就非法证据排除、证人出庭、回避等事项交换意见，新《刑事诉讼法》没有明确规定。最高人民法院颁布的《关于适用〈中华人民共和国刑事诉讼法〉的解释》以及最高人民检察院颁布的《人民检察院刑事诉讼规则》对此均未作出明确规定。

鉴于庭前会议召开的决定主体是人民法院，赋予当事人、辩护人及其诉讼代理人申请权并不违背立法精神。当事人及其辩护人、诉讼代理人经过阅卷、了解全部案情后，可以就非法证据排除、回避、证人是否出庭等事项申请人民法院召开庭前会议。同时人民检察院在接到当事人及其辩护人、诉讼代理人提交排除非法证据、回避、证人出庭的辩护意见后，或者认为案件复杂需要召开庭前会议了解辩护人收集证据情况和听取辩护人意见的，也可以建议人民法院召开庭前会议。

人民法院在收到检察机关、当事人及其辩护人、诉讼代理人就排除非法证据、证人出庭、回避等事项提出召开庭前会议申请后，根据案件的复杂程度视情决定是否召开庭前会议。人民法院对于是否召开庭前会议具有一定的裁量权，人民法院在收到当事人及其辩护人、诉讼代理人排除非法证据、回避、证人出庭的申请后，可以及时将相关情况通报检察机关并了解检察机关的意见，如果检察机关的解释或者补充证据尚无法排除审判人员的合理怀疑的，可以决定召开庭前会议并将会议的时间、地点、拟讨论事项通知公诉人及其他需要参加庭前会议的人员。同时为实现庭前会议的目的，公诉人、当事人和辩护人、诉讼代理人在接到法院召开庭前会议的通知后一般必须参加庭前会议，无正当理由拒绝庭前会议的，法庭审理中就庭前会议拟讨论的议题不得提起抗辩。

三、庭前会议的参与主体

根据新《刑事诉讼法》第 182 条第 2 款的规定，除了人民法院的审判人员以及担任记录的书记员外，公诉人、当事人和辩护人可以参加庭前会议，根据新《刑事诉讼法》第 106 条，当事人包括被害人、自诉人、犯罪嫌疑人、被告人、附带民事诉讼的原告人和被告人。

一般情况下，审判人员通过庭前案件的审查认为，案件疑难、重大，复杂，可能存在影响法庭顺利进行的因素，需要在庭前了解控辩双方意见，了解诉争焦点、法庭举证质证的重点的，可以决定召开庭前会议。从庭前会议设置的目的和功能来看，人民法院具有决定由谁参与庭前会议的权力，同时为实现庭前会议的目的，公诉人和辩护人一般必须参加，但是对于被告人是否需要参加庭前会议、被告人没有辩护人的情况下是否需要召开庭前会议等问题存有一定的争议。

《关于适用〈中华人民共和国刑事诉讼法〉的解释》第 183 条第 2 款规定，人民法院"召开庭前会议，根据案件情况，可以通知被告人参加"。笔者认为，人民法院决定召开庭前会议的，一般应告知被告人有权参加，如果被告人委托辩护人参加庭前会议的，被告人可以不参加，因为被告人是法院判决或裁定的最终承受者，证人是否出庭，相关人员是否回避等问题直接关系证据采信、事实认定以及最终的刑事判决，在非法证据排除争议中，特别是对被告人口供存有异议的情况下，被告人作为"非法取证被害人"，对非法取证有着直观的感受，同时需要承担非法证据可能对其产生的不利法律后果，往往是非法证据排除的申请人，如果排除犯罪嫌疑人或被告人参与庭前会议的权利，往往不能达到庭前会议的目的。

但是，由于庭前会议召开的前提是被告人已经充分理解了对证据不表示异议以及法庭不对证据进行详细调查质证时所产生的实体后果和程序后果，否则必将极大地侵害被告人的诉讼权利。只有在被告人有辩护人为其提供充分的法律指导，理解自己在庭审前对证据不表示异议的法律意义和法律后果时，才适宜召开庭前会议，以保护被告人的权利，更好地实现司法公正。因此，一般情况下，被告人有辩护人指导下的情况方才适宜召开庭前会议，对于确有必要召开庭前会议，但被告人没有委托辩护人的，人民法院应当为其指定辩护人。

四、庭前会议的讨论事项

新《刑事诉讼法》第182条第2款规定，人民法院可以就非法证据排除、回避、出庭证人名单等与审判相关的问题召开庭前会议。庭前会议的讨论范围应围绕庭前会议的定位、目的展开，庭前会议的主要目的在于为法庭审理整理争点、排除障碍，提高庭审效率。除了法律规定的非法证据排除、回避、出庭证人名单事项外，凡是与审判相关的可能影响法庭正常连续审理的事项均可以在庭前会议上讨论，但不得涉及事实认定、证据采信以及法律适用。《关于适用〈中华人民共和国刑事诉讼法〉的解释》第184条规定，庭前会议可以就管辖、回避、证据移送、新发现证据、证人、鉴定人等相关人员的出庭、非法证据排除、公开审理等事项进行讨论。我们认为，除了上述规定的相关事项，其他与法庭审理相关的程序争议均可以在庭前会议中予以讨论，只有这样才能真正发挥庭前会议提高庭审效率、保障集中审理的重要功能。

非法证据排除是庭前会议的重要内容，甚至被称为庭前会议最重要的议题。[1]在国外，排除不具有可采性的证据，也是庭审准备程序的一项重要内容。[2]非法证据排除不是简单的程序争议，证据的排除与否与最终的事实认定、罪与非罪以及量刑轻重有着直接的联系，在两个《证据规定》颁布以后，

---

〔1〕 张伯晋：“构建中国特色'庭前会议'程序——就新刑诉法第182条第2款专访陈卫东教授”，载《检察日报》2012年4月12日。

〔2〕 英国1995年创立的"答辩和指导的听审"程序及1996年设立的"预先听审"程序都有一项重要功能，即解决证据的可采性问题；美国《联邦刑事诉讼规则》第12条规定，辩方在审判前可提出"证据禁止"的申请等。参见宋英辉、陈永生："刑事案件庭前审查及准备程序研究"，载《政法论坛》2002年第2期。

非法证据的排除往往成为案件中的焦点，造成法庭审理延迟拖沓。[1]将非法证据排除纳入庭前会议讨论的范围无疑有助于检察机关了解被告人及其辩护人排除非法证据的具体意见，也有助于人民法院了解控辩双方有争议的具体证据及双方意见，明确诉争焦点，敦促双方针对焦点做好庭前准备，为庭审做好充分准备，提高庭审的效率。

除了非法证据排除异议外，可能造成法庭审理中断的主要因素就是程序性争议，比如：法律规定审判人员、检察人员、侦查人员的回避，应当分别由院长、检察长、公安机关负责人决定；院长的回避，由本院审判委员会决定；检察长和公安机关负责人的回避，由同级人民检察院检察委员会决定，一旦在庭审中提出回避申请，势必中断庭审，影响诉讼效率。除了回避还有一些程序性事项可以在庭前会议中解决，比如管辖争议，公开与不公开审理的争议等，这些问题一般与事实和证据无关，而且如果变更大多需要人民法院的内部审批程序，如果在庭审中发现的话，往往会中断庭审或者造成庭审的拖沓，所以对这些程序争议人民法院完全可以在庭前会议中充分听取控辩双方的意见后及时解决。

证人出庭作证也是庭审中常见的争议焦点，新《刑事诉讼法》正式实施以后人民法院将会更多地面临证人出庭作证的申请。新《刑事诉讼法》第187条规定，公诉人、当事人或者辩护人、诉讼代理人对证人证言、鉴定意见有异议，且该证人证言、鉴定意见对案件定罪量刑有重大影响，人民法院认为证人、鉴定人有必要出庭作证的，证人、鉴定人应当出庭作证。第192条规定，公诉人、当事人或者辩护人、诉讼代理人可以申请法庭通知有专门知识的人出庭，就鉴定人作出的鉴定意见提出意见。如果都在庭审中提出申请的话，审判人员势必要在极短的时间内作出决定，一方面对审判人员的要求太高，另一方面也显得人民法院的决定过于仓促、不够慎重。这些问题完全可以在庭前会议上由控辩双方充分阐释证人、鉴定人、有专门知识的人出庭的必要性，审判人员听取意见后再作出决定。

另外我们认为，还可以在庭前会议程序中设置证据展示环节，特别是对

---

[1] 因部分被告人在庭审中提出曾受到刑讯逼供，备受社会关注的黎庆洪等人涉黑案庭审从6月18日开始进入排除非法证据程序，经控辩双方三天半的举证质证后，于6月21日下午才全部结束，载 http://news.xinhuanet.com/legal/2012-06/25/c_123327574.htm，最后访问日期：2012年8月13日。

于案情复杂、证据数量很大的案件。通过庭前会议控辩双方证据的展示和交换意见，了解双方对各证据的意见，明确有争议的证据，对于无争议的证据可以在举证质证程序中简单列举证据名称和证明内容，对有争议的证据在庭审中着重考虑，使得庭审能够顺利、高效进行。

五、庭前会议的程序规则

庭前会议与法庭审理不同，不涉及事实与证据的实质审理，新《刑事诉讼法》对于庭前会议应当如何召开也没有明确的程序要求，我们认为，庭前会议召开程序应为控辩双方在审判人员的主持下围绕讨论议题交换意见。

首先，庭前会议应当采用不公开的方式，除了参与庭前会议的审判人员、书记员、公诉人、当事人及其辩护人、诉讼代理人外，其他人员不得参加会议。庭前会议不是正式的开庭审理，不涉及举证质证和法庭辩论，仅仅是控辩双方就非法证据排除异议互换证据和意见，不适用公开开庭的规定。

其次，庭前会议的召开流程可以参照法庭审理的程序，由主持人员核对与会人员的信息后宣布庭前会议的开始以及会议的主要议题。会议围绕议题依次顺序展开，一般应先由被告人或其辩护人发表意见，如果有相关证据需要展示的，可以征得主持人的同意后向与会人员展示，公诉人在听取被告人或其辩护人的意见、阅看提交展示的证据后发表检察机关的意见，如果有相关证据（如讯问录音录像资料、侦查人员的情况说明等）可以在征得主持人的同意后向辩护方展示，辩护方在公诉人证据展示完毕后还可以发表一轮意见，展示的证据较多时，可以在一份证据展示完毕后，由对方发表一轮意见。在双方展示证据、发表意见后，主持人还可以安排公诉人、被告人及其辩护人发表总体意见，一般应先由辩护方发表意见；主持人在双方发表意见后归纳各方的意见，并要求书记员记录在案，交与会人员确认签字。

六、庭前会议的法律效力

目前，对庭前会议上人民法院是否可以就讨论的议题作出决定存有较大的争议，相关立法、司法解释也未明确庭前会议的法律效力。支持者认为允许庭前会议阶段对程序性问题做出决定，有利于在庭前尽量化解纠纷，增加庭审的效率。反对者认为法律仅仅规定了"了解情况和听取意见"，没有规定法院可以在庭前会议阶段作出决定，法院的决定应当是庭审中听取控辩双方的意见后作出的，而不应是私底下听取意见后进行的，尤其是对于在押的被告人，实践中很难参加庭前会议，大多数情况下只能由辩护人代为提出程序性的意见，而在庭审时再行决定无疑可以显示对被告人权利的重视。很多学者甚至认为，庭前会议对于保障迅速、集中审理的功能十分有限。[1]我们认为，要紧紧围绕庭前会议的定位及功能，在保障当事人诉讼权利的同时，为庭审有序、高效进行排除障碍，并根据庭前会议的议题区别分析人民法院的权限。

对于回避、管辖、公开与不公开审理等程序性事项以及证人、鉴定人是否需要出庭作证的争议问题，应当赋予审判人员庭前会议上的初步决定权，否则将无法达到庭前会议提高庭审效率的功能。庭前会议上，主持会议的审判人员根据现有材料认为可以对争议问题予以确认的，可以在会上作出决定，无法确认的可以在会后决定或在庭审中决定。

对于与事实认定密切相关的非法证据排除议题，庭前会议上不宜作出决定。有观点认为，国外刑事诉讼都设置了庭前排除非法证据的程序，我们应当在庭前会议上赋予人民法院排除非法证据的权限，防止非法证据流入法庭审理环节污染法官的自由心证。从我国现有的刑事诉讼模式来看，没有区分程序审和实体审，也没有预审法官的制度设计，案件的事实、证据和法律适用均由同一审判人员或者合议庭审理，不存在防止非法证据进入庭审影响审判人员自由心证的问题。另外，从我国非法证据排除程序的任务来看，主要还是发现真相，防止冤假错案，这一点也是我国与国外非法证据排除程序最本质的区别。[2]人民法院需在综合考量全部事实和证据的基础上作出是否排除非法证据的决定，在庭前会议召开前案件事实与证据尚未确定，以及审判人员无法综合考量全案的证据情况下不宜作出决定。同时，人民法院也不会就非法证据排除争议单独裁定，事实、证据和法律适用均应在最终的书面判决书中得到体现。

尽管庭前会议能够决定的范围还很小，但这并不否认庭前会议的重要作

---

〔1〕 张军、陈卫东主编：《刑事诉讼法新制度讲义》，人民法院出版社 2012 年版，第 225 页。

〔2〕 ［美］玛格丽特·K·路易斯："非法证据排除规则在中国：通过'控制滥权'实现'权力正当'（下）"，载《东方法学》2012 年第 1 期。

用，也不能据此否认庭前会议上的法律效力。庭前会议的活动情形应当写入笔录，由审判人员和书记员签名，也即，庭前会议的过程，控辩双方交换证据材料的经过，发表的有关非法证据排除的意见均应记录在案。在庭审阶段，公诉人、当事人及其辩护人、诉讼代理人没有新的证据，而对庭前会议上双方达成一致意见表示异议的，法庭可以根据庭前会议的记录制止相关人员。也只有赋予这样的法律效力才能让庭前会议真正起到保障权利、集中庭审的重要功能。

七、庭前会议的法律监督

人民法院决定召开庭前会议的，检察机关应当指派公诉人出席庭前会议，公诉人一方面应当履行检察机关指控犯罪的职责，通过发表意见、证据展示证明证据的合法性，另一方面也负有法律监督的职责，对人民法院召集庭前会议的程序、庭前会议的参与人员、会议程序、讨论内容、处理结果予以监督，对于人民法院的违法行为，可以当场予以口头纠正，也可以会议结束以后向本院检察长汇报后，制发书面纠正意见。

以理念为先导　以制度为保障
推进检察机关廉政文化建设[*]

王　未

犹如"随风潜入夜，润物细无声"的天街小雨，文化对社会和民众的影响需要一个潜移默化的过程。这个过程虽然艰辛而缓慢，但一旦为社会所接受，其影响力往往带有根本性、长期性和广泛性。在举国上下如火如荼开展廉政文化建设的背景下，检察机关应积极投身其中，以廉政文化建设推动检察工作的科学发展。

一、检察机关开展廉政文化建设的重要性和必要性

（一）开展廉政文化建设，是贯彻落实党中央反腐倡廉布局的应时之举

腐败是文明社会的毒瘤，是党和国家健康肌体的腐化剂，也是一个世界性顽疾。反对腐败，建设廉洁政治，是党中央一贯坚持的鲜明政治立场，也是备受人民关注的重大政治问题。在反腐倡廉这一庞大的系统工程中，廉政文化因其所具有的教育引导、辐射示范等功能而发挥了基础性和导向性的作用，关于廉政文化建设的思想和理论也日益丰富。2005 年 1 月，中共中央颁布了《建立健全教育、制度、监督并重的惩治和预防腐败体系实施纲要》，明确提出要大力加强廉政文化建设，把文化的力量融入反腐倡廉之中。党的十七大报告指出，要加强廉政文化建设，形成拒腐防变教育长效机制、反腐倡廉制度体系、权力运行监控机制。2009 年 3 月，中央纪委、监察部等六部委

---

* 本文荣获 2013 年第二届中国检察官文化论坛征文活动优秀奖。

联合下发了《关于加强廉政文化建设的意见》，对加强廉政文化建设的重要意义、指导思想和基本原则以及如何进行廉政文化建设进行了论述和规范，为进一步加强廉政文化建设提供了指导性意见。党的十七届六中全会把"深入开展反腐倡廉教育，推进廉政文化建设"确定为社会主义核心价值体系建设的重要内容，明确了廉政文化建设的重要意义和在廉政建设上的基础性地位。党的十八大报告中多次强调反腐倡廉建设，发出了反腐斗争的最强音。习近平总书记在中共中央政治局集中学习时强调要积极借鉴我国历史上优秀的廉政文化，不断以反腐倡廉的新进展新成效取信于民。检察机关作为国家机器中的一部分，应当积极贯彻执行党中央精神，与时俱进地开展廉政文化建设。

（二）开展廉政文化建设，是弘扬并充实检察文化的题中之义

文化因其复杂性和深层次性，很难给它下一个全面而准确的定义。对于检察文化和廉政文化的定义，学者们也是众说纷纭，莫衷一是。笔者认为，检察文化作为检察机关及其干警在检察实践中积淀下来的精神财富，蕴含着检察工作的价值追求和基本理念，其内涵随着时代的发展而不断充实、更新和完善。检察廉政文化以"廉洁"为核心内容，融合了廉政文化与检察文化的共性，为检察文化添上了浓墨重彩的一笔。古人云："不受曰廉，不污曰洁。"廉洁，本意指人的行为品性正派，克勤克俭，清白高洁。作为政法干警价值观念，廉洁包括一身正气、公道正派，淡泊名利、无私奉献，艰苦奋斗、勤俭节约，清白做人、干净做事等丰富内容。在新的时代背景下，用文化来倡导检察人员廉洁从检，以增强廉政教育的亲和力、渗透力和感染力，在整个检察系统真正营造起"崇廉"的良好氛围，既是检察廉政文化建设的目标，也是检察文化的追求。

（三）开展廉政文化建设，是强化自身监督保持队伍纯洁的现实需要

检察机关是国家的法律监督机关，是打击和预防职务犯罪的重要职能部门。所谓"打铁还需自身硬"，在廉政建设这个问题上，检察机关要坚持强化法律监督与强化自身监督并重，以更严的要求、更高的标准加强自我监督。最高人民检察院检察长曹建明曾指出："新形势下，检察机关队伍建设面临着两大历史性考验，一个是能否保证检察工作跟上历史发展的步伐，正确地履行好法律监督职责，顺利完成打击犯罪、保护人民、服务改革和现代化建设的神圣使命；一个是能否抵御各种腐朽思想的侵蚀，保证检察队伍性质和本

色不变，始终做到让党和人民放心。"[1]第一个考验涉及的是业务能力，第二个考验涉及的是职业道德。但归根到底，还是第二个考验更具风险性。如果检察干警思想不纯、作风不正、举止不廉，那么履行法律监督职责、准确适用法律打击犯罪都将成为空谈。因而，通过廉政文化建设将廉洁理念渗透到检察干警的骨子里，保持队伍的纯洁性，才能促进检察工作的长远发展。

二、当前检察廉政文化建设中遇到的问题和面临的挑战

文化建设是一项系统工程，工作量大，牵扯面广，且与物质保障、舆论环境、宣传方式等因素息息相关。当前，检察机关逐渐加大了廉政文化建设的力度，但在推进过程中遇到了一些阻碍，在一定程度上制约了检察廉政文化的建设和发展。

（一）理想与现实的落差冲击着廉洁自律的防线

检察干警具有双重身份，既是捍卫司法公正底线的"法律人"，又是熏着人间烟火与柴米油盐打交道的"社会人"，怀着法律信仰的他们也在经历着现实生活的种种压力。都说"理想很丰满，现实很骨感"，当看起来稳定体面、旱涝保收的铁饭碗变成经常加班、责任重压力大的岗位时，当铁打不动的工资遇到高房贷、高医疗费、高教育费时，当看到曾经站在同一起跑线的同学和朋友豪宅名车、日进斗金时，部分检察干警的心态失衡，身份意识逐渐淡薄，人生的坐标开始倾斜。在这样的情况下，廉政教育对他们而言只是停留在口头笔头上，而难以真正地入脑入心。

（二）"腐败文化"的出现影响着廉政文化的舆论环境

当今社会处于资讯发达、思想开放、言论自由的时代，舆论环境复杂。网络上"炫腐"微博层出不穷，"羡腐"言论不绝于耳，"笑贫不笑贪"的丑恶现象屡见不鲜，曾几何时，腐败已然渗透到部分群体的思想观念和日常行为方式中，甚至开始成为被社会所默认的一种价值观念。生活在廉政文化与所谓的"腐败文化"角力中的检察干警，对腐朽思想没有天然的免疫力，极有可能受到扭曲的价值观的影响。而一旦价值观发生了颠覆，是非判断的标

---

[1] 张国臣："检察廉政文化建设及其机制创新"，载《中国刑事法杂志》2012 年第 1 期。

准也将随之发生变化，最终跌入腐败的泥坑。正如一位贪腐官员在狱中所作的忏悔："错把权力当能力，错把利益关系当朋友关系，错把职务影响当人格魅力，错把潜规则当行为规范"。此语真是一针见血，发人深省，可惜到彼时彼刻，悔之晚矣。

(三) 廉政文化建设的力度不够，效果难显现

首先，在检察机关内部存在"重业务管理轻文化建设"的倾向，注重对业务部门的资源配置，而对纪检监察部门的力量配备较少，在一定程度上影响了廉政工作的有效开展。其次，廉政文化教育和宣传的手段比较简单，形式比较浅显，如采取文件传阅、廉政警句格言征集、廉政文化演讲、先进事迹报告会等形式，既没有上升到理论研究的层面，也难以引起干警的共鸣，文化宣传的渗透力、感染力、辐射作用均需要进一步挖掘。再次，廉政文化建设的制度化进程需进一步加快，廉政文化建设要实现长期性、稳定性和有效性尚存在不少困难。

三、推进检察廉政文化建设的建议和设想

(一) 夯实廉政文化建设的物质基础

从哲学角度来看，文化是形而上的内容，属于意识的范畴，意识以物质为基础，并反作用于物质。可见，任何一种先进文化的培育与创建，都必须以相应物质条件为基础与载体，离开这些基本条件谈文化建设既缺乏依托也没有实际意义。因而，检察机关推进廉政文化建设，一方面要设立专项经费，为学习材料购买、设备设施添置、廉政教育基地建设、思想道德培训等提供财力支持，为廉政文化各项活动的开展搭好台，铺好路。另一方面，要尽力改善检察干警的办公环境和待遇，对于任务特别重压力特别大的部门适当奖励岗位津贴，对家庭经济特别困难的干警予以抚慰扶助，让干警感受到来自集体的鼓励和温暖。正如古语所云"仓廪实而知礼节，衣食足而知荣辱"，在市场经济繁荣，物价飞涨的今天，适度提高公务人员的收入水平，让他们少一些经济上的后顾之忧，也能在一定程度上帮助他们遏制贪欲，保持清廉本色。

(二) 深化廉洁从检的理念教育和宣传

从廉洁到腐化再到腐败，恰如一个温水煮青蛙的过程，在量变到质变的

过程中，权、钱、色的诱惑只是外因，理念和信仰的动摇乃至崩塌才是内因。廉政文化建设是一个以文化人、以文育人的过程，其目的是要通过文化熏陶，让检察干警对廉政理念产生认同感，将遵守廉政规定转化为个人的内在自觉和对自我人格的尊重，这样才能从根本上达到拒腐防变的效果。

1. 充实教育内容，彰显廉政文化的渗透力

廉政文化建设不是一项独立的工作，要与政法干警核心价值观主题教育活动、"执法为民"主题实践活动以及以"为民、务实、清廉"为主要内容的群众路线教育实践活动有机结合起来。在教育内容的编排上，应坚持廉政理论与真实案例并重、先进事迹与反面教材相结合的原则，着重加强身份意识、宗旨意识、自律意识的教育。只有对职业的性质和公务员的身份有透彻的理解，才能淡然面对各种诱惑，坦然接受这份工作带来的得与失，做到不失衡、不虚荣、不攀比。

2. 丰富教育形式，突出廉政文化的感染力

传统的说教式、填鸭式的教育形式，不免给人枯燥乏味的感觉，从而使教育效果大打折扣。笔者认为，在教育形式的选择上，应坚持教育性与娱乐性相结合、原则性与灵活性相结合的原则，组织一些具有知识性、文艺性、趣味性的活动，如参观廉政教育基地；举行廉政知识竞赛、反腐倡廉书画展、篆刻作品展；排演现代廉政小品、舞台剧等等。相比看文件、听报告、写警句而言，这些活动更"接地气、冒热气"，更能打动人、感染人。

3. 拓宽宣传渠道，提升廉政文化的影响力

一是以社区检察室为平台，向社会公众展示检察廉政文化。在社区、街道、乡镇设置派驻检察室是上海市检察机关近年来的创新举措。检察机关要充分发挥社区检察室深入基层、贴近群众的地缘优势，通过举行"检察开放日"活动、进社区开展法制宣传等途径，宣传检察廉政文化。二是以新媒体为传播媒介，打开廉政文化宣传新局面。当下，与传统媒体并存的互联网、手机短信、博客、微博、QQ群、微信等新媒体迅猛发展，成为社会公众参与国家事务管理、行使批评建议权利的主要渠道。检察机关廉政文化的宣传工作也要顺应时代发展潮流，通过开通廉政微博、检务公开网上平台等方式提升影响力。三是以"廉内助"、"廉政家庭"评选等活动为载体，发挥检察廉政文化的辐射效应。每年度评选并表彰"廉内助"和"廉政家庭"，将廉政文化融入到检察干警8小时工作以外的家庭生活中，将廉政文

化传播到检察干警的亲朋好友中，实现检察廉政文化与社会廉政文化的有效对接。

（三）强化廉政文化建设的制度保障

文化的标志是制度化，文化构成了将其制度编制在一起的网络。[1]仅仅依靠思想道德教育，将廉政文化建设完全寄托在世人知廉知耻的自觉性上，是远远不够的，还需要建立健全相应的机制、制度，以实现廉政文化建设的长期性、稳定性和有效性。

1. 健全和落实廉洁自律的各项规章制度

廉政规章制度是廉洁自律理念的外化和固化，是检察干警的基本行为守则。因而，要在严格执行《中国共产党党员领导干部廉洁从政若干准则》、《检察机关领导干部廉洁从检若干规定（试行）》、公职人员财产申报、重大个人事项报告制度的同时，根据检察机关内部各岗位的工作实际，制定更加细化、更有针对性的措施，使规章制度不仅适用于领导干部，也适用于一般干警，从而更具普适性。

2. 建立人才培育机制，打造廉政文化建设的专业队伍

从广义上说，广大干警都是检察廉政文化建设的参与者和建设者，但囿于部门分工和办案压力，仍需要组建一支人员相对稳定、廉政素养较高、调研能力和活动组织协调能力较强的队伍来负责推进文化建设。笔者认为，这支队伍宜以监察部门工作人员以及在各科室设立的兼职廉政监督员为主体，再吸收党支部、团支部的优秀干警共同参与，以加强廉政文化建设的组织力量。

3. 健全检察人员违法违纪行为预防和惩处机制

一要加大检务督察工作力度。由监察部门定期对检察干警的依法办案、办案纪律、执法作风等情况进行督察，深入查找可能影响检察机关廉洁从检的源头性、基础性问题，加大对相关问题的调研分析力度，提出切实可行的应对之策，做到正本清源。二要建立健全廉政风险防控机制。围绕权力运行和监督制约，结合各部门的岗位内容和职权，从领导干部到一般干警分层次着手，明确风险点，划分风险等级，进行风险评估。同时，通过内部督察、设立举报信箱、监督热线等途径及时发现廉政风险，加强对相关责任人员的

---

[1] 萧俊明：《文化转向的由来》，中国方正出版社2008年版，第39页。

警示教育和训诫，避免违纪违法行为的发生。三要加大对检察干警违法违纪行为的惩治力度，落实执法过错责任追究制度，从严从重打击检察机关内部的违法违纪案件。[1]

4. 建立科学的廉政文化工作考评机制

根据党风廉政责任制的要求，科室负责人签订党风廉政责任书，实行"一岗双责"，对本部门的廉政制度执行情况和廉政文化建设情况担负管理之责，自上而下形成监督压力。同时，建立"干警廉洁执法档案"，将干警参与廉政文化建设、遵守廉政规章制度的情况纳入年度工作考核内容，作为奖励先进、提拔个人的重要参考，以提高干警参与廉政文化建设的积极性和主动性。

---

〔1〕 于永利："如何在检察工作中构建检察廉政文化"，载《经济研究导刊》2011年第32期。

金融消费者权益司法保护的思考

——以多维检察监督为视角*

王　璐

随着我国金融业的迅速发展，金融消费者的概念逐渐进入人们的视野。英国在《金融服务和市场法》（Financial Services and Markets Act 2000，FSMA）率先提出金融消费者概念，并将其定义为"贸易、商业、职业目的之外接受金融服务的任何自然人"。[1]美国在《金融现代服务法》中将消费者界定为"为个人、家庭成员或家务目的而从金融机构得到金融产品或服务的个人"。[2]在我国，"金融消费者"还不是一个法律概念，其定义在理论界和实务界尚有争议。[3]传统金融法上通常用"客户"、"存款人"、"投资人"、"股东"、"持有人"、"投保人"、"被保险人"、"受益者"等概念指代金融消费者。笔者认为，金融消费者概念应当区分消费者与投资者，本文讨论的金融消费者是指"购买或使用金融机构提供的金融商品，以非投资为目的，当前或曾经享受过金融机构提供的金融服务的自然人"。由于金融消费者是新兴概念，当消费者权益受损诉诸法院寻求司法救济时，法律的回应非常有限，消费者维权过程较为艰难。

---

* 本文荣获 2013 年中国检察学研究会金融检察专业委员会第三届金融检察论坛征文评选活动优秀奖。

[1] 焦瑾璞："金融消费者概念的内涵与外延"，载《观察思考》2013 年第 8 期。

[2] 李雪静："基于法学视角谈金融消费者概念"，载《商业时代》2012 年第 35 期。

[3] 焦瑾璞："金融消费者概念的内涵与外延"，载《观察思考》2013 年第 8 期；马洪雨、康耀坤："金融危机背景下金融消费者保护法律制度研究"，载《证券市场导报》2010 年第 2 期；程现伟："金融消费者的法律界定研究"，西南政法大学硕士论文 2012 年。

一、目前司法实践中金融消费者案件涉讼情况分析

（一）金融消费者主动维权少，维权意识弱

第一，从案件数量看，消费者为维权而主动诉讼的少。近年来，涉金融消费者案件占据金融案件总数的比重居高不下，但金融消费者作为原告的案件却持续处于低位，[1]案件多为违约之诉，仅有少数案件为金融消费者起诉金融机构侵权的财产损害赔偿纠纷。究其原因，一是金融消费者的维权意识有待增强，二是消费者司法救济成本（包括时间、精力、财力）过高。[2]第二，从案件类型看，消费者维权意识有待加强。近年来，虽然除传统金融机构诉消费者违约类案件外，出现了少量小额诉讼以及带有明显维权公益性质的新类型案件，如银行电子现金业务"不可挂失、不可注销"的条款约定引发的一元钱诉讼；证券公司故障导致客户无法抛售股票；银行职员对非保本理财产品账户价值承诺保底导致客户损失扩大引发纠纷等。但是，与国外的金融消费者案件相比，目前法院受理的案件类型仍较为单一，消费者的维权意识有待加强。第三，从涉讼结果来看，金融消费者胜诉的比率不高。例如金融消费者以金融机构虚假承诺、高压销售等导致对合同产生重大误解为由，主张行使撤销权的涉自主选择权案件几乎难以得到法院支持。又如金融消费者以网银或账号密码被泄露为由，要求银行承担安全保障义务的涉隐私权案件也基本被驳回。[3]

（二）金融消费者"先天"显弱势，维权难度大

金融消费者在诉讼中多处于弱势地位，现行法律在举证责任分配、专业术语解释等方面未给予消费者倾向性保护，维权难度较大。具体而言，主要存在以下几个方面问题。第一，金融消费者与金融机构相比，在掌握信息、谈判能力等方面均处于弱势地位。例如，面对名目繁多而缺乏依据的收费项目、自主定价、强制办理保险等附加交易条件，消费者虽不满意，但却只有

---

〔1〕 俞巍、沈文宏："在尊重与制约之间——金融监管前提下金融商事审判的进路选择"，载 http：//ezweb. hshfy. sh. cn：88/65842. view，最后访问日期：2013 年 7 月 13 日。

〔2〕 郭丹、窦玉前："金融消费者权利救济机制研究"，载《商业研究》2012 年第 8 期。

〔3〕 郭丹、窦玉前："金融消费者权利救济机制研究"，载《商业研究》2012 年第 8 期。

选择或不选择某项产品或服务的权利，而无权对其中的条款要求变更，诉讼中金融机构出具经消费者签字的同意书或合同书等材料证明系消费者的真实意思表示，这实质上变相侵害了消费者的公平交易权。第二，金融消费者与金融机构应诉水平差异显著。金融机构应诉经验一般都较为丰富，收集录音、录像资料、申请鉴定等固定证据的能力远远强于金融消费者，且有充分掌握申请诉讼保全、证据保全等诉讼技巧。相比之下，金融消费者的诉讼能力明显偏弱。[1]实践中消费者主动提起申请鉴定、诉讼保全的案件微乎其微。第三，现有举证责任分配规则加大了消费者应诉难度。金融消费者案件一般实行"谁主张、谁举证"的原则。即使是在普通消费者权益纠纷案件中，也只有产品责任实行部分要件的举证责任倒置。这为消费者赢得诉讼设置了现实困难。以不当销售案件为例，营销者往往隶属于金融机构，几乎不可能出庭如实供述对消费者有利的事实，而金融消费者通常又无法举证证明存在欺诈的情形，即使举证也多为亲戚朋友的证人证言，其证明力较低，导致虚假承诺等不当销售的事实往往难以认定。

（三）金融法律回应针对性弱，维权依据少

当前金融消费者保护的立法、司法与消费者权益保护的现状堪忧。现有法律体系存在法律适用范围有限、规范位阶层级较低、法律适用效果不佳等问题。第一，《消费者权益保护法》将"消费者"限定为"为生活消费"，而金融消费却或多或少带有投资和融资特性，"生活消费"是否包含购买金融产品或金融服务成为法律适用最大的障碍，[2]从而导致司法实践中几乎无要求和最终适用《消费者权益保护法》的案件。第二，很多金融领域的案件处于仅有低位阶的规范或无规范规制的局面，如《典当管理办法》《贷款条例》《个人住房担保贷款管理试行办法》等，[3]这些部门规章或准规章性质的规定在司法实践中仅为参照适用，且因其具有极强的时间性和管理性特征，司法可适用度较差。第三，实践中司法机关多倾向于适用私法性质的合同法等规定，解决的问题局限于违约与救济层面，对瑕疵行为的惩治力度有限。如因股票报盘机发生故障导致的证券投资者无法购买股票，对于机会

---

〔1〕 郭丹、窦玉前："金融消费者权利救济机制研究"，载《商业研究》2012年第8期。
〔2〕 周密："论我国金融服务消费者保护存在的问题与法律对策"，2009年湖南大学硕士论文。
〔3〕 何颖："金融消费者刍议"，载《金融法苑》2008年第75辑。

利益的损失，法院无法计量也存在不确定性，最终消费者的救济主张难以得到支持。

二、实践中金融消费者案件审判难点分析

在金融消费者权利救济领域，目前我国还未构筑出一套适用整个金融市场通行的规则体系。但实践中金融消费者案件涉及的问题通常较为新颖，有别于传统的民商事纠纷案件，例如格式条款的解释与效力认定、信用卡个人信息泄露的法律后果、不当销售引起的损害赔偿等问题，机械地适用传统法律规定难以公平公正地解决纠纷。故在现行法律环境下，法院在审理时遭遇到诸多难题和挑战。

具体而言，可将法院审理的难点归结为以下几方面：

（一）合同效力认定标准不统一

第一，免责条款的效力性问题。合同中作为免责条款的法律或行政法规的强制性规定是否需要特别说明存在争议。例如，保险合同中要求保险车辆驾驶人使用合法有效的驾驶证、不能酒驾、发生事故不能未依法采取措施即逃离等条款，如果营销人员未对此类条款做特别说明，是否应当认定此类条款的有效性。第二，解释原则的选择问题。以《保险法》为例，虽然《保险法》中规定了不利解释原则，[1]但当适用不利解释原则与《合同法》中的文义解释、体系解释等原则发生冲突时，是应当根据特别法优于普通法原则，优先适用不利解释原则，还是应当先穷尽合同法的解释原则，以不利解释原则作为补充，存在争议。例如在人身险案件中，一个医学专业术语，消费者认为应当按照普通公民的理解进行解释，而保险公司则要求按照专业含义进行解释，司法实践中常常因未达成统一认识而致判决结果大相径庭。第三，保底条款的无效性与合同效力性的关联问题。保底条款多出现于委托理财合同中，此类条款无效的情况下，整个委托理财合同是否也无效存在争议。有观点认为，保底条款是委托理财合同的核心条款，整个委托理财合同随之无

---

[1] 不利解释原则又称"不利条款起草人的解释"。我国《保险法》第30条在立法上确认了保险合同的解释适用不利解释原则："采用保险人提供的格式条款订立的保险合同，保险人与投保人、被保险人或者受益人对合同条款有争议的，应当按照通常理解予以解释。对合同条款有两种以上解释的，人民法院或者仲裁机关应当作出有利于被保险人和受益人的解释。"

效；另一些观点认为，绝大多数委托理财合同均设置了保底条款，若因保底条款无效而认为整个合同无效，这种"一刀切"的方法过于简单，对金融理财服务业打击过大。

（二）举证责任分配不合理

由于信息不对称、举证责任倒置规定缺失，[1]金融消费者在金融消费纠纷案件中多处于弱势。一般举证责任分配原则为"谁主张，谁举证"，但金融消费者多因鉴定费用高于胜诉预期可得利益而放弃鉴定、难以获得营销人员言词证据、缺乏对金融机构内部流程的了解而无法举证实际损失等原因而无法提供充足证据，法院在审理金融消费者案件时严格依照"谁主张，谁举证"原则难免显得有失公平。以虚假陈述纠纷为例，《最高人民法院关于审理证券市场因虚假陈述引发的民事赔偿案件的若干规定》的规定，金融消费者要提起虚假陈述证券民事赔偿诉讼，需要提交行政处罚决定或者公告，或者人民法院的刑事裁判文书。这使得寻求行政救济或者刑事救济成为民事救济的前置程序，但行政诉讼和刑事案件均存在立案难的问题，从另一个角度而言，这项前置程序反而增加了消费者的诉讼难度。

（三）法律责任制度不完善

第一、过错责任认定问题。由于实践中对金融机构的审核义务范围未作明确界定，因此在认定其过错责任时常出现争议。例如，失卡情况下如何认定卡背面的签名字样和持卡人笔迹尚无定论。实践中有比照过去交易签购单上的签字，比照信用卡申请表上的签字，比照持卡人的姓名拼音来认定以及直接认定无法查明等不同做法。又如，信用卡盗刷案件中由于特约商户审核标准未得到明确界定，常导致对特约商户是否存在过错及过错程度产生争议。通常认为，特约商户审核签名的标准应低于专业笔迹鉴定标准，高于普通人的一般注意义务，为善良管理人的谨慎注意义务，但何谓谨慎注意义务仍然不明确。第二，责任分配问题。金融消费者案件的法律关系通常较一般民事案件复杂，也较为新颖，经常出现消费者与金融机构双方都有过错，但法律未明确责任分配的情况，完全依赖法官的自由裁量难免导致执法随意、执法标准不统一等后果。比如在信用卡盗刷案件中，因特约商户未尽审核义务或

---

〔1〕 郭丹、窦玉前："金融消费者权利救济机制研究"，载《商业研究》2012年第8期。

者消费者自身过错，致消费者信用卡被盗刷情况下，特约商户与银行之间是否为代理关系，是否应承担连带责任，消费者与银行之间如何分配责任等，在司法实践中均有争议。第三，赔偿金额计算问题。部分新类型的金融消费者案件经常出现"有责任无金额"的情况，因为现行法律对一些民事责任的规定尚停留在原则层面，未涉及具体赔偿金额的计算方法。例如，《证券法》只规定了虚假陈述类型案件的损失计算方法，而对于其他欺诈客户的民事责任和赔偿额计算方法未予涉及。

（四）集体救济途径不到位

金融消费者案件常涉及人数众多，而法院受理的金融消费者案件多由当事人以个人名义提出，单枪匹马对抗强大的金融机构，往往胜诉概率较低。消费者有意结成联盟，进行集体诉讼，以期引起社会的关注，降低诉讼成本，但在实践中成功率较低。从民事诉讼的角度来看，《民事诉讼法》虽然设置了代表人诉讼程序，但在实践中其适用存在局限性。我国代表人诉讼适用的前提是共同诉讼，即诉讼标的是共同的或同一种类。[1] 而实践中同一事实引发的争议，经常会产生不同法律关系的竞合，金融消费者的请求权基础不同，则诉讼标的不同，故要统一不同消费者的诉讼请求形成共同诉讼可能成本极大，消费者因此放弃代表人诉讼是一个理性的必然结果。

三、构建多维度检察监督，加强金融消费者权益司法保护

（一）加强"事先监督"，建议完善金融消费者保护立法

检察机关是我国的法律监督机构，对法律实施的整个过程实行监督，这要求检察机关不仅要做好事后监督，更要有预防监督、事先监督的意识。当发现现行法律难以适应社会发展的现实需要时，检察机关应当快速反应，充分发挥监督能动性，及时向国家相关机构反馈情况，并建议尽快制定相应对策。考察我国现有金融消费立法可知，《银行法》《证券法》等金融立法中虽然也在其立法宗旨中写入保护投资人、存款人等消费者利益的内容，但是真

---

[1] 马弘、李一萌、谢佩之："充分发挥法律监督职能 促进金融市场公平交易——建立检察机关提起民事公益诉讼制度的几点思考"，载 http：//www.sh.pro/csyd/jrc/jrjxxyd/t20121031_114303.htm，最后访问日期：2013 年 7 月 15 日。

正规定消费者权利、具有可诉性和可操作性的具体条文却十分少见，这使得保护金融消费者权益往往成为被架空的口号。正是由于立法不健全，没有金融消费者权益保护的专门立法，金融消费者权益受到侵害的案件时有发生，消费者维权难度增大。因此，作为国家法律监督机构，检察机关应当加强对金融消费立法的研究，联合审判机关、金融监管机构等相关单位共同进行调研，拓宽监督思路，加强检察监督的预防功能，建议国家尽快完善对金融消费者保护的立法。具体而言，可以从以下几个方面提出建议：

1. 确立个人在金融活动中的消费者地位

现行法律体系已无法给予金融消费者全面的保护，金融消费者的特殊性要求法律给予有别于投资者或者合同相对方的特别保护。英国的《金融服务与市场法》首次使用"金融消费者"的概念，将存款人、保险合同相对人、投资人等所有参与金融活动的个人都概括到"消费者"群体中去。经历了1996 年金融"大爆炸"的日本也在积极建立有效保护金融消费者的金融管制法律体系，[1]通过消费者合同法、消费者信用法以及"金融服务法"三类立法构建全面的金融消费者保护体系。我国应当尽快以法律形式对金融消费者的概念予以确定和厘清。对此，有两种立法模式可供选择：一是在《消费者权益保护法》中加以专门规定，二是在法律位阶给予金融消费者保护专门立法。

2. 确立对金融消费者的金融保护原则

包括对金融消费者的倾斜保护原则、全面保护原则和适度保护原则。[2]鉴于金融市场上信息不对称的客观存在，加之金融商品的特殊性使得金融消费者与金融机构之间无法形成公平交易，因此有必要对消费者给予倾斜保护，即通过加重金融机构对消费者的法定义务和民事责任、赋予参与金融活动的个人相应的消费者权利等方式来矫正交易双方的力量差距。但另一方面，法律对金融消费者的倾斜保护应当适度。倾斜保护只是为了矫正消费者的弱势地位，而不应完全规避消费者应承担的市场风险，避免打破"私法自治"的基本原则。

---

[1] 李雪静："基于法学视角谈金融消费者概念"，载《商业时代》2012 年第 35 期；刘荣：《新兴市场国家（地区）金融消费者保护法律框架比较研究》，载《征信》2013 年第 1 期。

[2] 邃词章："论金融消费者的保护问题——类型化保护是根本解决途径"，载《改革与战略》2012 年第 3 期；周荃："从倾斜到平衡：论金融消费者权益司法保护理念构建"，载《证券法苑》2012 年第 7 卷。

3. 合理界定金融法的规范结构

考虑到金融法的公法与私法双重属性，在法律制定层面强化金融组织规范、金融交易规范与金融监管规范的功能性协调。在私法制定领域，则要任意性规范与强制性规范并重，既注重市场主体的自由交易，又要确保交易的整体安全。

（二）加强"事中监督"，建议完善金融审判机制

《民事诉讼法》赋予检察机关对民事诉讼活动进行监督的权利，但要求以抗诉或再审检察建议等形式进行事后监督。然而，根据前文分析，法院在审判金融消费者案件时出现了较多"同案不同判、执法不统一"的现象，囿于我国并非判例法国家，检察机关仅依靠事后监督，效果非常有限，因此，有必要加强类案监督研究，充分发挥检察建议的软监督优势，做到"事中监督"，[1] 促进法院规范金融审判行为，形成科学的司法理念，统一执法，完善审判机制。具体而言，可以从以下几个方面进行建议：

1. 建立区别化对待金融消费者司法保护机制[2]

由于金融消费者从事的各种金融交易在风险水平上可能存在差异，加之消费者自身在经验、专业水平、风险承担能力上可能存在差异，简单划一的司法保护尺度极易造成金融消费者内部出现权利义务不对等的现象，导致维护金融市场秩序的利益天平出现倾斜。因此有必要根据独立判断能力和责任承担能力的差异对金融消费者进行区别划分。以英国为例，2000 年通过的《金融服务和市场法》将保护的消费者分成三类：[3] 第一，个人消费者（private customer）。对于个人消费者而言，金融机构必须在任何交易已达成之前向其详细说明将要达成的交易内容。第二，中级消费者（intermediate customer）。对于中级消费者而言，金融机构仅需在交易达成后的一个合理时间内向其说明交易的内容。说明的内容包括协议开始生效的时间、监管者、投资的目的、此种交易的限制、金融机构将可能提供的与此项交易相关的服务、信

---

[1] 此处的"事中监督"并非指在个案审判过程中进行监督，而是指当一类案件发生较多时，检察机关应迅速反应，及时以检察建议等方式介入监督。

[2] 周荃："从倾斜到平衡：论金融消费者权益司法保护理念构建"，载《证券法苑》2012 年第 7 卷。

[3] 周荃："从倾斜到平衡：论金融消费者权益司法保护理念构建"，载《证券法苑》2012 年第 7 卷。

息披露要求以及客户是否有权中途退出该交易。第三，市场交易对手（market counterparty）。FSMA 没有要求金融机构对其市场交易对手履行详细的说明义务。显然，英国立法者也认为不同类型的市场主体承担风险的能力是有天壤之别的。目前我国的金融消费者案件与其他金融案件统一由各级法院的金融庭或者经济庭审理，且在审理时亦未作特别区分。但结合我国国情、金融市场的特性以及实践的可操作性，我们应认识到我国金融消费者的弱势地位，明确对接受保障型产品或服务的个体，与接受投资型产品与服务的个体进行区别化保护，才能更好地体现司法的公正公平。

2. 树立利益均衡的司法保护理念

金融消费者诉诸法律的根本目的是借助公权力来保护其利益，因此在金融消费者与金融机构之间进行利益平衡是司法保护的应有之义。利益均衡的司法保护理念并非要求牺牲金融机构一方的营利性，其恰恰是在承认金融机构需要为金融消费者利益考量的前提下，倡导司法机关更多地从金融机构之"利益相关者"角度出发来解决矛盾。换言之，司法者既要充分关注金融消费者的弱势地位，从合同条款、合同履行等各方面强化对金融机构注意义务的要求，又要保护金融机构的合法权益，避免因过度保护金融消费者导致"矫枉过正"现象的发生。

3. 统一审理思路，完善裁判原则

一要遵循整体原则。法院在审理金融消费者案件时，不仅应关注证券、保险、委托理财各领域的具体规制，还要概括提出整体保护需要遵循的主要裁判原则，如归责原则的要求、信息披露义务的边界、说明义务的边界、规范劝诱方式、金融反欺诈一般条款原则等，由法官在行使审判权过程中一体遵循。二要遵循倾斜原则。[1]在案件审理过程中通过对《合同法》《侵权责任法》及其他法律的扩张或限缩解释，对民事责任的构成进行细化，调整金融机构与消费者之间法律资源的再分配。同时，在诉权的设计、合同的解释、法官的释明、举证责任分配、审判程序等方面作出有利于普通金融消费者的设计。三要遵循统一原则。针对合同条款解释、责任分配等问题，既要充分发挥法官的自由裁量权，又要遵循统一执法原则，明确自由裁量权的行使范

---

[1] 郭丹、窦玉前："金融消费者权利救济机制研究"，载《商业研究》2012 年第 8 期；周荃："从倾斜到平衡：论金融消费者权益司法保护理念构建"，载《证券法苑》2012 年第 7 卷。

围，合理限制金融商事审判的能动程度。例如，对于格式合同的解释，应严格限定不利解释的适用范围，避免不利解释在审判实践中的滥用；对于盗刷案件，进一步明确特约商户的审核义务，对于谨慎注意义务的标准，应结合金额大小、地域等具体情况综合判定。

（三）加强事后监督，构建多元监督机制

事后监督是检察机关的主要监督途径。2012年新修订的《民事诉讼法》进一步丰富了检察监督的方式方法，将检察监督范围拓展到整个诉讼活动，因此充分发挥检察机关的各项监督职能和监督手段，加强对金融消费者案件的法律监督，将有利于规范法院的审判行为，构建更为全面的金融司法保护体系。

1. 加强对小额诉讼等一审终审案件的检察监督

近年来诉诸法院的金融消费者案件出现了微利诉讼和带有明显公益维权性质的案件。此类案件的特点是标的额不大，法律关系简单，事实较为清楚。《民事诉讼法》第162条规定："基层人民法院和它派出的法庭审理符合本法第一百五十七条第一款规定的简单的民事案件，标的额为各省、自治区、直辖市上年度就业人员年平均工资百分之三十以下的，实行一审终审。"因此，有部分金融消费者案件将进入小额诉讼程序，适用一审终审。实践中，基层法院的案件量非常大，且基层的专业审判力量难免出现参差不齐的情况，而金融消费者案件与普通民商事案件不同，对专业要求相对较高，因此，加强检察机关对小额金融消费者案件的监督，将有利于防范审判的随意性，减少审判差错，更好地保护金融消费者的合法权益。

2. 合理运用检察调查核实权，充分发挥司法能动性

司法实践中，相对处于弱势地位的金融消费者无法赢得诉讼的一个主要原因是举证能力有限。信息掌握不对称、无力承担鉴定费用、无法证明金融机构营销过程中的过错行为、无法证明金融机构将消费者隐私外泄等原因导致消费者经常"哑巴吃黄连，有苦说不出"。因此，在金融消费者申诉案件中，充分发挥检察机关的调查核实权，在当事人及其诉讼代理人由于客观原因不能自行收集的主要证据，向人民法院提供了证据线索，人民法院应予调查而未进行调查取证的情况下，进行必要的调查取证，有利于打破当事人双方的不平等地位，实现司法资源的合理配置。

3. 完善调解监督，有效平衡私法自治与诚实信用原则

金融消费者案件多为求偿案件，实践中调解结案占据了很大比例。《民事诉讼法》将调解纳入民事检察监督范围，正是为了打击强迫调解、恶意调解、虚假调解等不诚信诉讼现象。法院为追求社会和谐效果，比较倾向于调解结案，有个别法官一味追求调解结果而忽视对案件事实的查明，这使得需要依赖公权力去查明事实的消费者在调解谈判中的弱势更为明显，进而导致部分调解表面上符合自愿原则，实际上违反了消费者诉讼的初衷，损害了消费者的获得救济权。因此，加强检察机关对金融消费者案件的调解监督，深入审查调解的合法性和自愿性，将更好地维护消费者在诉讼中的自由意志，切实保护消费者的权益，有效平衡私法自治与诚实信用原则。

内幕交易罪"被动获取内幕信息人员"问题研究*

刘　刚

一、问题的提出——"被动获取内幕信息人员"的出现

案例一：杭萧钢构案[1]

在该案中，陈玉兴与杭萧钢构公司成都办事处主任罗晓君等人在龙井村喝茶聚会时，从罗晓君处得知杭萧钢构公司正与香港中基公司洽谈安哥拉安居房建设工程项目，金额高达 300 亿。陈玉兴当即将此消息电话告知王向东，指令王向东买进杭萧钢构公司股票。

随后，时任杭萧钢构证券办副主任、证券事务代表的罗高峰陪同公司董事长单银木宴请公司独立董事。席间，罗高峰获悉公司在谈安哥拉合同，金额高达 300 亿元。随后，在与陈玉兴的电话交谈中，罗高峰故意泄露这一信息给陈玉兴，并将之后合同的进展情况告知陈玉兴，陈玉兴根据得到的消息指使王向东买进杭萧钢构公司股票并非法获利 4073 万元。

案例二：谢风华及其妻安雪梅内幕交易案[2]

谢风华在国信证券任职期间，通过他人介绍，认识厦门大洲房地产集团（以下简称厦门大洲）董事长陈某。谢风华欲将陈某发展为 IPO 首发上市的客

---

　　* 本文荣获 2013 年中国检察学研究会金融检察专业委员会第三届金融检察论坛征文评选活动优秀奖。
〔1〕陈海鹰等："泄露内幕信息罪、内幕交易罪的若干问题探析——由'杭萧钢构案'展开"，载《法治研究》2008 年第 3 期。
〔2〕柯智华、张飒："保荐人内幕交易第一案开庭：谢风华夫妻炒作两股赚 760 万"，载《东方早报》2011 年 12 月 2 日。

户,遂与之接触。2008 年 11 月 3 日起,陈某通过其本人及厦门大洲的证券账户开始在二级市场购买上海兴业房产股份有限公司股票("ST 兴业"),并将此情况告诉了被告人谢风华。2008 年 12 月中旬,陈某向谢风华说明其公司当时持有兴业银行的股票不足 5%,并向谢咨询收购及举牌等相关事宜,还让谢推荐律师。

谢华风在得知内幕消息后自己购买并叫其妻安雪梅购买"ST 兴业"股票。谢风华通过其控制的谢剑源 560000011922 账户,买入"ST 兴业股票共计 115000 股,累计成交金额 500684 元,获利人民币 767.52 元;被告人安雪梅通过其控制的倪静霞 68003516 账户买入"ST 兴业"股票共计 208500 股,累计成交金额 1520678.00 元,获利人民币 136705.5 元。

庭审中,以上两个案件的被告人及其辩护人对控方出示的证据真实性并无异议,但是对于证据的证明力、案件的定性等问题,控辩双方展开了激烈的论辩,同时在法学理论界和司法实务部门也引起了对案件的讨论。由于案件被告人的身份和行为问题,对案件争论的焦点主要是"被动获取内幕信息的人员"进行内幕交易是否能够认定为内幕交易罪。

"被动获取内幕信息人员",有的观点将其定义为"中性人",是指既不属于法定内幕信息知情人员,又不属于非法获取内幕信息的人员,[1]如偶然拾捡相关文件而知悉内幕信息、与知情人员聊天或交谈过程中被动获取内幕信息等等。例如在"谢风华及其妻安雪梅内幕交易案"中,谢风华以私人关系接受咨询或者作为"财务顾问"参与相关公司的重组而获取内幕信息,该行为既不能认定为非法获取内幕信息,其身份也不能在《证券法》规定的内幕信息知情人员范围之中,因此对于谢风华内幕交易罪的认定在当时存在一定的争议。[2]而在学界,对于被动获取内幕信息的人员能否认定为内幕交易罪,主要存在两种观点:

一种观点认为,被动获取内幕信息的人员不能构成内幕交易罪。根据《刑法》的规定,内幕交易罪的主体仅有内幕信息知情人和非法获取内幕信息的人员两种,被动获取内幕信息的人员不具有身份的特殊性和手段的非法性,因此很难将其作为内幕交易罪的主体进行处罚。谢华风的辩护律师在辩护中

〔1〕 喻福东:"证券内幕交易罪概念的重新界定",载《求索》2006 年第 2 期。

〔2〕 吴加明、杜晓丽:"目的解释视角下内幕交易罪主体扩张论",载《中国检察官》2012 年第 6 期。

提出谢华风既不具有知情人员的身份，其获取内幕信息的手段也是合法的，因此谢华风不具备内幕交易罪的主体资格，更不会构成内幕交易罪。

另一种观点认为，被动获取内幕信息的人员可以构成内幕交易罪。内幕交易罪保护的是证券、期货交易市场的正常交易秩序和其他投资者的合法权益，被动获取内幕信息的人员是否能够认定为内幕交易罪，关键在于其是否利用内幕信息侵害了这些法益。根据该观点，谢华风虽然在犯罪主体认定上有困难，但是其在客观上实施了内幕交易的行为，其身份问题不影响内幕交易罪的认定。

二、问题的根源——我国刑法内幕交易罪主体规定现状

产生上述争议的根源是由于我国《刑法》关于内幕交易罪主体范围规定的不完善。根据我国《刑法》第180条规定，内幕交易罪的主体是证券、期货交易内幕信息的知情人员和非法获取证券、期货交易内幕信息的人员。

（一）关于内幕信息知情人的认定

根据《刑法》第180条第3款规定，内幕信息知情人员的范围由相关法律、行政法规确定。从目前生效的法律法规来看，对知情人员、内幕信息有明确规定的主要是《证券法》第74条的规定。《证券法》第74条规定，证券交易内幕信息的知情人包括：发行人的董事、监事、高级管理人员；持有公司5%以上股份的股东及其董事、监事、高级管理人员，公司的实际控制人及其董事、监事、高级管理人员；发行人控股的公司及其董事、监事、高级管理人员；由于所任公司职务可以获取公司有关内幕信息的人员；证券监督管理机构工作人员以及由于法定职责对证券的发行、交易进行管理的其他人员；保荐人、承销的证券公司、证券交易所、证券登记结算机构、证券服务机构的有关人员；国务院证券监督管理机构规定的其他人。由上述《证券法》关于内幕信息知情人员的规定看，我国关于内幕信息知情人员的规定主要侧重于行为人的身份、职务以及行为人所在单位的性质等方面。

另外中国证监会出台的《证券市场内幕交易行为认定指引》（试行）（以下简称《指引》）第6条则进一步扩大了知情人员范畴，即：《证券法》第74条规定的相关人员；证监会根据《证券法》授权而规定的其他证券交易内幕信息知情人，具体包括：发行人、上市公司，发行人、上市公司的控股股东、

实际控制人控制的其他公司及其董事、监事、高级管理人员，上市公司并购重组参与方及其有关人员，因履行工作职责获取内幕信息的人，本条第1项及本项规定的自然人的配偶；本条第1项、第2项所规定的自然人的父母、子女以及其他亲属关系获取内幕信息的人；利用骗取、套取、偷听、监听或者私下交易等非法手段获取内幕信息的人；通过其他途径获取内幕信息的人。

（二）关于非法获取内幕信息的人员认定

我国关于非法获取内幕信息主要规定在《最高人民法院、最高人民检察院关于办理内幕交易、泄露内幕信息刑事案件具体应用法律若干问题的解释》中，该《解释》第2条规定，下列人员应当属于"非法获取证券、期货交易内幕信息的人员"：利用窃取、骗取、套取、窃听、利诱、刺探或者私下交易等手段获取内幕信息的；内幕信息知情人员的近亲属或者其他与内幕信息知情人员关系密切的人员，在内幕信息敏感期内，从事或者明示、暗示他人从事、或者泄露内幕信息导致他人从事与该内幕信息有关的证券、期货交易，相关交易行为明显异常，且无正当理由或者正当信息来源的；在内幕信息敏感期内，与内幕信息知情人员联络、接触，从事或者明示、暗示他人从事，或者泄露内幕信息导致他人从事与该内幕信息有关的证券、期货交易，相关交易行为明显异常，且无正当理由或者正当信息来源的。

根据该司法解释，可以把非法获取内幕信息的人员分为三类：一是采取非法手段获取内幕信息的人员，即获取信息的手段行为本身是违法的，例如通过窃取、刺探手段获取内幕信息的；二是利用特定身份获取内幕信息的人员，即获取信息的手段行为未必违法，但是其作为特定身份的人员不应获取内幕信息，例如内幕信息知情人员的配偶从知情人员处获取内幕信息；三是积极联系知情人员获取内幕信息的人员，即主动联络、接触行为未必是非法的，但结合行为目的分析，行为人毕竟是从内幕信息的知情人处获取不应该获取的内幕信息，因此其获取行为是非法的。[1]

从我国现有法律法规对于内幕信息交易罪主体范围的规定来看，"被动获取内幕信息人员"内幕交易罪主体资格的认定难题主要是由于我国相关法律对于该罪主体范围规定的不周延。首先，从我国《刑法》规定来看，该罪的

---

[1] 中华人民共和国最高人民法院：《刑事审判参考》（总第85集），法律出版社2012年版，第124页。

主体为特殊主体，将内幕交易罪主体限定在一定范围之内。其次，我国相关法律法规及司法解释对于内幕交易罪主体范围的认定采取的是列举的形式。这种规定一方面不能穷尽内幕交易罪主体的情形，另一方面使内幕交易罪的主体范围没有扩展的余地。一旦出现新的情况，将会造成适用法律的困难。

虽然证监会出台的《指引》中规定把"通过其他途径获取内幕信息的人"列为内幕信息的知情人员，扩大了内幕信息知情人的范围，但是该《指引》仅仅是证监会的内部文件，并不是法律或者行政法规，根据《刑法》关于内幕信息知情人范围的规定，并不能依据《指引》将被动获取内幕信息的人员认定为内幕信息知情人。

三、域外借鉴——国外关于内幕交易罪主体的认定

在一些证券、期货交易市场比较发达的国家，对内幕信息罪的主体规定的都比较宽泛，大部分没有对于身份和获取手段的要求。只要知悉内幕信息的人员进行了内幕交易的行为即可构成内幕交易罪。

例如美国证券交易委员会制定的《14e－3号规则》规定："当任何人已采取主要步骤进行公开收购或收购已正式开展时，其他取得与该公开收购有关的重要消息，且明知或可知此消息未公开，并明知该消息来自公开收购人或目标公司或其职员、内部人、代表进行公开收购之人，不得买进或卖出该公司之股份。"在美国"IBM收购莲花公司交易案"中，内幕信息传递第六层上的消息领受人也被法院判为内幕交易犯罪。[1]

另外其他国家也有类似的规定。如英国《1993年刑事审判法》第5章第57条规定了内幕人的认定条件：一是消息本身属于内幕信息或行为人知道其属于内幕信息；二是行为人从内部渠道获取的信息，或者知道该信息来自内部。[2]德国《证券法》规定，内幕交易的主体包括：主要内幕人和次要内幕人。主要内幕人包括：发行人及其关联企业的管理层或监管机构成员；发行人及其关联企业的股东；通过正当的雇佣或任职关系掌握内幕信息的人。次要内幕人指的是"知悉内幕信息的第三方"，根据此规定，一个人不必要知道

---

〔1〕 胡光志：《内幕交易及其法律控制研究》，法律出版社2002年版，第84页。

〔2〕 中华人民共和国最高人民法院：《刑事审判参考》（总第85集），法律出版社2012年版，第127页。

内幕信息是不是从内幕人员那里得到的，只要利用内幕信息从事交易就应该承担内幕交易的责任。[1] 欧盟关于内幕交易和市场操纵（市场滥用）2003/6号指令第4条明确，任何人如果知道或应当知道自己所掌握的信息是内幕信息，则不得从事与该内幕信息有关的证券、期货交易。日本也将内幕交易罪的主体扩展到情报受领人，即包括从公司关系人处直接获悉的与上市公司内幕业务相关的重要情报的人员。

由以上国家对于内幕交易罪主体的规定可以看出，各国对于内幕交易行为比较严格的态度，即任何人都不得利用内幕信息进行交易。

四、借鉴与思考——取消内幕交易罪主体资格限制

"被动获取内幕信息人员"不仅在学界产生较大的争议，在司法实践中也给法律的适用带来难题。通过与证券、期货交易市场比较发达的国家法律相比较，以及分析在司法实践中出现的问题，可以发现，我国《刑法》关于内幕交易罪的规定较为狭窄，涉及的主体和手段都比较有限。在内幕交易犯罪日益频繁，犯罪形式日新月异的今天，现有的《刑法》规定已不能完全适应打击内幕交易犯罪的需要。笔者借鉴国外发达国家经验，并结合在司法实践中出现的问题，认为应当取消《刑法》中关于内幕交易罪特殊主体的限制。理由如下：

（一）"被动获取内幕信息人员"的内幕交易行为具有相同的社会危害性

内幕交易罪保护的是国家证券、期货交易市场的正常交易秩序。内幕信息会对证券、期货价格产生重大影响，并且具有秘密性，因此在内幕信息没有公开之前，任何接触到内幕信息的人都有保密的义务，而不仅限于具有特定保密义务的人员。作为本不应该知晓内幕信息的人员如果知悉了该内幕信息，则破坏了内幕信息的秘密性，进而会对证券、期货交易市场的正常交易秩序产生威胁，如果这些人利用掌握的内幕信息去进行交易，则会对正常的交易秩序产生实质性的破坏。因此无论其具有何种身份，也不管其知悉内幕信息的手段是否合法，其内幕交易行为的社会危害性都是客观存在的，其与具备身份或者采取非法手段的人员的区别只是主观恶性的不同，这只能影响

---

[1]　王静："中德防止内幕交易规范比较"，载《财经界》2007年第1期。

对其量刑情节的判断。所以法律对该类行为的惩处的差别应该是区分量刑的轻重，而不是定罪的有无。

（二）"内幕信息知情人员"和"非法获取"的限定不合理

《证券法》和《期货交易管理条例》对内幕信息知情人仅仅作了列举性规定，并且所列举的人员都是侧重以身份、职务或行为人所任职单位等形式要件为标志，如大部分局限于公司董事、监事、保荐人等身份。实际上，能够知悉内幕信息的关键是行为人工作内容本身，身份只是一种外在的象征。也就是说，能够知悉内幕信息的人员应该包括但不限于上述人员。这样的列举可能导致无法穷尽所有"知情人员"的情形，正如前文所述，司法实践中还可能引发对身份是否存在、现有证据能否证实身份等不必要的争议。如"杭萧钢构内幕交易案"中，辩方以"被告人罗高峰的身份仅是公司证券办副主任，不属于高管，当然就不属于知情人员"提出抗辩。[1]

从立法的目的来看，内幕交易罪旨在保护证券、期货市场的良好交易秩序。由于内幕信息具有秘密性，而且可能会对股价造成影响，内幕交易会造成其他投资者利益的损失和证券市场交易秩序的破坏。不管内幕信息掌握在哪个主体手中，也不论内幕信息是不是通过合法的渠道获得的，泄露内幕信息和内幕交易的社会危害性是一种客观的存在，不会因为主体的身份和获取手段的差异而有所不同。

（三）区分"主动"和"被动"无必要且造成司法资源浪费

在客观上，被动获取内幕信息的人员都没有知悉内幕信息的合法权利，知悉内幕信息本身就是非法的，通俗地说就是他们"知道了他们不应该知道的信息"。《刑法》是公法，具有强制性。公法的一个最基本的特征就是"法无规定就是禁止"，而私法的原则是"法无禁止就可以行为"。既然《刑法》第180条第4款明确规定了内幕信息的知情人员的范围，那么除了这一规定之外的任何人都被禁止知悉内幕信息，一旦他们知道内幕信息就是"非法"。

另外，如何证明行为人获取内幕信息是主动套取的还是被动接受的，这在司法实践中很难用证据去进行充分的证明，中国第一起非内幕人员内幕交易案"杭萧钢构案"在庭审中就此问题进行了激烈论辩。在杭萧钢构案中，

---

〔1〕 陈海鹰等："泄露内幕信息罪、内幕交易罪的若干问题探析——由'杭萧钢构案'展开"，载《法治研究》2008年第3期。

陈玉兴从公司内幕人王更新、罗高峰等人获取公司内幕信息，并指使王向东买入该公司股票。陈玉兴、王向东作为非内幕信息知情人员，如果认定其构成内幕交易罪，只能将其认定为非法获取内幕信息的人员。根据第一种观点，如果不能充分证明陈玉兴是通过主动接触公司内幕人而获取内幕信息的，根据疑罪从无的原则，则不能将陈玉兴认定为内幕交易罪。在本案中公诉机关运用大量证据证明陈玉兴主动套取内幕信息就是因为这一点。这不仅浪费了司法资源，而且容易使犯罪嫌疑人有更多的机会能够逍遥法外。

综合上述理由，笔者认为应当完善对于内幕交易罪的规定，取消内幕交易罪主体的限制性规定。当然，有观点认为，如果这样界定内幕交易罪，那么听到内幕信息的人都会有罪，这样打击面过于宽泛，违反了刑法的谦抑性原则。笔者认为，非内幕人员被动获取内幕信息仅仅是一个非法事实状态，这种非法事实状态本身不是"违法"，更不可能构成犯罪，只有再加上后面的内幕交易行为才可能构成犯罪。因此取消对内幕交易罪主体资格及手段的限制是符合立法精神和刑法基本原则的，也是符合国际立法潮流的。

运用大数据分析法办理职务犯罪案件的实践探索[*]

刘　庆

随着互联网、信息技术的高速发展，整个社会迅速进入大数据时代。时代改变着人们的行为方式，同样也改变着犯罪方式，新类型案件层出不穷，职务犯罪侦查工作面临着前所未有的挑战。显然，传统职务犯罪侦查模式已经远远不能满足大数据时代的要求，大数据分析法应运而生。

一、大数据分析法的概念和内涵

虽然目前对大数据还没有一个统一的标准，[1]但是其核心内涵可以理解为最大限度地将各种数据收集起来，通过现代化技术手段进行分析、整合，从而产生新的使用价值。

当大数据分析法与职务犯罪办案实践相结合，传统办案方式将发生深刻的变化。大数据分析法以数据信息为基础，侦查员运用大数据思维方式，[2]快捷、高效、准确地收集、存储、分析、整合各类涉案数据，用信息引导侦查，提升办案效果，以实现职务犯罪侦查的可持续发展。

---

[*] 本文荣获 2015 年上海检察机关优秀调研论文二等奖。

[1] 根据互联网中心的定义，大数据指"为了更经济地从高频率获取的、大容量的、不同结构和类型的数据中获取价值而设计的新一代架构和技术"；麦肯锡全球研究所认为"大数据是一种规模大到在获取、存储、管理、分析方面大大超出了传统数据库软件工具能力范围的数据集合"；维基百科将大数据定义为"无法在一定时间内用通常的软件工具进行捕获、管理、处理并整理的数据集合"。

[2] 传统思维方式注重数据与数据间的因果关系，所以数据间的联系较为单一，是一种线型的思维方式。而大数据思维方式则不必再沉溺于这种追根溯源的思维模式，而是去关注数据间的相关关系，数据间的联系是多样性的、立体化的，数据呈网状结构不断向外扩散，形成各种形态的联系体。

二、大数据分析法的重要意义和作用

随着职务犯罪不断智能化、隐蔽化、复杂化、专业化，再加之如今举报线索"质次量少"的趋势越发明显，全市检察机关职务犯罪侦查工作均面临着较为突出的瓶颈问题，查案形势日益严峻。我院职务犯罪侦查工作同样面临着上述共性问题，但查案数量仍始终保持高位，窝串案的办理成为其中的关键。我院办理的窝串案的组成既体现了共性，即本区区域特点，如航运物流领域内的案件较多；又体现了个性，即各年度的特殊领域，如环境卫生、国资国企、医疗卫生、菜场管理、金融保险等。而这些窝串案的深挖离不开我院基于大数据分析法对于案件线索进行的全方位评估，梳理出重点领域进行集中突破。例如：我院在对某国有物流配送公司相关线索进行初查期间，并未急于上手突破，而是对线索所涉及的钢贸质押监管领域进行充分调研，通过互联网搜索、实地勘察、化妆侦查等各种途径详尽收集该领域的相关数据信息，如动产质押的各种形式及监管方式、加盟库管理模式、银行放贷流程、钢贸危机背景情况等。在对所收集的数据信息进行综合分析的基础上，模拟相关业务流程，复原可能作案路径，分析各类可疑点，摸清相关人员关系和交际圈，不断修正调查思路，历经一年时间，查办钢贸物流特大系列窝串案 21 件 24 人，涉及物流配送公司、钢贸商及银行系统人员，取得了良好的办案效果。

三、大数据分析法在职务犯罪案件办理中的具体运用

在办案实践中，检察机关应当根据案件办理各阶段的特点，将大数据分析法充分应用于线索发现、线索初查、案件突破、案件侦查等各个环节，发挥大数据分析法在各个办案环节中的不同作用。

（一）大数据分析法在线索发现中的运用

大数据分析法以开放的庞大数据为基础，这些数据的汇集产生一大核心价值即为预测，通过对数据的整合、分析、研判，可以预测出职务犯罪发展的趋势，易发、多发重点领域及犯罪手段、方式的变化，为检察机关职务犯罪的查处提供参考，主动出击，发现案件线索。

一方面，利用历年查办案件及线索的数据信息，通过对这些数据信息的分析、研判，发现其中存在的规律，并依照规律，按图索骥，发现新的犯罪线索。例如：我院在办理某国有出租汽车公司系列贪腐案件时，发现该公司车管部经理夏某在出租车辆保险业务往来中，收受保险公司以手续费名义给予的好处费。在查处该节犯罪事实的同时，我院对相关保险公司手续费支取情况进行调查，发现各保险公司都存在着通过虚开发票到经纪公司套现手续费的情况。为此，我院对相关保险公司手续费套现的情况进行了梳理，并专题调研，通过对获取数据的分析比较，发现各保险公司在手续费支取过程中存在大量违反保监会规定的潜规则。于是我院将查案重心从原来的出租汽车公司转移至保险公司，在前期调研的基础上，大胆预测相关保险公司中可能存在着经济问题，并结合新的线索材料，一举查获了某国有保险公司前后两任总经理贪腐案件。

另一方面，利用兄弟部门间的数据信息共享，在第一时间获取其他检察机关查办职务犯罪的情况，并与自身数据信息进行对比、分析，找到其中存在的规律，进而发现本辖区内类似案件线索。例如：我院在查处辖区内医疗卫生系统受贿窝串案以及国有菜场系列贪腐案件时，本市其他检察机关在获取相关信息后，对各自地区内的情况进行梳理，并在全市范围内对该类案件进行集中查处，获得了良好的法律效果和社会效果。兄弟院在对某船务公司张某行贿案立案侦查后，由于该案涉及面广，在市院的统一协调下，各区院通过信息沟通、共享，主动排摸相关线索，在全市范围内查处了一大批航运领域的行受贿案件，取得了良好的办案效果。

（二）大数据分析法在线索初查中的运用

职务犯罪案件的查获往往是"由人到事"的过程，通过对初查对象全方位的调查，发现其中存在的线索，并以此突破案件。随着对初查的日益重视，初查侦查化的特征越发明显。大数据分析法将彻底改变以往那种简单、粗放的初查模式，将侦查员从漫无目的的来回奔波中解放出来，以科技化、信息化、数据化的方式提高初查效率以及初查的全面性和准确性。在未接触初查对象的情况下，侦查员能够在短时间内，通过多元化的数据信息，为初查对象勾勒出一幅数据画像，以强大的数据信息优势，为案件突破奠定坚实的基础，用数据信息等客观性证据来突破案件，证明犯罪事实，真正实现侦查方式向"由证到供"的转变。

1. 对个人基本情况的调查

随着社会生活的不断发展，个人基本情况不仅仅包含姓名、性别、年龄、身份证号码、户籍地、工作单位等最基本的信息，还应当包含一些特殊信息，这些信息往往成为查案的关键所在，比如：婚姻家庭的变化情况；实际居住地、暂住地等居住地点的变化情况；前科劣迹、接受刑事处罚、行政处罚情况；车辆拥有及使用情况；联系方式（既包括固定电话、移动电话等传统联系方式，又包括电子邮箱、QQ、微博、微信等网络联系方式）；涉诉案件（既包括刑事案件，也包括民商事案件、行政案件）；社保、医保等。这些数据信息往往需要侦查员花费大量时间到各单位去调取，而且调取的资料也不一定全面。大数据分析法通过检察机关与公安、法院及相关行政管理机关、社会机构建立信息共享机制，集成各部门的信息资源优势，使检察机关能够高效地获取相关信息，提高初查效率。

例如：我院在调查某国有拍卖公司负责人涉嫌贪污线索中，由于涉及某公司为其提供开票服务并套取现金，需要在案件突破前找到该开票公司实际控制人调查了解有关情况，但在工商资料中只能显示公司名义上的法定代表人。为了调查了解该法定代表人的具体情况，我院通过与公安机关的数据信息互通，经公安内网数据查询，发现该开票公司的实际控制人为法定代表人的丈夫，且此人已被区法院以虚开发票罪判处缓刑。在获取相关情况后，我院立即调整初查思路，找到该案案卷材料，并通过该案公诉人全面了解有关情况，准确锁定初查对象。该线索的初查充分利用了与公安机关之间的数据信息互通机制，全面了解初查对象的真实情况，一方面提高了初查效率，另一方面使初查更具针对性和准确性。

2. 对个人资产情况的调查

对职务犯罪案件线索的初查离不开对个人资产的梳理，但是随着我国金融市场的不断发展，金融机构、金融产品日益多样化，这给检察机关的调查工作带来了新的困难，造成无从下手的局面。就拿银行存款查询来说，初查对象在各银行共有多少账户？每个账户的情况又是如何？这些看似简单的调查却始终困扰着检察机关，往往花费了大量的时间和精力，得到的结果却让人失望。若能够实现金融机构与检察机关之间的网上绿色查询通道，通过现代化的互联网技术实现相应的查询工作，那么势必大大提高办案效率，做到对初查对象金融资产情况全方位、立体化的调查，及时发现资产异常情况，为案件线索的突破指明方向、奠定基础。

例如：我院在初查某国有航运旅游公司夏某、丁某行受贿线索时，对夏某、丁某的银行卡进行梳理，但是并未发现其中有任何的异常情况，但在我院工作人员实地对丁某住所进行踩点时发现，在丁某的信箱中有一封招商银行的对账单，从该信件的寄出地判断，是一家位于杭州的招商银行。根据该线索，我院工作人员至杭州对丁某的银行账户进行查询，并发现了丁某与夏某间的不正当经济往来，并最终一举突破案件。在该线索的初查中，丁某在杭州开户的招商银行卡具有重要的作用，我院工作人员虽然对夏某、丁某的银行卡进行了梳理，但是并未掌握，而是在非常偶然的情况下才发现了这张银行卡，所以说该线索的最终突破具有一定的偶然性，那么应该如何将这种偶然性转变为必然性？在初查阶段尽可能全面掌握初查对象的金融资产情况是基础，而要实现这一点，建立检察机关与金融机构间的网上绿色查询通道，使职务犯罪侦查部门能够高效、全面掌握初查对象的金融资产情况成为必然之势。

3. 对个人行动轨迹的调查

对初查对象行动轨迹的调查是检察机关线索初查中的重要内容，一方面可以及时锁定初查对象，掌握其行踪，另一方面又可以掌握其作息规律，从中找到突破案件的蛛丝马迹。行动轨迹的调查包含的范围也非常广泛，既包括车辆行驶轨迹、手机定位等实时定位信息，又包括宾馆开房记录、出入境记录、机票、火车票出票记录、违章记录等历史记录信息。然而，要想了解初查对象的行动轨迹，需要强大的技术力量作为基础，而这一点正是检察机关最为缺乏的。与此相对应，公安机关在这方面则有着很强的力量，可以在短时间内掌握个人的历史及实时行动轨迹信息。因此，检察机关在加强自身技术力量的同时也可以充分借助公安机关的力量，通过信息共享的方式，了解相关数据信息，并通过数据信息的分析，达到摸清初查对象行踪轨迹的目的。

例如：我院在对某国有出租汽车公司贪腐系列案件进行初查时，发现某行贿人由于非上海籍，且无固定居所，很难锁定其暂住地，为了找到该行贿人，我院通过市院调取了该行贿人的手机话单，并对话单进行分析，发现其手机通话记录中最近一段时间从下午6点至次日上午9点的通话时的基站较为统一，于是我院工作人员通过互联网对该基站进行查询，发现该基站的位置，就此我们判断该行贿人现阶段应该居住在附近，之后经实地调查发现其暂住地，就此锁定行贿人。

又如：我院在调查某国有货运公司吴某涉嫌贪污案时，几次对吴某居住地调查后发现其一直不在家，刻意躲避。为了查明吴某的去向，我院联系了当地公安机关，对吴某近几天的行踪进行调查，公安机关对吴某驾驶的车辆行驶轨迹进行了查询，通过交通道路上的高清摄像头所拍摄的照片发现，吴某已于前几天驾驶自己的车辆通过高速公路开往外地，且未发现其返回的迹象，于是我院工作人员调整方案，并与公安机关保持密切联系，实时关注吴某行踪。

4. 对个人个性特征的调查

对于初查对象个性特征的掌握，虽然不能直接证明犯罪事实的存在，但对全面了解初查对象，寻找合适的突破方式有着重要作用。由于初查的秘密性，不可能与初查对象直接接触，那么如何掌握初查对象的个性特征呢？在大数据时代下，人们的行为会在各种媒介中留下以数据信息为主要存在形式的痕迹，我们可以通过对各种数据信息的分析，了解初查对象的特点。例如：检察机关可以通过与腾讯、阿里巴巴、百度等网络公司建立数据信息互通机制，通过查询初查对象网络消费行为，来判断其个人兴趣爱好、生活习性等个性特征。随着人们消费方式逐渐从实体转向虚拟，检察机关也就有了调查了解的机会。以往人们都是到实体店中消费，由于实体店分布广泛，数量众多，检察机关不可能做到全面的调查了解，而如今通过网络、电视进行消费则将原本分布广泛的消费行为集中起来，并记录于有据可查的第三方平台，这就使得对于初查对象日常生活、消费行为的调查成为可能，检察机关应当对此予以重视，充分了解初查对象的相关信息，为案件突破奠定基础。

5. 对个人朋友圈的调查

对朋友圈的调查有助于检察机关梳理初查对象社会关系，并从中发现线索，是一项重要的初查内容。在大数据时代下，检察机关可通过多种途径对初查对象朋友圈进行排摸，以查清其社会关系。例如：一方面，可通过调取初查对象话单，并通过话单分析，从通话记录中梳理出密切联系人；另一方面，随着移动互联网的不断发展，人们的通讯方式也发生了巨大变革，电话、短信联系已经逐渐被 QQ、微博、微信等新兴网络即时通讯工具所取代，因此应更加关注这些工具中的信息。而且，由于这些功能的实现都借助于互联网，那么就会被作为第三方的互联网平台所记录，成为检察机关在初查阶段即可了解的数据信息。为了调查了解这些信息，检察机关在初查中，应通过与各大网络公司建立合作关系，查询初查对象在网络空间中的朋友圈，从中梳理出初查对象的密切关系人，找准案件突破的方向。

此外，检察机关还可以通过查询出入境记录、机票、火车票购票记录、开房记录等相关信息，对初查对象的同行人进行梳理，从中发现密切联系人，扩大朋友圈的范围，为案件突破奠定基础。例如：我院在调查某国有物流配送公司贪腐系列案件时，对该公司总经理傅某的航班乘坐记录进行了查询，发现傅某与钢贸商娄某经常一同乘坐飞机往来于北京和上海，因此我们判定傅某与娄某除正常业务往来外，私交甚好，并以此为突破口，一举查获了两人间的不正当经济往来。

6. 对涉案行业领域的调查

职务犯罪案件所涉及的领域非常广泛，而且每个行业都有各具特色的潜规则。检察机关初查线索，就是不断发现行业潜规则的过程。然而，检察机关不可能包罗万象，掌握所有行业的信息，因此就需要通过与各行业主管部门建立互联互通制度，借助行业主管部门的信息和专业优势，高效、全面地对所涉领域进行调查，掌握行业发展的最新动态，了解行业内幕。

例如：我院在对一拆迁领域线索进行初查时，由于举报件并未将相关事实描写清楚，我院工作人员至拆迁行政管理部门了解相关行业特征，发现了拆迁过程中存在的制度漏洞和可能存在的普遍性问题。之后根据掌握的信息，从档案部门调取相关资料，结合具体情况进行分析研判，并最终掌握拆迁过程中的潜规则，为案件的成功突破奠定基础；又如：我院在对某国有航运旅游公司贪腐案进行初查时，通过工商部门了解到广告合同的登记备案制度，并通过该备案制度，发现广告合同中存在着阴阳合同的情况，并以此为基础，查获相应案件。

（三）大数据分析法在案件突破中的运用

案件线索经缜密初查后即进入突破阶段，该阶段直接决定了案件的成败，而且影响到侦查取证及线索的深挖。在大数据时代下，影响案件突破的因素有很多，比如：审讯谋略、心理因素、经验判断等，但是最为基础和重要的是对数据信息的掌控和运用，可以说案件突破的过程就是双方信息"交战"的过程，在信息不对称的情况下，哪方占据信息优势，哪方就能够赢得这场"信息战"。

1. 巧妙运用初查信息，扩大信息影响力

我们必须认识到，即使是再详尽的初查也不可能完全掌握初查对象的所有信息。在这种情况下，在突破阶段如何运用手中掌握的信息就成为关键所在。检察机关应结合各种侦查谋略的使用，在与被调查人的信息互动和对抗中，用尽量少的信息带出被调查人尽量多的信息，用掌握的表象性信息带出掩盖着的实质性信息，用模糊信息带出准确信息，从而不断扩充、延伸初查阶段掌握的信息，全面控制主动权，占据信息优势，顺利突破案件。

例如：我院在办理某国有物流配送公司系列案件的过程中，对该公司项目经理王某进行初查，发现其来上海工作时间不长，在公司上班的收入水平也不高，不久前与其妻子生有一子，且其妻子同样也是外地来沪人员，但在上海无固定工作，无收入来源，所以整个家庭的生活来源均靠王某一人。在对王某的资产情况进行梳理后，发现王某及其妻子名下并无住房，长期靠租房生活，且无其他异常金融资产，但却发现王某在一年前购买了一辆价值20余万元的轿车且上了沪牌，经计算该车辆前后共需花费30余万元。此外，在对王某的业务情况进行梳理后，发现其主管的业务与钢贸商娄某有直接关系，且经外围调查，发现娄某与王某系发小，其中存在着不正当经济关系的可能。在案件进行突破阶段时，侦查员同时找到娄某和王某分别调查，对王某的业务、工作、资产、家庭、朋友等情况进行询问后，王某主动提到该辆轿车的情况，但是声称该辆轿车是用娄某的借款买的，并且钱款已经还清。娄某在调查中也向侦查员表明该辆轿车的钱款系其借给王某。但两人对"借款"、"还款"等细节，以及购买车辆的前因后果等情节表述不一，因此更加肯定了侦查员的想法，最终通过引出两人间在细节处的矛盾讲法，使之产生互相攻击的效果，一举突破两人的心理防线，查获行受贿犯罪事实。

2. 充分运用侦查技术，获取即时数据信息

通过初查获取的数据是一种历史信息，均是发生在案件突破之前，是对初查对象过去行为留下数据信息的收集、梳理、分析的过程。但是，在案件线索进入突破阶段后，仅仅依靠初查阶段搜集的数据信息是远远不够的，一方面通过直面被调查人，对初查获得的数据信息进行调整，从被调查人处获取更多有用的信息，另一方面则需要获取被调查人在突破阶段的即时信息，了解其心理状态、生理状态，以调整审讯突破的策略。而要做到了解被调查人的心理、生理状态则需要运用一定的侦查技术，例如测谎、心理测试等。测谎技术是检察机关运用较多的技术手段，在案件突破中也是屡创奇功，通过客观数据分析，在增强侦查员内心确信的同时，进一步摧毁被调查人的心理防线，顺利突破案件。

有经验的侦查员都知道在案件突破时需要不断观察被调查人的一言一行，如：各种微表情、肢体语言、语气语调等，通过细致入微的观察，发现被调查人心理状态的变化，这对审讯策略的调整具有十分重要的作用。但是，这种观察完全取决于侦查员个体的感知，依赖于侦查员的个人经验，且主观性较强，往往不能非常准确把握被调查人心理状态的变化。现在各级检察机关询（讯）问室都配备高清摄像头和音频设备，可以多角度呈现被调查人行为、表情、语气的细微变化，但是缺乏对于这些变化的数据分析，未能很好利用这些信息。为了能够充分利用这些信息，检察机关可以运用相应的图像及声音处理技术，通过技术手段分析被调查人在接受调查期间所表现出来的各种形态，将主观判断转变为客观数据分析，更加准确地了解被调查人的心理、生理状态。

（四）大数据分析法在案件侦查中的运用

当案件进入侦查阶段，相应重点和目的则更加明确，侦查措施可以被合法使用，数据信息的获取更加强调与案件的直接相关性，大量在初查阶段难以收集的数据信息可以通过侦查措施的有效实施而获取。而且在大数据时代中，数据信息往往是以无形的电子数据方式存在，《刑事诉讼法》为此增加了电子证据这一证据种类，赋予其合法性。因此，大数据分析法在侦查阶段更多地体现在侦查措施的使用上，在固定证据的同时为深挖窝串案奠定基础，起到"打击一个、挖出一串、震慑一片"的效果。

1. 扩大搜查范围，将数据信息源纳入其中

《刑事诉讼法》赋予了检察机关办理自侦案件时的搜查权，并对如何行使搜查权作了规定，[1] 搜查范围为犯罪嫌疑人的身体、物品、住处、工作地点等。在办案实践中，检察机关一般对犯罪嫌疑人的住处、办公地点进行搜查，局限于具有客观实物状态的场所。然而，这样的搜查范围显然无法适应大数据背景下职务犯罪行为的发展趋势。

在大数据时代中，证明犯罪事实的证据往往蕴含于大量的数据信息之中，

---

〔1〕《刑事诉讼法》第134条规定：为了收集犯罪证据、查获犯罪人，侦查人员可以对犯罪嫌疑人以及可能隐藏罪犯或者犯罪证据的人的身体、物品、住处和其他有关的地方进行搜查；《人民检察院刑事诉讼规则（试行）》第220条规定：为了收集犯罪证据，查获犯罪人，经检察长批准，检察人员可以对犯罪嫌疑人以及可能隐藏罪犯或者犯罪证据的人的身体、物品、住处、工作地点和其他有关的地方进行搜查。

然而许多有价值的数据信息不一定会以有形载体的形式存放在家中或办公室中，甚至在网络化、信息化程度不断提高的背景下，许多资料本身就不存在着物质化的载体。若搜查还局限于有形实物范围，那么只会是流于形式。因此，检察机关应当将犯罪嫌疑人所使用的数据信息源纳入搜查范围，对其工作生活所使用的电脑、电子邮件或是单位的电子业务及财务系统进行搜查，对蕴含于其中的数据信息进行全面收集分析。

例如：我院在对某国有货运公司吴某涉嫌贪污案进行侦查时，基于货代行业的特殊性，相关业务凭证均以电子邮件形式存在。针对该特殊情况，我院对吴某及相关业务单位负责人的公司电子邮箱以及相应的业务、财务数据系统进行搜查，从中梳理双方之间的业务往来，证实了其中存在的经济问题。

2. 注重互联网移动终端的扣押，梳理分析其中数据信息

扣押物品是检察机关在侦查阶段经常使用的措施。在大数据时代，检察机关不能将注意力仅仅局限在传统的物品之上，而应当特别注重对犯罪嫌疑人手机、笔记本电脑等互联网移动终端的扣押，这些移动终端已经成为了人们的生活、工作方式，时时刻刻记录着人们的生活、工作情况，同样也记录着犯罪嫌疑人留下的蛛丝马迹，而且该类数据信息往往记录在其本身或第三方存储器中，又可通过技术手段予以恢复，所以能够客观地再现犯罪嫌疑人本想极力掩饰的情节。侦查员在侦查阶段，依法扣押犯罪嫌疑人日常使用的手机、笔记本电脑后，通过技术手段将存储于其中的已删除和未删除电子数据导出并予以保存，对相关数据信息进行分析、梳理，从而获取相应的电子证据，为固定犯罪事实提供直接证据或再生证据，以证实犯罪。另一方面，犯罪嫌疑人的手机、笔记本电脑中还蕴藏着许多有价值的数据，这些信息对于案件线索的进一步深挖往往具有很高的利用价值，为窝串案的查处奠定基础。

例如：我院在办理某国有出租汽车公司贪腐系列案时发现，该公司下属汽修厂厂长方某伙同副厂长孟某共同收受邓某的行贿款。然而，方某的供述一直处于不稳定的状态。为了进一步固定证据，我院对方某、孟某的手机进行了扣押，并通过技术手段进行了数据恢复。在对数据信息进行梳理分析后，我们发现孟某手机中存储了大量与邓某、方某的录音，而这些录音的主要内容即为三人之间对于行受贿事情的讨论。在获取了这些录音后，方某的心理防线彻底崩塌。

又如：我院在办理某国有物流配送公司贪腐系列案件时，对该公司总经

理傅某、总经理助理沈某所使用的电脑进行了扣押，并通过技术手段对电脑内的数据进行了恢复，从恢复的数据中我们获取了大量傅某与沈某之间的聊天记录。通过对聊天记录的梳理和分析，我们发现这两人之间还有贪污公司质押监管费以及为钢贸商谋取非法利益，收受钢贸商好处费的犯罪事实。此外，除了傅某、沈某参与其中外，其他各级项目经理、监管员也均参与其中，同样具有涉嫌经济犯罪的重大嫌疑。在掌握了相关信息后，我院随即对各项目经理、监管员以及相关的钢贸商集中开展调查，并从中牵出了一系列行受贿窝串案，取得了良好的办案效果。

3. 依法使用技术侦查措施，有效获取侦查数据信息

虽然《刑事诉讼法》明确规定了检察机关对于技术侦查措施的决定使用权，但在办案实践中，检察机关很少使用技侦措施。然而，在大数据时代中，许多隐秘信息只有通过技侦措施才能获取。因此，检察机关在办理职务犯罪案件时应重视技侦措施，严格依照法律规定使用技侦措施，从而获取信息，帮助固定证据，顺利破获案件。

一方面，通过技侦措施调取犯罪嫌疑人与他人之间的通讯记录。随着时代的不断发展，人与人之间的通讯从传统的电话、短信方式逐步向网络化，特别是移动互联网化发展。因此，调取的通讯记录不仅应包括传统的短信内容，而且更应当通过网络技侦手段，获取犯罪嫌疑人网络通讯的内容，例如：QQ、微信、电子邮箱等。通过对犯罪嫌疑人通讯内容的全面梳理，固定犯罪证据，扩大案件线索范围。

另一方面，在重大职务犯罪案件，特别是追逃案件中，通过技侦措施对犯罪嫌疑人进行实时监控。在大数据时代中，对于犯罪嫌疑人的监控应当包括两个方面：其一就是对犯罪嫌疑人的电话、短信等进行实时监听和监控，并通过 GPS 技术对犯罪嫌疑人进行实时定位，锁定其准确位置；其二就是通过网络技侦措施，对犯罪嫌疑人通过互联网对外联络的实时情况进行监控，并通过网络线索，查找犯罪嫌疑人使用网络的 IP 地址，关注犯罪嫌疑人在网络世界中的一言一行，发现相关证据和线索，锁定犯罪嫌疑人。

大数据分析法是时代发展的产物，目前还处于初创阶段。无论在侦查员主观思维方式上，还是在制度建设和执行等客观方面，都存在有待提高和改进之处，需要通过办案实践来不断探索和完善，使之更贴合实战需要，成为职务犯罪案件办理方式的新常态。

论监所检察归口办理羁押必要性审查案件的模式*

黄　圣

修正后《刑事诉讼法》第93条规定："犯罪嫌疑人、被告人被逮捕后，人民检察院仍应当对羁押的必要性进行审查。对不需要继续羁押的，应当建议予以释放或者变更强制措施。"该新增规定为检察机关进行羁押必要性审查提供了法律依据，对我国刑事羁押走出工具化、普遍化误区起到重要作用，也对刑事司法具有重要的意义。

一、监所检察归口办理羁押必要性审查工作的优势

从修正后《刑事诉讼法》的规定来看，侦查监督、公诉、自侦、监所检察四类部门均有部分职权涉及对羁押的审查。但捕后羁押必要性审查作为一个独立的程序，不同于逮捕必要性审查，也不同于起诉阶段对案件的审查，具有相对独立性，其侧重点在于对羁押对象合法权利的保护。

在检察机关的职权配置中，监所检察部门在看守所设有驻所检察室，其职责范围就是监督看守所的监管秩序和保障在押人员的合法权利。由监所检察部门归口办理捕后羁押必要性审查具有以下优势。

（一）审查的全面性

监所检察部门能全面、直接地了解被羁押人员的思想状况、羁押期间的表现，而且与看守所建立了在押人员身体状况信息共享和突发事件通报机制，能及时地发现被羁押人员是否有符合释放或者变更强制措施的情形，是否具有现实社会危害性。

---

* 本文荣获2014年上海检察机关优秀调研论文三等奖。

（二）立场的公正性

监所检察部门不参与案件的侦查、审查等实体性工作，与案件没有利害关系，对被羁押人员的行为及处罚不存在思维定势和先入为主的问题。相对于侦查监督部门、公诉部门、自侦部门，监所检察部门更能够保持客观中立，可以保障羁押必要性的审查超脱于侦查、指控犯罪的需要，避免羁押成为办案工具；且受到侦查、审判机关的影响较小，更有利于工作的开展。

（三）参与的全程性

捕后羁押必要性审查工作涵盖了捕后侦查、审查起诉、一审、二审和死刑复核阶段全过程。[1]监所检察部门从被羁押人员进入羁押场所起至判决生效之日止，可以全程、不留空白地开展羁押必要性审查。驻所检察工作涵盖从收押到离开看守所整个羁押过程，这是侦查监督部门、公诉部门、自侦部门所不具备的条件。

（四）职能的专业性

羁押必要性审查工作具有很强的司法属性，因此对审查人员的能力及审查工作的规范程度有着很高的要求。从专业化角度来看，从审查事实及证据的认定到审查结论的判定，都必须达到一套全面、准确、规范的标准。作为对羁押监管进行检察监督的职责部门，监所检察部门配备专门办案组，由曾经长期从事侦查监督、公诉工作经验的资深检察官带领专人办理羁押必要性审查案件，从而更能体现审查工作的专业性，更有利于工作的整体推进。

二、监所检察归口办理羁押必要性审查工作模式的构建

由于案件基本都需经历立案、侦查、提起公诉、审判的诉讼过程，且犯罪嫌疑人逮捕后多被羁押在看守所，因此在每个诉讼环节均可能出现不需要

---

[1] 从理论上讲，对于监所检察部门来说，可以开展羁押必要性审查的阶段有刑拘后侦查阶段、逮捕后侦查阶段、审查起诉阶段和法院审理阶段。审查批捕阶段由侦查监督部门对"逮捕必要性"进行审查，其中就包含对"羁押必要性"的审查，所以，此阶段监所检察部门不宜开展羁押必要性审查。对于刑拘后侦查阶段是否应当开展羁押必要性审查，司法实践中存在不同意见。目前，根据高检及上海市检察机关的相关规定精神，将开展羁押必要性审查的重点放在捕后阶段。

继续羁押的情形，故而羁押必要性审查应当是持续性的，从被批准逮捕之日起至判决生效之前的任何时间内都可以启动。

（一）案件来源

案件来源有依申请和依职权两种途径，要坚持两者并重，互补平衡。实践中因为被羁押人员普遍尚未知情其享有该项权利，主动申请捕后羁押必要性审查的较少，所以监所检察部门建立新收押人员面谈制度和逮捕后权利告知制度就显得愈发必要和迫切。犯罪嫌疑人、被告人被羁押后，驻所检察人员应当在3日内书面告知其在被逮捕后有权依法向办案机关申请变更强制措施，也可以向人民检察院申请羁押必要性审查。

1. 监所检察部门依申请启动审查

一是被羁押人员及其法定代理人、近亲属或者辩护人在捕后任何时间提出申请，提供不需要或不适宜继续羁押等有关证明材料，说明不需要继续羁押的相关理由，监所检察部门应当及时审查。二是看守所在监管活动中发现被羁押人员可能不适合继续羁押，建议监所检察部门审查。

2. 监所检察部门依职权主动审查

监所检察部门在被羁押人员逮捕后的特定阶段如移送审查起诉、法院审理、上诉或抗诉、发回重审等，根据案件证据或事实、情节的变化等，发现存在不需要继续羁押情形时启动审查。实践中，特别是对于双方当事人已达成刑事和解的交通肇事、故意伤害（轻伤）等案件，数额不大、积极退赔退赃的盗窃案件，已经全部归还款息的信用卡恶意透支案件，社会危险性低且具备监护条件的未成年人犯罪案件，犯罪嫌疑人、被告人患有严重疾病、生活不能自理的案件，羁押期限届满或即将届满而案件尚未办结的案件等，监所检察部门应主动进行羁押必要性审查。

（二）案件受理

按照羁押必要性审查的案件来源不同，案件的受理有两种形式：

一是被羁押人员及其法定代理人、近亲属、辩护人向检察机关申请羁押必要性审查的，由案件管理部门统一受理，其他部门收到申请后应及时转交案件管理部门。对于提交不需要继续羁押理由的申请书和相关证明材料，认为符合羁押必要性审查启动条件的，案件管理部门应当受理，登记编号后1个工作日内移送监所检察部门办理。对于无理由或无相关证明材料，或者驳回申请后未提供新的证明材料而再次申请的，案件管理部门不予受理。

二是监所检察部门自行发现犯罪嫌疑人、被告人有不适合或无必要继续羁押情形的，以及羁押场所在监管活动中提请进行羁押必要性审查的，监所检察部门经案件管理部门登记编号后进行羁押必要性审查。

上述两种形式的共同点是案件管理部门负责统一受理、登记和编号，其目的是为了规范案件启动方式，并将羁押必要性审查工作纳入到检察机关的案件管理范围内。

（三）案件审查

1. 审查内容

《刑事诉讼法》明确规定了逮捕的具体条件，而羁押的法定理由和逮捕基本一致，检察机关在开展羁押必要性审查时，可以参考借鉴逮捕必要性的理由，从而提高羁押必要性审查工作的成效。羁押必要性审查是全程的，应紧扣审查的重点——逮捕后是否存在不正当羁押和隐形超期羁押。具体来讲，主要有以下几种情形：案件证据发生重大变化，不足以证明有犯罪事实或者犯罪行为系犯罪嫌疑人、被告人所为的；犯罪嫌疑人、被告人患有危及生命的严重疾病或患有严重疾病，生活不能自理的，或者系生活不能自理人的唯一抚养人的；犯罪嫌疑人、被告人怀孕或者正在哺乳自己婴儿的；犯罪嫌疑人、被告人与被害人双方达成刑事和解协议，且经公安机关、人民检察院、人民法院审查确认和解系自愿合法的；案件事实或者情节发生变化，或者犯罪嫌疑人、被告人真诚认罪悔罪，积极退赃、赔偿，有坦白、自首或者立功等法定可从轻或减轻条件，可能被判处缓刑、管制、拘役、独立适用附加刑、免予刑事处罚或者宣告无罪的；案件事实基本查清，证据已经收集固定，符合取保候审或者监视居住条件的；继续羁押犯罪嫌疑人、被告人，羁押期限可能超过可判刑期的；羁押期限届满的；因为案件的特殊情况或者办理案件的需要，变更强制措施更为适宜的；其他不需要继续羁押犯罪嫌疑人、被告人的情形。

上述各种需要变更强制措施或者予以释放的情形，在审查时应结合全案的犯罪事实、情节、社会危害性进行综合考量，而不能简单地割裂认定，必须将被羁押人员的主观意志和客观行为表现结合起来进行评估，防止不当变更或者错误释放情形的出现。

2. 审查程序

（1）开展调查

监所检察部门进行羁押必要性审查，应当采取以下方法：一是了解侦查活动的进展情况；二是听取办案机关（部门）、办案人员的意见；三是听取犯罪嫌疑人、被告人及其法定代理人、近亲属、辩护人，被害人及其诉讼代理人或者其他有关人员的意见；四是听取看守所监管人员的意见，查看监室监控录像，与同监室在押人员谈话，调查核实犯罪嫌疑人、被告人的身体健康状况和羁押表现；五是查阅相关案卷材料，了解案件事实、证据等基本案情，审查有关人员提供的证明不需要继续羁押犯罪嫌疑人、被告人的有关证明材料；六是开展社会调查，向犯罪嫌疑人、被告人所在单位、街道、社区村（居）民委员会了解其平时表现、犯罪原因、家庭状况，是否具备取保候审或者监视居住条件等；七是必要时组织听证会，听取多方面意见，了解、调查、核实被羁押人案情，在听证基础上作出决定。

（2）听证程序

对于羁押场所、办案机关（部门）、被羁押人员及其辩护人、法定代理人之间就是否继续羁押存在异议，需要进一步调查或者有重大社会影响的案件，监所检察部门可以依职权或依申请启动听证程序，围绕羁押的必要性，由有关各方充分表达意见。

听证工作以听证会的形式进行，一般公开举行听证，听证人员不得少于3人且必须为单数，其中一人为主持人，一般由监所检察部门负责人担任；其他听证人员协助主持人进行听证。听证工作由案件承办人或指定的监所检察官具体承办，并安排记录员承担听证会前准备和听证会场所联系安排、听证记录等具体事务性工作，记录员可以由检察辅助人员担任。上述人员参照《刑事诉讼法》有关回避规定对听证案件回避。

听证会前，听证人员应当预先审查案件材料，了解有关案件情况。必要时可以讯问相关犯罪嫌疑人、被告人，听取其陈述、辩解及理由。

听证会上，申请人说明请求释放或变更强制措施的理由并举证；办案机关（部门）、看守所监管人员、犯罪嫌疑人、被告人、被害人分别对是否继续羁押发表意见并举证；相关公安派出所和社区、单位人员发表意见。检察人员向参与听证人员发问并要求相关人员作答。听证活动应进行全程录音录像。

听证会后，主持人应当将听证会情况制作成书面报告，听证人员应当结合听证情况全面深入审核案件证据，在部门集体评议基础上提出案件审查处理意见，并履行相关案件审批手续。

（3）羁押必要性评估

监所检察部门应当建立科学合理的羁押必要性评估机制，羁押必要性评估机制的构建具体表现为羁押必要性评估表的设计，也就是将被羁押人员的犯罪性质、犯罪情节、主观恶性、悔罪表现、身体健康状况、可能判处的刑罚、社会危害性大小等因素进行量化，采用"定量分析与主观判断相结合"的方法，综合评估其羁押必要性的有无和大小，作为审查的筛选工具及研判参考，而非唯一决定标准。[1]同时，要在实践运用中反复试验和论证其是否具有科学性、公正性和客观性，不断完善评估方式和评估内容。

羁押必要性评估表实行分值制，包括三部分：评估项、考量因素、分值。评估项是指审查人员在对犯罪嫌疑人、被告人进行羁押必要性评估时予以考虑的项目，具体包括：一是被羁押人员犯罪情况；二是被羁押人员个人情况；三是被羁押人员犯罪后情况三个方面。这三方面又表现为不同的考量因素，主要是被羁押人员主观恶性和人身危险性的具体表现形式，对预测其社会危险性有直接作用。分值是根据各个考量因素对被羁押人员妨害刑事诉讼顺利进行或者再次违法犯罪可能性的高低而设定的值。有利于被羁押人员的项目为正分值，不利于被羁押人员的项目为负分值，所列各项分值相加，计算出评估值（P）总分。

本表的划分只是一种假定，正负考量因素，除了在评估体系中不能有遗漏之外，还要求各因素在评估表中分值设置适当，恰如其分。评估值的浮动范围应根据对大量案件实证分析后的结果进行不断调整，在实践中总结并加以校正完善，以确保羁押必要性审查的顺利进行。

羁押必要性评估宜采取过滤筛选法，将逮捕后有继续羁押必要性的犯罪嫌疑人、被告人筛除，并确定需要进一步审查可能没有继续羁押必要性的重点对象，如涉嫌犯罪情节较轻的在校学生、未成年人、老年人、残疾人，具有悔罪、坦白、自首、立功、防卫过当、避险过当、患有严重疾病、生活不能自理等情节的犯罪嫌疑人、被告人，初犯、偶犯、过失犯、预备犯、中止犯、未遂犯、从犯、胁从犯等。监所检察部门对重点审查对象应当动态、分

---

〔1〕 王会甫："继续羁押必要性检察监督机制构建设想"，载《人民检察》2010年第5期。

诉讼阶段地进行审查。

对于实施严重暴力犯罪、危害国家安全犯罪、重大经济犯罪、重大毒品犯罪、有组织犯罪、涉黑、涉恶犯罪的主犯，涉嫌犯罪罪行较重、可能判处10年有期徒刑以上刑罚以及其他社会危险性较大的犯罪嫌疑人、被告人，经过羁押必要性评估后一般不再进一步审查，但是发生犯罪嫌疑人、被告人患有严重疾病或者其他特殊法定不适宜羁押情形的除外。

（4）案件审批

监所检察部门开展羁押必要性审查工作，实行案件承办人审查、部门负责人审核、分管检察长审批的制度。羁押必要性审查完成后，案件承办人应当制作《羁押必要性审查案件报告》，经监所检察部门负责人审核后报分管检察长审批。《羁押必要性审查案件报告》的内容包括：案件来源、审查工作情况、犯罪嫌疑人或者被告人基本情况、基本案情、诉讼阶段、身体健康状况、羁押表现、无羁押必要性的证据材料、是否需要建议释放或者变更强制措施的意见等。报告中的字体、字号、段落、称谓等应精细设置，保证文书的规范性和统一性。

3. 审查期限

监所检察部门一般应在收到案件管理部门移送案件之日起5个工作日内审查完毕，并作出是否建议释放或变更强制措施的决定。需要举行听证的或者确有困难、无法在规定期限内审结的案件，报经分管检察长批准后，可延长5个工作日，但审查期限最长不得超过《刑事诉讼法》规定的办案期限。

确有证据证明被羁押人员在羁押期间患有危及生命的严重疾病或患有严重疾病、生活不能自理的，怀孕或者正在哺乳自己婴儿的，除法律另有规定外，应在收到案件之日起2日内，报经分管检察长批准，及时提出释放或者变更强制措施的建议。

（四）决定答复

监所检察部门在羁押必要性审查结束后，认为在押人员不需要继续羁押的，应当建议办案机关（部门）对犯罪嫌疑人变更强制措施或者予以释放。若办案部门为本院公诉部门或者自侦部门，应以监所检察部门名义制发《释放或变更强制措施建议函》；若办案机关为公安机关或者人民法院，应以人民检察院的名义制发《释放或变更强制措施建议书》。《建议函》或《建议书》应当说明不需要继续羁押犯罪嫌疑人、被告人的理由及法律依据，并要求在

10 日内书面回复处理情况。

监所检察部门应当跟踪书面建议的处理结果，对于案件承办机关（部门）未在 10 日内回复的，应当提出书面纠正意见或向分管检察长报告。

申请人向人民检察院提出羁押必要性审查申请的，经审查认为有继续羁押必要的，监所检察部门应予决定后 3 个工作日内书面答复申请人并说明理由。

对有被害人且对犯罪嫌疑人、被告人建议变更强制措施或者释放的案件，应于作出决定之日起 3 个工作日内书面告知被害人，并开展释法说理，充分说明不需要继续羁押犯罪嫌疑人、被告人的有关事实、证据及法律依据。

（五）归档留存

监所检察部门对被羁押人员进行羁押必要性审查过程中收集、复制、调取的法律文书、工作文书、证据资料，以及填写的工作文书、审批文书，要按照工作流程顺序，建立卷宗，以备检查。监所检察部门到案件管理部门登记报结完毕后，应在 3 日内，按照档案管理的规定，将所有案件材料移交相应的办案部门一并归档，以备存查。

三、归口办理羁押必要性审查工作模式的配套机制

羁押必要性审查工作的开展，对外涉及公安机关、审判机关，对内涉及自侦部门、侦查监督部门、审查起诉部门、案件管理部门等多个部门，必须建立、健全相关配合协作机制。

（一）完善检察机关内部沟通机制

检察机关已建立"检察机关统一业务应用系统"，各部门协同配合、信息共享。羁押必要性审查专职办案人员在获得授权后可查阅《审查逮捕案件意见书》《公诉案件审查报告》《起诉书》等法律文书及相关文书材料。同时，监所检察部门应主动加强与侦监、公诉等部门的案件信息交流，尤其对于羁押必要性审查中的重点案件建立定期通报制度。

（二）完善公检法协作配合机制

司法机关的相互支持和配合是顺利开展羁押必要性审查的前提和基础，有利于检察机关羁押必要性审查的顺畅进行，提高审查质量。为避免羁押必

要性审查的效果缺乏刚性，检察机关在开展工作时应及时与公安机关、人民法院进行沟通，统一执法理念，建立健全公检法协作配合机制。

1. 公检协作配合机制

羁押必要性审查依赖于捕后可能影响定罪量刑信息的全面获取，因此犯罪嫌疑人被逮捕后，检察机关应主动加强与侦查机关的沟通联系，畅通信息交流渠道，及时通报捕后出现影响定罪量刑的情节，掌握案件的进展情况。通过公检联席会议研究开展羁押必要性审查配合与制约的内容，建立相关工作机制，公安机关、检察机关应制定开展羁押必要性审查协作配合的具体实施办法，明确双方在查阅案卷及法律文书、案件信息沟通与反馈、检察建议的执行等方面加强协作配合，对存在分歧意见的案件及时沟通进行研究解决，为羁押必要性审查工作的实际运行提供良好的外部条件。同时，监所检察部门应利用自身优势，与看守所在羁押必要性审查问题上建立密切协作的关系。完善信息平台建设。检察机关监所检察部门应充分利用看守所联网信息系统中的在押人员信息进行启动筛选，而且要通过所情分析会向看守所管教民警介绍羁押必要性审查的内容和标准等，从而扩大羁押必要性审查案件的来源线索。

2. 检法协作配合机制

检察机关应当进一步加强与法院的沟通协调，向法院了解被羁押的被告人判处缓刑、管制、拘役、独立适用附加刑、免予刑事处罚及判决无罪的可能性情况，保障审判阶段羁押必要性审查的有效性，维护犯罪嫌疑人的权益。法院受理案件后，审判过程中出现新的情况，导致逮捕的证据要件、刑罚要件、社会危险性要件不能满足的，检察机关应当在开庭审理后提出有关建议。当然，与法院的协作配合不仅仅是在审判阶段，检察机关在任何诉讼阶段进行羁押必要性审查时，发现在押人员有可能被判处缓刑的，或者羁押期限可能超过所判刑期的，应当就案件情况及时与法院进行沟通协商，在征询法院意见和办案单位意见后，再决定是否启动羁押必要性审查。

（三）构建社会帮教管控体系

监所检察部门应当积极协调有关部门建立羁押必要性审查后续配套机制。在羁押必要性审查制度的构建中，监所检察部门不仅要解决正确适用强制措施的问题，还要考虑被羁押人员被采取非羁押强制措施或者被释放后的诉讼进程。驻所检察人员对于逮捕后变更为取保候审、监视居住的犯罪嫌疑人、被告人，在其出看守所时，应当告知其应当遵守的相关法律、法规规定和违反规定的法律后果，避免出现其被变更强制措施后逃跑或者传讯不到案的情况。监所检察部门应当积极联系公安机关、社会管理综合治理部门、社区矫正等部门，汇同社区检察部门加强与社区矫正专职干部的定期沟通，配合其共同做好对取保候审和监视居住人员的监督管理、帮扶教育等工作。对于在本地没有固定住处的涉嫌犯罪的外来人员，可以积极建议、协调有关部门和企业建立"涉罪外来人员管护教育基地""取保候审基地""中途驿站"等非羁押诉讼帮教基地，为逮捕后变更为取保候审、监视居住的涉嫌犯罪外来人员提供取保候审、监视居住期间的临时住所、保证人等。借助非羁押诉讼帮教基地，让涉罪的外来人员得以在企业边务工、边候审、边帮教，及时掌握其思想情况，动态评估其再犯、逃避诉讼的风险，既保证诉讼顺利进行，又有效避免羁押所带来的消极后果。